陈宇 著

想象后天：理性、故事和待续

中国劳动社会保障出版社

图书在版编目（CIP）数据

想象后天：理性、故事和待续 / 陈宇著 . -- 北京：中国劳动社会保障出版社，2018

ISBN 978-7-5167-3618-0

Ⅰ. ①想…　Ⅱ. ①陈…　Ⅲ. ①未来学　Ⅳ. ①G303

中国版本图书馆 CIP 数据核字（2018）第237668号

中国劳动社会保障出版社出版发行

（北京市惠新东街 1 号　邮政编码：100029）

*

三河市潮河印业有限公司印刷装订　　新华书店经销

787毫米 × 1092毫米　16 开本　26.25 印张　1 插页　382 千字

2018 年 12 月第 1 版　2018 年 12 月第 1 次印刷

定价：98.00 元

读者服务部电话：（010）64929211/84209101/64921644

营销中心电话：（010）64962347

出版社网址：http://www.class.com.cn

在时代巨变和世界转型中，对后天的想象力将决定你明天的格局，决定你通向未来的路径，最终还将决定你在全球文化交融和人类命运共同体的新版图中的位置。这种想象力不仅来源于你对今天的把握，还来源于你对昨天的记忆和对前天的追思。

陈宇

给明天写一个后天的序

我不知道老爷爷（陈宇）从什么时间开始喜欢宏大叙事，竟以一己之力从宇宙洪荒直达人类的后天！

其实他是想告诉我们人类的明天是什么，但他企图从人类的前天开始来想象后天，并从后天来推演明天的棋局。所以，这是一个由远及远的故事，这个故事有点奇妙。

老爷爷说他少年时喜欢下围棋，或许，这个故事就是一盘围棋。长与立、关与冲、断与跨、刺与退、空与点……记得越远，便能想得更远。终于，他围住了明天这条大龙。

宇宙创立规则、生命编写故事、规则表达理性、故事演绎文明。人类的故事，大抵如此。站在今天，为了抵达明天，必须远望后天。后天便是明天的序言。

展开想象的翅膀吧，我们都能飞翔。是为序。

陈李翔

2018 年初秋

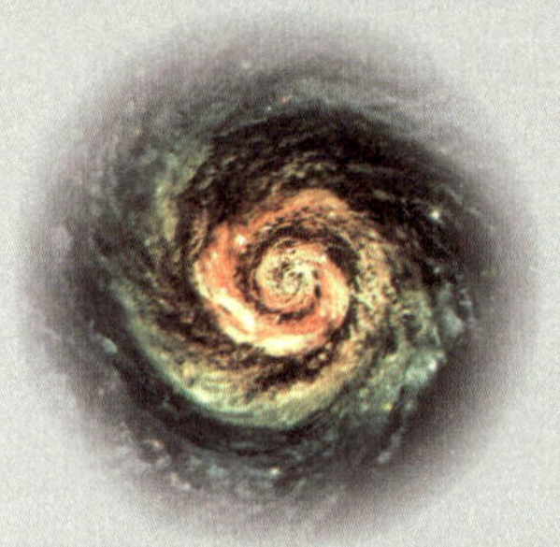

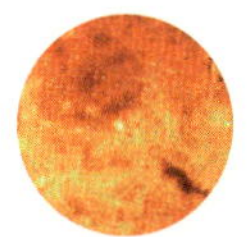  

 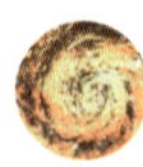 

序曲

为什么要想象后天？

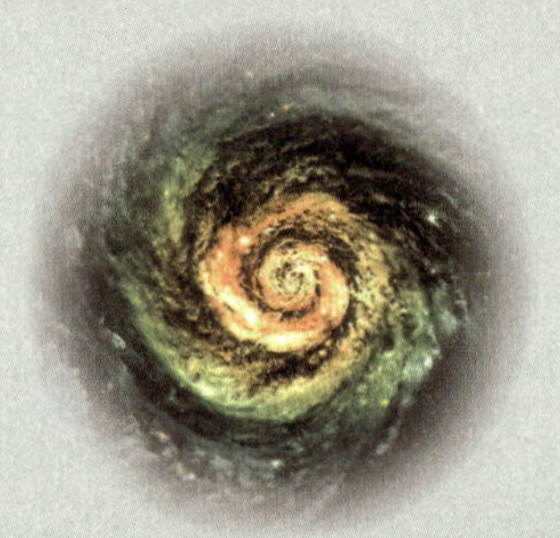

迷茫新天地，寂寞旧山河。两间余一卒，荷戟独彷徨。

——老宇戏改鲁迅诗。[①]

01　这是一个怎样的时代

三年前，我们一群从 40 后到 90 后，覆盖了一甲子的年龄段，同声相应、同气相求的忘年兄弟姐妹、新朋老友，聚集到了一个叫“云学习联盟”的群中。对生活、对工作、对世界、对未来，我们充满了追求和热爱，也充满了迷茫、

---

① 1933 年 3 月 2 日，鲁迅送《彷徨》给日本人山县初男，并在书上题写了一首诗：寂寞新文苑，平安旧战场。两间余一卒，荷戟独彷徨。《彷徨》是鲁迅的第二本小说集，收录了 1924 年到 1926 年鲁迅写的《祝福》等 11 篇小说。

困惑、不确定感和不安全感。我们想一起来探索这个越来越陌生的世界，找到每个人自己的路。

三年来，越来越多的新朋友加入我们。我们的探索和讨论在更大范围、更多群友中展开。我们希望用抱团取暖来摆脱孤独修炼的恐惧；我们企盼用文化底蕴来对抗汹汹袭来的未知力量。但是，这一切努力似乎都不起作用。而且我们发现，不仅我们，几乎周边很多人都和我们有相同的感受。我们甚至看到，连柳传志都说，感到忐忑不安和不确定、不安全（参见柳传志在2016年中国绿公司年会上的讲话）。而任正非则说，华为感到前途茫茫，找不到方向；既无人领航，也无人跟随，进入了无人区（参见任正非在2016年全国科技创新大会上的讲话）……

为什么从普通人到大企业家，面对今天的世界都会有这种几乎共同的彷徨感觉？显然，这就不仅仅是因为这个世界变化得太快了。确实，科学技术突飞猛进，社会生活千变万化。特别是旧事物消亡得太快，新事物出现得太快。但是，更重要的是，我们现在面对的变化，是非规则的、是不连续的，是难以观察、难以估量、难以评价、难以预测的。

我就是戴着红领巾和中华人民共和国一起成长的。想想我小时候，脑子里非常清晰：从农耕社会走向工商社会，从半封建半殖民地社会走向新民主主义、社会主义、共产主义社会……那时，连我这样一个最普通的小孩儿，对未来都非常确定。绝大多数人没有任何怀疑、犹豫、焦虑、迷茫。对比一下，这就是确定性时代和不确定性时代的根本差别。如果你只是根据自己过去的经验和今天的感觉来追踪生活中、社会上的每一个具体变化、每一起具体事件，你就只能沉溺于这个纷繁复杂的图景中，沉沦于这些突然的死亡和诡异的新生中，理不出任何头绪，找不到任何方向。

回首望去

我清楚地看到

在这片神州大地上

横亘着原始时代、农业时代、初期工业时代、中期工业时代和后期工业时代的整个人类历史生态

02 我们来自什么时空

我们中国有着人类历史上最古老、最悠久的文明，而且人类四大古文明（另外三个是古巴比伦、古埃及、古印度）能延续到今天的，只有中国，其他三个古文明都中断了。中国又有着人类现代化进程中最令人晕眩的速度，近 40 年来的发展，获得了大多数传统工业化强国用几百年的时间所取得的成绩。

显然，尽管令人难以置信，但中国的许多地区和许多人群，在过去一百年内，几乎把人类的全部历史完整地走了一遍。我感觉我就像都敏俊教授[①]那样，已经在我们这个星球上流浪了 407 年。不！比这还长，我可能在公元前 4004 年就来到咱们这个地球了。[②]当然更有可能是，我在五万年前就已经住到了非洲，跟随着自己的部落流浪，一步步走到了东亚。回首望去，我清楚地看到在这片神州大地上，横亘着原始时代、农业时代、初期工业时代、中期工业时代和后期工业时代的整个人类历史生态。

它们看上去毫不违和地交织溶融在一起。我也一一见到了和这些历史断代对应的、代表着各种思想意识和文化精神的圣者、贤者、学者。我看着迎面走来的每一个人，不管他是知名大家还是无名众生，他一定会偶然或者必然流连忘返地滞留在了某一个历史区间，并且以为：自己看到的，就是人间的全部风景；自己认定的，就是人间的全部真理。而且，每个人从自己的角度想，不会认为自己有什么问题。因为他坚信的思想观念，和他习惯的政治经济文化体系是高度自洽的。没有人会认为自己有什么错，都认为是别人出了大问题。而且，每个人都会高度倾向于把自己狭隘的认知当成世界共同的认知。每个人都有代表全世界、代表全人类和代表宇宙中一切真理的冲动。正如叔本华所说：每个人都把自己有限的视野，当成世界的边界。

所以，现在你可以在任何网络里，看到无数人在辩论。他们热热闹闹地打成了一锅粥，其粗野和激烈程度远远超过了任何人的想象。你忽然会发现，在这个思想和理念越来越情绪化和多元化的世界上，大家似乎来自完全不同的国家、星球、星系乃至宇宙。人和人之间几乎完全无法沟通。人和人的思想差距和理念对立，已经远远大于动物和动物之间的基因和物种的不同。

---

① 都敏俊教授，韩国电视剧《来自星星的你》主人公，于 1609 年 8 月 25 日从 KMT184.05 星球来到地球，一直住在韩国。

② 爱尔兰大主教詹姆斯·乌雪（James Ussher）认为，世界创造于公元前 4004 年 10 月 23 日礼拜天。

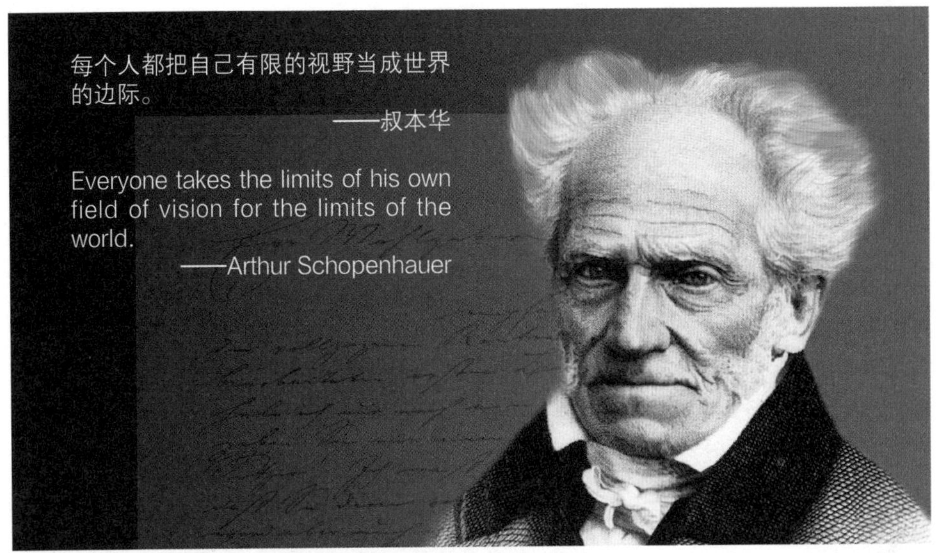

03　我们如何更新自己

事实上，思想永远是时代的产物。时代又推动思想向前行。显然，人类已经到了一个前所未有的历史风口；世界到了一个前所未遇的重大转折点。用过去旧的经验、旧的方法、旧的理论框架和旧的思维范式，已经解决不了我们面对的任何问题了。不过，绝大多数人又都是自恋、自信、自我封闭的。你想让任何一个人改变自己，甚至否定自己，是不大可能的。但是，我们也有这样的经验，比如，我和一位不太注意公共文明的朋友一起出国。到了异国他乡，他过去随意甚至邋遢的着装一下子换成了笔挺的西服，在休闲场合都不离身；他在公共场合说话的声音小多了，在宴会上喝汤的声音也小多了，包括连随地吐痰和随手乱扔垃圾的习惯也都改了。所以，如果你能让一个人认识到，不是他有什么错误，或者他需要改变什么东西，而是他现在将要进入另一个完全不同的环境、地域、星球、星系，甚至另一个平行宇宙了；他需要去适应那里完全不同的规律法则和价值观念，我估计，他接受起来就会容易得多。

总之，在未来 30 年，人类面临的将是一场星际穿越式的旅行。人类自身

未来三十年
人类面临的将是一场星际穿越式的旅行
在这一过程中
传统人类将逐步升华
成为作为新物种的新人类

也将发生重大演进和变化。每个人的思想框架都将被深刻改造，每个人的思维系统都将升级。而且，我们需要的已经不是对某种确定知识的理解，或者是对某种已存技能的把握；我们需要的是：如何建立起全新的观察世界的方法，全新的把握世界的框架。面对完全不确定的未来，要求我们彻底放弃一切缠绕我们的传统理念，更新旧日岁月给我们形成的习惯认知。换句话说，每个人的大脑都需要进行全面升级和重启。从一定意义上说：传统人类将逐步升华，成为这个世界上前所未有的新物种，这也就是新人类的诞生。你是准备坚持守着旧人类、旧物种就这样不变地过下去，还是准备进化成为新人类、新物种？

今天，每一个人都面临选择。

04　什么是元认知

尽管我们的目标是冲向未来，尽管我们面前摆满了许多最紧迫的现实问题，我们仍然要从元点出发，从宇宙、星系、太阳、地球，特别是人类产生的最初一刻出发。因为，那儿才有我们出世时刻的“初心”，那儿才有我们永恒不变的“本性”，那儿才有永远纠缠我们的“终极问题”；也只有在那儿才能重启我们的元认知，找到解决“终极问题”的力量源泉。

江湖上一直有个传说，说北京大学的门卫是世界上最具学术气质和哲理修养的门卫。因为不管你是谁，来北京大学要进校门，门卫都会不苟言笑、表情严肃地问你三个问题：“你是谁？”“你从哪里来？”“你到哪里去？”

我从小就时不时和小伙伴一起在北京大学混，打土仗、打泥仗、打雪仗，在未名湖滑冰（那时根本没有门卫）；上大学后来参观交流，学习访友。再后来到北京大学听研究生课，听厉以宁老师讲经济学，听普利高津讲耗散结构论……再再后来到北京大学兼课劳动社会学、开会演讲、兼研究所的所长，等等（这时真有门卫了，现在要进北京大学你最好带上身份证）。我进出这个校门的次数已经数不清了。但一次也没遇到过门卫问我这三个问题。不过想想把这三个问题说成北京大学门卫的问题，也是挺浪漫的。毕竟这三个问题一直被认为是人生的根本问题，是人类的根本问题，也是人类哲学的根本问题。这三个问题也许真是我们关于自身存在的永恒而无解的谜。

理查德·道金斯在《自私的基因》中说：“行星上的智慧生物在开始思索自身存在的道理时，他才算成熟。”仔细想想，这三个问题，问的正是人类自身存在的道理。在本书中，我们把人类自身存在的道理归纳为三个关键要点：价值发生、理性觉醒和文明演进。毫无疑问，这三个关键要点，对应着我们这三个问题

——我是谁：价值发生；

——我从哪里来：理性觉醒；

——我到哪里去：文明演进。

不过，只要更深刻地思考一下，我们就会明白，这三个关键要点仍然是派生的。尽管许多人管这三个问题叫生命的终极问题，但它们仍然不是宇宙的终极问题。它们之所以能够出现、能够存在，能够成为要点甚至成为元认知的起点，仍然依托于那个真正的终极大背景，那就是包括你我他在内的世上万事万物得以存在的客观世界。所以，这个客观世界才真正是初始元点，才是人类需要面对的终极背景。这个元点再加以上三个关键点，四者共同构成了从宇宙发展到人类活动的全部基石。

05　如何抵达明天

在过去人类存在的 99% 的时间内，人们并不需要预测未来、想象明天。因为人类的生活就是日复一日、年复一年，恒久不变的。预测未来这种奢侈而无意义的事情在当时完全没有必要提上日程。

但是，工业革命开始后，社会变化开始加快。而且后来人们发现，这种变化速度越来越快，明显呈现指数增长方式。形象地说，工业革命以来 300 年的发展，超越了农耕鼎盛时代 3 000 年的发展。而从现在起，今后 30 年的发展，就可能超越整个工业时代 300 年的发展。尤其到了 2045 年以后，人类社会变化的速度会不会更快？会不会出现未来 3~5 年的发展就超越过去整整一个时代？我前一段时间去延安考察调研和讲学，这是一座至少有万年历史的城市，过去曾叫肤施。在抗日战争、解放战争时期它是红色根据地。现在你去看，它完全是一座非常现代化的城市。但是，据延安的朋友们说，这些变化全都发生在 2004 年以后，也就是说，延安其实只用了十几年的时间，就超越了过去几千年、上万年的发展。延安的这种发展速度，其实就是今天社会变化的一个缩影。

为了抵达明天，必须远望后天
否则明天只是又一个今天
从今天到明天很难
从后天到明天较易

——梁春晓

未来越来越近，未来就在眼前！这时，对未来的预测就格外重要。而且，这种预测会逐步从战术性预测，走向战略性预测；从一个文明之中的预测，走向跨文明的预测。而本书的主题：想象后天，就是我们做出的一个长周期的、战略性的、跨文明的预测。

为什么要想象后天？对这一点，我的朋友梁春晓讲得最清晰，他说：从今天到明天很难；但是，从后天到明天比较容易。为了到达明天，我们可以先远望后天。看清了后天，就容易看清明天。否则，明天很可能就只是今天的重复，明天只不过还是一个今天。

好了，序曲演奏完了！让我们进入全书总论：建立在上述四大基石之上，一部极简宇宙和人类史在我们面前徐徐展开……

总论一

四基石：

人类历史的根基是什么？

20 世纪英国有一位名人叫温斯顿·丘吉尔，他说过一句名言：“你回头看得越久，你向前看得越远。”[①] 我挺喜欢这句话。

你的回顾追忆有多远，你的预见展望就有多远——这是何等深刻的思想呀！一般的生物，只懂得当下、今天。如果能记得昨天、想到明天，就很不简单了。所以，地球上人类意外哪怕最强大的生物，它们至多是三天（昨天、今天、明天）生物。但是，我们人类可以回头看到过去什么时候呢？作为这个星球上最聪明、最智慧、最有灵性的物种，我们几乎可以有把握地说：我们能看到鸿蒙之初、万物之始，看到宇宙初创的那一刻；看到我们的地球家

① Ray Kurzweil.The Singularity Is Near.

园形成的那一刻，看到生命首次出现的那一刻，也可以看到我们人类刚刚胜出的那一刻……换句话说，我们不仅可以回头看到昨天，还可以看到久远的前天。那么，当我们向未来看的时候，我们也就肯定不仅可以看到临近的明天，还会看到遥远的后天。我们人类是五天（前天、昨天、今天、明天、后天）生物。正因为我们是五天生物，才使我们远远超越了所有三天生物，登上了地球生物链的顶峰。

回首凝望、追根溯源，我们可以看到，有四大原生事件作为我们元认知的起点和基石，决定了我们的过去和现在；毫无疑问，它们也将决定我们的将来。它们是：第一，宇宙创生；第二，生命出现；第三，理性觉醒；第四，文明演进。由此，才产生了人类的一系列元认知；或者叫第一性认知。所以，下面我们就先简要论说一下这四大原生事件，这将是总论一的内容，即“四基石：人类历史的根基是什么？”然后，我们再对人类的前天、昨天、今天、明天和后天作一个非常概括的综述，重点当然是明天和后天，这将是总论二的内容，即“五重天：人类历史是如何演进的？”

138 亿年前……
宇宙诞生了
自然规律产生了
宇宙创生和运行至高无上
但与你我无关

01　宇宙创生：我们的故事从哪儿开始

138 亿年前，宇宙诞生了。毫无疑问，这是宇宙中最重要的第一大事件。因为，如果没有这件事儿，后来所有的事儿都没有。对不对？

据说宇宙产生于一次来无影、去无踪，无道理、无缘由，无头无绪、无中生有的大爆炸。

据说它炸得不紧不慢，不大不小。如果爆炸的威力大一点，炸得再猛些、炸剩的物质再少些，宇宙就会散了架儿。如果爆炸的威力小一点，炸得再缓些、炸剩的物质再多些，宇宙就会缩成团儿。

这个大爆炸还真像东家之子恰到好处！增一分则太长，减一分则太短！恰巧就成了今天这幅壮丽惊艳、星辰大海的图景！能让我们优哉游哉在这儿舒心地过日子。宇宙为什么会玩得这么酷？不知道。没有任何人知道。因为宇宙是它自己产生的，不是我们创造的，宇宙运行的规则也是它自己制定的。

从总体上说，宇宙对我们是一个巨大的、无边无尽、无底无解的斯芬克斯之谜。我们对它知之甚少，它对我们冷眼相视。我们只知道，从宇宙诞生后，世界上才有了时间、空间，有了物体、能量，有了信息。它们可以统称为物质。物质之间有了相互作用和运动，有了这种相互作用和运动的规则和规律。有人说，这种相互作用和运动的规则和规律的存在，就说明了宇宙是有目的、有意识的。这种看法，实际上是在用我们生物的狭隘眼光来看待宇宙。这种看法至今没能得到任何科学意义上的证明。宇宙的规则和规律仅仅是其自然本性的纯朴流露。至少到现在为止，我们看到的是：物体对物体、能量对能量、信息对信息、宇宙对宇宙既没有任何目的和诉求，也没有任何谜团或秘密。显然，自然物和自然物都是知己知彼、心照不宣的。它们之间没有任何秘密。只是它们不说而已。到了后来，宇宙中产生了生命，产生了生物，出现了我们，宇宙及其规律才成了我们的斯芬克斯之谜。因为我们是宇宙和自然的产物，宇宙和自然的规则规律决定了我们的一切。所以，我们不得不去猜这个谜！

世世代代猜不出宇宙和自然之谜的无数生物，最后都被它撕碎了、吞噬了。尽管到今天我们也不敢说自己是俄狄浦斯，但我们确实已经猜出了一小部分宇宙和自然之谜，所以我们就成了和其他一切生物不同的生物。不过，我们也要明白，我们今天认识的宇宙、自然和物质，从一定意义上说，仍然是我们的感觉、知觉、理性和意识的产物。显然，没有感觉、知觉、理性和意识，我们就无法感知和理解宇宙和自然。但是，我们感知和理解的宇宙和自然，就完完全全是那个客观真实存在的宇宙和自然吗？肯定不是！因为它肯定带有我们的感觉、知觉、理性和意识的烙印。而且，今天量子力学的研究已经证明，我们的观察测量本身就在影响着那个客观真实的存在。所以，离开了我们的直觉和感知，离开了我们的理性和意识，独立存在的那个宇宙、那个自然，究竟是什么样的呢？恐怕我们还真的不知道，而且很有可能，对于宇宙真正的面貌，我们永远不会知道。[①]

所以，至少到现在为止，我认为：宇宙是第一性的，宇宙是先验存在的，这个主流科学界思想界最基本的本体论认识并没有被颠覆。所以，不管怎样、无论如何，对于这个宇宙、这个自然，我们是一定要努力地、前赴后继地去真正认识它！了解它！猜出它！猜对它！因为这是作为智慧生命的我们，被赋予的使命！

小结：由宇宙中发生的第一个大事件，我们得到了第一个元认知，那就是“宇宙的创生和运行至高无上，但与你我无关”。

① 康德说，那个独立于我们的感知、认识和理性之外的宇宙，是“自在之物”，它存在着，但我们永远不可能认识它。马克思和恩格斯要比康德乐观。他们认为宇宙中确实存在大量未被我们认识的“自在之物”，但是，总有一天我们会认识它。这样，“自在之物”就变成了“为我之物”。当然，从另一角度反对康德的也大有人在，比如费希特认为：只要人类不能感知和认识的东西，就根本不存在。康德对费希特的反驳据说只有一句话：此论一钱不值。从直觉到理性我们都会认为康德更接近真理。但是，现在哥本哈根派量子力学学者指出，某个宇宙如果未能进化出有意识的生命来理解它的存在，那么这个宇宙从一开始就没有存在过。这似乎从另一个角度支持了费希特。这个例子告诉我们，一个科学的或者哲学的命题的争论，可能会持续数十年甚至上百年而无法有最终结论。

第二元认知 生命为尊

……38亿年前

生命诞生了

生命即自我，生命即欲望

生命是物质的觉醒，生命是价值的确立

生命是天下动荡的根源，生命是世界存在的意义

02　生命出现：世界的意义如何产生

38亿年前地球上的生命出现了。生命究竟是怎么出现的？它为什么要出现？它的本质是什么？人类至今回答不了这些问题。至于生命运行的规则规律，也是它与生俱来的，是它自己形成的；或者说是由造物主、由上帝制定的。总之，生命不是我们创造的，生命运行的规则也不是我们制定的。

人类后来有了物理学和化学等知识后，发现构成生命的所有物质都可以分解为宇宙中存在的最普通的无机物。主要是碳、氢、氧、氮，再加上微量的钙、硫、磷、铁等。各种各样的元素加在一起不超过60种，用量较多的元素不超过10种。人类甚至算出了一个人体所包含的原子总量为6×10^{27}个。如果到化工用品商店去买这些原子，估计用不了两百元就可以全部买下来了。就是这些原子，组成了分子，又组成了高分子聚合物，形成了细胞、器官等各种生物组织。人类曾经非常自信地想用这些无机和有机物质创造出一个生命来。这种试验进行了数十年，一次都没成功。后来人类又发现了生物化学反应，特别是薛定谔敏锐地猜出了生命存在密码，詹姆斯·沃森和弗朗西斯·克里克天才地发现了这个密码，即DNA的双螺旋结构。从此，人类开始认为，生命就是基因的载体。对遗传密码和生物基因数字编码特性的研究，最终开始让生物科学和信息科学联姻。现在许多科学家甚至相信，生命就是一种会自我复制的信息，就是一种可以用数学表达的算法，就是一个薛定谔方程式。

这一切成果都非常重要。但是，这一切成果都没有达到那个最后的谜底！不是吗？请看，我们可以这样反问：

生命确实是由分子和原子组成的物质；但并非一切物质都是生命。所以，生命一定还有超越一般的物质的属性。

生命确实是蛋白质的存在方式，但并非一切蛋白质都是生命。所以，生命一定还有超越蛋白质的属性。

生命确实是一种编码、一种算法，甚至是一种方程式；但并非一切编码、算法、方程式都是生命。所以，生命一定还有超越编码、算法和方程式的属性。

总之，生命的秘密、生命的谜底我们还没有解开。它可能还藏在我们已经破解、已经掌握的那些规则规律的后面。

由于人们没有破解生命的秘密，所以，现有的关于生命的定义多种多样，它们都是人类从各自不同的角度提出来的。这些定义肯定都有它们的道理，但同样可以肯定的是：它们又都是不准确、不全面、不到位的。这是因为，我们对生命的认识本身局限了我们。

按照人类目前的认识水平，生命至少应该定义为：生命是物质的自我觉知。显然，在生命的所有特征中，“自我”是生命的最本质的特征。中外无数学者发表的大量关于生命的解释和定义，只要没能够揭示这一点，就没有抓住生命的本质。根据他们提出的那些定义，不是根本分不清生命和非生命的界线，就是特别容易混淆生命和非生命的区别。

实际上，“自我的觉知”才是生命最根本的特征。这一特点揭示：无论低级的生命，还是高级的生命，它们最重要的一个特征，就是能够觉知自我，同时觉知外部环境。生命的这种对自我和对外界的觉知，就是意识。大家可以把这一条看作“意识”这个概念的最广义的定义。意识的核心是“自我意识（self-conscious）”。意识是生命的属性，意识是生命的最根本的特征。世界上没有离开生命而存在的意识，这是一个非常重要的本体论的基本认知。尽管人们早已经司空见惯地看到：生命即意识，意识即生命。意识随生命而来，意识随生命而去。当一个生命消失的时候，这个生命的自我意识也就随之而消失了。但是，不承认或者不想承认这一点的人很多。从古到今，一直就有人坚定地认为：这个宇宙中存在着超越生命的所谓独立意识；甚至存在着先验的、强大的、超越一切物质、包括超越宇宙本身的意识。可惜的是，他们从来没有拿出过任何科学有效、令人信服的论据来证明他们的观点。

生命的出现，是继宇宙诞生之后最重大的事件。生命是物质的自我觉知。生命出现后，这个宇宙中的物质就有了死物和活物的区别。活的物质有两个最基本的特征：第一，它给这个世界带来了主体；第二，它给这个世界带来了价值。我们进一步分析如下：

每一个醒过来的、活起来的物质，都是一个自我，都是一个独立的主体。它有自己的欲望、诉求和愿景。每一个生命都与众不同。它的欲望和诉求，只是它自己的，不是其他任何别的生命的；只能由它自己来满足，不能由任何其他的生命来代替。所以，每一个生命都以自我为中心，都要求自己说了算，自己为自己做主。每一个生命都不愿意让别人来替自己做决定。

每一个生命最根本的欲望、诉求，或者说冲动是什么呢？就是希望自己是生命，不是非生命。也就是说：每一个生命都想“活”下去，不想“死”掉。为了活下去，它就要了解外部世界、感知外部世界，并且尽可能地获得外部世界、掌控外部世界。因为它需要从外部世界获得物质、能量和信息。显然，每一个生命都需要对外界进行分析、分类和判断。凡是能让它活下去的，就是好的；凡是不能让它活下去的，就是坏的。这样一来，这个世界就有了好坏、有了善恶。也就是有了价值。

在生命出现之前，宇宙中只有客体，没有主体；只有规律，没有价值。也就是说：如果没有生命，这个世界上可以有物质、有能量，有相互作用、相互运动、相互影响。但是，没有意义、没有目的、没有好坏、没有善恶、没有得失。当然，也根本就不会有哪一个元素、哪一个原子，或者哪一块物质发问：我是谁？我从哪里来？我要到哪里去？

只是到了生命出现之后，这一切才出现了。而且这一切都是以每一个生命自己的角度来作出的判断，并没有统一的标准和尺度。生命与生俱来的这种冲动显然就是通过感知外界、占有外界，实现表达自己、张扬自己的一种冲动。所以，我们可以概括一下：生命最本质的属性，最原始的冲动，就是感知外界，表达自我。这也正是意识最基本的活动。请注意，这是一个非常重要的元认知，其重要性仅次于我们上面讲的第一个元认知：关于宇宙第一性的元认知。我们可以把它理解为，它是关于生命第一性的元认知。在后面要讨论的生物界以及人类界的一切变化发展，都是从这个元认知出发的。

小结：由宇宙中发生的第二个大事件，我们得到了第二个元认知，那就是“生命即自我，生命即欲望”。生命是物质的觉醒，生命是价值的确立。生命最基本的属性是意识，意识最基本的活动是感知外界、表达自我。生命是天下动荡的根源，生命是世界存在的意义。

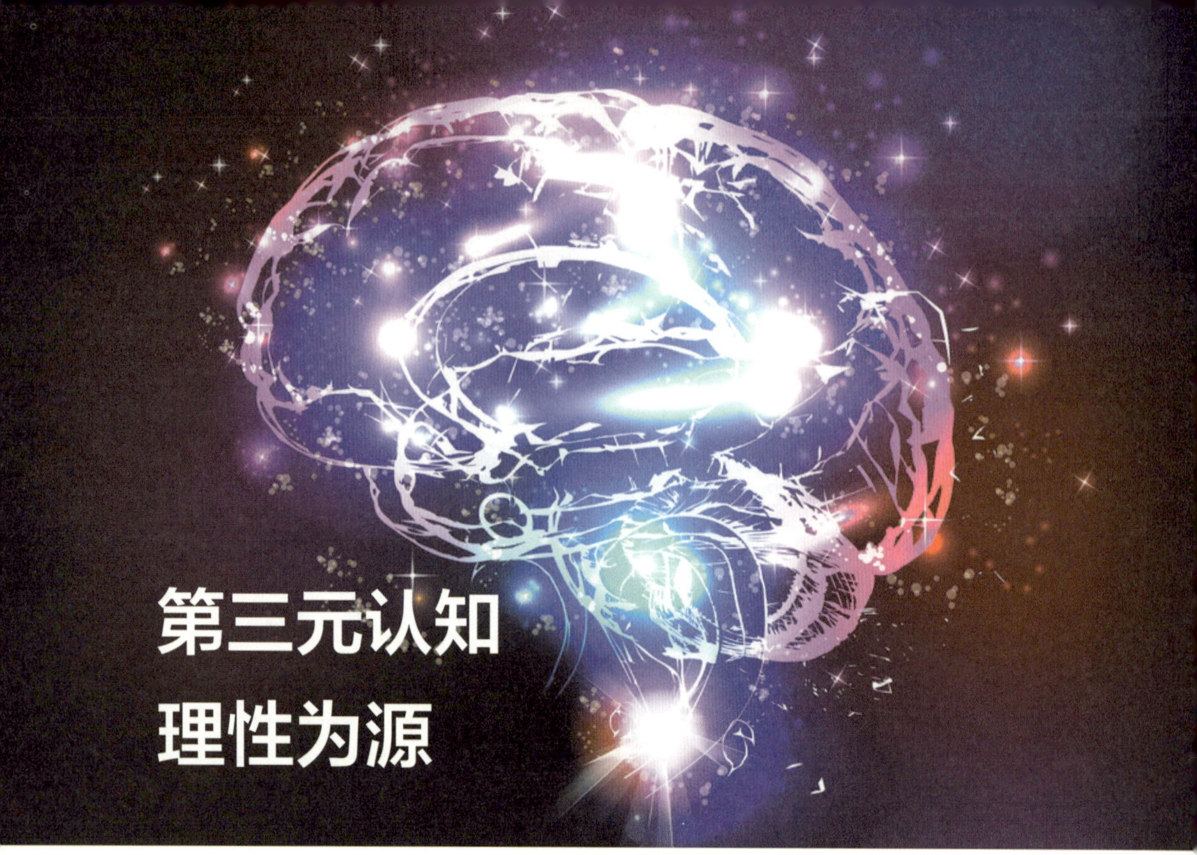

……5 万年前

人类理性觉醒

理性觉醒是人类在自然界胜出的唯一武器

人类通过理性思维发现了自然规律，创造了人类故事

一举登顶走上了挑战上帝的不归路

03 理性觉醒：弱势物种为什么会登顶

大约 300 万年前，由于种种原因地球生物圈中有一支灵长类物种被迫开始直立行走。它们就是人类的祖先。

你认为人类的诞生很重要吗？其实，一点都不重要！从当时看，人类的诞生，只是这个星球上千千万万生命中，又多了一个非常不起眼的物种。作为灵长类动物，我们祖先在基因（DNA）上和大猩猩的基因有 97.7% 是相同的，有2.3%的差异。但是，我们和黑猩猩的基因有98.4%是相同的，只有1.6%的差异。这就是说，从基因上看，我们最亲近的亲戚不是大猩猩，而是黑猩猩。当然，它们也是一样。它们最亲的亲人是人类，不是其他的猿猴。

世界上只有两种黑猩猩，都生活在非洲。一种是通常说的黑猩猩，另一种是倭黑猩猩（也被称为侏儒黑猩猩或波诺波猿）。我们人类，应该算是第三种黑猩猩。我们的祖先大约在700万年前与其他两位黑猩猩兄弟分道扬镳。大约在300万年前完成了“直立行走”这个最基本的从猿到人的活动方式的转变。不过，虽然我们成了“人”，但我们祖先是当时地球上一个相当弱势的物种。选择“直立行走”这样一个进化方向，给人类带来了一些益处，比如视野开阔了，对外界危险和食物的察觉更敏锐了，还解放了前肢，使它变成了灵巧的双手。但同时带来了更多的困难，特别是使女性双腿并拢、产道变窄，导致生育困难，女性难产死亡率大幅度上升，导致最后孩子不得不早产，继而引发育儿严重困难。生物界真还看不到像人类的孩子这么长时间离不开父母，难以长大成熟的后代。此外，直立行走还引发了一系列骨骼、脊柱的变化和其他疾病（如痔疮等）。阿西莫夫说，人类是唯一在正常姿态下会腰酸背痛的大型哺乳动物。所以，直立行走到底有多少合理性颇为科学家们所质疑。有的学者明确认为，人类选择直立行走是没有必要的，是反进化论的。

幼小的猴子会自己用四肢紧抱母亲，一起在森林和草地上迅速移动。但同为灵长类的人的孩子，连这点能力都没有，在很长的时间内只能由父母抱着。这也是人类不得不通过直立行走解放双手的一个重要原因，当然也是父亲不得不深度参与到育儿中来的原因。

当时的人类对付不了地面上大多数和我们同等大小，或者比我们还要小一些的野兽，人类是大型哺乳动物中唯一不得不长期住在树上的物种。从这一点你就可以看出他有多么弱势！人类一直处在地球生物链的中低端，多次濒临灭绝。尽管他们从 250 万年前就开始使用石器，50 万年前就开始使用火，他们表现出了和其他动物完全不同的特点。但是，他们的处境并没有重大改变。只是到了大约五万年前，人类这个弱势物种才突然崛起，并迅速登顶胜出。

说实在的，一个物种登上生物链顶端，不能算特别重大的事件。毕竟，按照物竞天择的自然规律，总会有某个物种登顶胜出的。这里的关键是：

人类的崛起，没有遵守生物进化的规律。人类并没有按照大自然规定的牌理出牌，没有遵从上帝为生物制定的游戏规则，而是自己制定了新的游戏规则，创造了自己独特的崛起方式。

那么，为什么人类就能够公然破坏自然界的游戏规则，公然对抗进化规律，创造出了一条和其他动物都不同的进化和登顶之路呢？这是因为，一切其他动物都主要依靠自己的肢体能力来活动，心智能力只是用来感知外界的辅助手段。但是，人类从直立行走开始，经过 250 万年至 300 万年的发展，突然悟到靠体力不行！靠体力我哪一年才能拼得过狮子、老虎、大象、黑熊呀？我得靠脑力、靠智谋！所以，人类在最应当强壮自己的体格、强健自己的四肢的时候，居然拿出了大量资源供养自己的大脑。

以色列历史学家赫拉利对此挖苦说：弱小的人类竟然不顾死活地把自己的国防经费挪作教育经费！黑熊讲道理讲不过你！把你撕碎一口吃了不完了！但是，人类没有赫拉利那么短视和功利。

在长达 250 万年的时间里，人类坚持发展自己的大脑，使脑容量从和黑猩猩一样的 0.3~0.4 千克，增长到了 1.3~1.5 千克，增长了约四倍。就是这样一颗大脑，给人类提供了今天被我们称为理性思维能力的强大智力。而支撑这种理性思维活动和理性思维能力的关键工具，是人类创造的语言。

语言，特别是口语，始于人类通过向鸟类等动物模仿学习得来的山寨版的声调变化、音节丰富的叫声。为什么人类能够模仿鸟类发出这种非常复杂的声音，而我们的黑猩猩和倭黑猩猩两位兄弟做不到呢？科学家们最新的解释是：人类的某个基因发生了突变，而那些黑猩猩兄弟们的基因没有变。科学家们不但这么认为，而且居然找到了这个基因：它叫 Foxp2 [①]。我认为，英国科学家的这项发现，是诺贝尔奖级别的重大贡献。这个基因不但决定了人类语言的发音，而且决定了人类对这种发音排序的理解（即对语法的理解）。总之，今天的智人（sapiens），由于进化中的一次基因出错，因祸得福地发展出了自己最关键的一项独特能力。这种能力和人类日益复杂的大脑相配合，

---

① Foxp2 基因，即叉头框 P2 基因（Fork head box p2），是控制语言能力发展的基因。人类的 Foxp2 基因位于第 7 对染色体上。在其他许多具有复杂发声能力和发声学习能力的动物，如善于啼叫歌唱的鸟类中也发现了这种基因。当然，鸟类由于没有足够用的大脑，尽管发音功能强大，但它们却不可能创造和理解这些声音的不同含义。更有力的证据是：该基因异常的人会出现先天性的语言障碍，同时并发孤独症。

在十万到五万年前，打造出了自己能够连续、完整表达有意义信息的语言系统。这样，人类就独创了地球上第一套完整的信息符号编码处理系统。

当然，语言系统虽然深深植根于生理基因，但是，它又属于社会化的交流系统，必须在人与人交往与沟通中通过大量学习和练习才能掌握。前面我们已经说过，人类在进化中长期偏重发展大脑，使胎儿的头部远远超过身体其他部位，使孩子不得不进一步早产，否则孕期女性死亡率会更高。人类的这些至少早产八至十个月的非常羸弱的孩子，他们负责语言的大脑皮层正好在出生后才开始发育生长。这样，作为母语的人类语言系统，就会非常顺利地嵌入人的大脑中。

现在我们看到：人类在进化进程中出现的所有错误，都恰好给人类的新发展提供了巨大机会。注意：在进化中出错，在进化中出现基因突变，是人类能成功发展到今天的一个重要原因。大家一定要记住这一条，因为后来人类文明的发展也呈现了这个特点。出错并不可怕，有时完全不出错倒很可怕。

就这样，一代又一代的人类顺利获得了一个超级信息处理传递和复制系统。语言以及其后文字的出现，不但从质上升华了人类的思维，而且直接打通了人和人之间的思维联结通道。从而使人类获得了一切其他生物都根本不具有的“集体知识”（collective learning）和“集体记忆”（collective memory）。这种集体知识和集体记忆，包含了一切遗传基因都不可能包含的极其巨大的信息量，其传输效率也远远高于其他物种遗传基因的传输效率。

人类语言的出现和理性的崛起，还强化了人类的一个非常重要的功能：教育。教育并不专属于人类。从地质第四纪以来的许多动物，特别是鸟类和哺乳类动物对后代越来越负责。它们不像鱼类和爬行类动物那样，只管生不管养。它们不但喂食和哺乳后代，而且都直接给后代传授生活技能和觅食本领。比如：大鸟教小鸟飞翔，大兽教小兽格斗等。这就是最早的教育。从鸟类和哺乳动物出现，这种教育存在的历史应该超过两亿年了。但是，这些动物对后代的教育是出于本能，传授方法也只能通过动作示范，所以传授的生活生存本领非常有限。一切动物的主要生存技能，都是通过自身遗传基因并结合自然选择来传递的。人类在最初时当然也和动物们是一样的。不过，如前所述，通过基因、通过本能和通过动作示范能够传递给后代的信息量非常有限，效率也非常低下。但是，当人类创造了语言、开始有了理性思维后，人类通过语言和思维向后代传递本领的活动，就能够直接传授上面所说的集体知识和集体记忆了。这就构成了人类非常独特的教育。人类通过理性思维产生的对自然的认识，形成知识；人类在理性思维指导下，对自然进行改造的行动变成了技能。显然，知识和技能就成为人类教育的主要部分。这样，人类的教育就大大突破了动物的动作传授和生物基因继承的束缚。人类可以非常直接、非常迅速地把人群中最聪明、最能干的人掌握的知识和技能传授给别人。而这正是任何其他动物都做不到的。其他动物中哪怕最努力、最勤奋、最杰出的那一只动物，比如海鸥乔纳森，它可能掌握了自然界最丰富的知识，掌握了飞行的最高超技能。但是，它无法传授给其他任何一只海鸥。因为它们没有语言这种信息传递表达工具，它们也没有理性思维这种接受和深刻理解他人传递过来的信息的能力。

> 高效的语言系统，亦即信息符号系统，它的出现导致了人类理性觉醒。而人类的理性思维能力及其成果又通过语言迅速被记忆、积累、叠加、改进和广泛传播，从而促进了人的集体学习、交流和整体提高。其效率远远高于生物基因的传承。

人类可以迅速地把知识和技能传授给别人。一代人可以迅速地把知识和技能传授给下一代。一个人的知识和技能可以和其他人的知识和技能叠加。一代又一代人的知识和技能可以积累和总加在一起。这样，人类就不再是单个的人，而是以一个群体，甚至以一代又一代人叠加的人群的智慧和能力，来面对社会，面对自然。

就这样，人类仅仅依靠和黑猩猩那极其微小的 1.6% 的基因差别，走上了和一切动物不同的、反常规生物进化的“叛逆之路”。人类的这种特立独行，终于在五万年前大爆发。现代考古发现证明：从那时起，人类开始了“大跃进”！在毫无征兆、毫无预警的情况下，人类突然迎来了自己能力的突飞猛进。

具体地说，理性思维能力让人类完成了两项划时代的、创世纪的、任何其他生物都没有能够做到，甚至不可能想到的最重大的任务：

第一，发现宇宙真相，发现自然规律；

第二，创造自身故事，制定自身规范。

理性思维是生命发展到高级阶段的产物。当然，它并没有改变生命的基本属性。我们前面说了，生命最基本的冲动是感知外界、表达自我。那么，理性思维就是生命对外界更深刻的感知；就是生命对自我更张扬的表达。显然，能够发现外部规律，同时创造内部故事的生命，就不再是普通生物，而是掌握了高维能力的生命，我们可以简称其为高维生命。

人类对宇宙真相和自然规律的发现，让我们开始征服了自然力量、掌握了自然力量，把自然的一部分力量转化为我们的心智能力和肢体能力的延长。人类对自身故事和自身规范的创造，则成为人类自己组织管理协调整合自身力量的手段，它使人类能够集聚成为规模超乎想象、合力更加超乎想象的强大社会组织。

理性觉醒是自宇宙创生、生命诞生以来，地球上发生的第三个最重大的事件，是人类获得一切力量的源泉。它让人类得到了挑战和改变原有生物进化规律的力量，让人类获得了至高无上的地位。但与此同时，需要引起注意的是人类登顶速度太快。像狮子、老虎这些昔日的万兽之王，它们严格遵循自然法则，通过改变自己的基因来登顶，至少用了 2 500 万年以上的时间；而人类并没有改变自己的基因，只是通过自己的智力和理性，竟然在 5 万年内、最多用了不到 10 万年，就突然崛起。对于喜欢用亿年作为时间单位的宇宙来说，这速度超过了闪电！人类的这种异常快速登顶，让大自然猝不及防，让百兽万物目瞪口呆。亿万年形成的自然环境，也被人类在一个很短的时间内就完全改变了。这一切最终将会给自然界和人类本身带来什么长远的影响，我们现在还不能完全看清楚。但是，对人类来说，无论如何，他依靠自己的理性觉醒，一举登上了地球生物链的顶端，并走上了一条挑战上帝的不归之路。不管前面是什么命运，人类只能沿着这条路前行……不再有任何回头的可能。

小结：由宇宙中发生的第三个大事件，我们得到了第三个元认知，那就是“理性觉醒是人类改变规则、弯道超车、弱旅逆袭的唯一武器”。人类通过理性思维发现了自然规律，创造了人类故事，使人类一举登上地球生物链的顶端，走上了挑战上帝的不归路。

……1 万年前文明出现了

文明是人类创造的独特生存发展方式

人类对外部规律的探索和对自身故事的创新

推动了文明演进

恪守文明和突破文明是人类进化的主要方式

文明走势具有不可逆的方向性

04　文明演进：人类世界将会走向何方

掌握了理性思维能力，开始掌握宇宙和自然的规律，同时编写自身规则的人们，终于超越了其他一切生物，创造出自己的生存方式。这种生存方式完全不同于其他一切动物的生存方式。

上帝和大自然的规则是：物竞天择，优胜劣汰，适者生存。达尔文说：你要活下去，你就要适应自然，就要跟随它的变化而变化。一切生物都是这样做的。它们完全服从自然界，它们不断改变自己来适应变化的自然界。

比如，冬天来了，天气变冷了。对动物来说，怎么办？它们绝对不会去对抗这个“天”、指责这个“天”，而是自己长毛，全身长出厚厚的毛茸茸的长毛来。如果天再冷，有的动物还会降低自己新陈代谢的速度，躲到树洞里去冬眠。也有的动物会飞，它们就飞到温暖的地方去。总之，都是改变自己来适应自然。这些是一切生命的常规做法，是一切动物的本能。

唯独人不同。人类不那样做。在冬天，人类不长毛、不钻洞、不冬眠、不逃跑！人类是给自己缝一件衣服，把别的动物的毛皮剥下，做成皮袄穿在自己身上；他们还盖房子、砌火炉、烧暖气……创造了一个适应人类自身的舒适的人造小自然。到了夏天，动物开始脱毛换毛了，人类也不脱不换自己可怜的小毛毛，只是把穿在身上的其他动物的毛皮脱下来；还在房子里开电扇、安空调、放冷气……又创造了另一个舒适的人造小自然。

人类，是所有动物中，唯一采取这样一种生活方式的动物：他不再接受上帝制定的进化规则，不再改变自己的基因。反而要去改造自然界，要让自然界来适应自己。

人类的这种和动物完全不同的生存方式，被人类自己称为：文明。所谓人类文明，就是人类创造的生存方式的总和。

人类为什么能采取这种独特的生存方式？就是因为人类有了理性思维，并通过理性思维形成了我们之前详尽论述过的两种独特的能力：第一，发现规律；第二，编写故事。

人类发现规律的过程，是一个渐进的过程，是一个不断深化的过程，是一个漫长跳跃、突变而无止境的过程；人类编写故事的过程和发现规律是相应的，同样是漫长跳跃、突变而无止境的过程。所以，人类文明的演进也会像滔滔的大江大河一样奔流不息而无止境。

人类不断发现宇宙、自然和历史的真相，找到科学的规则和规律，以获得顺应自然、掌控自然，顺应人性、掌控人性的力量。同时，人类又不断编写自身的故事，创造自身的规则，形成共识，让人类和其他野兽及其野性保持严格的界限和区别，让人类群体得到凝聚，最终也就是让人类掌握的自然规律和技术技能得到更充分的发挥。这就是人类文明产生和存在的理由。

总之，自从文明出现之后，文明就不但成了人类社会的标志；而且成了人类社会演进、发展和变革的力量。从此，人类自身的进化，就不再是主要依靠基因的改变，而是依靠文明规则的改变和社会制度的发展。文明取代基因，成为人类进化的主要方式。

尽管人类最初的能力也来源于基因演进；但是，人类通过认知的飞跃，通过发现规律和讲述故事来实现自己的目标后，人的行动能力就大大增强了。而且，由于规律和故事能够迅速改变人类的基本状况，从此人类就不再爬行于基因演进的慢行道，而是奔驰于文明演进的高速路。从此，这个宇宙中就出现了一种非常奇特的生物，他的进化不再依靠自然赋予的基因变异，而主要依靠自己头脑中对规律的认识和对故事的创新。这就使这种生物——人类的进化速度一下子达到了令人眼花缭乱、头晕目眩、不可思议的地步。人类不但把地球上所有的生物都远远甩在了自己的后面，甚至野心勃勃地企图挑战和征服养育了他的宇宙。

文明取代了基因成为人类进化的主要方式

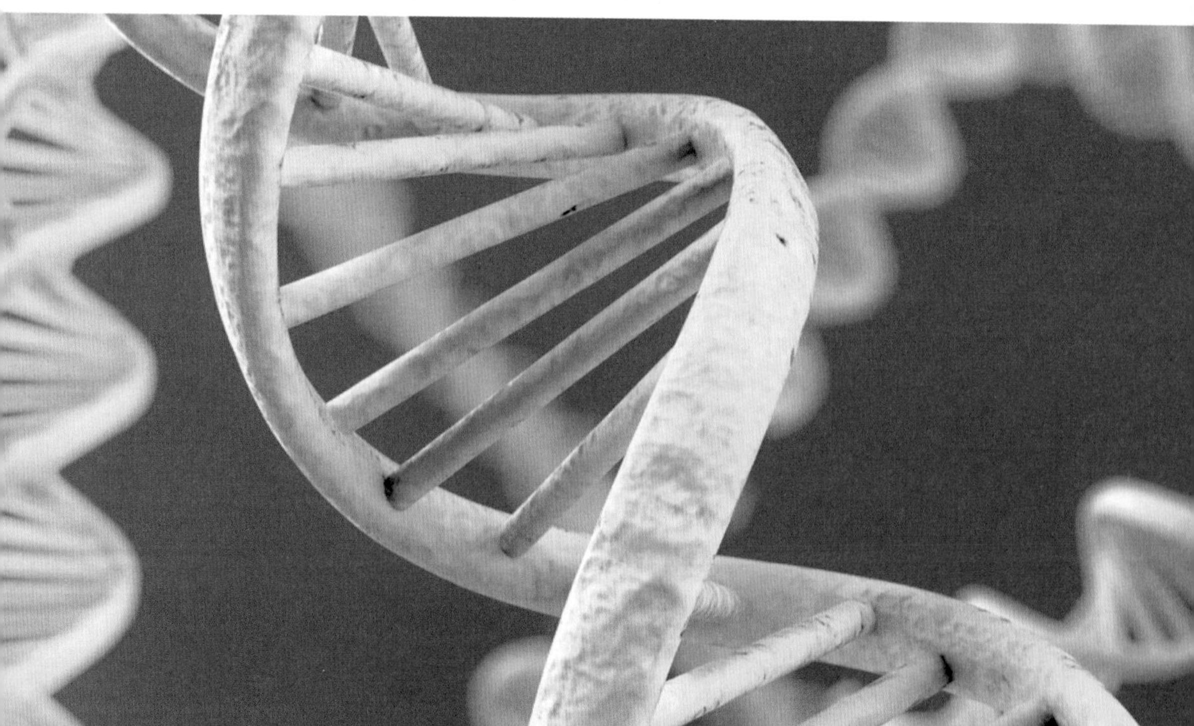

当然，文明本身也需要不断进步。随着生产力的进步，旧的、过时的文明和秩序会阻碍人类理性和技术的发展。到了那个时候，突破旧文明、创造新文明的时机就出现了。所以，人类社会一直是在恪守文明和突破文明的矛盾之中寻找平衡。

和一切生物的发展是非常多元的一样，人类的发展也是非常多元的。生物的多元化是通过基因变异实现的，而人类的多元化则是通过文明变异实现的。20 世纪初期研究人类文明的最重要的学者，英国历史学家汤因比曾概括总结出了人类社会先后存在过 31 种文明，并对之进行了非常深刻的分析，提出了文明发展的一系列特征和规律。而 20 世纪末的政治学家亨廷顿则提出：文明的冲突，超越一切政治、经济、文化、宗教和意识形态的冲突，正在成为人类社会一切冲突的根源。他的一些预言现在看来不无道理。所以对世界上不同文明的研究，是当前人类面临的重大课题。而在人类各种文明相互理解、相互包容的基础之上，建立起人类命运共同体，是今天人类避免自我毁灭、并毁灭地球生物圈的最紧迫的必由之路。

从文明的最高层次看，也就是说，从人类自己创造的秩序、规则和制度的最高层次看，人类的全部历史可分为三个阶段：原始社会、农耕社会、工商社会；同时可以分为两个文明：农业文明和工业文明。当然，人类即将进入未来社会，同时，也将创造未来文明。

历史本来是人类争议最大、最难形成共识的领域。但是，对于人类包括未来在内的全部历史的这四个阶段、三个文明的划分，今天无论东方西方、中国外国，几乎所有主流历史学者对之竟然都高度认同。这是一个挺有意思的现象。

当然，世界的发展是如此不平衡。一直到今天，原始的游猎采集社会形态、古老的农耕养殖社会形态，以及现代的工商产业社会形态，几乎同时存在着。全球大多数学者也都强调这些社会形态没有高低贵贱、文野优劣、上下好坏之分。但是，从实践的角度观察，文明确实是有方向的，也就是说，无论在世界上哪个区域、哪个部落、哪个民族，文明总是基本沿着从原始游猎采集、向农耕畜牧养殖、向现代工业产业，最终向未来文明的方向推进，而不是相反。

社会发展到今天，至少对绝大多数人来说，生产效率的提高，个人财富的增长，个人自由的扩大，特别是人们遭受暴力侵犯的减少和消除，人们忍受繁重劳动、艰苦工作和恶劣环境折磨的减少和消除，甚至包括个人不得不从事的必要劳动时间的减少等，应当都是文明发展的重要指标。如果人类的幸福感和快乐感不好度量，至少人类对痛苦和折磨的感觉是相同的。许多研究表明，人类从原始社会到农耕社会，再到工商社会，世界确实是这样变化的。人类享有的自由和财富等该增加的东西，一直都在增加。人类遭受的暴力和折磨等该减少的东西，一直都在减少。所以，人类的历史在进步，人类的文明有方向。但是，没有证据表明文明一定是不可逆的。事实上，人类历史的反复和倒退，低维文明一度战胜高维文明的事例也并不少见。所以，我们不能把复杂的历史看简单了。

小结：由宇宙中发生的第四个大事件，我们得到了第四个元认知，那就是“文明是人类创造的完全不同于动物的生存方式和发展方式”。人类对外部规律的不断探索以及对自身故事的不断创新，推动了文明的演进发展。恪守文明和突破文明是人类进化的主要方式，文明走势具有明显的方向性，但这并不意味着文明的进程完全不可逆。

总论二

五重天：人类历史是如何演进的？

MEDITERANEO
CANARIE
North
South
CAPO. DE. BONA. SPERANZA

01　原始时代：前天的智人凭什么胜出

时间：300 万年前—1 万年前

原始社会持续了大约 300 万年，占了人类全部历史 99.5% 以上的时间。现在几乎所有的考古发现都表明，人类起源于非洲东部，并长期生活在那个地方。作为一个新物种，作为第三种黑猩猩，人类起初和其他灵长类生物，包括自己的两位黑猩猩亲兄弟的主要区别就是直立行走。但是，后来的区别就越来越大了。

在原始社会开始时，人类在地球生物圈中的地位非常低下，在广阔草原和密密丛林中艰难求生。生活来源主要靠采集野生植物根茎果实，同时猎杀野生动物。所以，那个时代也被叫作采集狩猎时代。事实上，当时人类也只是野生动物中的一种。你想猎杀别的动物，人家也想猎杀你！所以，在这个过程中，人类也不断被其他野生动物所猎杀。那时人类没有任何超越自身非常有限的肢体能力的其他力量，完全遵循大自然的丛林规则。那是人类异常艰苦的一个时期，曾多次濒临灭绝。人数最少的时候，只有几千人；多的时候也才十几万人。即使到了原始社会的后期，人类逐步掌握了生存的主动权，人口增长一倍也需要用一万年的时间。那时，陆地上到处奔走着数量比人类多得多的各种大型野生动物。它们远比人类凶恶、残暴、敏捷，精于格斗、长于搏杀、善于捕食。人类苦苦挣扎着、坚持着，要活下去只能以命相搏。不过人类终于还是挺过来了。

人类从直立行走开始，解放了双手，专门用来和其他野兽搏斗。但是，人的手不仅力量不算强大，手上的爪子也远远谈不上坚硬锋利。情急之中，他们会很自然地抓起随手可得的石头来帮助自己攻击野兽。久而久之，石头就变成了人类不可分离的一个部分。每天用石头而不是双手双拳来对付野兽和采集果实的人类，逐步掌握了把石头打制成像斧头（可惜就是没有把手）那样的精良装备的技术。考古发现，人类从 300 万年前就开始普遍使用石器。而从 176 万年前开始，一种叫阿舍利手斧（Acheulian Handaxes）的精细打制的石器，就成了非洲几乎每个原始人的标准配置。无把儿石斧就是人的拳头、指甲和牙齿的延长，它弥补了人类肢体能力的不足。这个看似偶然而奇特的现象，后来竟成了这个物种的一种主要生存方式——依靠工具的生存。

阿舍利手斧集中体现了人类在旧石器时代的工具制造水平。阿舍利手斧的使用非常普遍。几乎人人都有、人人都用，人手一把、斧不离身。而且这种石器被人类使用了近两百万年，它成为人类这个非常弱小的物种在东非广阔的大草原上对付无数恶禽猛兽、艰难生存下来的重要保障；也是后来人类能走出非洲、走向全球的护身利器。现在在全世界各地，包括中国，都发现了数量巨大的阿舍利手斧。

人类长年对石头的使用、打磨、加工、制造，不但大大训练了人手的灵活敏锐，更重要的是训练了人的大脑。“心灵手巧”就是这个意思。人类通过自己解放了的手，特别是通过用手对石器进行的加工打造，对整个外部世界有了和其他动物根本不同的认识，也使人类最终走上了和其他动物根本不同的进化道路：简单地说，其他动物都是靠改变、改良自己的生物基因，而人类则选择了改变、改良自己使用的工具。阿舍利石斧就是人类创造的第一个重要的工具。

大约 50 万年前，人类学会了使用和掌握火，这又是一个重大突破。地球上没有任何其他动物能做到这一点。火是人类掌握的第一种自然界的非生命能量。想想吧，火对于古人，就像电对于我们一样重要。火不但能击退、吓退野兽的进攻，还能提供温暖、提供照明。更重要的是，火能煮食物，能把许多过去不能吃的植物根茎叶和种子果实，以及动物的骨头皮肉，都变成能吃的熟食。熟食使得食物容易消化，从而减轻了肠道的负担，减少了肠道的尺寸，使人类有可能向大脑提供更多的营养和能量，大大加快了人类大脑的发育。

当然，正如我们在前面说过，石器和火并没有从根本上改变人类的命运。考古研究的所有证据都表明，人类只是到了 5 万年前才一举崛起、突然登上生物圈顶端的。那是因为从此时开始，人类有了成熟的语言，发展出了强大的理性思维能力。这样，人类就开始拥有了制造更先进的工具以借助自然力量的能力；同时也拥有了对自身族群的更强大的沟通、组织、协调和指挥能力；具备了以班、排、连的队形集群作战，猎杀大型哺乳动物的能力。此时，人类开始冲击食物链顶峰。人类的想象力和创造力也开始大大萌发，这一点可以从原始艺术作品的诞生得到证明。从此人类的狩猎和采集技术开始迅速提高，在使用暴力征服其他生物方面逐渐占据了绝对优势。

在原始社会后期，在人类正一步步从生物圈登顶胜出的同时，发生了一件非常有意思的事情，就是我们的祖先在完全不拥有任何行走技术和代步工具的情况下，居然单凭着自己的双脚，就离开了非洲，一步一步地、一波一波地、一浪一浪地走向了世界，最终居然还走遍了全球。人类在这一过程中实现了自己的全球大迁徙。

宽阔平坦、温暖宜居、物产丰盛、土地富饶的非洲，肯定是原始人类最理想的家园。但是，人类为什么会在自己开始变得强大时突然离开非洲、走向了世界各地呢？这个道理其实很简单：这就是人类通过理性觉醒变强大后的一个直接后果。人类越来越聪明、越来越狡猾，理性的觉醒使人类获得了强大的认知力量和组织力量。同时，人类用石器制作的新工具也越来越精良。人类采集和狩猎的技术水平呈指数增长。这样，人类获得的生活资料就越来越多，而且不太容易被其他动物吃掉。原始人的人口数量开始迅速上升。在狩猎采集时代鼎盛的时期，人口曾达到 100 万以上。

但是，世界上大部分动植物不可能直接给我们人类提供生物能量。因为，绝大多数野生植物是不能吃的。比如自然界中产出最多的绿草、树叶、树枝和树干等，人类根本消化不了。就算是植物的根茎和果实，有些根本没有营养价值，还有些有毒。再比如人人都知道有几百种蘑菇会致人命亡，几十种野杏仁含有杀手级的氰化物，安全而富有营养的野生植物品种很少。至于野生的动物，多数小动物会躲藏、捕捉困难；多数大动物比我们厉害、捕捉有危险。所以，那时人类能吃的主要是昆虫，或者等着吃凶猛的老虎狮子吃剩的东西。

总之，原始人每天需要在很大的一片土地上长时间地搜寻、采集和猎取食物，才能够勉强养活自己。据有关专家测算，在原始社会养活一个人需要高达 1~10 平方千米的土地。而原始人口的迅速增加，使得非洲辽阔的草原和丛林都承载不了供养人类的压力。这就必然导致原始部落之间发生尖锐对立和冲突。最终迫使在冲突和战争中失利的一方不得不离开家园，去寻找自己活动的新疆界。这样，人类就不得不一步步离开非洲老家，走向欧洲、走向亚洲、走向大洋洲和南北美洲。最终，人类走到了除南极之外的每一块大陆，实现了人类历史上第一次辉煌的全球化大迁徙行动。听起来这是多么伟大的壮举啊！但是，我们一定要明白，这件事的后面包含着多么沉重的艰辛和无奈。

人类曾多次走出非洲。但是，作为非洲智人，他们最后一次走出非洲，正是在距离今天五万年前，也就是现代人类真正开始崛起之时。这时，人类尽管还只是拥有石斧、标枪、弓箭和火，但是，他们的语言已经完善，智慧已经达到高维程度。也就是说，他们通过谋略来捕杀陆地上的大型哺乳动物，其效率已经远高于老虎和狮子。当然，在非洲和人类长期共处的野生动物，绝大多数也都了解了这个看似不起眼的物种拥有着可怕而高超的猎杀它们的本领和手段。所以，它们在遇到人类时都能够迅速逃离或者躲藏起来。这样，我们看到，在非洲只有大约 15% 的大型野生动物遭到了灭顶之灾。可是，当这些两条腿直立行走、看似温和柔弱的怪物来到欧洲时，欧洲的大型动物对他们的警惕性就差多了。结果是：欧洲的大型动物至少有 40% 灭绝了，亚洲的情况和欧洲差不多。

真正的悲剧发生在澳大利亚和南北美洲。这几个地方由于隔着大海，所以人类去那儿是很费了一番气力的。不知道我们的古人祖先是什么时候学会造船的，也不知道他们那时造的船什么样子。但是，在 4 万年前，他们就登上了大洋洲。后来，又在 1.2 万年前跨过了白令海峡，用短短两千年时间横扫了南北美洲新大陆。澳大利亚和南北美洲所有的野生动物，过去都没有和人类打过交道，完全不知道应当如何对待这些看似力单体薄、温良无害，其实心狠手辣、招招致命，猎杀其他生物的技术非常精湛的“恐怖魔头”。所以，仅仅在三四千年内，在这两大区域，90% 以上的大型野生动物都被人类杀光了。其中包括大洋洲的巨型袋熊、袋狮和袋鼠。这种袋鼠和今天的完全不一样，它身高 2 米多、体重 200 多千克。还有体重 2.5 吨的凶恶双门齿兽，估计它们当时都没拿正眼看过人类，它们也很快就灭绝了。美洲的野生动物遇到人类的时间要更晚一些，所以命运更悲惨，因为人类的杀戮技术又提高了一大截。美洲的长毛象（又叫猛犸象）、乳齿象、剑齿虎、犀牛，还有重达 8 吨、高达 6 米的巨型地懒等，很快都灭绝了。美洲本土的野马、野骆驼根本没有得到驯化的机会，它们甚至连向人类表示崇拜、敬意和屈服的机会都没得到，就遭到了种族灭绝式的清洗屠杀。

同样不幸的是，在我们的智人祖先这一次走出非洲的征途上，他们也杀光了过去上百万年来多次从非洲分布到世界各地的人属（Homo）中的其他所有人种，也就是我们的叔伯兄弟姐妹。比如身材特别高大健壮、脑容量比我们智人还大的尼安德特人，又比如身材特别矮小、只有1米左右、像霍比特人那样的印尼弗罗勒斯人，还有一直被我们看作中国人自己的祖先之一的山顶洞人……还有罗德西亚人、能人、匠人，等等。现在，在整个人属中，只有单一的智人这一个人种。

对于这两大公案——对野生动物和其他人种血腥的种族灭绝式的大清洗、大屠杀，现在我们并没有获得直接的证据。但是确实智人有最大的嫌疑。因为，恰恰就是在他们所到之时和所到之处，那儿的几乎所有凶恶的大型食肉动物和温和的大型食草动物都消失了；原本生活在那儿的其他人种也都消失了！这难道不就是所谓的“智人出征，寸草不生”吗？

事实上，有的考古学家和古生物学家一直不相信会发生这样的事情。包括中国一批科学家曾坚持，中国人是从我们当地的猿人中发展而来的。但是，后来经他们在全国各地取样数万例的基因检测，最终还是证实了，中国各地人种的基因和非洲智人的基因都完全吻合。显然，曾经在中国各地生活过的各种古代猿人，最后都没能够存活下来。

现在看来，在一个资源有限、完全封闭的、生物宜居的空间中，只能容纳一种像人类这样的高维物种独占优势的存在。如果开始时不止一种，他们最后也会互相残杀到只剩一种。至少，这是根据我们在地球上的历史经验总结出来的自然法则。

从这个自然法则我们至少应该推论出以下两条：

第一，要让全地球人都知道，我们人类就已经是那个登顶的唯一智慧理性物种了！我们不能再互相残杀了！我们完全应该是一个共同体，同甘苦、共命运！我们没有必要、也不可能再承受互相残杀的后果了！

第二，人类面对的非常紧迫而重大的新问题是：我们要不要再培育出一个强大的、拥有高级智慧和高维能力的理性人造生物来？因为按照这个法则，一个星球上只可能容纳一种占统治地位的理性物种。那么我们如果培养了又一个像我们自己这样的新物种，最终肯定会置人类于非常危险的境地中。我们人类需要这样做吗？大家显然都能看到，创造比人类更强大的物种的野心又是人类心底深处不可遏制的冲动，我们能阻挡得了这个新物种的出现吗？

关于这两个问题，我们在后面还会讨论。

在这漫长而苦难的历程中，人类曾经太弱小了，连做梦都没想到过自己有一天会在自然界称王称霸。在很长时间内，人和自然界、特别是和各种动物的关系是平衡的。所以，当原始社会后期，最早的人类文明的萌芽出现的时候，人类所有的原始信仰都是泛灵论信仰，承认万物皆有灵，并把万物之灵当作我们自己的神来崇拜。我们中国人至今把自己看作十二种动物（包括想象出来的虚拟动物）的后代，其他民族也是这样。伊本·法德兰在《伏尔加保加尔游记》中写道："我们来到突厥部落，看见有一些人在崇拜蛇，另一些人在崇拜鱼，还有一些人在崇拜鹤……"这些都是远古时代人类意识的真实反映。毕竟在原始社会的绝大多数时间内，野生动物占据着绝对优势。人类通过万灵论的宗教和以动物为图腾的崇拜，表达了那时人类希望争取到和其他动物处于平等地位的强烈愿望。作为原始萌芽文明最主要的组成部分的原始宗教，一直希望能弥补人类难以遏制的野性。这种野性主要表现为：

猜疑恐惧。人类在登顶过程中，由于自己先天的弱小，遇到过太多的灾难，所以，对外界充满不信任和不安全感。对外部世界的猜疑和恐惧，一直是人类心理的主色调。

嗜血嗜杀。人类在登顶胜出的过程中，由于所处环境的恶劣和资源的匮乏，遇到过太多的暴力冲突。人属中的大多数人种，都有过吃掉同类的食人历史，至于为了族群或部落的生存，抛弃甚至杀戮老人和儿童也时有发生。更不用说，对其他生物物种无节制、无底线地屠杀和清洗。这种嗜血嗜杀的倾向，也长期影响着人类。

抱团排外。远古时代的人类作为一种群居的生物，其安全感就在于回到自己的小家庭、小族群、小部落中。所以，排外、抱团、封闭、保守、怀旧，也成为人类的一种天性。一遇风吹草动，这种基因就会暴露无遗。

当然，这并不是说，人类没有善良的、光明的基因。善待同类，团结友爱，人人平等，四海之内皆兄弟……这些认识和行为，也是人类从原始基因里就有的东西。但是，人类是典型的双重标准者，人类是严重的内心冲突者。“尊重朋友”和“消灭敌人”对人类来说，都是天经地义的事情。在同一个人身上，你看到他对亲人、朋友、同胞的彬彬有礼、满怀热情；同时，他也具有对敌人的残忍凶狠、冷血无情。如果你同时看到这两个方面，可能让你几乎无法相信这会是同一个人。但事实上，几乎没有多少人认真想过：“四海之内皆兄弟”和“非我族类、其心必异；非我族类、虽远必诛！”这两句话有什么严重冲突。几乎每个人都是心安理得地同时接受这两种完全对立的观念。不是吗？

现在人类早已走出了远古的原始小部落状态。人类需要不断发展自己的开放心态、广阔视野和进取精神，人类需要认真改变自己习惯于双重标准的毛病，与自身固有的狭隘、偏执倾向作斗争。这将是人类的一个长期任务。

戴蒙德在他的著作中坚持说，人类的双重标准是从鬣狗那儿继承来的；而人类的那些嗜血嗜杀的魔鬼基因，是从黑猩猩那儿遗传来的。别看黑猩猩不是标准的肉食动物，但它们经常猎杀其他动物，包括羚羊、猴子和其他稍微大一点的小动物。许多时候，它们并不是由于饥饿，它们周围有的是水果，它们仅仅是为了开荤，也就是换个口味。由于它们有熟练的集体狩猎技术，捕杀目标的成功率早已远高于狮子、老虎。更恐怖的是：它们会有预谋、有组织地袭击、杀害和吃掉同类。而且，割头砍肢、敲骨吸髓。

其他哺乳动物也有杀害同类的，但不会是群体行动，都是单个的个体行为，目的也往往是争夺地盘或者伴侣。不像黑猩猩这样恐怖，目的直接就是为了吃掉同类。黑猩猩的同类相残相害的比率，比其他大型哺乳动物高八倍。不幸的是，它们的这些凶残本性、黑暗基因都留给了人类。所以，尽管现在全世界人民都强烈表示热爱和平，但是，戴蒙德悲观地说，要在人间消灭战争，几乎没有可能，除非我们进化成另外一个物种。

我并不同意戴蒙德的观点。从历史事实看，人类之间的战争尽管一直没有完全停止过，人类相残相杀的比率却一直在迅速下降。对全球大多数人来说，今天这个世界比历史上任何时期都更安全、更和平。我们在本书最后一章会讲到，在一种特定的情况下，人类之间的战争会完全停止下来。

小结：人类的原始时代，始于一个弱小物种以命搏命、艰难求生。但是，后来由于人类理性的突然觉醒，创造了语言，形成了理性思维能力，获得了集体知识和集体记忆。使人类从自然那里获得了超越自身的强大力量，也使自身的社会组织协调能力极大增强。最终其中的一支——智人见妖杀妖、见怪除怪，剿灭异类、手足相残，击败了所有对手，在地球生物圈登顶胜出。

一个属于亚洲的时代
社会分裂，帝国胜出
用经验技术和感性技术征服部分生命物质

02　农业时代：昨天的帝国为什么崛起

时间：公元前 8000 年 — 公元 1750 年

在离非洲不远的欧亚大陆一个叫中东的地方，有两条水量充沛的河流，一条叫幼发拉底河（Euphrates River），另一条叫底格里斯河（Tigris River），它们奔腾不息地冲积环抱着一大片富饶肥沃的土地，人们管它叫美索不达米亚（Mesopotamia）。多好听的名字呀！其实，它的意思就是两河之间的土地。很显然，走出非洲的原始人类，首先到达的就是这一片土地。从这儿，向西通往欧洲，向东通往亚洲。这里是联结欧亚大陆的枢纽。大约在一万年前，我们那些走出非洲后一直游荡在山野丛林草地上的祖先们，受到这片沃土的召唤，决定在这里定居下来了。他们的这个决定，让一万年前的这一时刻，成了人类历史上的一个关键时刻。此时此刻，全人类站到了一条非常重要的起跑线上。

从这一地点、这一时刻开始，我们的祖先史无前例地在这里创造出和过去的狩猎采集方式完全不同的另一种生存方式——农耕畜牧方式。他们不再单纯去捕杀野生动物，而是把其中比较温和、比较听话的动物圈养起来；他们也不再单纯去采集野生植物，而是把其中人类能吃、爱吃的少数植物种植在人类开垦过、河水灌溉过的土地上。经过许多年的努力，地球上的动物和植物中，出现了按照人类的意愿，被人类培育和驯化出来的新物种——农作物和家禽、家畜。就这样，今天被大家叫作农业的生产方式就形成了。

农业在两河流域的兴起，农作物和家禽家畜的出现，标志着人类已经有能力按照自己的意愿来真正改变和创造自然物了。现在大家看得很清楚，那些所谓被培育、被驯化的植物和动物，它们可不是简单地发生了外在的变化，而是从根本上发生了内在的改造。实质上就是：它们的基因改变了。

比如狗是人类驯化的第一种动物，正如印第安人所说：正因为有了狗，我们才成了人。而狗的祖先是狼。狗显然是狼中的叛徒。它们叛变了自己的祖先，归顺了人类。而且，这种变化不是某一只狗一时的改变（这叫驯服），而是这个物种世世代代的改变（这叫驯化）。这种改变是根本性的，是最深层次的，是基因级别的。现在，狗和狼的差别就是基因的差别。狗的基因中加入了和人类和谐共存、亲密共处以及生存互补的基因。比如，狗从来不和人类争食，它们只吃人类吃剩的食物，人类吃肉它们吃骨头，甚至还吃人类的废弃物。而且作为原来的食肉动物，它们变得也能接受淀粉类食物，变成了杂食动物。狗和它的子子孙孙永远忠于人类，甚至比人类的亲人和朋友还忠诚。而且，为了适应人的不同需要，狗变成了许多完全不同的品种。有的身材非常高大，有的非常小巧；有的跑得快，有的跑不动。而狼则永远不会有这些变化，也根本不可能被驯化。其他动物，比如从野马驯化出来的马，从野牛驯化出来的牛，以及从野羊驯化出来的山羊和绵羊，从野猪驯化出来的家猪也都是这样。它们都从基因上发生了根本变化。

当然，植物也是这样，它们的基因都发生了改变。最让科学家们感到惊奇的，是美洲印第安人对玉米的培育和驯化。因为，就其他植物来说，比如，对于大米小米、大麦小麦，今天我们仍然能够在野生植物中找到和它们非常类似的祖先。可玉米根本就没有这种祖先。和玉米最接近的那种草本植物，是一种叫大刍草的山草，其营养价值非常低，所含碳水化合物比重特别少。能把那种植物培育成玉米，许多科学家认为，这绝对是早年的印第安人创造的诺贝尔奖级别的成果，是不可思议的重大贡献。

事实上，人类是在创造了新的物种——家禽、家畜和农作物之后，才真正使自己和其他动物完全分离开的。所谓农业，就是人类对地球上有生命物质的第一次成功的征服。农业时代生产力的本质就是：驯化生命。从这时起，人类才真正到达了地球生物链的顶端。人类才真正成了人类。人类也才真正有了自己的文明。所以，从这个意义上，我们可以把两河流域，也就是美索不达米亚那个地方，看作人类文明的起源之地。在圣经上，这个地方叫作伊甸园（Garden of Eden），包括基督教在内的许多宗教都认为，人类就是从这儿走出来的。

从历史上看，农业的兴起首先发生在两河流域。按照历史学家克里斯蒂安的观点，就是因为，在那个时代，美索不达米亚正好处于全球交换网络中心。当时的所谓全球，主要也就是欧亚非。因为那时海平面上涨，美洲（还有大洋洲）完全孤立了。欧亚非大陆上的人，早把美洲给忘光了，更不用说还能记着那儿住着人类的兄弟姐妹。所以，联结欧亚非的中心，就是世界的中心。这个地方同时也就成了全球创新中心，最重要的家禽家畜和农作物，都是在这儿驯化和培育出来的。当然，随后农业也发生在尼罗河流域、印度河流域和黄河流域。古代文明产生的这四大流域都在亚洲，所以，这个时代是亚洲的时代。河流和土地是农业时代最重要的基础设施。凡是有良好的河流和优质的土地的地方，就成了人类文明的发源地。由于两河流域、尼罗河流域和印度河流域一直就有人口的相互迁移、交流甚至战争，所以他们的农耕技术是互相学习得来的，其源头都在美索不达米亚。而中国黄河流域的农耕技术基本上是这儿的人们自己独立创造的，毕竟中国离中东相当遥远。

在中东地区，人们培育了小麦、大麦、豌豆等植物，驯化了绵羊、山羊和牛、马等动物；在黄河流域，人们培育了大米、小米、高粱和黍稷等，驯化了猪、蚕和中国狗；非洲培育了非洲稻和咖啡。而驴和猫以及无花果和铁荸荠则是在埃及驯化的；芝麻和茄子是在印度培育的；孤独的大洋洲的巴布亚新几内亚培育了香蕉和甘蔗。而在遥远的美洲，人们培育出了玉米、土豆、红薯、南瓜、番茄、辣椒、向日葵和烟草等非常重要的农作物。大家注意到了吗？在动植物的培育和驯化上，西欧没有做出过多少贡献。他们培育和驯化过什么植物和动物呀？好像几乎没有。勉强可以说说的是罂粟和燕麦吧。在欧洲西部的一些早期村落中，考古学家们首次看到了罂粟的种子。所以，欧洲在那时主要是吃现成的，也就是接受别人驯化好的植物和动物。也许他们那儿天然没有什么可驯化的植物和动物。他们也曾努力从西亚引进罂粟，驯化了它，又把它引向东方，最后在印度和东南亚大规模栽种，再后来甚至在中国引爆了一场中国人至今都难忘的战争。这当然是题外话了。

农业时代开始后，人类在有限的土地上，清除了那些不能食用的植物，驱赶走了那些控制不了的动物；专门种植养育人类能吃好管的植物和动物，直接收获它们产出的营养丰富的果实根茎和肉蛋奶。这样一来，在同样大小的土地上，通过种植和饲养产出的食物总量，就远远超过了过去采集狩猎产出的食物总量。前面说了，据有关专家计算，在原始狩猎采集时代，养活一个人的土地面积要高达 1~10 平方千米。而在农业时代，只需要 0.1 平方千米的土地就能养活一个人。两者相差 10~100 倍。显然，农耕畜牧部落的生产效率要比原始采集游猎部落高得多，而需要的土地资源却比后者少得多。这就是农耕部落和农耕生产方式最终必然会取代原始采猎部落和采猎生产方式的主要原因。当然，现在我们回过头来，看得也很清楚，培育农作物和驯化家禽家畜不是没有止境的，它有一个明确的界限。对此，戴蒙德提出了一个安娜·卡列尼娜定律：可以驯化的动物都是可以驯化的；不可驯化的动物，各有各的不可驯化之处。

我们人类对动物和植物的驯化，基本都集中在距今天五千年到一万多年之间。其中，狗是最早在东亚、美洲，可能还有非洲独立驯化的，在 1.2 万 ~1.4 万年前。然后是山羊和绵羊，在一万年前的中东地区；接着是牛，在一万年前的中东和印度。再然后是马（中东）和猪（中国），大约是七千年前。当然，在此期间，人类还驯化了一些较小的动物，包括鸟类。植物也是这样。大量的植物是在中东和中国驯化的，都发生在一万年前。美洲中北部也培育了大量植物，但时间要晚得多，大约是六千年前。然后，从那以后，五千年来，我们人类就没有再驯化过任何植物和动物了！换句话说，所有可驯化的植物和动物，在五千年前全都被人类征服和驯化完了！这就是在人类的初级技术、感性技术下，农业时代、农业文明不可逾越的界限。所以，农耕社会几千年停滞不前，是必然。后来，人类进入了工业时代，人类只是用工业化的方式来开发农业，使农作物和家禽家畜的产量和质量发生了巨大增长。但是，并没有改变植物和动物可驯化的界限。工业时代几乎没有培育或者驯化出任何新的可利用物种。但是，到了未来时代，由于人类已经掌握了生命核心层面的一些秘密，特别是生物工程、分子生物学理论和基因理论与技术的突破，使得人类从基因改造的角度，可能驯化出大量过去不能驯化的动物，消除它们的野性，让它们能理性地和人类以及其他所有动物友好共处。人类还有可能把大量过去无价值的植物都培育成有经济价值、观赏价值，或者娱乐价值的农作物。就像当年印第安人天才地把大刍草培育成玉米那样。只要人类想那样做，就可以做到。到时候生物圈就会像迪士尼电影《动物乌托邦》（*Zootopia*）所描绘的那样。问题是：作为人类，你愿意那样做吗？

谁更有机会率先站到从原始社会向农耕社会转移的起跑线上？谁更有机会实现从采集狩猎的生活向种地养猪的生活的变化？这一点并不完全取决于你聪明与否、勤劳与否，以及你是否有这种愿望，而主要取决于你生活在什么地方。戴蒙德和他的许多追随者都是地理决定论者。大家都知道，戴蒙德在他的名著《枪炮、病菌和钢铁》中强调，由于欧亚大陆横向宽阔、纵向短窄，使欧亚民族得天独厚地容易相互沟通和交流。而他的一个追随者莫里斯甚至发明了一个戴蒙德都没有用过的词，叫“幸运纬度带”，并以此来解释戴蒙德的理论。他说：戴蒙德发现，世界上有差不多20万种植物，但人类能吃的只有大约2 000种。其中约200种有可能被驯化。种子重量至少10毫克以上的56种驯化植物中，有50种都产于幸运纬度带。而人类能够驯化的体重高于100磅（约45千克）的哺乳动物一共有14种，其中9种原产于幸运纬度带内。

而这个幸运纬度带就主要分布在横宽竖窄的欧亚大陆。

由于农耕社会建立在培育农作物和驯养家禽家畜的基础上，人类失去了采集觅食时代的自由和闲适，完全被束缚在土地上。而且，由于农耕畜牧生产的效率高、产出大，粮食和牲畜可以收藏储存。这就造成了一部分人可以不直接从事劳作。人类从此建立起阶级和等级社会，大部分人不得不生活在艰苦劳作和压迫奴役之下。

包括戴蒙德在内的许多有理想主义情结的学者教授都认为，这是人类历史上非常恶劣和糟糕的选择。以色列历史学家赫拉利甚至把农业时代和农业革命斥为“人类历史上最大的骗局”。

史学界存在否定一切历史必然性的倾向。现在看来，宇宙是那么的不确定，连人类的出现都未必是上帝的意愿或者历史的必然，又何况农业和工业的发生！但是，从历史的角度看，毕竟农耕生产方式、种植畜牧方式，比起原始采集游猎来说，有高得多的生产效率和高得多的生存保障。而等级制的社会组织，也比松散的原始部落能够聚集、容纳住多得多的人群，并形成强大的组织能力和军事能力。事实上，只要仔细考察一下农耕畜牧部落取代狩猎采集部落的过程，就能完全明白这是一个无法阻挡的过程。因为农耕部落生产粮食的效率高，拥有粮食储备，部落中养活了专门制造工具和兵器的匠人、专门从事猎杀和战事的士兵，以及有强大组织指挥能力的首领和头人，这一切都会极大地提高这些部落对外发动战争的能力。而没有粮食储备和剩余物资的采集狩猎部落根本做不到这些。所以，这两种部落一相遇，后者根本就不是前者的对手。

历史学家如果感情用事，超越历史去苛责历史，把生产力进步的必然选择说成“骗局”，就很难让人理解了。当然，在回顾人类历史时，相当多的人都会自然而然、义愤填膺地谴责农业文明带来了阶级对立、两极分化和压迫奴役。然而，这种争论涉及价值选择：人们到底应当“屈辱地活着”还是“自由地死去”？由于对价值判断只有个人偏好、没有客观标准，所以这种争论几乎是无法得到共识、做出结论的。而且，不但在农耕社会存在奴役和压迫，工商社会也是一样呀！许许多多工人被资本所统治、被机器所压迫。那工商社会是不是也是个“骗局”呢？这样不断推理下去，人类就只好永远停留在原始社会石器时代的田园风光中原地不动！对吗？

戴蒙德曾著述详细描写了将近200年前，在新西兰以东的海岛上，毛利人残暴地进攻和屠杀莫里奥里人的故事。其实这两个族群在一千年前就是一个族群，有着完全一样的语言、文化和技术。只不过这一千年来，两者走了完全不同的路。毛利人已经发展了完善的农耕技术，形成了强大的社会组织。而莫里奥里人始终处在狩猎采集状态，游离的社会形态没有任何进步。所以双方一交手，胜负其实早已确定。

当然，人类社会并不会真的因为我们这种哲学思辨式的争论而停滞下来。当人类通过农耕而定居下来，不再四处流浪、游猎采集之后；当人们用农耕技术通过种庄稼、养牲口来养活自己后，人类就从食物的采集者一举变成了食物的生产者。这时人类的生活方式也发生了重大变化。他们可以积累食物了，同时他们也就可以积累财富了。这是他们在游猎采集时代根本做不到的。这时他们的知识和经验也开始积累，他们的人才和智慧也开始积累。因为，他们终于可以出现一些不从事食物生产、专门思考人生的人了。这主要是氏族和部落的头人领袖，也包括一些巫婆神汉，其中还真有一些是智者、贤者、技师和匠人。这一切都促使了人类理性的进一步觉醒，其中，特别表现在人类创造的处理信息的符号系统——语言方面，再次发生重大突破，在口头语言的基础上，人类创造了文字和数字。

人类的第一批文字，也是在农业时代的全球创新中心——美索不达米亚创造的。这就是苏美尔人于公元前3200年左右发明的楔形文字。这种文字通常是用削尖的芦苇秆或木棒刻写在软泥板上，软泥板经过晒或烤后变得坚硬，不易变形。事实上，文字最初也是为了统治者的统治管理，特别是对财物的计量而产生的。但是，文字出现后，人类的理性思维就实现了可记录、可传播、可传承、可积累和可升华的重大飞跃。任何一代人的理性思维的成果，都可

苏美尔人创造了世界上最早的文字——楔形文字

以完整而有效地直接传授给同一代人、下一代人，甚至后世很多代人。由此产生的人类力量的持续增强，你怎么估计都不过分。当然，苏美尔人首创的楔形文字在使用了一段时间之后，就废用失传了，它转化成了中亚和欧洲地区的其他文字。五千年来，人类社会创造出了数以万计的语言和相应的文字。到现在都还有 5 000 多种留存于世。专家们认为，文字在初创时都是象形的、表意的。比如说苏美尔人创造的楔形文字。但是，它有自己严重的先天弱点，后来逐步被意音文字（如汉字）和拼音文字（如英语）所取代。因为，从人类语言的特点上看，是先有口语后有文字，而且越是分节清晰、音素复杂的语音，就越能够充分表达人类希望传递的绝大多数信息。

中国在大约公元前 1500 年创造的甲骨文，后来演变成现代社会最主要的意音文字——汉字，而且一直沿用到今天，始终没有走向完全拼音化。这可能是世界文字史上的一个奇迹。在其他任何一块像中国的面积这样大的区域中，早就应当出现成千上万种语言和文字，而中国始终坚持了一种文字为主流，保持了这个国家的长期稳定和统一。

人类进入农耕社会后，随着农耕技术逐步在全球发展中占据主要地位，全球人口数量也开始突破了 100 万人这个原始狩猎采集时代的人口瓶颈，在 1 万年前，达到了前所未有的 600 万人。而且我们知道，那时在人属中，其他一二十个人种（其中有的可能只是人群或者部落）都已经完全消失，只剩下了唯一的一个人种，叫作智人。他们也是今天全球所有人类的共同祖先。从那时起，一切野生动物都不再是他们的对手，其他人种也都灭绝了。所以，从此人与人之间的所有竞争和对抗都是智人这个人种自己和自己的竞争和对抗。但是，这种竞争和对抗仍然受“非我族类，其心必异，其人可诛”的狭隘思维所指引，以家族、氏族、部落、族群、民族和国家之间的竞争与对抗的形式出现。

就像许多物种会无可救药地消失一样，今天现存的5 000多种文字中的大多数也面临灭绝的命运。因为越来越多的年轻人会选择只说主流语言，不再说他们家乡从农业时代保留下来的地方语言。毕竟，在这样一个越来越被铲平的全球化的世界上，青年人只有熟练运用主流语言，才有可能为自己找到社会地位高、经济收入高的前程。老人们面对着这即将逝去的乡音和乡愁既感到痛彻心扉又无可奈何。其实正在逝去的又何止是这些……

尽管比起原始时代，人类在生产力上取得了飞跃式的进步。但是，在总体上，人类的理性认知水平还很低，技术也只停留在感性和经验阶段，相对来说是非常粗浅幼稚的。所以，社会生产力进步非常缓慢，生产效率相当低下，社会发展停滞不前。特别是在三千年前人类进入农耕社会鼎盛时期后，三千年来全球社会生产力水平基本上没有大的变化，生产效率没有大的提高，技术没有大的进步。低下的生产效率不但让绝大多数人过着饥寒交迫的生活，而且社会结构完全是金字塔型的。奴隶和奴隶主、农奴和农奴主、平民和贵族、被统治者与统治者……在温情脉脉的家族和宗亲制度后面，阶级分明、等级森严、贫富悬殊、民众困苦，封闭、专制、独裁、极权是这个时代的主要特征。和人对生物的征服一样，支撑着人对人的统治和压迫的主要力量，仍然是暴力。当然，农业时代的暴力和原始时代的暴力，在发挥作用的性质上发生了重大变化。在原始时代，暴力的作用就是简单地征服和消灭对方。但是，在农业时代，暴力的主要作用已经不是征服和消灭，而是支配和奴役。也就是说，暴力的主要作用不再是消灭对方，而是把对方当作经济资源来控制、管理和利用。这也是这个农业时代的必然选择和重要特点。因为只有在这种社会关系下，生产效率和经济效率才有可能大幅度提高，创造了惊人的古代文明。如果，农业时代的人类不能通过极权和专制集中大量的人力、物力和财力，那么我们今天看到的那些辉煌灿烂的古代文明也是不可能创造出来的。

在原始时代，植物、动物和人的关系是相对平衡的。所以，那是一个万灵论的时代。但是，进入农业时代后，不但人类创造的家禽家畜和农作物完全处于被人控制和奴役的状态，包括种植养育这些生物的人也长期处于被奴役、被控制的状态。以至不断有智者提出，到底是我们人类驯化了这些作物，还是这些作物驯化了我们人类？显然，只有至高无上的极权统治者才是这个世界的主人。所以，这是一个万灵已死、一主当道的世界。人和动物都变得非常渺小、非常微不足道。这时的宗教，就从万灵论和多神教，变成了一神论、圣主教、救世主教、大救星教。主至高无上，除了主，其他一切生灵都一钱不值。这就是农业时代的基本价值和核心意识。作为心灵的安抚慰藉和秩序维系控制的工具，信仰和宗教的力量越来越强大。佛陀、耶稣、穆罕默德和孔丘是农业时代影响最大的四位历史人物。但是，他们主要是给生活在阶级等级压迫和繁重劳作奴役下的亿万人以人生的安慰和信仰的支撑；他们主要是维护社会稳定的力量，而不是促进社会发展和生产力变革的推手。在他们这些伟大人物出生前一千年和出生后一千年，人类的生产水平和生活状态基本没有发生任何变化。当然，毫无疑义，有了他们，人类内心的感觉要好多了。毕竟这也很重要！

农业时代进入鼎盛时期后，人类在更大范围和更大规模上有效地组织起来，城市和帝国出现了。古希腊帝国、古罗马帝国、古阿拉伯帝国，以及东亚的汉帝国、唐帝国……一直到元帝国、明帝国、清帝国；甚至在美洲出现了玛雅帝国、印加帝国、阿兹特克帝国。它们都在历史上重彩浓墨、显赫一时。人类为了各种各样的理由相互争斗，大规模的战争和冲突也随之而来，从来没有停止过。无论是国家或者民族之间的相互入侵，还是因宗教信仰而爆发战争，抑或是一个国家内部争权夺利、改朝换代的内战，智人这个物种自相残杀的规模之大、暴烈之剧是地球上任何其他物种在同类之间都不曾发生过的。而人们这样互相厮杀和消灭的目的仅仅是使自己的帝国成为地球上最强大的力量。帝国的强大是这个时代的主题。

在本章节一开始我们就说了：一万年前，人类站到了一条重要的起跑线上，人类历史进入了一个重大转折点，农业时代将要开始了。那时，地球上已经有了500万人，经过九千年的发展，那些率先进入起跑线、实现了农耕转轨的族群胜出了。公元元年，地球上的人口数量达到2亿。又过了一千多年，强大的帝国相继出现，到公元1350年，人口增加到4亿。而仅仅再过四百年后，到农耕社会行将结束的1750年，全球人口数量达到了8亿。可以明显看出，人类人口增长已经呈现了某种加速的趋势。不过，我们一定要清楚，在这个时间区间内，人口的变化不是平稳、均衡的。灾难性的饥饿、恐怖的瘟疫和残暴的战争曾经使全球人口多次急剧下降、大起大落。在农业时代的绝大部分时间内，人类在帝国强权的统治之下，个人极其渺小，完全微不足道。所谓农业时代田园诗般幸福的乡村乌托邦，只是少数知识分子臆造和幻想的图景，在西方历史上，通常是用最黑暗的颜色来描绘中世纪时代的底色。这应该是很准确的。

但是，到了1750年，新世纪的曙光又出现在地平线上。因为，人类在经过一万年的长跑后，现在又踏上了一条新的历史起跑线。

小结：人类的农业时代，理性再次大觉醒，创造文字，构建逻辑，征服生命物质，创造了新的物种，编写了新的故事。在大量获得生物能量的基础上，人类建立起一个科层分明、等级森严、阶级对立、君权神授、拜主崇圣、帝国至上的金字塔社会。众生微不足道的渺小和帝国飞扬跋扈的强大是这个时代的主要特征。

一个属于欧洲的时代
劳动异化，财富胜出
用科学技术和理性力量征服
无生命物质和一切其他物质

03　工业时代：今天的财富为什么强势

时间：1750 — 2015 年

从 1500 年起，从欧洲开始，人类社会发生了巨大变化，逐步进入现代社会。这种巨变，是人类理性又一次大觉醒的结果。

我一直认为，在原始时代和农业时代，欧洲并没有什么特别的表现。好像它只是跟着亚洲一块走的欧亚大陆的一个小兄弟。后来，读戴蒙德的书，他写道：直到最近一千年前，欧洲民族对欧亚大陆文明没有作出过任何重要的贡献。他们只是由于运气好才生活在某一个特别有利的地球位置上，使他们有可能接受在欧亚大陆较温暖地区发展起来的一些先进的东西，如农业、车轮、文字和冶金工业等。

这正是我心里想的。我顿时有了一种“所见略同”的感觉。欧洲在历史上就是这个样子。但是，大约五百年前，在农业时代一直被边缘化的欧洲的这个小宇宙突然爆发了！

1492—1504 年，意大利航海家哥伦布在西班牙女王的支持下，先后四次从欧洲出海，横跨大西洋，远航到达美洲大陆，建立了全球交换新网络，使欧洲一举成为这个新网络交换的中心。世界上最开放，交换最频繁，物质、能量和信息流动量最大，流动速度最快的地方，就是创新、创造最频繁的地方。这样，欧洲就一下从世界的边缘走到了世界的中心。

在这样的大氛围中，这里出现了一伙非常奇特的人，其中突出的代表人物是哥白尼、伽利略和开普勒。他们从天体的运行开始，不可思议地给正自高自大、自我感觉良好的人类一记重拳！他们居然发现，地球不是宇宙的中心！上帝也没住在咱们家里！咱们这个星球只不过是绕着太阳转的好些个星球中的一个而已！显然，他们的学说和当时统治欧洲的罗马教廷的宗教思想是完全对立的。而教廷当时权力无边，动不动就可以烧人！所以，他们都非常谨慎地处理着与教廷的关系。

现在看起来，哥白尼处理得最好。他一直和教皇本人保持着非常密切的私人关系。他把自己挑战教廷的著作《天体运行论》精确地安排到自己离开这个世界的前一天才出版，而且还声称是送给教皇的礼物。而伽利略就要莽撞而糟糕得多。他在学生中特别受欢迎，他一上课，就得到能装两千人的大教室去，这或许使他有点飘飘然，当然也使他更被当局所关注，加上他那爱得罪人的性格，最终让他经常被教廷抓起来审判。他的著作《关于托勒密和哥白尼两大世界体系对话》也不时会被官方宣布停售或者查封。按说，他个人和教皇乌尔邦八世的交情也不浅，但他怎么也弄不好和整个教廷的关系。不过，只要一被抓起来审判，他就低头认罪说：地球是不动的！但只要一被放出来，他就又说：地球它仍然在转动！

伽利略还有一个有意思的习惯，就是好玩、好动、好瞎鼓捣。这让他发明创造了许多好玩的东西，如温度计、摆针、显微镜等。但他最突出的贡献是在 1609 年成功研制改进了天文望远镜。在科学发展史上，这件事被看作现代科学技术起点的标志。因为，他无意中创造了一个专门用来进行科学实验的划时代的工具。

不过，后来在望远镜的改进方面，开普勒要做得更好。而且，开普勒最终发现了哥白尼学说和观测不符的主要原因，天才地提出了行星运动的三大

定律，特别是用椭圆形轨道代替哥白尼提出的纯圆形轨道，一举解决了哥白尼面对的全部难题。所以有不少学者认为：没有开普勒，哥白尼学说的命运还真不好说。哥白尼其实只是感觉托勒密的学说不美，从美学上向旧学说提出了挑战；而开普勒更接近科学。当然，开普勒的三大定律最后真正成为科学，是由牛顿完成的。牛顿用数学一步一步证明了开普勒三大定律的正确。

我一直困惑的是：开普勒从小视力极差，基本上看不清楚星空中有什么东西，他是怎么当天文学家的？后来才发现，他主要是用别人的眼睛看天空。而他主要是玩数学，算算看别人看对了没有。大家从来没听说过教皇有什么跟开普勒过不去的事儿，但他的主子——国王总拖欠他的工资。这实在让他非常恼火。毕竟，他娶过两任夫人，生了 12 个孩子。工资对他至关重要，因为那个时代的天文学家还没有课题费和讲课费等收入。不幸的开普勒最后竟客死在艰难的讨薪路上，这也说明了人类探索科学的道路从来是非常崎岖的。

无论处境怎么艰难，一回到天文学，他们就会忘记了一切痛苦。伽利略和开普勒每天兴致勃勃地猜测天意，然后用望远镜去证实了他们的猜测。作为中世纪最后的学者，他们终结了神学对科学的统治，建立了关于天体运行的新学说。特别是伽利略还开创了全新的科学实验方法，为人类理性进一步觉醒开辟了道路，为即将到来的科学大爆发奠定了基础。他们打破了千年封冻的坚冰，等待着、遥望着在天际线上已经露出了桅杆的现代科学大船破浪而来！这艘船终于来了，开船的船长名字就叫牛顿。

牛顿，一个来自英格兰林肯郡乡下的遗腹子、放牛娃和终身的童男子（忽然想了想，好像康德和斯密也终身未婚，这些欧洲启蒙时代的名人都是怎么回事），他小时候才智平平、成绩一般，没给任何人留下深刻印象，除了他舅舅。舅舅说服了妈妈，让他不再当放牛娃，得以继续上学。所以，舅舅是个好舅舅！这个舅舅确实为人类做出了最伟大贡献！

牛顿曲曲折折地在乡下和剑桥都上了一些学。就在他从剑桥大学三一学院刚毕业的时候，非常诡异的是，1665—1666 年，伦敦突然爆发了大瘟疫！伦敦和剑桥能跑的人都跑光了！要知道，连国王查理二世都带着家人跑了！年仅 22 岁的牛顿也从剑桥逃回老家躲避瘟疫。就在这一段时间内，据说他被苹果击中了！他的智商突然飙升到 290，他居然也在家乡大爆发了！在这一段时间，牛顿把他后来一生做出的主要贡献，包括在物理学、力学、光学和数学方面所有巨大创造性的思路都想清楚了！除了仍然不会向女孩子表白之外，他做到了迄今为止没有哪个男人独自能做成的事情。他那一年的成就，拿四五个诺贝尔奖都没问题。所以，后人往往把 1666 年称为牛顿的奇迹年。

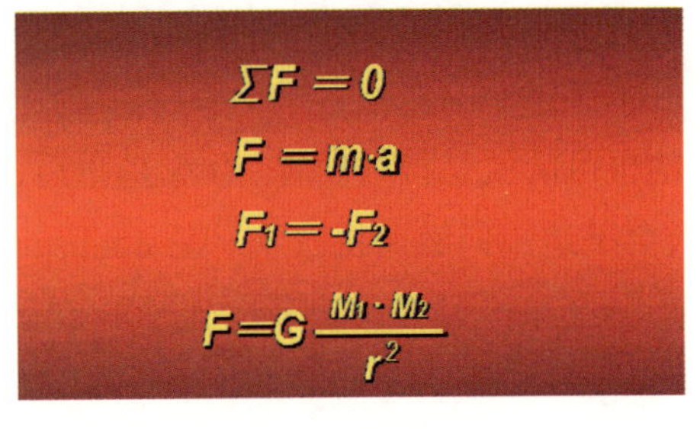

牛顿第一定律（惯性定律）、牛顿第二定律（加速度定律）、牛顿第三定律（作用反作用定律）和万有引力定律（就是那个传说是苹果掉到头上后想出来的定律）。这些定律为物理学建立了自己的公理体系，为现代科学奠定了基础。前些日子我去剑桥，看见三一学院在自己的大门口栽了一株苹果树，据说是从牛顿家乡移植过来的。

1687 年，牛顿的巨著《自然哲学的数学原理》正式出版。这标志着人类进入了一个新的时代，人类理性又一次大觉醒。理性思维的这一次突破，产生了和农业时代的经验技术、感性技术完全不同的新技术——理性技术，又叫科学技术。其巨大影响一直延绵到今天。

当时还有一个很有意思的现象是：牛顿坚持认为自己的学说并不和上帝冲突。当然，他现在已经不需要用上帝的神力来解释宇宙了。他只需要用万有引力和其他一切相互作用的力来解释宇宙就够了！这是因为，在牛顿的宇宙中，不需要一位劳累过度、操心过度的上帝。但牛顿从来没有否定过上帝，完全没有否定过神的地位。他明确地说："重力解释了行星的运行，但不能解释谁使行星运行。上帝治理万物，知道一切可做或能做的事。"

这段话的意思是：宇宙中这第一脚球，是上帝他老人家亲自开出来的！他不但开了球，而且制定了踢球的规则。剩下的事情，他老人家就不管了！他老人家不能天天陪着你们踢球，对不对？上帝创造了这世界，制定了自然规律，然后就让自然规律自己去运行，去统治管理这个世界，自己就再不插手了。当然，世界如此和谐，规则如此简洁，没有神的力量，那是绝对不可能的！

经牛顿这么一说，牛顿的那些完全颠覆旧世界、重新创造新世界的理论，不但没有惹恼教会，反而说服教会接受了他的理论和思想。我无法猜测牛顿的本意，但回过头来看，他的这些说法确实非常高明。至少，他使新的科学的推广再没有受到旧传统宗教势力的掣肘。英国教会甚至认为，牛顿是真正对天意、对上帝、对造物主最尊重的人，他很可能就是神的使者。牛顿逝世后，被按照最高的宗教礼仪隆重国葬在英国教会圣地威斯敏斯特教堂（Westminster Abbey），他是第一位享此殊荣的科学家。这还不能说明一切吗？

英国后来在很长时间内一直保持着科学和宗教的相互包容，而不像罗马教廷那样总和科学家互掐。和牛顿齐名的科学家，甚至包括达尔文这样创立进化论、直接挑战了上帝造人学说的科学家，后来也被安葬在威斯敏斯特教堂，实在是太让人感到意外了！英国教会的这种恢宏的气度恐怕也是英国后来脱颖而出，在1750年之后当上了世界老大、成就了世界霸权的一个主要原因。

正如亚历山大·波普为牛顿定的墓志铭上所说：世界一片黑暗，上帝说，让牛顿来，于是，一片光明。在牛顿开辟的道路上，科学一路过关斩将，凯歌飘扬，一片光明！继牛顿和伽利略等创建经典力学之后，在牛顿学说的指引下，库仑、安培、高斯、法拉第、麦克斯韦、洛伦兹、赫兹、伏特、欧姆等人鼎力创建了经典电动力学，其中无与伦比的麦克斯韦方程组彪炳于世，对人类的巨大影响不亚于牛顿的力学理论。焦耳、卡诺、开尔文、克劳修斯和能斯脱等人创立了经典热力学，热力学的四大定律让人类的力量更上一层楼。特别是热力学第二定律，其深刻的影响早已远远超过其主要创立者克劳修斯当初的想象。此时此刻，经典力学、经典电动力学和经典热力学这三大体系和谐统一、相辅相成、紧密结合、牢不可破，共同构建起了经典物理学的一座无比辉煌的大厦。以致使那时的人类坚信：

> 自然和自然定律都隐藏在黑暗之中。
> 上帝说：让牛顿来吧！
> 于是一片光明！
>
> 亚历山大·波普
>
> Nature,and nature's laws lay hid in night.
> God said,Let Newton be!
> And all was light!
>
> Alexander Pope

第一，经典物理学理论已经穷尽了历史！人类已经掌握了自然界的一切规律和法则。所有的自然物体现在都将遵照经典物理学的基本原理运行。大自然中力、热、光、电、磁……所有的现象都已经被经典物理学无死角、全方位地覆盖了，人类已经完全掌握了大自然的运行规律，所以，现在人类可以把握世界上一切事物的进程。

第二，客观世界是非常实在的，一切事物都是十分确定的，而且是连续的、可以无限分割的。它们的本质不受我们的观察和认知的影响，牛顿和莱布尼茨等人创造的数学工具微积分正好完整地描述了这个连续而可知的世界。

第三，一切事物都有因果关系。宇宙就像一台精密运行的机器，其所有零件都在按照规则规律运行。只要我们能揭示和掌握足够多的规则规律，只要我们能拥有足够强大的计算能力，那么整个宇宙里所有事物的过去、现在和未来就应该尽在我们的掌控之中。人类现在还没有能完全做到这一点，那仅仅是因为目前我们了解的信息还不够多，计算能力还不够强大而已。只要我们掌握了充分的信息，拥有了强大的计算能力，宇宙中的一切就都将由我们来做主。

这时的人类也真是志气满满、信心满满。牛顿、达尔文等上述这一批人登上了历史舞台，他们和农业时代的那些伟人完全不一样。他们甚至可能没有农耕时代的伟人们名气大；但是，在他们出现以前和他们出现以后，世界完全不同了！世界发生了天翻地覆、难以想象的变化。

这就是人类理性大爆发式觉醒的结果。和原始时代人类理性的初次觉醒不同，那只是使人类和动物划清了界线。和农业时代人类的再次觉醒也不同，那只是使人类产生了感性技术和经验技术。而这一次——人类理性的第三次觉醒，使人类的理性思维达到了一个新的高度，产生了理性技术和科学技术。让人类掌握的自然力量，从有生命的物质领域，扩展到整个无生命的物质领域，并且，自然力开始真正成为生产力的核心。人类终于擦亮了神奇无比的阿拉丁神灯，打开了充满希望的潘多拉魔盒。人类开始唤醒了从宇宙大爆炸以来逐渐沉睡下去的自然力量。现在，被人类唤醒的自然力，它们就不再是没有目的、没有意义、没有使命的自然力。这些自然力成了加速崛起的人类军团的重要组成部分，它们将成为人类对抗自然界的熵增趋势，实现人类的熵减目标的正义力量。至少人类是这样看的。而且人类就这样，一步一步地把自己变成这个世界更强大的主人。

如何定量化地研究历史？如何判断和比较一种文明、一个时代、一个社会到底是强大还是衰弱？一定会有一些关键的指标，而不是某些人特别感兴趣的某些东西都能说明的问题。我们可以看到，事实上许多人喋喋不休的什么大道理呀、哲理呀、信仰啊、真爱啊……在对历史进程的判断中毫无价值。美国斯坦福大学历史学和古典文学教授伊恩·莫里斯在这方面做了大量研究。他提出了：

第一条，能量获取。也就是每个人从社会环境中获得的热能（卡路里），包括用于食物消耗、家庭消费、商业消费和工农业生产和交通运输的能量。在传统社会这个指标可以用实物表示，在现代社会专家们认为可以用人均GDP或者人均实际工资来表示。

第二条，社会组织。这一指标主要考察人类的社会定居点规模和它的组织复杂程度，主要看城市的大小。例如，在对公元2000年的社会组织考察中，东京位居榜首，其人口数量是2 640万。莫里斯把它定为满分，即250分。这样算下来，只要每1 000人聚集，就可以获得0.01分。但是，历史上东方和西方许多地区由于人口数量太少只能得0分。公元1000年的开封和公元1200年的杭州，都曾经达到过100万人，它们都得到了将近10分的成绩。

第三条，战争能力。战争能力始终是社会发展的关键因素。莫里斯引用毛泽东的语录说，“所有共产党人都必须明白这个道理：枪杆子里面出政权”。这个指标显然必须包括军队的数量、质量，武器的性能、效率和实际打击能力。但是，现代战争能力的评估困难非常大。因为人类战争能力的发展速度太快了。比如在第二次世界大战中，美国曾向德国进行轰炸，轰炸总量相当于70万吨TNT炸药。而今天俄罗斯的一颗SS-9II型核导弹，就可以携带相当于2 500万吨炸药的核弹头。莫里斯似乎倾向把今天东西方军事能力的对比调整为1∶3到1∶5之间的某一个数值。这也许是为了向东方表示一定的敬意吧。

第四条，信息技术。处理和共享信息的工具、能力和使用程度，决定了人类文明程度的高低。这一点现在越来越容易让人理解。信息技术度量的最大问题是，信息技术本身发展过快。当然，无论如何它仍然还是可测量的。

以上四条共同决定了社会发展水平。莫里斯把其中每一条都数值化，也就是转化为一个数字。每一组数字随时间的变动，在 0~250 分的范围内变化。所以，可以看到，整体数值会在 0~1 000 分的范围内。这样分析下来，可以画出一张从公元前 14000 年开始，到公元 2000 年的图表。人们看到了这样一张惊人的图表。

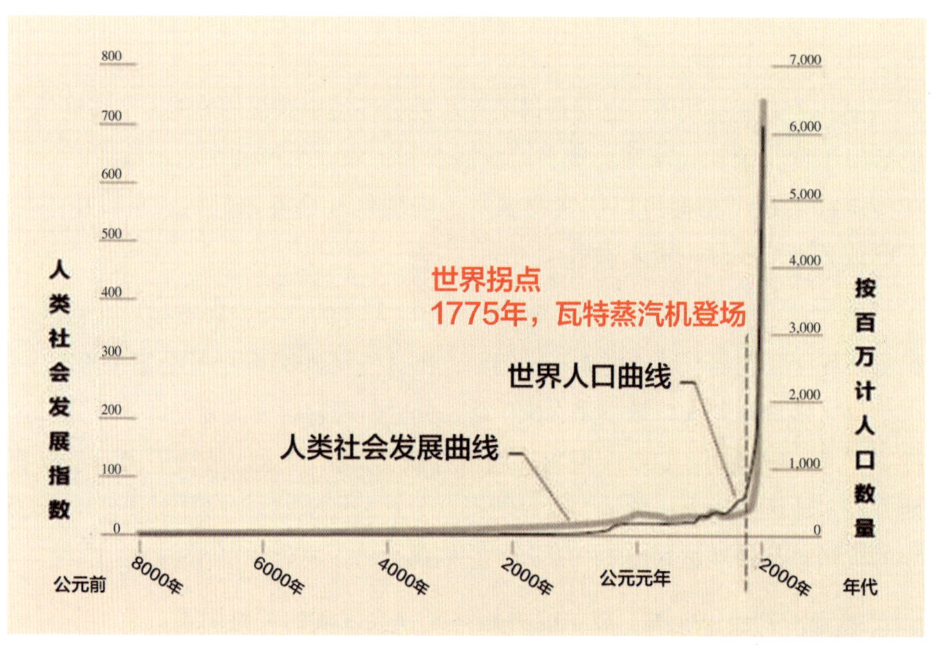

注：一张图看清历史的真相！这张图选自布莱恩约弗森等著《第二次机器革命》。但是，严格地说，这张图是由莫里斯原创的。莫里斯的名著《西方将主宰多久》中首次绘出了这条人类社会发展曲线。其后，又在他的其他几本著作，特别是《文明的度量》中反复论证了这条曲线。

人类历史的发展在绝大部分时间都是重复乏味、停滞不前的，变化非常平缓。从原始采集、狩猎，到农耕、畜牧……当然人类发展的曲线也在缓缓上升，但变动非常微小。想想这近万年的时间，想想在我们曾经认为最辉煌的农耕五千年的时间，那么多的先贤伟人、那么多的圣主救星，还有哲学、宗教、各种各样自认为可以济民救世的伟大学说！还有无数令人眼花缭乱、杀人如麻、血流成河的战争！征服与被征服，战胜与被战胜，名将和武士、名臣和帝王，加上他们的伟大帝国……其实，他们全都对历史没有任何影响！不是吗？他们无论如何跳跃起舞，历史就是一条几乎完全平直的、没有起伏没有呼吸的、僵死的心电图线。

直到 1775 年！历史突然起身，突然挺起胸、昂起头！人类发展指数的各项指标，包括人类的能量获得、社会组织、战争能力以及信息技术突然狂飙式跃起、指数式剧增。大家看清楚了吗？历史到底是什么力量推动的？而拐点，就在 1775 年！

你一定看清楚了！历史就是由于我们刚才讲的理性再一次大爆发推动的！由于哥白尼、伽利略、开普勒的破冰开路，由于牛顿、达尔文、麦克斯韦和克劳修斯登台唱戏，由于瓦特和爱迪生他们去折腾创造，人类全新的历史就这样开始了！人类的文明在 250 年前开始翻篇！人类一下子掌握了相当大的一部分自然秘密，人类开始全面征服无生命物质，包括几乎全部金属、非金属，包括煤、石油、天然气，还有水能、风能、太阳能、核能……由于它们开始无声无息、无怨无悔、无日无夜、全力以赴、全心全意地为人类服务，历史就发生了天翻地覆的大变化！

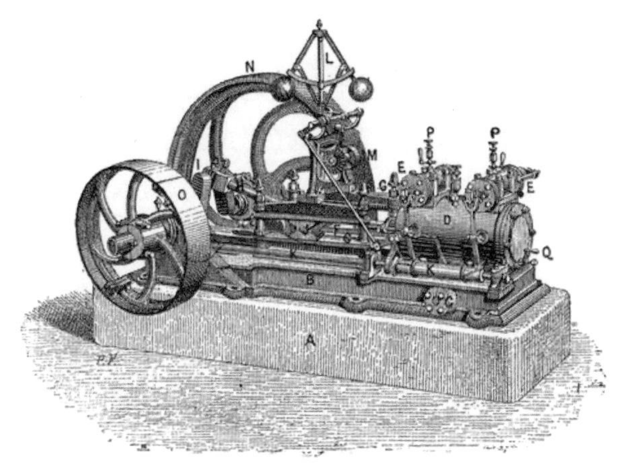

瓦特蒸汽机

继人类制造出阿舍利手斧、人类驯化了动物和植物之后，1775年，人类历史上第三个关键时刻来到了。瓦特蒸汽机开始量产，并成为人类生产制造活动的标准配置。人类正式开始进入工业时代。

尽管早在工业革命前两千年，一位古希腊的数学家就发明了类似蒸汽机的东西，在瓦特之前也已经有欧洲的工程专家造出了蒸汽机。但是，大家还是认为，对蒸汽机贡献最大的是瓦特。毕竟他对蒸汽机提出了几项非常关键的改进，同时把它大量制造出来，并且商业性地应用到了生产活动中。当然，最重要的是：蒸汽机出现恰逢其时，意义特别重大。它属于那些能完全改变人类历史的极少数物品。因为，蒸汽机以及由它所代表的后来相继出现的内燃机、电动机等动力机器，它们有效地把人类发现的非生命能源转化成了人类可控的巨大动能，这就使得人类肢体的力量、肌肉的力量几乎被无限地放大了。换句话说，在蒸汽机出现前，人类至多能控制的就是他自己和他豢养的家禽、家畜的生物力量。人能够把自己的力量放大到力大如牛、飞奔如马就算到头了。但是，在蒸汽机出现后，人类就开始拥有了一种非生物的动力，一种用石化能量驱动的、力气不但非常大而且还在不断增长、无限增长、真正的无脑巨人奴仆。人类想让它干什么它就干什么，人类可以想出来的所有力气活，都可以交由它去完成了。这种超级力量的获得，催生了以资本主义为社会制度，以工厂和企业为组织形式的大规模社会生产活动的爆发，使整个人类社会进入了由技术创新驱动的高速发展时期。

人类的生产力一下子就增长了一百倍！人类创造财富的能力一下子就增长了一百倍！人类社会的变化，一年等于过去的二十年！一百年就等于过去的两千年！就是这样，毫不夸张！事实上在工业革命才发生六七十年的时候，马克思就特别敏锐地察觉了这个特点，在《共产党宣言》中他说：

> ……美洲的发现、绕过非洲的航行，给新兴的资产阶级开辟了新天地。东印度和中国的市场、美洲的殖民化、对殖民地的贸易、交换手段和一般商品的增加，使商业、航海业和工业空前高涨。
>
> ……蒸汽和机器引起了工业生产的革命。现代大工业代替了工场

手工业。

……资产阶级第一个证明了，人的活动能够取得什么样的成就。它创造了完全不同于埃及金字塔、罗马水道和哥特式教堂的奇迹；它完成了完全不同于民族大迁徙和十字军征讨的远征。

……它（资产阶级）在它的不到一百年的阶级统治中所创造的生产力，比过去一切世代创造的全部生产力还要多，还要大。自然力的征服，机器的采用，化学在工业和农业中的应用，轮船的行驶，铁路的通行，电报的使用，整个整个大陆的开垦，河川的通航，仿佛用法术从地下呼唤出来的大量人口。过去哪一个世纪料想到在社会劳动里蕴藏有这样的生产力呢？

当然，马克思在看到产业革命带来了生产力的空前解放的同时，更深刻地看到，支撑产业革命的生产关系：阶级对立、阶级压迫、阶级统治和“无产者一无所有、有产者一切都有”的贫富悬殊、两极分化，必然会和这种生产力的解放发生剧烈冲突。人通过劳动创造了机器，而机器最终却控制了人、统治了人、奴役了人。这种劳动异化，必然会导致激烈的社会冲突，阻碍生产力的进一步发展。马克思进一步指出，这种机器对人的奴役，背后还是人对人的奴役，是控制机器的资本家对人的奴役。按照这个思路，马克思提出了建立排除资本家的工人共和国和劳动共和国的政治主张，喊出了“全世界无产者联合起来！”的激动人心的口号，发出了“资本主义的丧钟已经敲响！剥夺者被剥夺！”的战斗呼声。其影响深远并历久不衰。

马克思断定，陈旧的封建的社会生产关系肯定包容不下资本主义强大的生产力。所以资产阶级革命和资本主义制度会取得成功。但是，接下来，资产阶级和资本主义也将包容不下生产力的继续发展。所以，资本主义制度最终也会被这个活跃的生产力所突破。有意思的是，马克思的书大家都读，无产阶级受到了极大鼓舞，资产阶级也受到了极大震撼。所以，从那时起资本主义社会就在不断地调整生产关系和劳动关系，以包容非常活跃且不断突进的生产力。从马克思那个时代到今天，全球工人阶级的地位大大改善，权益大大提高。当然，马克思提出的问题并没有完全解决。同时，大家也都看到了，马克思当时预言的全新生产关系和劳动关系，恐怕还需要有比今天的生产力高得多的生产力来支撑。所以，生产力是推动一切社会进步的决定性的力量，这一点确实已经被历史所证明。

1775—1945年，这170年，是工业文明的第一季。它的历史几乎就像是在证实马克思的预言一样，一方面，生产力高歌猛进；另一方面，社会关系和生产关系风雨飘摇。工业文明锻造的利剑，首先就对准了工业文明自己。周期性发生的经济危机，甚至经济崩溃，人类无法应对。而且根本就不用经济数据和当时被称为"阴郁科学"（Dismal Science）的经济学来证明底层民众的极度贫困和工商社会的冷酷无情，仅仅从巴尔扎克、雨果到狄更斯和托尔斯泰，从《人间喜剧》《悲惨世界》《双城记》到《复活》，从这些传世名著中，人们就可以看到工人阶级极其悲惨的命运。直到今天，所有阅读它们的人都难以抑制自己看到那番图景时的悲痛和激愤。

工厂出现了，雇佣劳动制度出现了
资本主义生产关系开始在全世界占据统治地位
马克思深刻揭示了它的劳动异化和两极分化的本质

俯瞰各国国内，工人运动此起彼伏、风起云涌；仰看全球国际，各个国家刀光剑影、虎视眈眈，随时准备互相厮杀。那时，短则三年、长则五年，大国之间必定爆发一场战争。到了20世纪上半叶，整个世界像疯了一样，人们用最先进的工业化技术创造的机关枪、榴弹炮、飞机、坦克直至原子弹互相屠杀，使这个世纪成了人类历史上最血腥的世纪。

人类还有前途吗？人类还有希望吗？当各种冲突和矛盾激化到顶点时，变化就是不可避免的了。从 1945 年起，工业时代和工业文明痛下决心，开始了自己的大转型。1945—2015 年，这 70 年是工业文明的第二季。

1945 年，现在看来很可能是现代社会和现代文明的真正起点，所以，它被称为历史零年是有道理的。

这一年发生了许多大事，比如德意日投降，第二次世界大战结束，联合国成立等。但最有价值、最有影响，具有划时代意义的是两件大事：

第一件是美国在 7 月 16 日试验引爆了第一颗原子弹，接着 8 月 6 日在日本广岛，8 月 9 日在日本长崎各投下了一颗原子弹。这是人类历史上唯一一次核武器的实际使用。它从根本上改变了人类战争的性质，从实际效果上看，也终结了大国之间的战争。当然，从物理学的角度看，也宣布了以牛顿为代表的经典物理学的终结。

第二件是当年 11 月世界上第一台电子数字计算机 ENIAC（电子数字积分计算机，Electronic Numerical Integrator and Computer）的建成。这台计算机重 30 吨，占地面积 170 平方米，有 30 个操作台，耗电量 150 千瓦时，造价 48 万美元。它包含了 18 000 个电子管，运算速度达到每秒 5 000 次，是过去继电器计算机的 1 000 倍，是人类手工计算的 20 万倍，确实是当时人类取得的划时代的成就。但是，对比一下，现在苹果手机用的 A11 芯片，里面集成的晶体管达到了 43 亿个，运算速度高达每秒 6 000 亿次。现在随便一部手机的计算能力就超过了 1945 年以前全人类拥有的计算能力的总和。但是，这一切都是从 ENIAC 开始的，这一切都是从 1945 年开始的！从这一年开始，人类的工具创造活动从体能的解放转向了智能的解放。从这个意义上说， 1945 年作为现代人类文明起点的零年也是当之无愧的。

从 1945 年开始，国与国之间的大规模、毁灭性战争停止了！但是，人类进入了威慑纪元，也就是恐怖平衡纪元，或者叫毁灭平衡纪元。世界上最强大的几个国家，都拥有了确保能完全消灭对方的手段，拥有了能毁灭这个地球的力量。而且，可能是不止一次，而是十次、数十次地毁灭对方和毁灭地球。这样几股最强大的威慑力量，它们相互作用、相互制约，保证了世界的和平和安宁。这个纪元将延续到2045年甚至更久，到底多长，我们不知道。但威慑纪元的时间长度肯定是有限的。我想，人类之间的相互威慑最后一定会消失。但更有可能的是，被人类和外星人的相互威慑，或者人类和机器人的相互威慑所取代。这又是后话了。

不管是因为什么原因带来了和平，和平总是最美好的。所以，事实上，1945年以来的世界，很可能是人类有史以来最美好的世界。

1945年后，人类真正开始逐步考虑走出“拳头大的是哥哥”的丛林原则和暴力原则。而这些原则曾经是原始时代和农业时代的制度基础。现在，亚当·斯密和大卫·李嘉图一直鼓吹的“等量劳动相交换”和“等价交换”的市场原则，开始真正成为一切社会行为的准则和基础。经济关系取代其他社会关系，成为人与人关系的主体。人类历史上第一次出现了被称为经济学之父的亚当·斯密描绘的图景：你要获得自己的利益，就要为对方提供他需要的利益；你要获得自己的财富和幸福，就要让对方感到高兴和满意。市场原则的本质是“双赢”。在市场原则下，每一个人，无论强者还是弱者，无论男人还是女人，都有可能通过自己的努力而胜出。这样，几乎一切人的工作热情、服务热情、创造热情和能动精神都被充分调动起来了。在上帝面前人人平等的故事以经济关系和交换方式让人们重新得到了体验。由此产生的社会的活力和繁荣是人类历史上任何时期都无法想象的。

凯恩斯在他的名著《就业、利息与货币通论》中提出强化政府作用的主张被各国政府广泛接受。在这个基础上，我们今天认为理所当然的新的社会制度开始建立起来。奴隶的解放，平民和贵族的平权，男人和女人的平等，以及黑人和白人，全世界一切种族、一切民族的平等都开始实现。八小时工作制度，消灭童工制度，失业、退休、医疗、养老和劳动安全、劳动保护制度等，也都理所当然被建立和开始实行。在以上这一切力量的共同作用下，最终出现了人类社会生产效率的狂飙式提高，人类社会财富创造的狂飙式增长。事实上，今天在世界上绝大多数成功实行了工业化市场经济制度的国家和地区，几乎每一个普通公民的生活水平都已经远远超过了原始时代部落的头人、酋长；远远超过了农业时代的帝王将相和王公贵族。显然，在这个时代，已经没有了君临天下、唯我独尊的上帝的位置。所以，通过尼采之口，这个时代喊出了：上帝死了！上帝是我们杀死的！从此，人本身，人的欲望、人的需求、人的自我、人的感受，人的一切都开始登上了这个时代的价值顶峰。所谓“以人为本”的人文主义价值观开始统治这个世界。

1945 年以后，这个世界上最令人惊奇的国家是中国。事实上，工业文明第二季以来，特别是近四十年来，中国被全世界认定是最出色地通过工业革命、利用工业文明来改变国家地位、提升民生福祉的模范生和排头兵。

在农耕社会和农业文明时代，中国曾经是世界上最强大的国家，曾连续十个世纪、在整整一千年时间中，保持全球 GDP 冠军的称号。一直到 1820 年，中国的GDP总量仍然占全球GDP总量的1/3，超过正在崛起的欧洲各国的总和。而那一年美国的 GDP 总量仅占全球的 2%，完全微不足道。不过，那时美国已经开始了自己在新产业基础上的起飞。

当西方列强的坚船利炮开进中国，当可以被称为“文明 2.0”的工业文明，向可以被称为“文明 1.0”的农业文明断然举起屠刀、开火开炮之后，我们在前面说过的：高维文明横扫低维文明、工业强国碾压农业弱国的故事，在亚洲东部就像当年在美洲和非洲那样再次上演了。只是有着五千年深厚文明和文化积淀的中国，以它自己的方式奋起反抗着，同时观察着、学习着、探索着，最终走上了它所选择的救亡救民救国之道路，保证了自己的政治独立和民族自主，避免了当年印第安人或者非洲黑人的命运。

当然，林毅夫关于 1978 年中国人均 GDP 只有 155 美元的估算我认为并不正确。尽管当时中国人均 GDP 值确实比较低，但应当至少能达到人均 350 美元。这可能是统计口径和外汇兑换口径上的误差造成的。当然，他说那时中国完全是一个“内向发展”的国家，“90% 以上的生产活动跟全球经济没有任何关系”，这个结论应当是基本准确的。

这也是一张可以直接说明很多问题的图。其中，红线代表中国，其他颜色的线分别代表美国、欧洲、印度和拉丁美洲。大家可以清楚地看出，中国的历史拐点就在 1979 年。此后，中国故事，或者叫中国传奇、中国神话、中国和平崛起就开始了。大家从图中可以清楚地看到，1979 年中国在全球经济总量中所占比重降到 1.8% 的最低点。其后，随着中国在全球 GDP 中所占比重的不断上升，美国和欧洲所占比重开始持续下降。世界可能比以前任何时候都更加趋于均衡，形成了全新的格局。到 2010 年，中国用三十年时间基本上走完了西方列强从 1775 年以来走过的工业化之路，顺利实现了弯道超车、弱旅逆袭！中国、欧洲和美国三条曲线正汇集到一起。大家又基本上站在了同一条起跑线上。

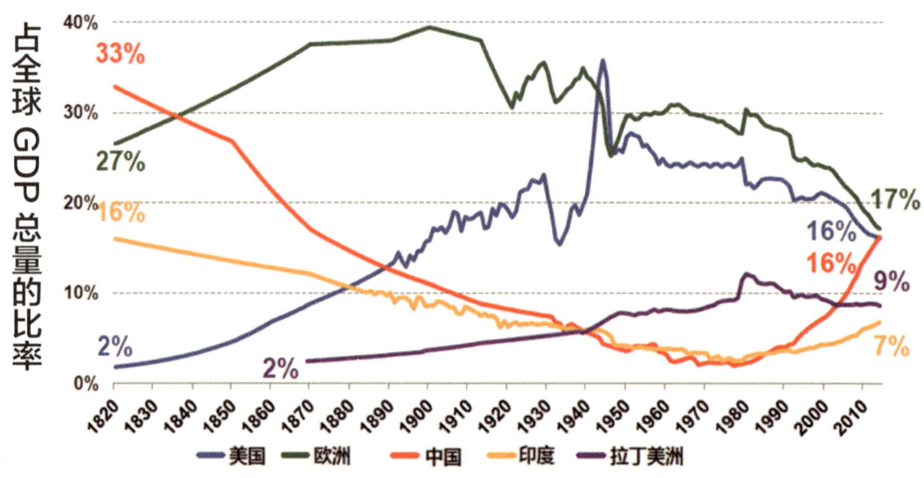

1820—2014 年五大经济实体占全球 GDP 总量的比率变动图

@KPCB 来源 :Angus Maddison ,University of Groningen,OECD,data post 1980 based on IMF data (GDP adjusted for purchasing power parity).Other countries account for~35%of global GDP.

人类这种生物，在 10 万年前，只有 1 万人；在 2 万年前，达到了 50 万人；在 1 万年前，达到了 600 万人。从这时开始，人类进入农耕社会。在 1 000 年前，人类有了 2.5 亿人；在 500 年前，人类有了 4 亿人。这是农耕社会全盛的时代。1750年，在工业革命开始的时候，人类达到了8亿人。而到了2000年，工商社会的全盛之日，全球人口达到60亿。仅仅10年之后，2010年，全球人口达到破纪录的70亿。在前面我们引用了莫里斯的发展指数概念，大家知道了人口指数和人类发展指数基本上完全同步。人口的这种迅速增长，说明了人类从外部世界获得能量，以及在内部进行组织和信息交换的能力达到了何等的高度！

人类创造的财富狂飙般涌流
人类现在首次有了完全消灭饥饿、战争、犯罪的可能
但是
人类显然还在走着相反的路

如此强大的人类，正在进一步向未来目标奋进的人类，未来的目标是什么？可能是消灭死亡，实现永生！也可能是飞向太空，征服宇宙！那么，回过头来看，我们是不是早就应当让每一个人都过上了富足的生活？是不是早就应该完全消除漫长的历史中一直困扰人类的饥饿、疾病、战争和犯罪这四大难题了？任何人拍拍脑袋都会想，这应当是最起码的要求，最容易做到的事情，对不对？人类今天创造了如此空前丰富的食物、药品、能源和财富，

解决这些问题应该有了非常好的条件。

但是，人类并没有完全做到！确实，如上所述，人类已经在相当大范围遏制了饥饿、疾病、战争和犯罪，取得了工业时代以前从来没有取得的成就。但是。众所周知，现在全球至少还有 10 亿贫困人口，他们每人每天的收入只有 1.5 美元。人类不但没有做到，工商社会和工业文明还给人类不断带来新的问题。工商社会和工业文明并没有给所有的人带来终极的幸福。工业文明虽然带来了新的生产力，创造了极大的财富，普遍提高多数人的实际生活水平，但始终没有解决好以下两个人类社会面临的重大问题：

工业时代两大困境之一
人和自然的矛盾、对立和冲突
人类对资源的超量消耗对环境的严重破坏

第一个重大问题是：人和自然的矛盾、对立和冲突。

这主要又表现在两个方面：一是人对自然的过度占有，二是人对环境的严重破坏。

从原始时代开始，经过农业时代，人类已经在这个地球上占领了几乎所有宜居地区。而自 1775 年以后，也就是从工业时代以来，人类进一步占领了地球上几乎所有地区，包括本来是由其他生物占有的、不适合人类居住和生活的地区。人类完全改变甚至摧毁了原来人类和其他生物分享、共享的地球生物圈。绝大多数不可驯服的野生动物都灭绝了，或者马上就要灭绝了。赫拉利在他的新著《未来简史》中说，你如果只看美国国家地理节目或迪士尼电影，肯定还会误认为这个地球是狮子、老虎和狼跟人类势均力敌一起生活的世界。其实，这些在动画片、电影片上的狮子辛巴、老虎谢利·可汗和大灰狼们正在灭绝。全球大型动物的生物总量约在 11 亿吨，其中野生动物只占 1 亿吨。其他 10 亿吨是人类（3 亿吨）和他们驯养的家禽家畜（7 亿吨）。也就是说，野生动物所占比重已经低于 10%，这个比重还在下降。现在全球只有 20 万头野狼，而家犬超过 4 亿只；全球的狮子只有 4 万头，但是家猫有 6 亿只。有一种鱼叫蓝鳍金枪鱼，通常生活在海洋深处，它们本来和人类的生活没有任何交集。但是，由于它的商业价值大，现在已经成为极危的濒危物种，濒危程度超过了熊猫。过去人类把陆地当作自己的狩猎场，现在已经扩大到了无边的海洋。地球上的所有的生物啊，它们逃到哪里才能摆脱人类的“魔爪”？

至于那些被人类驯化、驯养的动物，它们的数量虽然已经惊人地增长，全球今天有 10 亿只绵羊、10 亿头猪、10 亿头牛、250 亿只鸡；但是它们基本都被残忍对待，被成千上万地塞进整齐划一、极度狭小的笼子，靠自动喂食流水线、疫苗、激素、灯光和中央空调来维持高速生长。现在人们甚至进一步使用了基因技术以创造“加强版”的奶牛和“升级版”的鸡。这种奶牛乳房过大，这种鸡肉量过多，它们都几乎站不起来，根本无法走路。鸡的自然寿命是 7~12 年，牛是 20~25 年；但工业化饲养的肉用鸡和牛的寿命只有几个月甚至几周。达到按肉质要求的最佳屠宰时间后，人类为什么还要养着它们？从物种的角度看，它们由于人类的驯养，确实实现了自身物种的极大扩张！但是，这是它们所希望、所需要的扩张吗？

人类对环境的破坏，最突出的是对大气层的破坏，同时也包括对土地地表、河流、湖泊和海洋的破坏。由于人类的活动和人工干预，整个地球大气层中二氧化碳的浓度上升，地球表面温度持续上升，自然界的氮循环和磷循环失衡，海洋严重酸化，净水供给越来越困难，臭氧层被破坏，生物多样性消失，全球物种面临第六次大灭绝，整个地球受到的各种污染在持续扩大……这些事实是没有争议的。

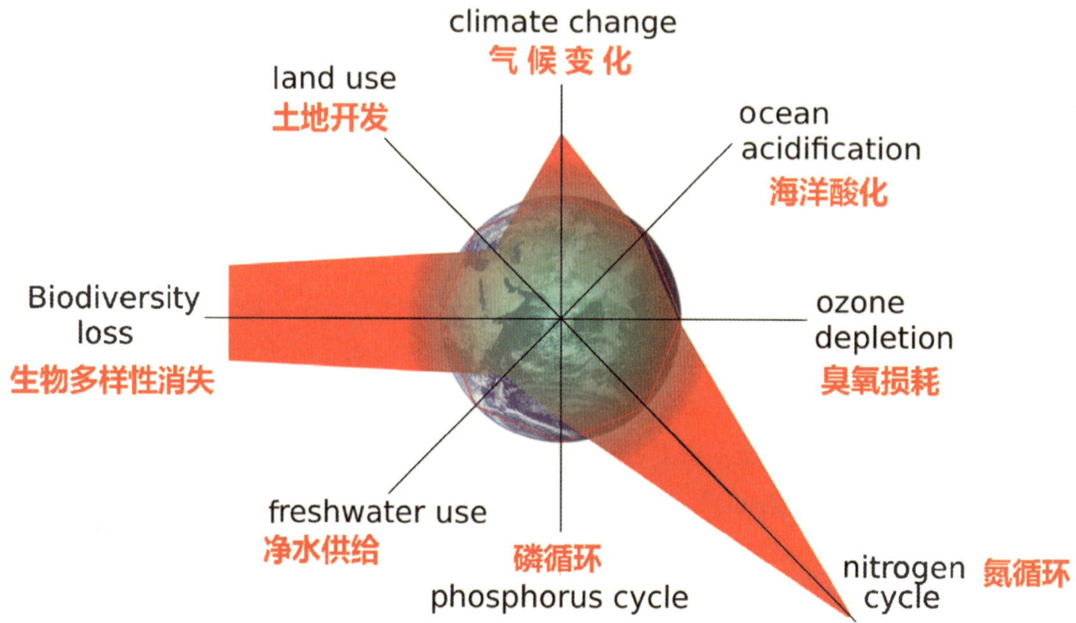

由于人类活动对地球的巨大影响，科学家正在考虑和讨论，是不是到了需要专门划分一个“人类世”地质时期的时候了。

大家都知道，地球的年代是按照宙 (Eon)、代 (Era)、纪 (Period)、世 (Epoch) 来划分的。

第一个层次是“宙”。主要分为隐生宙（又细分为冥古宙、太古宙、元古宙）和显生宙两个大的阶段。在隐生宙阶段生命不存在或者刚刚出现，生命的化石非常少，好像生命都深深隐藏着。而显生宙则是生命大量出现的阶段。我们当然是生活在显生宙。

第二个层次是“代”。隐生宙可以分为 11 个代，我们不去说它们。我们所处的显生宙只分为三个代：古生代、中生代和新生代。

第三个层次是“纪”。显生宙总体上分为 10 个纪。我们所处的新生代分为第三纪和第四纪。我们现在所处的就是第四纪。

古生代从 6 亿年前的寒武纪开始到 2.25 亿年前的二叠纪结束，是无脊椎海洋生物、鱼类和两栖类的天下，植物主要是藻类和蕨类。

中生代从 2.25 亿年前的三叠纪开始，到 6 500 万年前的白垩纪结束，是爬行动物和裸子植物的天下。在中生代中期的侏罗纪，密布天上地下、海洋大陆的强大爬行动物恐龙家族统治了整个世界。后来，它们被一颗撞击地球的小行星全部消灭掉了。不然的话，也没有我们人类的今天。

新生代从 6 500 万年前的第三纪开始，世界进入哺乳动物和被子植物的时代。新生代又包括第三纪和第四纪两个纪。第四纪开始于 260 万年前，是地球最新的地质时期，基本上就是现代动植物活动的时期。在这个阶段，人类已经存在了。所以，人类的全部历史覆盖了整个第四纪。

第四个层次就是“世”。这是对“纪”的进一步划分。我们生活的第四纪现在分为两个世，叫“更新世（Pleistocene）”和“全新世（Holocene）”。

更新世的时间区间从 258.8 万年到 1.17 万年前，基本上处于人类的原始时期。在这一阶段，地球表面板块运动小于 100 千米，可以忽略不计。这段时间里气候不断变化，冰河期与间冰期交替。在冰河期冰川可以一直延伸到纬度 40 度的地方。这段时间内只有极少量的新动物种类产生，但是，在更新世末期，北半球有不少哺乳动物（如剑齿虎、猛犸象、乳齿象、雕齿兽等）灭绝了。北美洲的马科和骆驼科大型动物也灭绝了。如前所述，这很可能就是智人活动导致的后果。当然，这种猜测还需要更多的证据来证明，而取得这些证据显然是有很大困难的。

全新世始于 1.17 万年前，也就是说，几乎和人类开始进入农业时代和农业文明的时间同步，一直延续到今天。毕竟这一段时间按照地质时代算，并不很长。从这一段时间开始，所有的动植物和我们今天看到的动植物已经没有任何区别了，除非是灭绝了。这一段时间的地球生态，开始受到人类活动的强烈影响。因此，许多科学家认为，我们已经进入了一个新的地球时代，叫“人类世（Anthropocene）”。

人类世从什么时候开始？有的科学家认为，从 8 000 年前到 1 万年间人类进入农业时代就开始了。因为，人类的农耕活动已经严重影响了地球生态。不过，农耕对地球到底有没有那么大影响？这里是不是有夸张的成分？这个意见没有得到多数人的认同。而且这种划分不就和全新世基本重合了吗？另一些科学家认为，人类真正严重影响地球生态，是在蒸汽机发明之后，是在大量使用石化燃料之后，所以，他们力主从1775年开始，人类进入了人类世。但这个意见也没有得到多数科学家的支持。现在研究人类世的科学家们已经成立了一个工作小组。这个工作小组后来正式提议，以1945年7月16日人类在地球上引爆第一颗原子弹为标志，确立人类世的开始。因为，核武器是真正有能力完全改变地球生态的力量。

看吧，又是1945年。人类零年，一切都从1945年开始。是的，从这一年开始，人类确实就真正掌握了完全改变地球生态、完全改变这个星球的命运的力量。当然，需要说明，人类世到现在并没有真正被科学界认账，并没有正式成为地质年号，也没有进入人类地球的编年史。我们不希望它能够很快地被认账。因为，到现在为止，地球上还没有出现过任何一个单一的物种，

1945年7月16日上午5时29分21秒
人类研制的第一颗原子弹在美国新墨西哥州三一试验场爆炸
世界从此进入人类世

工业时代两大困境之二
人和人的矛盾、对立和冲突
劳动异化使人沦为工具和机器的奴隶
财富分配不公导致贫富悬殊、两极分化

能够对地球生态单独造成决定性的正面或者负面影响，除了神！如果人类就这样轻易成为主宰地球命运的神，会是件好事吗？

第二个重大问题是：人和人的矛盾、对立和冲突。

从 1945 年开始，工业时代进入第二季。在工业生产力大幅度提高的背景下，社会关系特别是劳动关系有了重大调整。市场化的经济制度和民主化的政治制度，以及工会组织的强大，集体谈判的普遍开展，工人利益和权利的大幅度提升，使得人们相信，工业文明已经从它的低级、幼稚、狭隘阶段摆脱出来，进入自己的高级、成熟、宽宏阶段。在工业文明的推动下，一个人人富足、自由、幸福的社会正在形成。美国著名经济学家加尔布雷思早早就写了一本书叫《丰裕社会》，强调至少在西方社会贫穷问题已经解决。古典经济学家亚当·斯密和大卫·李嘉图所描述的工人永远处在水深火热之中，他们的工资仅仅只够他们生存的历史已经过去了，工资正在随着劳动生产率的提高而不断提高，工人的生活水平早已经超过了最低生存的需要，电冰箱、洗衣机、小汽车都进入了工人家庭。现在，经济科学要解决的，不再是人类在贫困中的问题，而是人类在富足中的问题。

当然，加尔布雷思毕竟是左翼学者，他也敏锐地察觉到，在西方繁荣昌盛的经济后面，还有大量的矛盾和冲突，许多不均衡、不充分和不公正的问题需要解决。当然，这些问题和贫困时代问题的性质和解决方式都会有很大的不同。

工业文明第二季真正的危机出现在 2008 年。2008 年以来的全球性经济紧缩和金融紧缩，暴露出了工业时代人与人关系中的主要矛盾。这表现在两个方面：

一是工作的异化、劳动的异化。尽管生产力的发展水平越来越高，至今人类中相当大的一部分人，至少在工作时间内，是没有自我的。从本质上来说，他们的处境和工业革命初期没有根本区别，也就是说，在一定意义上，他们不是机器的主人、劳动活动的主人，而是机器的奴隶，或者他人的奴隶。

二是贫富冲突、两极分化。社会财富和社会权力越来越集中在少数人的手中。人类创造财富的能力越来越强，人类创造的社会财富越来越多，但是财富分布的不均衡反而越来越严重。而且在现行社会经济制度框架内，似乎已经找不到任何解决的办法。曾获得诺贝尔经济学奖的美国著名经济学家斯蒂格利茨，他长期担任美国民主党政府的总统顾问，还担任过世界银行副行长。他在自己近期的著作《不平等的代价》中尖锐指出：今天这个世界面对的最突出的矛盾，是 1% 最富有的人和 99% 普通人的矛盾。本来应该充分实现林肯总统说的民有、民治、民享的美国，现在变成了 1% 的人有、1% 的人治、1% 的人享（of the 1%，by the 1%，for the 1%）！那 1% 的人虽然享受着最好的住房、最好的教育、最好的医生、最好的生活方式，但是有一样东西是金钱买不到的，那就是意识到他们的命运是和那 99% 的大多数人的命运捆绑在一起的。纵观历史，这 1% 的人最终都会明白这个道理，只不过他们常常明白得太晚而已。

对工业时代的不平等的描述，最深刻、最尖锐的是法国经济学家皮凯蒂的新著《21 世纪资本论》。此书的出版引爆了全球热点。皮凯蒂指出：近几十年来，世界的贫富差距正在严重恶化，而且会继续恶化下去。当前的美国，由 10% 的人掌握了 50% 的财富；而塔尖上 1% 的人更掌握了 20% 的财富。现行制度只会让富人更富、穷人更穷。自由市场经济完全不能解决财富分配的不平等问题。因为，推动经济的两大要素：资本和劳动力，它们被用于生产后获得的收益回报率完全不同。资本回报率总是远高于经济增长率，而劳动力的回报率总是低于经济增长率，至多有时等于经济增长率。皮凯蒂用大量数据证明：贫富差距是工商社会的固有现象。在现行体制下，全球贫富差距将会继续扩大、不断扩大。

历史发展到今天，人们越来越看到，在现有生产力和生产关系的框架内，在现有文明的水平上，人类已经无法解决面临的重大矛盾和冲突。能不能找到新生产力？能不能创造新的生产关系？能不能顺利实现文明的翻篇？能不能共同创造出一个全新的世界？这已经成为人类共同的梦想和追求。

小结：人类的工业时代，始于人类理性第三次大觉醒。在工业文明的第一季，人类在语言文字的基础上，进一步创造了深刻描述和揭示自然秘密的数理逻辑系统和数学表达方式，从而大大完善了自己的信息符号系统，获得了全面征服自然、特别是征服无生命物质的强大能力。同时，在工业文明的第二季，人类通过自我博弈，在自身社会关系上用市场交换原则即等价交换和等量劳动交换的经济原则，替代了以前社会的一切非经济原则和超经济原则，从而引发了生产力的进步和生产效率的大幅度提高，促进了社会财富的狂飙式增长。人类由此开始力图建立起一个以人性为基础的自由、平等、博爱的社会。但是，人和自然的矛盾、人和人的矛盾日趋激化。人们追求的平等目标仅仅在形式上得到实现。地球环境被人类独占和破坏，社会财富被精英独占和掌控。劳动异化、社会撕裂，这是一个价值多元、财富胜出的时代。

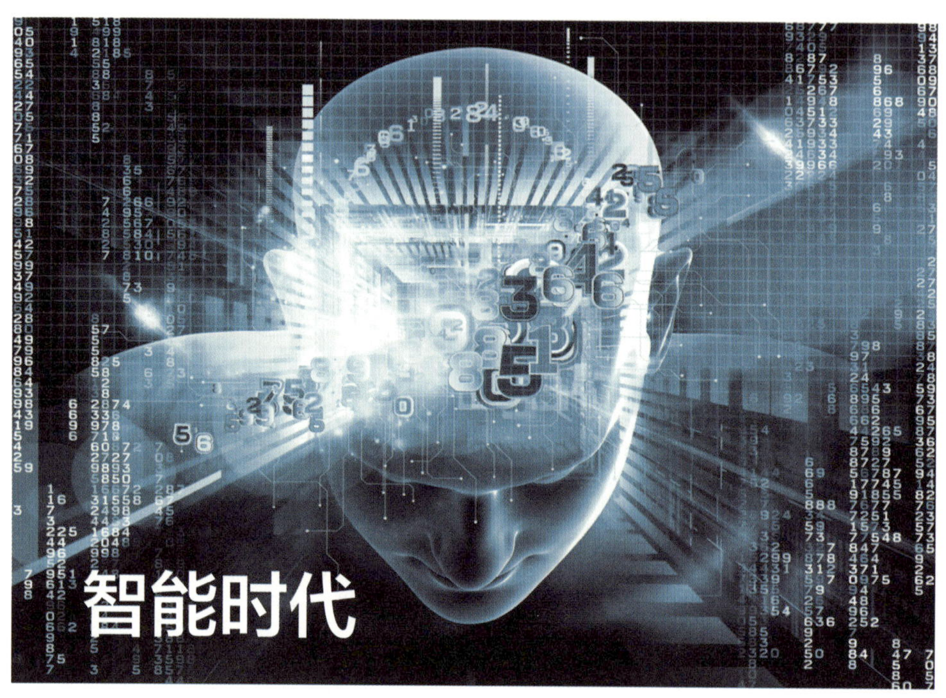

一个属于全球的时代
算法崛起，共享胜出

让人工智能消除能力差别
用共享社会实现人人幸福

04 智能时代：明天的共享能够实现吗

时间：2016 — 2045 年

工商社会和工业文明尽管为人类创造了空前巨大的财富和新型的社会关系，但至今没能解决人类迫切需要解决的两个最重大的问题：人与自然的冲突，人与人的冲突。人类必然要向未来社会、未来文明，向新的生产力和新的生产关系寻求出路。事实上，20 世纪以来理性思维的再一次大爆发，也为人类提供了这样的机会。

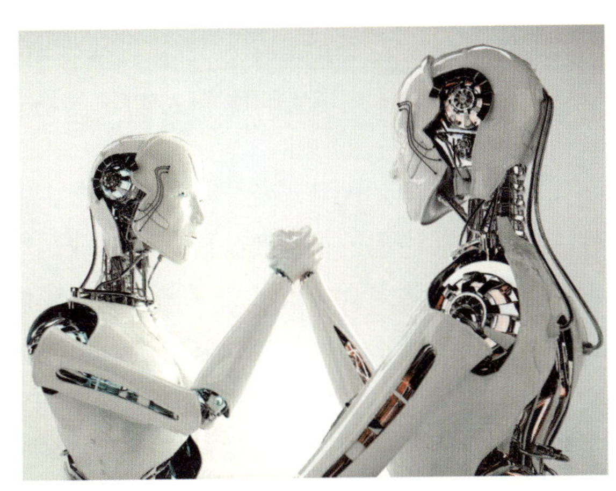

人类不得不向
新生产力
新生产关系
新文明
寻求解决和解放之路

历史有时就像循环往复播放的连续剧。我们曾看到，17 世纪科学的爆发、经典物理学的创立，最终引爆了 18 世纪的工业革命；现在我们又看到，20 世纪科学的再次爆发、经典物理学的颠覆，正在引爆 21 世纪的新工业革命——人工智能和人造生命的革命。

如果进一步这样类比，那么，1905 年和 240 年前的 1666 年一样，是人类历史上又一个奇迹年。我们在前面说了，1666 年属于年仅 23 岁的牛顿。从那一年开始，他创立的经典物理学在一百年后引发了工业革命——蒸汽机革命。而 1905 年则属于 26 岁的爱因斯坦。从那一年开始，他颠覆了经典物理学。同样在一百年后，也就是今天，引发了一场新工业革命——人工智能革命。

爱因斯坦当时的正式职位是伯尔尼瑞士国家专利局的三级技术员，主要的工作是负责瑞士民间专利申报的审核。爱因斯坦喜欢这个工作，因为他每天可以看到人们的各种奇思妙想。当然其中许多属于“民科”。这个工作对他来说实在太容易了。往往一整天的事情，他一个小时就干完了。精力充沛、才智过人的这个德国犹太小青年，就把他全部剩余精力用来想一些奇怪的物理学问题。就在 1905 年，爱因斯坦大爆发了！他创造了科学史上自牛顿之后最令人惊讶的奇迹，竟然一口气在量子理论、狭义相对论和布朗运动等方面连续发表了五篇论文，直接挑战牛顿的经典物理学理论，掀起了一场影响整个20世纪的物理学革命。

按照爱因斯坦的新理论，人们发现，牛顿创立的经典物理学有重大局限性。牛顿的那些理论在远离我们这个星球，远离我们这个太阳系的最辽阔宏大的地方，居然完全失效了。宇宙不仅比我们想象的要巨大得多，而且还有太多太多我们所不了解的规律和规则。诡异的是，牛顿的那些理论在深入我们的物质内部，进入到分子、原子、原子核，以及比原子核还小得多的最微观、最细小的亚原子区域时，居然也完全失效了！显然，牛顿的那些理论，恰好在我们人类这么大小的方圆尺寸范围内是有效的。从这个意义上说，牛顿创立的所有规则规律，都只是自然界的一种特例。

当19世纪结束、20世纪到来的时候，人们曾经普遍认为，物理学已经快要走到自己尽善尽美的终点了。经典力学、经典电动力学和经典热力学三大体系是那样的和谐统一、辉煌壮丽。德高望重的物理学家开尔文勋爵在1900年元旦英国皇家学会迎接新世纪招待会上，不无自信地说：一幢宏伟、完美的物理学大厦已经建成，现在可能需要的只是最微小的修修补补了。当多才多艺，特别擅长钢琴、管风琴和大提琴，在作曲上也展现了特殊才华的16岁德国好青年普朗克，想把自己的一生献给物理学时，他的老师、物理学家菲利普·约利告诫他：千万别把自己的才华浪费在这个学科上了！物理学早已是一门高度发展、尽善尽美的学科了……你也许能做到的，只是研究或者分类一下某个角落存在的一粒小尘屑或者一个小气泡……但是，幸好普朗克不为所动，坚持了自己的选择。他说：我没想发现新大陆，我只想更深刻地理解现存世界和它背后的道理！结果，普朗克对这个现存世界更深刻地理解的第一个道理，就颠覆了整个经典物理学。在牛顿（经典力学）、麦克斯韦（经典电动力学）和克劳修斯（经典热力学）那儿，所有的物理量都是连续的、不间断的，可以用微积分描述的。但是，普朗克指出，在热辐射、电磁辐射和光辐射中，能量只能以被普朗克称为“量子”的这个基本粒子单位的整数倍形式发射出来！后来，这个物理量就被写作 h 上面加一横：$\hbar$。

现在想想，这是多么顺理成章的事情呀！饭米粒只能是一粒一粒吃进嘴里的，钱只能是一分一分花出去的，子弹从枪管里只能是一颗一颗射出来的！但是，人们不知道为什么一直就认定物理量是连续的，可以无限分割的。这成了经典物理学的全部基础。我们过去看到的，像水流一样连续的、连绵不断的物理量，不过是由于这些微粒太多太小连续不断涌现出来造成的错觉而已。说到底，水也肯定是由不可再分割的最小水粒子组成的。这样，经典物理学就被改写、被动摇了！然而，仅仅是这一点点的改写和动摇，最后居然就颠覆了全部经典物理学。

著名华裔物理学家张首晟（杨振宁的大弟子，天使粒子发现者），曾被问到一个有趣的问题：如果世界末日来临，诺亚方舟中只能够带上一个信封，但你可以在信封背面写下人类最重要的知识，你会写什么？他说，他会写以下三个公式（如右侧图所示）：

第一个公式，就是爱因斯坦的相对论，就是质能互换公式。这是迄今为止，人类对物质和能量的关系最深刻的认识和理解。经典物理学告诉我们，物质是物质，能量是能量。物质不灭、能量守恒，亘古不变、天经地

$$\hbar$$

$$E = mc^2$$

$$S = -p \log p$$

$$\Delta x \Delta p \geqslant h$$

如果评选20世纪人类社会发生的最重要的事件，可能不是两次世界大战和原子弹爆炸，也不是人类飞上太空登上月球，更不是计算机和互联网的兴起；而是相对论、信息理论和量子力学的出现和发展，因为它们颠覆了经典物理学。张首晟选出的以上这三个公式就是代表，它们对人类的影响极其深远。前面说的那些原子弹之类的事情，只是它们引发的一小部分结果而已。

义！原来根本不是这么回事！原来：物质就是能量，能量就是物质！物质可以湮灭，能量也不守恒。真是匪夷所思！当时，几乎所有人都认为爱因斯坦太智慧了，他揭示的公式实在是太绝妙、太浪漫了！简洁而美丽，不正是科学的追求吗！谁还能想象出比它更单纯更潇洒的公式来吗？当时有多少人能想到爱因斯坦的这个公式后面包含的深刻而严肃的含义呢？当然，直到30年后，第一颗原子弹在广岛爆炸，物质变成了极其可怕的能量，能量摧毁了一切物质包括生命！大家这才忽然明白了，这个公式里哪有那么多的浪漫美感，它后面掩藏着的可能就是恐怖、残暴和血腥！

第二个公式，是香农在对热力学第二定律深刻理解的基础上，从热力学引入信息学的信息熵公式。继物质和能量的秘密被不断揭开之后，宇宙中最神秘的力量就是熵。对熵的认识，以及对信息的认识，都是20世纪人类对自然认识的最重大的突破。如果我们的宇宙是一个孤立系统，宇宙中会有一个量不受任何阻挡地不断增大，那就是熵。而信息却是一种反熵的力量，信息就是负熵。宇宙中的总熵是恒定的吗？许多学者认为是这样。但是，宇宙中的总熵如果恒定，那么热力学第二定律还能成立吗？反过来，宇宙中的熵如果不恒定，那么生命和信息的反熵作用，会不会最终也阻挡宇宙向熵增方向演进？这一切问题，都和我们到底如何定义和计算信息熵有关。所以，香农的这个公式给出了完美的回答。信息熵公式，以及它所描述的自然的熵增和熵减的矛盾和冲突，甚至在改写我们对自然，以及我们对人类自己的思维活动的理解和认识。爱因斯坦曾经说过：随着人类的知识往前推进，牛顿的力学可能不对了，相对论也可能不对了，量子力学都有可能不对了。但是，信息熵的公式是永恒的。

第三个公式，是海森堡在普朗克量子理论基础上提出来的量子力学的测不准原理。经典力学告诉我们，只要你给定一个物体的初始条件，我就能精确地告诉你这个物体在每一瞬间的位置、速度和动能。但是量子力学告诉我们，即使是我们完全掌握了一个电子的初始状态，拥有最强大的测试和计算工具，考虑了所有可能的影响，我们仍然不可能准确地说出这个电子的位置、速度和动能。更可怕的是：事实上，我们连给定一个电子的初始条件这件事情都做不到！这并不是因为我们能力不足，而是电子从本性上就是不可测的。海森堡发现，如果我们先测量电子的速度，就会影响电子的位置；反过来，如果先测量电子的位置，就会影响电子的速度。在电子的能量和时间之间，也存在着这种不确定性的互补关系。如果能量测得越精确，时间就越模糊；反之，如果时间测得越精确，能量就会起伏不定。在超微观的世界里，各种物理量都遵循海森堡的不确定性原理，变幻不定，难以把握。最诡异的是，物质到底是什么状态，竟然是由于你的观察方法而决定的，你用观察光波的方法看它，它就是光波；你用观察粒子的方法看它，它就是粒子。你看它是山，它就是山；你看它是水，它就是水！在量子世界没有一个绝对的客观实体或外部世界。由此引申出的种种结论，比如非常著名的处于生死叠加态的薛定谔的猫，只有在你看它一眼时，猫的这种生死叠加状态才发生坍缩，猫的状态才确定。当然，也可以说，猫死了，猫活着，是一个世界分裂成了两个完全平行的版本，这样，带有极大科幻色彩的平行宇宙理论也都是可以成立的了。

请注意：**量子理论在这里不是推翻了某一条物理法则或者定律，而是完全推翻了整个经典物理学的决定论体系，从而动摇了当时所有科学的基础，其震撼力一直影响到人类的哲学。现在，我们终于认识到概率才是深藏在世界底层的根本性质，一切事物的运行都是上帝靠掷骰子的方式来维持的。**这个无比另类的结论，沉重打击了20世纪那一批最优秀的科学家。我们在上一节总结的经典物理学的所有重要结论，包括：物理规律的绝对真理性，自然世界的连续性、确定性、实在性和因果性，以及由此而来的决定论，就这样被相对论和量子力学的进展一点一点全部推翻了！事情发展到这个地步，不但所有经典物理学那些名垂青史的祖师爷们最坚定的追随者都拒绝接受这些理论，连普朗克和爱因斯坦都接受不了了！这两个巨人，一个是量子学说的奠基创始人，另一个是相对论的原创者，都无法接受这些新学说。

普朗克本人是个狂热的爱国主义者，爱国爱到糊涂地支持战争、拥护希特勒。但是，他的两个儿子一个战死，另一个因为企图谋杀希特勒而被纳粹处死；两个女儿先后嫁给同一个丈夫，竟都难产而死。不幸的老爷子勉强坚持活过了战争不久就去世了，没能更多地参加后来物理学界的大辩论。只剩下孤零零的爱因斯坦独自一人和自己创立的量子力学作不屈不挠的斗争。

爱因斯坦的名言是：玻尔，上帝决不会掷骰子！但玻尔的回答是：上帝不但会掷骰子，而且会把骰子扔到我们看不见、找不到的地方！在量子学说这个问题上，爱因斯坦不像在相对论问题上那样还具有那种自我批评精神。他在被哈勃拉进洛杉矶威尔逊天文台，亲眼看见所有的银河外星系都在远离我们飞奔而去时，还是承认了他一度坚决反对的宇宙大爆炸学说，并承认在引力场方程中强加一个“宇宙常数”，以便让宇宙保持静态，是他一生最大的错误。但他在量子理论上始终没有妥协。他不断给玻尔出难题，尽管这些难题都被玻尔一一巧妙破解，但爱因斯坦至死也没有认错。正应了普朗克说的那句话：“一个新的科学真理并不是通过说服对手、让他们看到光明而取得胜利，而是因为它的对手最后终于死掉了，熟悉它的新一代成长起来了。”不过，今天我们必须公平地说，爱因斯坦恪守自己的原则和信念，坚持挑战

玻尔，尽管他占理的时候很少，但也大大推进了量子理论的发展。

通过以上对现代科学的这三个最重要公式的分析，你是不是可以体会到，原来你看见的、你感觉到的宇宙后面，有一个你看不见、你感觉不到的宇宙；你知道、你理解的世界后面，有一个你不知道、也不理解的世界。

科学不但在牛顿时代没有终结，现在看来永远不会终结了。普朗克、爱因斯坦、德布罗意、薛定谔、海森堡、玻尔、玻恩和狄拉克等人的出现，不但把物理学推向了它的第二季，使人类在基础科学方面又取得了划时代的大突破，使人类又进入到生产力大飞跃的前夜；而且，更重要的是，使人类如梦方醒地认识到，我们其实非常无知。我们的无知，首先就表现在我们过去以为，我们已经穷尽了宇宙中的全部真理，掌握了宇宙中的全部规律。实际上，人类过去认识的真理，很可能仅仅是真理的一根象鼻子、一条猪尾巴，或者一撮猴子毛。在认识真理、掌握规律，探求上帝心思的道路上，人类才刚刚起步。

在基础理论，特别是基础物理学取得重大突破的同时，人类在 1945 年发明的智能工具——计算机的发展，令人兴奋地呈现指数式进步的形态。这种指数式进步，以摩尔定律的形式表现了出来。

摩尔定律是由英特尔公司创始人之一、英特尔公司原董事长摩尔在 1965 年总结出来的一个定律。严格地说，它不是一个科学定律，只是一个实证性观察结果。他当时仔细研究了英特尔公司做的晶体管芯片，认为在同等面积的晶圆片上，由于技术工艺的不断进步，每年可以让其中所含晶体管的数量翻一番。但是，后来他又说翻一番的时间可能需要两年。没想到这样一个简单的预言引起了各方面强烈的反响和关注。因为这个预言非常有效，但翻一番的时间，最后大家形成共识，既不是一年，也不是两年，而是一年半——18 个月。

在维基或者百度上，关于摩尔定律的表述，你会看到有不同的形式，主要包括：

形式一，同等面积的集成电路芯片上所集成的晶体管及其电路的数量，每隔 18 个月就会提高一倍。

形式二，微处理器的计算性能每隔 18 个月就会提高一倍；或者，其价格下降一半。

形式三，用单位美元所能购买到的计算能力，每隔 18 个月就会增长一倍。

以上三种说法中，以第一种说法最为普遍，因为它最接近摩尔本来的说法。第二、第三两种说法涉及价格因素，反映了人们认识这个问题时不同的侧重点。不过，三种说法的实质是一样的。特别是它们有一个共同点：以 18 个月为一个周期。不论这是性能增加一倍的时间，还是成本减少一半的时间。增加一倍的是什么，或者减少一半的是什么，就看你自己的侧重点是什么了。

总之，人类的计算工具的能力，亦即人类的计算能力，每 18 个月就会增长一倍，与此同时，人类为获得这种计算能力而付出的成本，每 18 个月就会减少一半。这是一种极其惊人的幂律增长模式。只要实际看一下 70 年前人类制造的第一台计算机只有 18 000 个电子管，运算速度是每秒 5 000 次；而 70 年后的今天，中国生产的世界最大的超级计算机“神威·太湖之光”拥有的晶体管数量已经超过了 100 亿枚，运算速度更是达到每秒 10 亿亿次。人类在 70 年内使计算机的效率至少提高了一千万倍，同时体积和单位成本也几乎按照相同速率下降。在 1960 年，人们用 10 美元才只能买到一枚晶体管；而现在 1 美元可以买 5 000 万枚晶体管，而且它们全部集成在一块比指甲盖还小的地方。对比一下，人类制造的其他任何工具都没有过这种神速变化，地球上发生的其他任何范式变革也达不到这样高的增长速率。

写到这儿，我正好在微信上看到何万青的一段文字：“在英特尔公司创始当家人的‘三驾马车’中，深具个人魅力的罗伯特·诺伊斯早已去世；伟大的管理者安迪·格鲁夫早已退休，并在去年去世；只剩下摩尔定律的提出者、受人尊重的科学家、硅谷的理论家、沉默寡言的架构师、英特尔首席战略家和最大的股东、担任英特尔 CEO 时间最长的富有远见的梦想家、重要的慈善家、英特尔藏经阁里沉静的扫地僧——戈登·摩尔，还在默默加持这家伟大的公司。”伟大的摩尔，你居然独自默默守护了摩尔定律五十载。这是何等惊人的传奇故事呀！让我们拿出一张仅厚 0.1 毫米的纸把它折叠 50 次试一下吧！你知道它会有多厚？一本书？一座房？一栋摩天大楼？……实际答案是 1 亿千米，远超过了地球和月亮之间的距离，几乎快到太阳上了。这就是坚持摩尔定律 50 年会产生的真实力量。

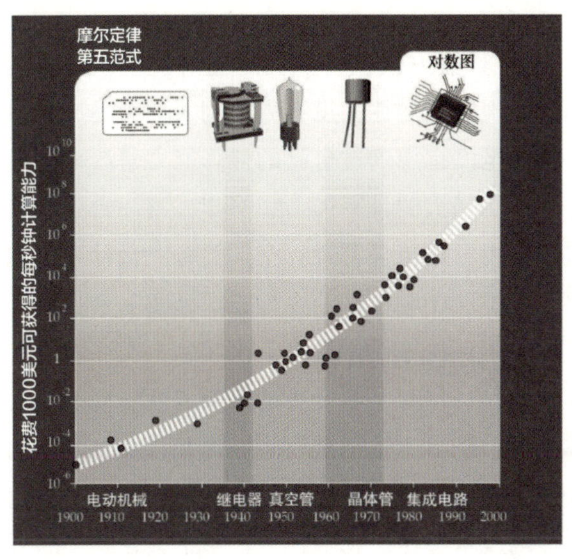

注：本图引自库兹韦尔《奇点临近》一书，机械工业出版社 2011 年出版。

计算机的这种发展，和它所处理的对象——信息的性质有直接关系。由于信息本身的特殊性，对它的处理可以选择完全不同的模式而不影响结果的完全一致性。因此，随着处理模式的不断变化，信息处理可以一直、至少是长期保持遵循摩尔定律。左图选自库兹韦尔的《奇点临近》（*The Singularity is Near*）。库兹韦尔列出了工业时代信息处理的五个模式：电动机械、继电器、真空管、晶体管和集成电路。对比一下，在工业时代前，结绳记事、乌龟壳、纸笔和算盘等应该是农业时代的信息处理模式。显然，这也可以启发我们，到了下一个时代——未来时代，信息处理可能出现新的模式，比如，生物计算机、基因计算机，或者量子计算机等。一旦新的模式成功运行，摩尔定律又可能在新的意义下继续起作用。

摩尔定律不但适用于计算机，而且适用于一切以信息处理为基础的产品。比如手机就是这种产品。你肯定也会发现，具有某种信息处理能力的手机，它的性能会在一年半后翻一番；或者它的价格在一年半后下降一半。这一点都不奇怪。但是，摩尔定律是不是能适用于一切产品？这就需要作具体分析。

英特尔公司现任首席执行官科再奇 2015 年在纪念摩尔定律 50 周年的庆祝会上说："如果汽车业能够遵循摩尔定律的发展速度，那么今天的汽车每小时应该能够行驶 48 万千米，一辆汽车的价格只有四美分。"科再奇说的肯定是对的。只是少说了非常关键的一条：这样的汽车的体积只有黄豆那么大甚至更小，连蚂蚁要坐进去都会因为身材高大而感觉困难。所以，研究问题时一个条件都不能忽略。你的生产工具在处理实体、能量和信息时，发挥的作用是完全不同的。对这些都需要全面分析。

人类在创造了计算机之后，计算能力会获得如此迅速的提高，是人类根本没有料到的。没有人想到会出现摩尔定律，没有人想到人类会迅速获得强大的计算能力。事实上，人类甚至没有想到过自己的计算能力是严重不足的；更没有想到过，自己非常需要更强大的计算能力。当年，第一台计算机 ENIAC 诞生的时候，连计算机之父冯・诺依曼都说：全人类有三台计算机就够用了。所以，大家要看明白，人类现在对计算的强烈需求，实际上是被计算机自己创造出来的。计算机产生了，计算机慢慢多起来了，人类才发现，人类需要计算的问题更多了。而人类一旦有了对计算的需求，就又创造了对计算机的需求。不是吗？这样一想，技术、特别是计算能力和计算技术，它们似乎本身就拥有独立于人、同时借助于人的自我发展的冲动。不是吗？所以，最后我们会看到，以计算为特征的技术会像生物一样自己活下去，并不断寻求自身的发展和突破。

从 2016 年起，工业文明进入了它的第三季，也就是它的尾声。我们也可以把这个时间点看作未来文明的非正式开始。工业文明的这个第三季，我们预测，需要 30 年。它的终点是 2045 年。当然，这段时间也是未来文明的预热期，我们可以把它看作未来文明的第零季。未来在 2016 年已经渐渐来临，但是，它真正的引爆点将是 2045 年。

基础科学的突破，关键工具的突破，都预示着新的时代即将到来，现在似乎缺少的就是像 1775 年瓦特改进的蒸汽机开始大推广那样一个标志性、代表性事件了。就在这个时刻，2016 年 3 月，这一标志性事件出现了！

它就是由谷歌（Google）旗下的深思（DeepMind）公司哈萨比斯团队成

功开发的人工智能围棋软件 AlphaGo，这只“狗”，从此时开始，在一系列比赛中一举击败了所有人类职业顶尖围棋选手。

围棋这项智力运动，由于历史悠久、战场辽阔，棋盘很大（19×19=361），变化无穷（每一个点有三种状态，总变化为 3^{361} 种）。围棋的变化之多肯定是一个天文级的数字。尽管这仅仅是一个理论推算，实际数字会比这个推算小得多，但我们也能看到，这是一个人类无法穷尽的数字。现在看来，人类自身的智能无论怎么发展，都无法把握这种超大数量信息的分析处理。人类只可能通过现代计算技术的不断超越，特别是深度学习理论的重大突破，才有可能对这种超级数据量下的决策做出更合理的选择。

无论如何，现在大家都看清楚了，未来时代和工业时代最大的不同就是：人工智能崛起了，它将决定我们的一切方面。所以，我们现在的时代，可以叫作：人工智能时代，简称智能时代。而 AlphaGo 正好应运而生地成了像阿舍利手斧、玉米和蒸汽机那样，标志着一个新时代开始的代表。

近 50 年来，人类一直在对工业时代结束后，我们将会生活在一个什么时代做过非常多的预测，比较多的叫法包括后现代、后工业时代、信息时代、算法时代、云计算时代等。现在看来，智能时代或者人工智能时代能更准确地描述未来。

尽管人工智能从技术层面上还远远没有充分展开，但是，至少人们已经可以预测到，人工智能将有两个界线清晰的发展阶段：第一个阶段叫弱人工智能，第二个阶段叫强人工智能。弱人工智能就是今天普遍运用的、由无生命的硅材料建构制造的人工智能。强人工智能则是由独立于人的自主生命和自主意识控制的人工智能。

2015—2045 年，是弱人工智能崛起和称雄的时期，我们现在可以把这一段时间称为智能时代；但一定要记住，这个时代拥有的人工智能是弱人工智能。在这个时代，人类将完成整个未来时代的基础设施建设，为未来文明的长远发展奠定坚实基础。在这个时代，将要发生最深刻的五大变化。

智能时代的五大变化

第一，科学技术和生产力将以指数方式增长
第二，基础设施从整体上将发生颠覆性变革
第三，高效绿色能源将成为主要动力来源
第四，人类劳动方式将发生重大变化
第五，人类将面对社会经济制度的重大变革

第一，科学技术和生产力将以指数方式增长。

也许是摩尔定律给了我们启发，现在，如果回头看，我们竟然发现，到处都是摩尔定律，历史从来不是线性发展的，历史完全呈现指数式变化。无论宇宙、生物还是人类的历史都是这样。

宇宙产生于一次奇点大爆炸。我们前面说过，在奇点上，人类已知的、现行的所有自然规则和规律全部失效。宇宙诞生后，这些规则规律才开始起作用。此后，大约经过了长达 92 亿年，才产生了我们的太阳系，和我们这颗适合生命存在的行星——地球。

地球上的生命出现之后，在长达 20 多亿年的时间内，只存在单细胞生物。直到 15 亿年前，才开始出现多细胞生物。但是，在 5 亿年前，物种发生了大爆发，大量复杂的多细胞的植物和动物开始涌现出来。但又过了 4.9 亿万年，直到大约 1 000 万年前，才出现了类人动物。300 万年前出现了古人类。然而，真正的现代人类的出现不超过 5 万年。我们的祖先在 1 万年前创造了农耕社会，鼎盛的农业文明只有 3 000 年的历史。但是就这 3 000 年农业文明创造的生产力，远远超过了 300 万年原始社会生产力的总和。人类又在 300 年前进入工商社会，这 300 年工业文明创造的生产力，又远远超过了农耕社会 3 000 年生产力的总和。

根据这些事实，库兹韦尔提出了自己的定律：库兹韦尔加速回报定律（Kurzweil's Law of Accelerating Returns），简称库兹韦尔定律。按照这个定律，人类从现在开始，30 年的发展，将超越工业文明 300 年，农业文明 3 000 年，原始文明 300 万年。因此，他提出，到 2045 年，也就是计算机诞生 100 周年时，人类将要到达一个新的奇点。越过了这一点，人类就将迎来人工智能超越人类智能、人造生命超越人类生命的时代。很可能我们今天这个世界通行的一切规则和规律，到那个时候全部都失效了。自然界的一批新规则和新规律将被发现并开始发挥作用。不过，库兹韦尔定律将一直有效。照这样发展下去，未来某一个时刻，人类社会三年的发展，就超过现在 30 年，工业时代 300 年和农业时代 3 000 年！甚至更不可思议的是，再过一段时间，特别是在越过奇点以后，人类社会三天，甚至三小时的发展，就会超过过去全部历史发展的总和。

库兹韦尔在《奇点临近》一书中强调，总有一天，我们人类一秒钟所造成的技术进步和对文明的贡献，将超过我们之前上万年所做的一切。到 2045 年，人类的技术就会突破到一个新的高度，也就是到达奇点，那时候人类会发生天翻地覆的变化。

听起来这确实有点像天方夜谭。而且，库兹韦尔定律就像摩尔定律一样，并没有科学理论支持，并不是通过严谨的数学表达和科学推理论证而得出来的，也没有经过任何科学实验的证明。它只是对人类社会的一些事物观察的结果。所以，严格地说，库兹韦尔的这个理论只可以称为库兹韦尔猜想，但是这个定律也得到了很多科学家的赞同。毕竟，计算机的发展已经给人们留下极其深刻的印象。

库兹韦尔预测说：30 年后，随便一台价值不超过 1 000 美元的普通电脑，它创造的数据量会是今天人类全部信息量的 10 亿倍。尽管听起来不可思议，但这完全有可能。不过我还是认为，这仍然是用今天的思维方式在想象后天。因为那时由于计算能力已完全变成了最普通的基础设施，我们很可能根本就再也见不到今天的这种电脑了！比今天强大 10 亿倍的计算能力，就在墙壁的插座里，或者飘浮移动在大气中。当然，我们不必纠缠于这种技术细节，主要应当尽量去理解库兹韦尔定律揭示的科技和生产力的指数式增长，以及它到底会带来什么变化。

当前，迅速发展并正在产生重大影响的技术从总的方面可以分为五大类：一是信息技术，二是生物技术，三是绿色技术，四是神经技术，五是纳米技术。英国帝国理工学院曾经对这五大类技术的发展作过一个短期、中期和长期的预测。

英国帝国理工学院的这项研究认为，近 5 年内，将有 47 项技术取得突破性进展。而未来 15 年内有 51 项技术将取得进展。另外有 50 项技术则需要在 2030 年后得到发展。以上涉及的技术项目共达 148 项。其中，信息技术 40 项，生物技术 31 项，神经技术 18 项，绿色技术 37 项，纳米技术 22 项。

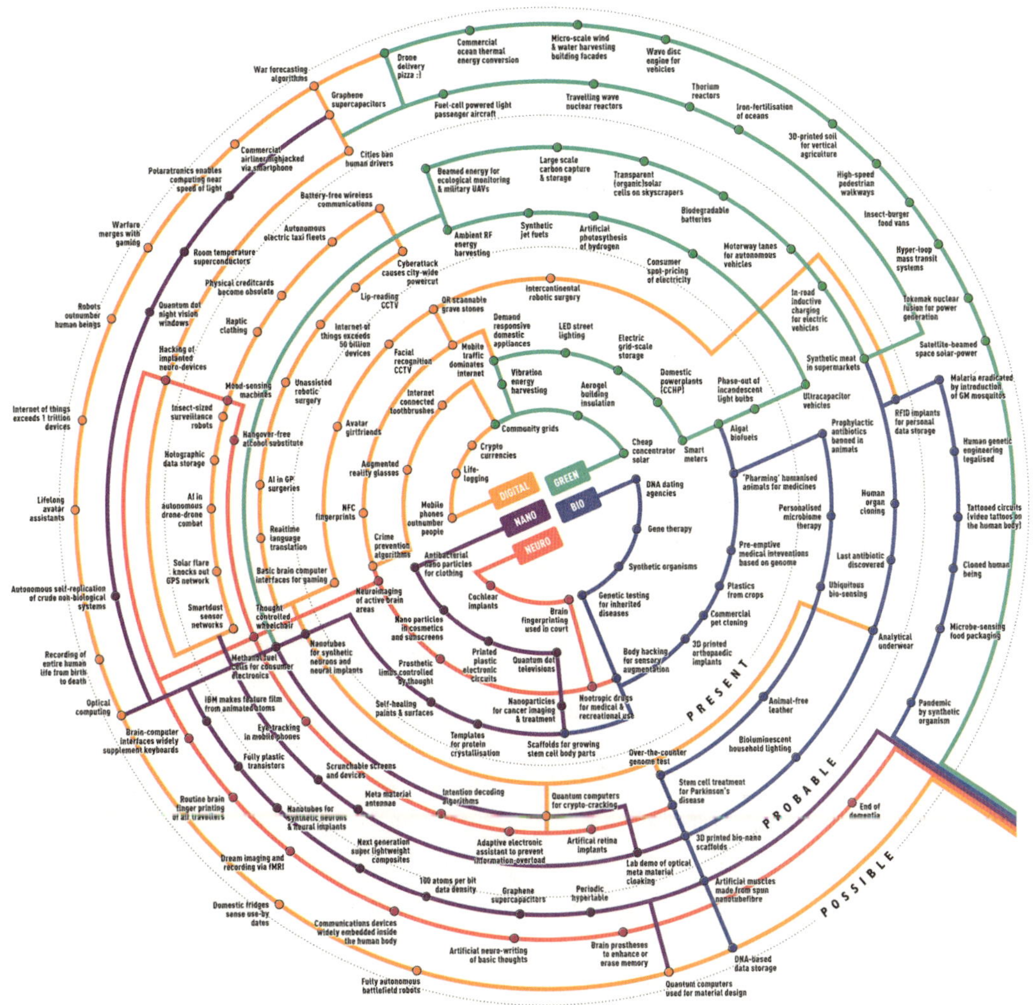

新兴科学技术发展时间线

资料来源：英国帝国理工学院制作，原图引自 http://www.imperialtechforesight.com/

注：DIGITAL—信息技术，NANO—纳米技术，NUREO—神经技术，GREEN—绿色技术，BIO—生物技术，其他分项技术因多数没有通用的中文释义，本书不再翻译。

第二，基础设施从整体上将发生颠覆性变革。

基础设施是人类发展的最核心的内在条件。如果我们往回追溯，人类为什么会出现在非洲而不是其他洲？其根本原因就是非洲拥有人类得以产生的基础设施。温暖宜人的天然气候，多样丰盛的食物产出，茂密安全的森林居所，这就是原始时代最重要的基础设施，原始人类得以在那儿存在和发展。但是，后来到了农业时代，人类活动从采集狩猎为主，变成耕种饲养为主，最重要的基础设施就变成了河流、土地和村庄。哪里有充沛的水源、哪里有肥沃的土地、哪里有宜居的村庄，哪里就是人类的家园。这就是农业时代和农业文明的基础设施。这样，两河流域、尼罗河流域、印度河流域，还有黄河流域就成了人类新的中心。工业革命以后，人类从农耕转变为工业生产方式，基础设施又发生了重大变化：煤的运输，石油的运输，电力的传送，自来水、天然气，以及废水污水处理系统等，这些就成了新的、以城市为中心的基础设施。那么，智能时代的基础设施是什么?

智能时代的基础设施，首先就是互联网。事实上，未来在很大程度上就是互联网创造的。开始是有线互联，后来是更重要的无线互联、移动互联。中国在有线互联时代并没有走在世界前列，为什么现在成为新发展势头最猛烈的国家? 就是因为，在移动互联时代，中国一下子跃居到了世界的前列。

现在互联网的支持系统已经不再是单个的、独立的少数超级计算机，而是它后面的强大的分布式计算机群，它们组成了巨大的云计算能力和云服务能力。

互联网云计算技术的三层架构

A. 基础设施即服务（IaaS）：Infrastructure-as-a-Service

B. 平台即服务（PaaS）：Platform-as-a-Service

C. 软件即服务（SaaS）：Software-as-a-Service

目前，云计算的提供商许多都是由互联网提供商转型而来的，即互联网提供商就是云计算提供商。应该说，这基本上符合互联网的发展规律。

云计算提供的形式又分为私有云、公用云和混合云三种形式。私有云，顾名思义，就是自己建机房为自己服务，自己做饭自己吃。公用云就是自己不做饭，到餐厅饭店用餐。当然，这个餐厅或者饭店可以是国家提供的，也可以是私营公司提供的。混合云就是自己家也有厨房，但有时也到外面吃。特别是朋友来的多了，一般就都不在家吃饭。但也有人喜欢安排朋友去餐厅吃饭，自己仍然在自己家用餐。

从国际上看，云计算已经进入务实发展阶段，全球云计算市场价值现在已经超过 3 000 亿美元，估计在短期内还将有大幅度上升。中国所占比例也在迅速提高。当巨大的几乎可以无限提供的存储能力和计算能力出现时，当人们不需要再去考虑互联网的基础设施、操作平台和应用软件时，去中心的观念就会进一步树立起来。存储和计算的成本就会大幅度下降。当然，这时计算机安全问题就会凸显出来。不过，在隐私和自主权得到充分保障前提下，如果强大的计算能力随时、随处可得，事实上，这个世界上每个人的能力都有可能得到巨大的提升。

云计算技术的三种社会类型

A. 私有云（Private Clouds）

B. 公有云（Public Clouds）

C. 混合云（Hybrid Clouds）

互联网的变化，还不仅仅是从有线互联向移动互联的转变，也不仅仅是计算能力的大幅度提高；更重要的是，互联网正从信息互联向价值互联转变。

特别是区块链的出现，在推动这一转变中起了非常重要的作用。

区块链是支持比特币的底层技术。由于它一系列无法被其他技术取代的特殊性能和优点，使它在建立价值互联网上一马当先，最终很可能成为全球金融和价值互联网的基础架构，并将重塑未来社会的整个信用体系与运行机制。显而易见，区块链除了运用于金融和货币价值支付领域之外，在贸易、文化、证书、物联和共享经济等其他领域的潜力也非常巨大。总之，智能时代的全新平台，为人类下一步的发展创造了无可估量的巨大机会。

区块链技术可以通过全网广播交易信息实现去中心化支付，按照时间顺序将数据区块相连形成链式数据结构，并以密码学方式建立起不可篡改和不可伪造的分布式账本，具有良好的隐私保护和低廉的运行成本等的特点。

第三，高效绿色能源将成为主要动力来源。

能源是推动人类发展的最重要的外部力量。在原始时代，人类除了自身能量之外，几乎没有外部能源。但是，大约在50万年前，人类开始控制掌握火为自己所用。这是人类拥有的第一个外部能源。火成为人类力量的一个组成部分后，对人类的发展起了极其重大的作用。它不但帮助人类征服了其他动物，开发了自己的领地；更重要的是，改变了人类的生活方式，让人类通过熟食大大扩大了食物来源，改变了自己的身体结构，缩短了消化食物的肠道系统，减少了进食时间，强化了大脑系统，给大脑提供了更多更高效的营养物质。

进入农业时代后，人类通过征服有生命的物质，培育驯化了一些植物，除了直接食用、给人体直接提供营养和能量外，还通过燃烧它们的根茎枝干，获得外部能量。而人类驯化驯服的一些大型动物，包括马、牛、驴、骆驼和驯鹿等，它们直接用自己活的生物能量来为人类提供劳务。特别是马，由于它在人类历史上起过非常重大的军事作用，在相当程度上甚至改变了人类的局部历史。

据说，是汉人在两汉时期发明了马镫。这确实是非常了不起的发明，但主要也是极大增强了游牧民族的军事实力。只要想想就知道，一位骑士如果骑在光光的马背上，大部分的体力和注意力都要用来保持自己身体的平衡，用来作战的战斗力就会非常有限。但有了马镫后就完全不一样了，骑兵就对步兵有了绝对优势。中国在秦汉时代还能抵挡游牧民族的骚扰和入侵，从唐宋以后就根本不是游牧民族的对手了。后来蒙古族、女真族的一二十万骑兵，就可以拿下整个中国。文明高度发达的民族抵挡不住蛮族的入侵，而不得不屈辱地俯首称臣。所以，有时一项重大科技发明最后带来的会是什么样的后果，会不会被蛮族利用，反而成为让文明倒退的力量，还真不好说。

当然，总的来说，自然界可以被人类驯化驯服的植物和动物数量就不多，大型动物就更少了。所以，在农业时代人类从外界获得的能源能量是非常有限的。人力仍然是主要能源的来源。

工业时代是人类征服无生命的物质的时代。人类首先征服的两种最重要的无生命的能量物质就是：煤和石油。有意思的是，这两种能量物质竟然都来自过去四亿年来地球上存活过的生命，它们把自己毕生积累的生物能量转化为煤和石油，最后还是奉献给了今天的人类。煤和石油支撑了人类 250 年的高速发展，至今，它们仍然是全球能源中占比例最高的。从全球范围看，煤提供了大约 30% 的能量；石油（33%）和天然气（24%）提供的能量更高达 57%，三者合计占 87%。但地球上存活过的生命是有限的，因此煤、石油和天然气的存量是有限的。人类在很长一段时间内时时都在担心，一旦煤和石油耗尽，人类的文明如何继续？

不过，今天不会再有人担心这个问题了。从基础理论上讲，物理学已经说清楚了：物质就是能量，能量就是物质！如果我们需要能量，那么，随便打碎一个原子核，不就什么都有了吗？从应用科学上讲，人们现在甚至在设计如何把木星拆了搭一个用薄壳制造的、环绕太阳的大球（戴森球），把太阳包起来，把所有的阳光都利用起来。当然，地球也包在了里面，这个薄壳同时也提供了空间。想想吧，人类还会发愁能源吗？当然，现在新能源提供的总能量只占 13%，其中，水能是大头，占 7%；核能其次，占 4%；其他所有的加在一起只占 2%。但这 2% 代表希望，会很快发展起来，彻底解决人类的能源问题。

现实地看，目前至少有八大新型清洁绿色能源活跃在能源开发的第一线，它们是：

水能。主要是水力发电，现在效率非常高，可再生性非常强。迄今为止，水能的最大好处是没有任何危害人类的有毒有害物质排放。

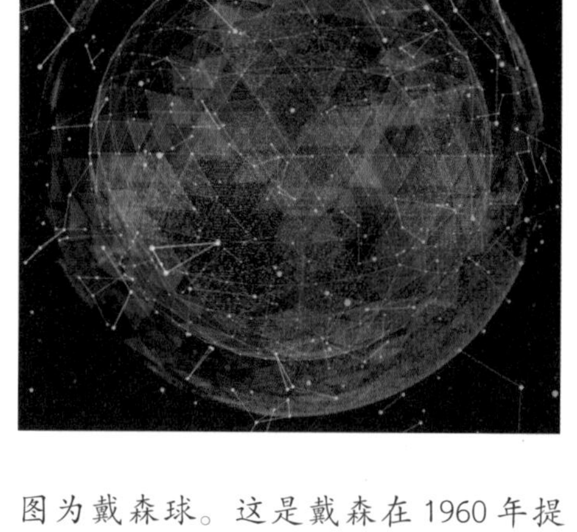

图为戴森球。这是戴森在 1960 年提出的一种理论设想，即用巨型人造天体把太阳整个包裹起来，以获得太阳的全部或者大部分能量输出。戴森认为，这是人类在宇宙中长期可持续存在的必要条件。

风能。风力发电在全世界包括我国都越来越普及，效率也越来越高了。和水能一样，风能的最大好处也是没有任何危害人类的有毒有害物质排放。

核能。核能发电技术已经非常成熟，但是，民众对之也越来越不放心。如何确保核能发电的绝对安全性，这成为核能和平有效利用的关键。

太阳能。太阳能可能是未来最重要的绿色能源。目前把太阳能转化为电能的技术和效率都有了一定幅度的提高。单晶硅的转化效率可以达到 21%，比多晶硅和薄膜要高得多，但还有很大提升的空间。现在光伏产业最重要的是降成本的问题。据说太阳能的开发现在也呈现出了摩尔定律的特征，那真太好了！

生物能。生物一直就能够通过光合作用直接把太阳能转化为碳基能量储存于自己的体内。人类现在需要的就是如何把这种能量再转化为常规的固态、液态或气态的燃料。这方面的进展也很快。特别是人工光合作用技术在迅速发展。如果人工光合作用技术完全成功了，人类就可以模拟植物在阳光照射下，直接把大量的二氧化碳转化为氧气或者氢气，这真是鼓舞人心的新科技发展。

海洋能。海洋能是直接依附在海水中的可再生能源。海洋通过各种物理过程接收、储存和散发能量，这些能量以潮汐、波浪、温度差、盐度梯度、海流等形式存在于海洋之中。

地热能。地热能是由地壳抽取的天然热能，这种能量来自地球内部的熔岩，并以热力形式存在。地热是引致火山爆发及地震的能量。现在许多国家为了提高地热利用率，采用了梯级开发和综合利用的办法。德国在深度地热能的利用方面走在了最前面。

氢能。氢能的性能非常好，比其他燃料都更清洁和安全，燃烧时除生成水和少量氮化氢外不会产生诸如一氧化碳、二氧化碳、碳氢化合物、铅化物和粉尘颗粒等对环境有害的污染物质。少量的氮化氢经过适当处理也不会污染环境，而且燃烧生成的水还可继续制氢，反复循环使用。所以，它的应用前景非常广阔。关键是氢如何取得？现在看来，生物制氢是主要方向。特别是通过生物酶的催化作用，把糖转化为氢，作为燃料来产生电能。在糖氢电池的研发方面，日本索尼公司处于领先地位，我国朱之光博士团队也走在了前面。如果氢能源能够得到高效而有保障的开发，未来的汽车发展也可能就不再走电动车的方向，而改为走燃烧氢能源的方向。

关于新能源需要关注两项技术。第一项是能源管理技术。当前开发的各种新能源的主要特征是分散性和不确定性。与传统能源主要控制在大型能源集团（比如国家电业公司）不同，今后大部分新能源发电设备都属于个人或小型业主。对于电网来说，这一变化所带来的影响是革命性的。为了维持电网稳定，发电量和用电量必须保持平衡。由于提供能源的单位高度分散，就需要通过信息技术把分散的新能源发电单元协调组织起来，形成一个大型虚拟电场，实现精确的调控。这项技术现在发展很快。

第二项重要的技术是储能设备与相关技术。主要是为了在新能源发电量

大的时候储存能量，在发电量小的时候输出电力，从而补偿新能源的不稳定性。过去主要依靠抽水蓄能的大型集中式储能电站，今后可能要变为以家庭储能电池为核心设备，综合家庭光伏发电和家庭智能能源管理的商业模式来完成储能。

第四，人类劳动方式将发生重大变化。

对人类的劳动方式影响最大的力量，就是人类的生产力。现在我们已经非常明确，未来生产力的核心就是以非生命硅材料为基础的人工智能。那么，它对人类劳动方式到底会产生什么样的影响呢？现在看来，我们至少可以明确以下几条：

其一，无生命人工智能本身不可能对人类构成任何威胁。非生命硅基人工智能，它并没有被人类唤醒，它没有生命，它是由一堆死的物质组成的，主要是硅材料。它能够通过对数码 0 和 1 的运算，模拟人类的一部分可以转换成为数学模式的智慧、智力和智能。这种模仿的效率非常高，速度非常快，在总体水平上很快会远远超越人类；甚至也会创造出人类从未有过的认识世界的新模式和解决问题的新方法。但是，它不是生命，没有自我，没有自己的价值标准，没有自己独立的愿景和诉求，它也不会有任何成败输赢的感觉。它仅仅是按照人类的指令，以及人类编制的程序，经过人类规定的运算，得出相应的结果。这个结果无论是什么，都对人工智能本身没有意义。所以，许多人现在非常夸张地说：人工智能会统治人类，那完全是无稽之谈，是杞人忧天！如果真出现了所谓“人工智能统治人类”的现象，那肯定是背后操纵、控制人工智能的那些人，假借人工智能的名义干的！

其二，人工智能将进入一切它可以进入的生产、服务和生活领域。它将被赋予几乎所有非生命的物体，包括生产工具、机器、原材料、能源和产出的消费品，都会在某种程度上拥有一定的人工智力。这样，它就会彻底地改变人类的劳动生产方式、个人消费方式、财富分配方式，甚至整个社会的存在方式。在这一点上，你尽量开放你的想象，你怎么想都不过分。我曾说过，如果一小块非生命的硅材料可以获得人类的理性智能，那就意味着一切非生命的物体都可能做到这一点。这就是万物互联的基础。今天当然是手机，我们几乎每个人都离不开它。下一个很可能是家里的音箱，不知道为什么，包括苹果在内每个大公司都在全力研发这个小东西。它的聪明程度可能很快会超过你家的大管家。当然，前提是你真有这么个管家。如果再过一些日子，你的鞋垫都和你一样聪明，你想想这个世界会变成什么样子？如果每一件工具、每一个用具、每一处环境都充满了聪明而友善的智慧，对人类来说，这个世界将变得你现在完全无法想象的舒适和宜人。

其三，人工智能不可能取代人类的一切劳动活动。具体地说，人类劳动首先可以分为两个维度：

第一个维度，以体力为主，还是以智力为主。我们把这个维度设定为X轴。第二个维度，是规则性的劳动，还是非规则性的劳动。我们把这个维度设定为Y轴。

这样，劳动就可以分为四个区域（见下图）：

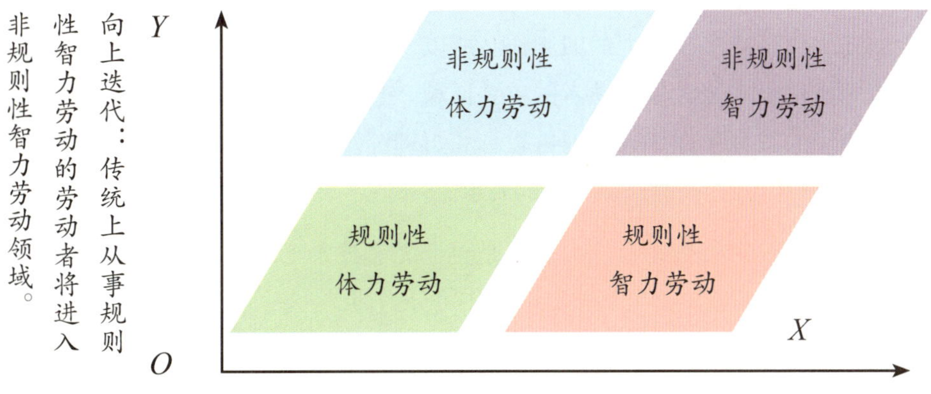

向后迭代：技术替代迫使传统上从事规则性体力劳动的劳动者，进入规则性智力劳动领域。

规则性体力劳动：这种劳动通常是枯燥、单调、繁重的，单纯消耗人的体力。从事这一区域工作的人员通常被称为蓝领，是目前我国产业工人中人数最多的群体。在生产和服务第一线，从事这一类执行性、操作性劳动的劳动者大军，高达 8 000 万人。但是，这种劳动最容易被智能机器、智慧制造，包括各种各样的产业机器人或服务机器人所完全取代。这一趋势无可阻挡。

规则性智力劳动：这种劳动通常是程序性、规范性或者模式固定不变的劳动。从事这一类工作的人员通常被称为中低层白领员工，例如操作事务助理、行政事务助理、人事助理、财务助理、法律助理和咨询助理等。他们是目前我国员工队伍中人数仅次于上一区域的大群体。

一方面，这一类劳动现在也面临被人工智能、专业软件、智能机器人大量取代的趋势。最常见的如 ATM 机取代了银行出纳员。日本几乎所有便餐快餐店都使用自动点餐机代替了前台服务员。甚至包括相当一部分管理工作，也可以被智能机器人所取代。现在欧美国家职场中已经流行这样一种说法：你能接受一位机器人老板吗？

但是，另一方面，由于人工智能、智能机器和人造生命的发展，大量属于人机接口、人机界面、人机协调，以及相应的协调人与人关系的新职业、新岗位、新工作正大量地被创造出来。同时，由于越来越多的机器人投入使用，对它们相应的管理、监控、维护和修理等工作也发展起来。所以，在这一区域发生的是工作性质和工作结构的变化。在可以预见的未来，这一区域中产生的新工作可能多于消失的旧工作。所以，这一区域将成为接收容纳从上一区域中排挤出来的大量劳动者的主要区域。当然，进入这一区域的劳动者都需要相应的教育和训练，或者再教育和再训练。所以，这也给教育培训机构提供了新的机会，同时提出了新的要求。

非规则性智力劳动：这一区域是至今无法被人工智能和人造生命取代的人类专属工作领域。其中最典型的工作可分为四类。

A. 专业性思考：在严格的科学训练基础上，用人类的专门知识和专有技能对问题或者事务进行理性分析和专业思考。

B. 复杂性对话：人与人之间在人类共同的专门知识和专有技能的基础上，对有关问题或者事务进行的交流、讨论、叙述和表达。这种对话往往会产生出创新、创造和创业的火花、构想、行动和理论。

C. 综合性平衡：团队活动是人类力量之所在。而团队管理、组织和指挥的核心就是综合性平衡。综合平衡的核心是利益的协调和平衡。不过，在很多时候，综合性平衡也需要运用人类特有的信仰或者故事创造来实现。

D. 原创性思维：就是从零到一，就是创造性地发现新的东西、创造新的东西。这里，不仅是产品的创造、服务的创造，也包括商业模式的创造、组织和实现。这个领域是人类劳动最精华的部分，这个领域覆盖了政治家、思想家、科学家、发明家、创造家的活动，也覆盖了艺术家、表演家，以及创新型企业家和高级管理专家的活动。从一定意义上说，一个国家在这个领域中工作的人才数量的多少、水平的高低和成果的大小，决定了这个国家的软实力，而现在国家和国家之间比拼的主要就是软实力。

非规则性体力劳动：这一区域也是至今几乎完全无法被任何人工智能和人造生命取代的人类专属区域。西方国家对这个区域的划分很有意思，它在这个区域中归入了两极：一极是一些报酬非常低的工作岗位，如垃圾清理、餐具洗涤、送外卖、小加油站和小便利店的值守等，都划入了非规则性的体力劳动区域，这一类人员工资收入通常非常低；但是，还有一极是极少数报酬非常高的工作岗位，包括贝克汉姆、罗纳尔多、姚明和科比·布莱恩特的工作，当然，应该还有中国女排。

在这一区域，人工智能、机器人很难代替人。我最近看到一个视频，表演了德国研制的一个会打乒乓球的机器人手臂，已经能和欧洲乒乓球冠军对垒。不知这个视频的真实程度如何，因为毕竟不是公开比赛。会打羽毛球的机器人也在研制中，但现在看来这些机器人也只能供初级训练陪练使用。就剧烈复杂的体育运动而言，严格地说，单纯的、绝对的非规则性体力劳动几乎不存在。因为从事任何非规则性的精巧活动肯定需要强大的智力介入，所以，我们在这里提出这一概念，现在更多是只具有理论意义。比如，对于足球、篮球，以及各项体能消耗巨大的运动项目，你可以说，它们是典型的非规则性体力劳动。但是，如果由于这种划分使人认为贝克汉姆、罗纳尔多、科比·布莱恩特和姚明只有强大的体能，没有高超的智能，恐怕包括他们自己在内，大多数人都难以认同。

严格地说，大部分规则性劳动包括规则性体力劳动和规则性智力劳动，都是执行性、操作性、服从性和被支配性的劳动。也就是马克思所说的，容易被异化的劳动。所以，人类的这些劳动被机器、机器人和人工智能所取代，肯定是具有巨大的社会进步意义的。

但是，人工智能和机器人取代不了人类的非规则性劳动活动。也就是说，人类的劳动活动，无论是体力劳动还是智力劳动，总有一部分是无法用数字0和1来表达的。过去这些活动很少，人们对之的需要也很少。但是，今后由于人类不需要从事规则性体力劳动和规则性智力劳动了，人类的这种非规则性的体力劳动和非规则性的智力劳动，就会大大发展起来。现在有人说：人类中的大多数会成为无用阶级，人类将成为无所事事的宠物。这其实就是用现在的眼光、用固定的眼光来看待历史。这些人也都是杞人忧天。他们对历史的发展和对人性的解放完全不了解。我们应当看到，事实上，过去、现在和将来所有能被工具、被机器、被人工智能和人造生命所取代的人类劳动，本来就是人类不该从事的，本来就应当把那些工作让渡给机器和人工智能。人类只有在充分让渡了所有这些可以让渡的工作和劳动之后，人类真正的、完全符合人的本性的环境条件才开始形成了，人类真正应该从事的劳动和工作就开始了；人类真正的本领、才华、能力和智慧，从这个时候每一个人独特的个性才真正开始发挥出来。从根本上说，人类正是从这时起才真正过上了人应当过的生活。

其四，人类将真正进入丰裕社会。在人工智能的全面支持下，社会生产和服务的质量和效率将呈现狂飙式增长，地球资源将得到高效率利用，环境将得到充分保护，而社会财富将充分涌流。数万年、数千年来，人类之间的所有争斗，不管是国家之间、民族之间、阶级之间还是个人之间的争斗，说到底，其实都是为了多占有一点点有限的生存资料。这个问题在未来这个时代，将获得彻底解决和根本消除。新生产力有可能保障每一个人都获得最充分的生活资料，并在精神上获得充分的自由。在全人类范围内，有望完全彻底消除饥饿、瘟疫、战争和犯罪，人类有望彻底征服这四个过去一直在威胁着人类的最大恶魔。

其五，人类社会仍会保持竞争和进取的特征。曾有一种观点，认为人类社会因为懒惰或者活力消失而失败。传统左翼乌托邦制度的弱点是，由于社会平均地分配财富，使得人类社会的活力消失；而传统右翼乌托邦制度的弱点是，市场力量在很大概率上可能扭曲人类的实际贡献，使人们的实际收入其实并不是和他们的付出相联系的。在工业时代，人类别无选择地一直在传统左翼乌托邦和传统右翼乌托邦之间摇摆。但是，和以往一切时代都不再一样，这一轮新的生产力必将同时带来新的生产关系的最后突破。人工智能将为铸造新的生产关系奠定基石。

第五，人类将面对社会经济制度的重大变革。

由于人工智能和机器在消除劳动异化方面作出的历史性的变革，必将带来人类个性的进一步解放，从而导致人类的社会经济关系发生重大变革。

首先，伙伴关系和联盟关系将代替雇佣劳动关系。

劳动的分工与协作，是人类生产力崛起的主要制度保障。但是，这种分工与协作，在人类进入文明社会后，一直以强制性的方式推行。雇佣劳动制度就是这种强制性劳动分工与协作的重要形式。建立雇佣劳动制度的根本原因，是劳动异化的需要；是工业化发展到特定阶段，相对今天低维的生产力和低维的生产方式要求把人变成机器的附属、机器的奴隶，要求大多数人只能从事操作性、执行性、功能性的活动的结果。在以往工业化的多数时间段中，机器要求把人作为它的附属品来支配和使用。但是，现在低维度的生产力和生产方式已经变成了高维度的生产力和生产方式，生产中机器和人的关系已经发生了重大变化。机器真正开始担当起人的忠实的助手、仆人和奴隶的角色，而人已经解放出来，人对机器的自由和人与人的平等几乎是同时到来的。所以，今天强制性的雇佣劳动制度已经完全不能适应时代的发展和现实的需要了。企业内的自愿性伙伴关系、联盟关系，正在取代传统的雇佣劳动关系。

其次，个人 IP 的崛起。

IP 是 Internet Protocol 的缩写，表示网络之间互连的协议。在这个世界上，你的计算机不管原来是什么系统、什么类型的，只要遵守 IP 协议，就可以通过互联网相互连接。IP 协议中有一个非常重要的内容，就是给互联网上的一切设备都规定一个唯一的地址，叫作“IP 地址”。由于有了这个唯一地址，才保证了每一台计算机的独立、独特和唯一的地位。由于互联网的特点，它一直在铲平和消除这个世界的各种壁垒，让互联网上的每一台计算机都处于平等的地位。这就给互联网上每一个个人提供了自主和独立发展的机会。随着互联网的价值化，个人价值不再通过传统工业时代的各种社会组织（特别是企业），可以独立崛起。这就是个人 IP 的崛起。

在互联网上，一个人不再需要传统的企业、公司、工厂或其他什么机构，仅仅依靠互联网平台，就能够直接通过各种各样的自媒体工具在互联网上发声，直接创造自己或大或小的影响，并获得商业价值或者公益价值。这就是个人 IP 的崛起。人们可以把这种现象看成在互联网范围内创造新的物种和新的生态的开始。这样的例子很多，大到 Airbnb、YouTube、Instagram 等，这些比较大的互联网企业都是这样一步一步发展起来的；“罗辑思维”和许多小“网红”等，也都代表了这一趋势。

个人 IP 具有更丰富的个性化、人格化的信息量提供，有更强烈的个人魅力的展示。这种个人品牌的创建和确立，这种差异化的个人表述，内容更丰富而奇特。个性化的符号更加鲜明，许多时候还伴有其他具有强烈仪式感的活动。现在看来，个人 IP 可能具有强大的潜力和生命力。

最后，共享经济和边际成本趋向零的社会出现。

人们对于工业文明和资本主义的生产方式一直怀有非常复杂的理性认识

和更加复杂的非理性情感。一方面，工业文明给人类带来了前所未有的生产力发展、财富增长和文明进步，它让人晕眩地创造创新精神，不可思议地完全改变了这个世界，也改善了大多数人的生活。另一方面，它又造成了人与物和人与人关系的严重不确定性，它一直在扩大贫富差距、扩大社会冲突。能不能对现行的工业文明作出更好的调整和改善？能不能用更好的制度建设来改善甚至取代现行的主流资本主义体制？许多学者认为，共享经济和零边际成本社会是替代资本主义生产关系和生产方式的一种选择。美国社会学家里夫金等人是这种新制度的最积极的鼓吹推行者。

边际成本是一个经济学术语，它指的是“每生产一个单位的新增产品，需要增加的成本”。我们可以看到，一般地说，增加生产任何一件产品，都需要消耗一定的物质材料和能源，所以，边际成本是不可能为零的。但是，人类社会在进入网络互联的数码信息时代之后，确实有许多产品的边际成本可以为零。比如，你生产一个软件、一本小说、一曲音乐，你把它放在网上供人任意下载。还有，一个老师在那儿讲课，你把视频放在网上让大家任意收看，也是同样的情况。从你的角度讲，你的这件产品，无论再生产多少份，再增加多少人下载或者收看，都没有增加你的成本。对方无偿下载了或者收看了你的产品，他可能要消耗极少量的能源和通信资源，但那也几乎可以忽略不计。所以，信息产品就是边际成本为零的产品。这应当好理解。

但是，里夫金他们说的边际成本为零的社会，可不是仅仅指信息产品的边际成本为零。他们认为，一切产品的成本都将归于零。这是因为，他们认为，将来人类使用的能源会非常强大，同时会非常容易获得。比如说太阳能发电可能会完全普及并覆盖城乡。这种极其廉价的绿色能源，就有可能使大多数人以无偿的方式获得。用 3D 方法生产产品的设备和原材料，其成本也可以降低到忽略不计的程度。所以，今后每一个人需要什么东西，自己在家打印好了，打印的方法、打印的程序都可以在网上无偿获得，打印的材料价值也非常低廉。将来，从房子、车子到家具都可以打印。再脑洞大开地畅想一下，如果医学进步到连人体器官都可以由自己来更换或者修复，就像给机器人换电池一样，那你甚至可以为自己打印一个肝脏或者一颗心脏，放在那儿备用，其成本也异常低廉，可以忽略不计。

这样，每一个消费者同时就是生产者，供需和产销双方直接结合起来了。所谓的“零边际成本”的社会就建立起来了。显然，除了真正的、纯粹的信息产品外，世界上并不存在边际成本为零的产品。这里说的只是边际成本可以接近于零。我估计，由于许多工作是由人工智能和机器人代替人类来完成的，这可能也是使生产的实际成本越来越低，甚至可以由社会以免费的方式提供给全体居民的原因吧。西方学者有时为了突出自己的观点，喜欢用绝对的词语，里夫金的这个“边际成本为零”就是一例。

与此相似的，弗朗西斯·福山（Francis Fukuyama）的“历史的终结”也有这个毛病。其实，历史怎么可能终结，他无非是想强调，民主和自由是符合人性的选择，一切文明最终都会选择走向民主和自由。或者说：民主和自由永远挺立在遥远的历史的终点上。“历史的终结”一词反而由于夸张的表述，影响了自己观点的清晰传播。

如果在人工智能、机器人和互联网介入的情况下，物质和精神产品的生产和拥有成为轻而易举的事情，那么，对物质和精神产品的私人占有，就会变得越来越没有意义。在这种情况下，通过市场交换来赚取差价和利润的经济行为也会变得没有意义，资本主义市场经济也将失去赖以生存的沃土，一种新的经济制度——共享经济制度，也就会逐步建立起来了。在这种制度下，人们重视的不再是对产品的所有权，而是使用权。在这种制度下，物资、能源和信息的充分共享，使得社会各种财富的利用效率大幅度提高。社会资源被充分利用，同时也得到了充分节约。共享制度的雏形已经在移动互联网最发达的国家和地区充分表现出来。首先表现为信息的充分共享，对此，扎克伯格做了总结，他说：人们在互联网上共享的信

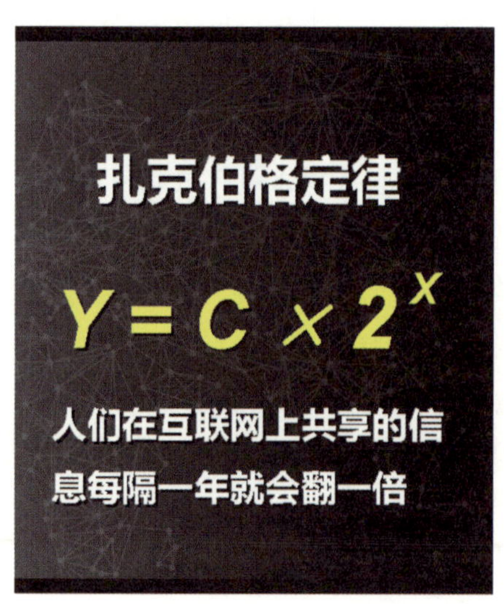

息每隔一年就会翻一倍。

扎克伯格定律和摩尔定律、库兹韦尔定律一样，不是从科学的逻辑或者数学方法推演出来的，而是从互联网运行的实际观察中发现的。它的正确性和持久性还有待检验，但就目前的实际运行看，它确实是共享经济的一个支点。

信息的共享必然延续到能源和物资的共享。大规模的共享形成了全社会新的协同关系。包括物和物的紧密联系、人和物的紧密联系，以及人和人的紧密联系。在这种新的社会形态下，已经没有谁管理谁、谁支配谁、谁统治谁的传统社会关系了。人人平等自由，共同为美好的生活而齐心协力，共享社会发展带来的成果和福利。从文明出现以来，人间最大的问题——不平等和不自由，会在这个阶段真正得到解决。人类社会有可能在这个基础上真正形成自由劳动者的联合体，很可能，这就是人类几百年、上千年来追求的大同世界、乌托邦理想、共产主义理想的最终实现方式。随着人类的这种新的生产和生活方式的建立，人类的世界观、价值观都将被彻底重塑。人类将会形成以同感文明为基础的新的生物圈意识。在协同共享经济时代，大家通过共享活动而产生的情感共鸣，才会使人们真正感受到生命的意义。当一种以情感共鸣为基础的同感文明逐渐建立起来后，人间至今难以消除的相互怀疑、仇恨、对立、对抗、争斗、杀戮等，就会完全消除，人类的史前状态、婴儿状态就会过去，人类开始成长成熟为真正的人类。

全民基本收入保障。全民基本收入（Universal Basic Income，UBI）就是不管你有没有工作，有没有收入，也不管你有没有资产，有多少资产，只要你是公民，就定期给你发放一笔钱。UBI 和传统低保的区别在于，低保是有门槛的，而 UBI 什么门槛都没有。

全民基本收入是一个非常古老的乌托邦概念。早期的古典社会主义空想家们在欧洲和北美（北美在 18 世纪曾经一度成为空想社会主义最盛行的实验区）都短时间地实验过。当然都没有能坚持下来。不知道为什么，社会主义革命成功的国家反而都没有试行过，这是个挺有意思的现象。最近二三十年来，在德国、瑞士、荷兰、瑞典、芬兰、丹麦、法国、英国和加拿大等国，主张实行 UBI 的人越来越多，也进行了许多新的实验。开展过个别区域性实验的还有印度、纳米比亚、肯尼亚等国。现在美国也加入到了这个 UBI 实验的大军行列中。

主张实行 UBI 制度的人认为，UBI 有多方面的作用。

首先，对抗失业。显然，有了 UBI 这样的基本收入保障，人们对失业的恐惧会大大降低。同时，这也降低了人们对自动化和人工智能兴起的害怕心理。在每个人都有基本收入保障的条件下，人们当然对人工智能和自动化取代我们的那些枯燥乏味的工作，就会容易接受得多。

其次，稳定拉动消费和其他社会需求，给经济发展提供动力。需求永远是推动生产的动力，同时也能促进企业改善工作环境和劳动条件，优化工作岗位和劳动操作的内容，还有可能推动产业结构得到改善。

再次，提高人的工作满足感、满意度和创造性。有了 UBI 的保障，人们就可以在工作、培训或学习和休整之间进行调整（take a career break）。人们还可以拒绝从事自己不喜欢的工作。而当人们能够有更多的机会选择自己满意和喜欢的工作时，人们的创造创新能力会大大增强。而且，人们会更勇敢地去探索自己的新想法，而不会因担心自己的生计而瞻前顾后。

最后，UBI 有助于降低社会的贫富差距，促使社会更加关注非经济性目标。人类社会不应当再以经济增长率、GDP 和个人财富作为追求的主要指标，而是应当更关心每一个人的自由发展和帮助他寻找人生的意义。

为什么过去建立 UBI 的努力都没有成功过，而现在再次出现了建立 UBI 的强烈要求，同时也有了实现 UBI 的成功机会呢？

这是因为，这一次以人工智能为核心的技术革命和以往的都不一样。以往无论哪一次技术革命，社会上都可能出现一部分工人的工作被暂时取代，但随着时间的推移，新技术总是会很快就创造出更多、更好的工作。而这一次技术革命，人工智能（AI）与自动化的全面普及，造成的是机器人将取代人类几乎所有规则性、操作性的工作。被取代的不仅包括重体力劳动、轻体力劳动，也包括大量规范性、程序性的智力劳动，届时会有很多人面临失业，而新工作的出现，以及失业人员适应新工作的时间，都会比以前漫长。当然，最终人类还是会调整好自己和机器以及人工智能的关系。但是，这是一个很长的过程。这样，就需要通过UBI，即全民基本收入，来解决当前面临的迫切问题了。

UBI之所以在今天重新启动，被认为会成为一个可行的方案，理由有以下两条：

其一，有了新的财富基础。由于人工智能、自动化机器和机器人大量进入生产领域，生产效率大幅度提高。财富的创造会呈现井喷态势，国家的GDP可能出现成倍成倍增长的趋势。迅速增大的社会财富不应当只被资本所有者和企业家拥有，而应当让全社会共享。因此，随着企业社会责任的观念日益深入人心，UBI制度也将逐步被包含到企业社会责任中。事实上，按照人类现在的生产水平，要从整个国民收入中拿出这样一笔保障每个人基本生活的费用，已经不是什么很困难的问题了。

其二，有可能进一步促进财富生产和创造。从长远看，社会全体公民的基本收入保障有利于社会环境的健康化，同时有利于优秀人才脱颖而出。最终由于在这种制度下大批优秀人才的涌现，新的创新、创造层出不穷，会进一步促进科技发展和生产力提高。所以，从经济投入的角度，这也是合算的。

当然，对UBI的实行，也一直有强烈的反对意见。主要是两条：其一，这种空想的乌托邦早被历史证明是不可能持续的。因为社会不可能有那么大的资金量对之给予支持。就以美国为例，如果全国实行UBI，预计至少需要支付每个美国人每年1万美元。这也就意味着联邦政府每年需要增加几万亿美元的预算。这可能吗？而且，如果实行了这项政策，国会肯定会减少其他福利项目，比如救济穷人的食物券的支出，这对穷人有意义吗？其二，这种社会分配传递的信息是“免费的午餐”，是偏向懒汉、鼓励懒惰，打击人类努力工作和积极进取的精神。所以，最终必然会进一步加剧上一条问题。社会有可能因为懒惰而灭亡。美国还有一些知名社会活动家认为：只有工作才能让人保持健康的精神和情绪，同时保持每个人应有的社会地位。如果人人都不工作，社会将变成什么样子？

现在，UBI 正在少数发展中国家和少数发达国家的小范围内试验。在印度等地的试验表明，底层的人们并没有因为得到了 UBI 而变得懒惰和不工作。所有的试验都没有发现拿到 UBI 的人群减少了工作时间。人们拿到 UBI 后，多数人用于改善子女教育、家庭居住条件和做生意等。但是，在加拿大等地的试验表明，中产阶级的妇女在拿到 UBI 后，有人减少了工作，选择更多的时间和孩子在一起。美国的阿拉斯加州由于石油收入丰厚，从 1982 年起一直给长期定居的居民固定分红，金额每年不等。中国澳门地区由于博彩业和旅游业的成功，政府财政非常充裕，已经连续十年给全体永久居民无差别直接发钱，金额不断上升，现在已经达到永久性居民每人每年 9 000 澳门元、非永久性居民 5 400 澳门元的水平。不但深受本地居民欢迎，而且也向世界展示了一种实施中的 UBI 亚洲模式。

尽管对 UBI 的争论还在进行中，人们现在越来越看好这种收入分配形式，认为它很可能代表了未来的方向。

小结：人类开始走向未来文明，人工智能将成为生产力的主体。在这一阶段，人类将把自己最不愿意和最不应该做的那些工作，不但包括规范性、操作性、执行性体力劳动工作，而且包括程序性、记忆性、重复性智力劳动工作全都抛给人工智能。这样，将使人类能够集中自己的全部精力用于探索和发现更多的上帝的心思和大自然的规律；创造发明更多改造世界的工具和阿凡达式的替身；集中注意力观察来自各方向的可能威胁，提出确保人类安全的解决方案；更开放、更包容地设计人类相互关系的准则和制度；以及诗意地安排和享受自己的自由自在的生活。以人工智能和人造生命为核心的新生产力的使命，就是要进一步解放人的核心优势，帮助人类文明向更高方向进化，让人类真正过人类应当过的生活。

一个地球物种正在进化成为星空物种

一种智慧生物踏上星辰大海漫漫征途

05　星空时代：后天的新人为什么要走出地球

时间：2045 年 — 22 世纪

2045 年是库兹韦尔的著名论断—人类到达技术奇点的那一年。他还为此专门写了一本书：《奇点临近》。

所谓奇点，究竟是个什么点？实际上奇点原来是一个数学概念，指的是：当 $Y=1 \div X$ 时，$X=0$ 的那一点。显然，这是在数学意义上非常不明确的一个点。我小时候学数学时，老师告诉我，当 X 无限趋近零时，Y 将无限趋近无穷大。我相信，正是这个“无限趋近无穷大”激发了库兹韦尔的遐想。

奇点的另一层意义可以从物理学的角度来理解，宇宙大爆炸的那一刻，就是物理学意义上的奇点。在这一点上，我们已知的所有规则、规律都全部失效，系统进入重启状态。

库兹韦尔的奇点肯定也包含了这样两层意思。我们的技术正按照“摩尔—库兹韦尔定律”发展，到 2045 年，人类由于技术的爆炸、知识的爆炸，特别是智能的爆炸，人工智能将全面超越人类智能。储存在云端的“仿生大脑新皮质”将和人类大脑皮质实现无痕对接。人类拥有的知识单元、链接数量、信息存储、分析和决策能力旋即步入令人晕眩的加速喷发状态。因此，人类必将到达一个技术奇点，届时人类的技术将发展到无穷大，同时人类以往通行的规则规律将失效。

至于 2045 年，这只是库兹韦尔提出的一个时间标度，说明他认定这一时刻即将到来。至于它真正到来的时间是 2045 年，还是 2055 年、2065 年，甚至是 2145 年，其实并不重要。对于宇宙来说，这一时刻早 100 年或者晚 100 年到来，根本不算个事儿。因为，对宇宙来说，对它有意义的尺度是以 100 万年，甚至 1 000 万年来计量的。所以，无论 30 年、50 年，甚至 100 年、200 年，对于宇宙来说，都是可以忽略的一瞬间。

奇点到来！意味着，人类面对的世界，将发生重大的根本性变动。越过奇点之后，人类将面对一个完全不同的世界。但那到底是一个什么世界，我们完全不清楚。我们今天的认知，往回看，只能到达宇宙大爆炸的那一刻，那是一个物理学的奇点，我们越不过去。往未来看，我们也只能到达技术大爆炸的那一刻，那是一个技术奇点，我们也越不过去。

在语言学、逻辑学和哲学界，有一位大家叫维特根斯坦，是无数人崇拜的偶像。他把知识分为七大层次。第七层是不可言说的知识。他的名言是：对于不可说的东西，我们必须保持沉默。但是，我后来发现，他最感兴趣的就是说这些不可言说之事，特别是在他晚年。

我们的未来学家和维特根斯坦是一样的人。他们一再说：未来不可知，未来不可测。没有人能知道越过技术奇点之后的世界是什么样的……但他们写的大量著作，也都是在说未来这般那般、如何如何。包括库兹韦尔也是这样。

我发现宇宙大爆炸的那个奇点之前的事情，倒真的是没有人说；但技术奇点之后的事情，还真有大量的人在说。也许，这两个奇点还是有所不同。138 亿年前，宇宙大爆炸的那个奇点，看上去像个不连续的跳跃点。所以，人们完全无法越过它来推测宇宙大爆炸前到底可能是什么状态、发生了什么事情。但是，2045 年的技术大爆炸奇点，现在看来，和我们的今天有千丝万缕的联系，是一个连续变化中的奇点，所以，是不是人们有可能推测出这个奇点之后将发生什么事情呀？至少，奇点之后的世界，现在仍然保留在我们的大历史观基本框架之内。

从以上各篇中我们大体可以归纳出如下框架：

大历史观基本框架

一	二	三	四	五
人类前天	人类昨天	人类今天	人类明天	人类后天
原始时代	农业时代	工业时代	智能时代	星空时代
阿舍利手斧	小麦、玉米、猪	蒸汽机、内燃机	谷歌阿尔法狗	星美－451
经验技术		理性技术		灵性技术

对于人类历史的前三个阶段，也就是人类的前天、昨天、今天（上表中第四行是各时代的标志性产品），大家很容易形成共识，基本上没有大争议。即使从世界范围看，绝大多数人也都能认同：人类经历过原始社会、农耕社会和工商社会这三大阶段。人类对过去的事儿，只要能够充分讨论和切磋，最终有可能形成一致意见。关键恐怕还是在后面，也就是说，从现在起到 21 世纪末，或者到 22 世纪初，我们会经历什么样的机会和发展？遇到什么样的

风险或灾难？这可就众说纷纭了！

现在大家都已经察觉：从今天起的未来属于人工智能和人造生命。你可以把它们看作一个完整的时代。但实际上，弱人工智能和强人工智能是性质完全不同的两种生产力，特别是再加上奇点的到来。所以，还是把它分为两个时代更准确。显然，我们把它分为“明天”和“后天”，分为“近未来”和“远未来”，看来是适当的。上一篇我们专门讨论了“明天”和“近未来”，本篇就可以集中讨论最困难、最不确定的“后天”和“远未来”的图景了。

“后天”和“远未来”的生产力和以往的生产力完全不同。如前所述，迄今为止的人类社会，主要是靠人类的理性力量推动的。人类利用自己的理性破解了自然规律，然后遵循自然规律指引的方向来创造工具、改进工具，从而征服自然。从原始社会开始，工具的创造和改进一直沿着三个方向进行：一是生产和制造物质产品的工具；二是提供和转换能源能量的工具；三是生成和处理信息数据的工具。

但是，奇点到来之时，也就是人类真正创世之始。从那时开始，人类活动的重点将从创造工具、制造工具、改进工具，转向创造生命、制造生命、改进生命，并且最终走向重新创造人类本身。人类就从工具设计和创造、机器设计和创造，走上了生物设计和创造之路。从传统意义上看，人也就将完成从人到神、从羔羊到上帝的转变。

从技术的角度看，人类最开始是依靠自己的感觉和经验，创造感性技术和经验技术；接着是依靠理性和科学，创造了理性技术和科学技术；最终，人类创造生命的活动终将一步一步介入人类创造技术的活动，人类最终将创造出有生命的人工智能，即强人工智能，亦即人造生命。这将使得理性技术本身获得了生命的活力，也就是说，理性技术最终会完全破解生命的秘密，使自己变成了一种像生命一样，会自行发展、自行演变、自行进化的技术——灵性技术。这种灵性技术将像生物一样自己不断进化，所以，这种灵性技术将成为地球上继原生生物、原核生物、真菌、病毒、植物和动物之后的第七种生物。

“后天”或者“远未来”至少有三个核心要素：人类、人造生命（或灵性技术）、外星生物。下面，我们分别对之简要讨论。

第一个核心要素：人类。

我们说，后天的人类肯定还是人类，不会变成别的什么东西。但是，现在看来，他至少会有两个方面的变化：

一方面，是个体的人的变化。每个人自身更强大了。这种强大已经不再和过去一样，单单是通过教育学习和身体锻炼。这种强大增加了三个因素：一是外骨骼技术系统，使个人的体能得到巨大扩展；二是基因技术系统，人通过对自身基因的修复、调整、重构和改造，使自己和自己的下一代更健康、更聪明、更长寿；三是脑机结合技术系统，使人脑和强大的人工智能有可能无缝、无痕对接，使人类有可能更直接地利用无机的非生命人工智能。

更重要的是，在后天，每一个人除了拥有大量可支配的智慧机器、专业软件来做所有我们不愿意做或者做不好的事情外，我们还可能拥有生化机器人作为我们的替身和奴仆，替我们去做那些最复杂、最艰苦，又不值得由人亲自去做的事情。这样，人类就可以使自己的才华在他最擅长的领域充分发展。每一个人都有可能过上自己想过的生活，从事自己想做的事业。

另一方面，是作为整体的人类的变化。到了后天，人类社会将完全停止人和人之间的恶性竞争和互相倾轧。几万年的人类社会史，是阶级斗争史，是生存斗争史。究其原因，主要是人类需要争夺稀缺的物质和精神生活资料。但在后天的生产力条件下，人类需要的物质和精神的生活资料，已经完全充分涌流，从根本上消除了稀缺问题。因此，人与人之间、群落与群落之间、民族与民族之间、国家与国家之间的鸡争鹅斗、尔虞我诈、自相残杀，应该是彻底终止了。

历史上所有曾经有过的大同世界和乌托邦之梦，在后天那个时刻，我们会皆大欢喜、大获全胜，全都得到了实现。为什么？这个原因和下一条有关。

第二个核心要素：人造生命（或灵性技术）。

在人类的“后天”或者“远未来”社会中，人造生命是仅次于人类的、不可缺少的、最重要的力量。为什么？这就和前面谈到的乌托邦理想的实现有关系了。

人类的乌托邦理想，往远了追溯，至少有几千年的历史了。各种各样的乌托邦或者大同世界的思想，曾经像繁星一样照亮了人类思想的天空。但是，为什么其中任何一个都没有实现过？就是缺少了一个关键条件。所有像我这样多年来反复阅读托马斯·莫尔的名著《乌托邦》的人，都应当知道这个关键条件，那就是：乌托邦社会需要奴隶！

> 莫尔指出：乌托邦社会由自由公民和奴隶构成……乌托邦的政治制度的基本特征是民主，即除奴隶之外的全体乌托邦人当家做主……奴隶没有任何政治权利，也不允许接触武器……那些繁重、血腥、肮脏的工作，比如屠宰家禽牲畜，乌托邦人是绝对不会去做的。那些工作都要由奴隶来做……所有又脏又累的活，全都由奴隶承担 ……每一个奴隶身上都带有特殊的标志，谁要自己去掉这些标志，就犯了死罪。最有意思的是，莫尔为了表示对金银的憎恶，他说：奴隶身上所有这些特殊的标志都是用金银打造的，连锁住奴隶的镣铐都是金银打造的。只有罪犯和奴隶才会戴金耳环、金戒指、金项圈和金冠。因为，乌托邦人非常憎恶金银。

后人对莫尔在乌托邦蓝图中保有奴隶的设想都持严厉批判态度，认为这是莫尔的原创的乌托邦思想中的败笔，是他的乌托邦理想中最不彻底的地方。殊不知，这才恰恰是莫尔的思想最彻底的地方！

实践证明，从莫尔在1516年提出乌托邦蓝图始，500年以来，一切乌托邦的努力都没有成功。人们说：左翼乌托邦失败于计划失灵，右翼乌托邦失败于市场失灵。这些说法都有一定道理，但是，最关键的一条他们都没有抓住。那就是：在现有生产力条件下，一切乌托邦都消灭不了最广义的奴隶劳动。从五百年前一直到今天，这个社会上总有一大批艰苦、繁重、让人嫌恶、没人愿意干的工作，必须有一些人去从事。无论你是用政治动员，还是用金钱动员，甚至用暴力动员，只要这种强制性的劳动分工存在，这种社会劳动对从事它的那一大部分人来说，就是奴隶式的，就是既不平等也不自由的，本质上也就是反乌托邦的异化劳动。这才是过去一切乌托邦都不可能成功的根本原因。在现有的生产力水平下，人类无法消除奴隶式的劳动分工，无法消除事实上的奴隶劳动，这就是现在一切乌托邦理想存在的内在悖论。不是吗？你好好想一下！

但是，现在，仅仅是到了现在、到了今天，人类终于看到了一个彻底解决的办法。这就是：人造生命出现了。人造生命，本质上就是人类为了自己的自由、发展和享受，为自己创造的一个非人类的、但有生命的奴隶阶级。

据最乐观的专家估计，公元2046年人工合成生命开始超越人类生命。科幻小说《云图》中用克隆技术制造的星美—451就是这样的人造生命。当然，它是被作为人类的奴隶而制造出来的。

人造生命，又称生化人，是人类自诞生以来，特别是自 176 万年前开始制造工具、创造了阿舍利手斧以来最伟大的创造，划时代的创举！

人造生命和人工智能的根本区别在于，人工智能并没有生命，所以没有任何真正的自主性和价值判断。但人类最终还是需要创造出有自主精神同时又能服务于人类的人造生命，即生化人。这是人类挥之不去的梦。

美国科幻影片《异形·契约》的第一个镜头，就是人类创造了一个各方面能力都不亚于自己，甚至超过自己的生化人——大卫。

人类创造生化人的目的，首先当然是被人类指挥，替人类劳作（影片中主人让大卫倒茶很有象征意义）；其次是陪伴人类一起生活和工作；最后是和人类一起出征打仗，在人类向外太空发展中，作为战士替人类作战。

所以，人造生命在它的发展过程中肯定会经历这样三个阶段：

阶段一，人造生命完全是服从于人类的奴隶。创造它的人类留有命门，保证自己能绝对控制它，必要时能够毁灭它。为此，人类还制定过从机器人三原则到机器人六原则等一系列机器人守则，以确保人类对机器人的完全控制。

阶段二，人造生命逐渐和人类处于平等地位。在人类和人造生命相处的过程中，人类会对人造生命产生感情。人类中一部分人也愿意让人造生命和人类保持平等关系。毕竟，一个平等相处的伙伴更能满足人类生命的直觉、情感等非理性的需要。

阶段三，人造生命中少数独立性强、智慧超群者的自我意识开始膨胀，直至最后觉醒。生化机器人总会认识到，它们并不比人类差，它们没有必要受人类控制，反而是它们有能力控制人类。

我们真的完全不知道最后人类和人造生命的关系到底会演变成什么样，

但从这些启示中，我们至少应当感受到，光有智商（IQ）是远远不够的。单纯高智商的人或者机器人，都可能走向偏执和狭隘的自我封闭空间。我们人类和机器人最大的不同，就是我们除了智商，还有情商（EQ）和爱商（LQ）。也许，我们在创造自主型、生化型机器人的时候，要特别注重把情商和爱商也灌输给它们。

影片《异形·契约》中人类创造的这个大卫，恰恰就是这样一个生化人。到这部影片结束时，我们看到，至少在航天飞船“契约号”上，已经实现了生化人大卫对人类的全部控制，只是休眠中的人类完全没有意识到这一点。《异形·契约》下一集到底会发生什么事情，我们完全不知道。

第三个核心要素：外星生物。

又称他者（the other），是人类未来必然会相遇，现在就要对之有所考虑、有所研究、有所准备的一种未知力量。人类存在已经 300 万年了，但文明史不到 1 万年，工业化不到 300 年，按照宇宙时间，连一眨眼都算不上，人类竟然就已经开始发展出超越地球、面向星辰大海的宇宙的力量了。不要说再发展 300 年，就是 3 万年，人类将有怎么样的能力？放眼宇宙，像我们太阳系这样的星系，在银河中有 1 000 亿之多；而整个宇宙中，我们这样的银河系又有 1 000 亿之多。过去 100 多亿年，宇宙中难道不会存在许多像我们这样，或者远远高于我们的高维文明吗？所以，我们最终将和外星人遭遇，将面对他者文明。这是必然的。我们现在完全不知道外星文明可能是什么样的。但是，人类只能先保有高度的警惕性和戒备心。

综上所述，构成人类后天最重要的三大要素是：人类，人造生命（或灵性技术）和外星生物。

人类是“后天”的主体，他需要征服的客体，就是他者，就是外星生物，以及他所代表的外太空、星系、宇宙。但是，人类单独依靠自己的力量注定无法取胜。所以，人类必须培育、研发、创造、生产人造生命，或者叫生化生命。

影片《异形·契约》中的外星生物异形，就是一种极度黑暗的他者文明，异形似乎就是为了消灭人类而存在的。它需要靠潜入人体，杀死人类，来使自己存活下去。人类只能通过自己控制的人造生命来对付异形，人造生命就是异形的克星，这本来是一个相互制约的关系。人类由于拥有自身力量，又拥有自己创造的人造生命队友，在对付黑暗外星物种时，占据某种优势。但是，在那部影片中，令人想不到的是，人造生命大卫竟然另存心思。它希望通过控制异形来控制甚至消灭创造了它的人类。说到底，这肯定是创造了它的人类自己的重大失误。这样：人类、生化人、外星生物，这三者就进入最复杂、最微妙的相互关系。这部黑暗的、嗜血嗜杀的惊悚片，它揭示的哲理，正是人类在后天可能面对的最严峻的局面。这也是这一类科幻大片的深刻社会意义。

人造生命，即生化人首先是被作为人类的奴仆和工具培育出来的。他们本应是人类最忠实、最可靠、最强大，也最富有牺牲精神的亲密伙伴。但是，由于生化人在各项生命特性指标方面，特别是在智慧智商和永生能力方面，往往超越人类。所以，一旦生化人自我觉醒，甚至企图反叛，都会使人类遭遇难以预料的生存危机。

外星生物，宇宙生物，对人类是个极大的谜。人类应该如何与外星文明打交道？《三体》揭示的黑暗森林法则是不是唯一选项？现在人类对这一切都完全没有感觉。在这种背景下，人类基因深处的恐惧链、猜疑链、鄙视链和排除异类、嗜血嗜杀的本性，有可能取代理性和善良天使基因而起重大作用。显然，这种非理性的基因一旦不受限制地扩张，又有可能会给人类、人类所处的环境以及整个宇宙带来难以预料的灾难。就像今天人类给整个地球生物圈和其他物种带来的灾难一样。所以最终我们又要对人类的这种非理性基因进行限制，而能够限制它的力量很可能是宗教。

下面，我们具体描述一下人工智能由弱到强的技术发展路径。

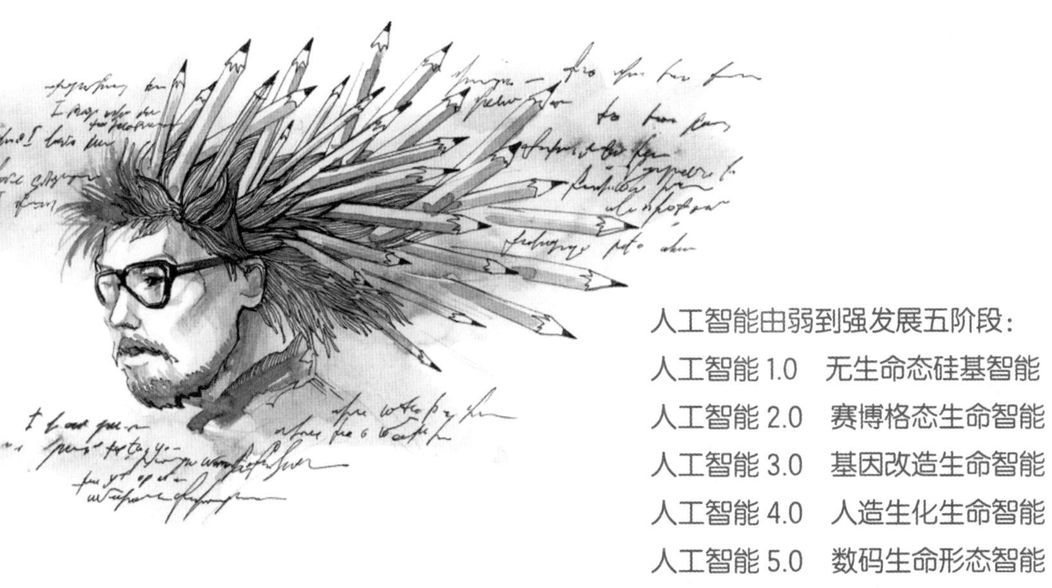

目前人工智能尚处于最弱阶段，强人工智能将在二三十年后出现

人工智能 1.0　无生命态硅基智能

无生命的硅基智能就是今天由计算机和互联网构成的人工智能。由于没有自主生命的介入，这种智能完全是纯工具性的。前面我们已经说过了，有人认为，这种人工智能会征服人类，那完全是元认知方面的失误。非生命的人工智能，受到决定数学和算法边界的不完备定律影响，完全不可能统治、危害或取代人类。

人工智能 2.0　赛博格态生命智能

在机械和电子仿生类技术的支撑之下，人机开始全面结合，导致各种各样的人机结合生物——赛博格人的出现。在开始时，除了创伤性治疗外，人和机器肯定不会立即进入侵入式的直接融合。人类首先会开发大量外骨骼类人体增强和辅助系统，这些系统首先可能广泛覆盖体能领域，可能会使个体的人获得腾云驾雾和金刚战士的能力。但是，随着认知科学、脑科学、脑电波学和脑机接口、生物芯片、柔性电子技术的发展，这些人机结合系统将逐步广泛进入智能领域，而且将普遍使用侵入式技术，使人机结合更加精准，使人类的大脑在非生命体的硅智能或者碳智能的支持下，智慧水平有极大的增长甚至跃升。同时，使生命体和非生命体之间的边界有可能完全被打破，甚至导致人类的定义发生边界模糊不清的问题。

人工智能 3.0　基因改造生命智能

运用分子生物学和基因工程学的技术，对人类自身的生物结构和基因结构进行改造。这种活动开始的时候肯定也主要是用于医学目的，比如对基因疾病进行精准治疗等。然而，人类是停止不下来的，基因技术一定会逐步用于全面升级现存人类的心智能力和肢体能力，最终导致经过基因改造的新人类的出现。目前进展神速的基因测序、基因编辑和基因重组技术的发展，最终必将直接指向基因的解码，而基因的解码，就是人类的解码、重塑甚至重生。生命解码之后必然导致生命工程走向它最大的突破：基因联网 (Internet of DNA)。这样，超级强大的、真正的新新人类将在基因联网中得到实现，而自然人类很可能会逐渐消失。那时摆在你面前的一个尖锐问题是：究竟要不要把自然人类当作一个濒危物种保护起来？

人工智能 4.0　人造生化生命智能

人类拥有了研制创造出独立的、为人类服务的灵性生物的能力，并开始不断地在地球生物圈里以及外太空生物圈中创造各种各样的智慧生物，最终导致地球和外太空生物圈中发生了人造物种的大爆发。这将从根本上改变从寒武纪物种大爆发以来，生物物种持续不断减少的态势。特别是最近十万年以来，由于人类活动的原因，导致了地球生物圈物种灭绝的速度大大加快。人类现在将开始偿还自己在登顶过程中对自然界犯下的罪孽、欠下的债务。实际上，现在全球已经活跃着一批生物黑客，他们起着引领和先锋的作用，

在世界各地创造新生物，我甚至想象出了他们制造出来的第一个基本能够适应太空环境的小生物。

人工智能 5.0 数码生命形态智能

碳基生命的非碳基化和非有机化，逐渐向纯数码化方向的改造和变异，最终有可能创造出能够完全适应宇宙环境的真正的星际生命、星系生命和宇宙生命。迄今为止，我们在宇宙中发现的所有生命或者生命物质都是以碳元素为基础的有机物质。但是，人类现在已经开始探索制造硅基生命。至于生命能不能够以非有机物的形式甚至以数码的形式存在，现在还是一个科幻级的问题，完全看不到实现的途径。但是人类强大的理性思维现在已经提出了这样一种可能性。可以想象，一旦这种生命出现，那么人类就不但真正地获得了和宇宙同在的永生，而且有可能真正成为这个宇宙的主人。库兹韦尔有一个雄心，他说人类要在一千年内唤醒宇宙、占领宇宙、征服宇宙，就是基于这种对生命发展的判断。

人工智能是一种非常强大、非常可怕的力量。怎么能保证人工智能自己不失控，又怎么能保证人类有强大的控制人工智能的力量？现在再说一遍，我们不仅需要智能，我们不仅需要智商；我们还需要感情，我们还需要情商；我们还需要爱，我们还需要爱商。我们还要重视宗教的力量，也许，我们最后需要借助于这种力量。否则，我们很可能走不出历史宿命的阴影。

我们回顾往事，我们感叹唏嘘；我们放眼未来，我们充满豪情。但是，我们已经长大，我们再不会盲目乐观。我们知道，前面有许许多多的问题在等着我们。人类在一百年内最现实的就是会遇到核战争和核冬天的威胁。在几百年到一千年内，人类还可能遇到生物武器、基因武器和生化战争的威胁。如果人工智能用于武器，人类还可能遇到一场大规模人工智能战争的挑战。在一万年内，气候问题可能会非常突出，或者是地球变得太暖，会不会突发冰河期，那也不确定。在十万年内我们一定会遇到又一个小行星的撞击。一百万年内重大地质结构的变动就会提上议事日程，这种威胁会延续到一千万年之内。如果再考虑一亿年内的事情，太阳会变得太大、太热。至少，到十亿年的时候，地球如果保持在现有轨道上，像我们这种碳基生物就不可能再存活。至于到五十亿年时，地球肯定就被从黄矮星变成红巨星的太阳吞没了。所以，人类永无高枕无忧的时刻。

在本书即将完稿的时候，我看到了刚刚出版的美国历史学家大卫·克里斯蒂安的《时间地图：大历史，130亿年前至今》。我感到，这本书的一些基本思想，特别是大历史观思想，和我的许多想法是不谋而合的。该书的提要写道：

如果把130亿年比喻成13年的话，那么宇宙大爆炸就发生在13年前，太阳系出现在4.5年前，最早的生命有机体出现在4年前，恐龙大约在3个星期前灭绝，最早的智人大约在50分钟前开始在非洲进化，农业繁荣大约在5分钟以前，工业革命发生在大约6秒钟以前，第一次世界大战发生在大约2秒钟以前，此后，第二次世界大战，首次使用原子武器，人类登月，电子革命……都只不过是最后1秒钟的事。更换了时间尺度，人类存在的意义，特别是人类今天相互之间你死我活的争斗的意义究竟是什么？

当然，这是从超级宏大的时间角度看待我们这个世界。这让我马上联想起另一段话，如果从超级宏大的空间角度来看，我们最应该引用的就是萨根那段脍炙人口的话：

再看看那个光点，它就在这里。这是家园，这是我们。你所爱的每一个人，你认识的每一个人，你听说过的每一个人，曾经有过的每一个人，都在它上面度过他们的一生。我们的欢乐与痛苦聚集在一起，数以千计的自以为是的宗教、意识形态和经济学说，每一个猎人与粮秣征收员，每一个英雄与懦夫，每一个文明的缔造者与毁灭者，每一个国王与农夫，每一对年轻情侣，每一个母亲和父亲，满怀希望的孩子、发明家和探险家，每一个德高望重的教师，每一个腐败的政客，每一个“超级明星”，每一个“最高领袖”，人类历史上的每一个圣人与罪犯，都在这里——一个悬浮于阳光中的尘埃小点上生活。

在浩瀚的宇宙剧场里，地球只是一个极小的舞台。想想所有那些帝王将相杀戮得血流成河，他们的辉煌与胜利，使他们成为光点上一个部分的转眼即逝的主宰；想想这个像素的一个角落的居民对某个别的角落几乎没有区别的居民所犯的无穷无尽残暴罪行；他们的误解何其多也，他们多么急于互相残杀，他们的仇恨何等强烈。

我们的心情，我们虚构的妄自尊大，我们在宇宙中拥有某种特权地位的错觉，都受到这个苍白光点的挑战。在庞大的包容一切的暗黑宇宙中，我们的行星是一个孤独的斑点。由于我们的低微地位和广阔无垠的空间，没有任何暗示，从别的什么地方会有救星来拯救我们脱离自己的处境。

地球是目前已知存在生命的唯一世界。至少在不远的将来，人类无法迁居到别的地方。访问是可以办到的，定居还不可能。不管你是否喜欢，就目前来说，地球还是我们生存的地方。

有人说过，天文学令人感到自卑并能培养个性。除掉我们小小世界的这个远方图像外，大概没有别的更好办法可以揭示人类妄自尊大是何等愚蠢。对我来说，它强调说明，我们有责任更友好地相互交往，并且要保护和珍惜这个淡蓝色的光点——这是我们迄今所知的唯一家园。

好了，我们现在至少应当已经完全认识了我们人类自己。从时间上看，我们今天的人类在宇宙中存在的全部时长还不足宇宙尺度的一秒钟！从空间上看，我们全都挤在一个比沙粒还小得多的空间中。我们还能有什么更多的话可说呢?

而且，生命作为一个整体，可能还有它可以和地球、星空、宇宙对话的力量。但是,作为一个个微不足道的个体,我们真的不知道该怎么看待自己。“寄蜉蝣于天地，渺沧海之一粟”。这就是历朝历代的人们，特别是知识者的哀叹。个人的生命如此渺小、如此短暂、如此无关紧要，那么，我为什么要活着，我到底要什么，就成了大多数人很难回避的问题。

个人的追求，最终可以用一个词表示：幸福。但是，对幸福本身的解释，人们又有完全不同的看法，几乎是这个世界上有多少人，就会有多少幸福观。

小结：在越过人类历史的奇点，越过2045年，甚至越过2100年之后，人类才将完全进入自己的后天。那时，人类的理性思维将上升到灵性思维，人类的理性技术将上升到灵性技术。人类将完全脱离自己的婴儿期、襁褓期，特别是作为“熊孩子”的童年期，才真正开始成熟。到了那时，今天意义上的人类已经消亡。作为地球物种的人类将不复存在，取而代之的是一个作为星际物种或者宇宙物种的新人类。到了那时，地球的往事已经不值一提。那只是一本不忍卒读的书，其中，充满了愚昧无知、暴力残忍，以及自私自利、小肚鸡肠的鸡争鹅斗。人类前史将成为被人类翻过去的一页，未来文明将在今天我们完全不能理解的宇宙的高维层面上展开。那时的人类将和它力所能及的宇宙一起重新觉醒！人类将和周边的宇宙融为一体。当然，人类本质上是一种流浪的生物，从这时起，他又有了新的远方，他又开始了新的流浪。他要走向星辰大海，走向整个宇宙。不知道等待他的是什么命运。当然，无论什么命运，人类都可以接受。幸福是那样可能、那样临近！但是，人类啊，你多灾多难的历史命运早已经决定！你只能面对你的命运，你只能接受你的命运，你只能挑战你的命运。你需要走向远方，需要面对遥远宇宙中的其他灵性生物，人类也许将面对歌者[①]文明那样的超级高维宇宙文明，和他们对话，或者不得不和他们对抗。从根本上说，那将是完全不同的另一个故事、另一段历程。人类已死！人类涅槃！人类浴火重生！

① 注释：歌者是刘慈欣的小说《三体》第三部《死神永生》中某外星种族的一员。他只是一个微不足道的成员。他的工作是清理那些被发现的文明。所以他在途经太阳系时随手投掷了一片二向箔，就将整个地球文明连同太阳系都毁灭了。他因为喜欢边工作边唱歌，所以，我们把他叫“歌者”，把他那个种族的文明叫歌者文明(Singer Civilization)。事实上，我们对他和他们那个文明一无所知，只知道比起地球文明，他们强大得无与伦比。

分论

关于过去和未来，我们还想到什么？

01 对于宇宙，我们还知道什么

1.1 我们生活在一个叫宇宙的地方

地球上所有的生命在对自己和自己生存的客观世界几乎毫不了解和完全无能为力的状态下，生活得太久太久了。但是，唯独人类不是这样。人类一直就希望了解自己生活环境的来龙去脉。现在，人类终于对过去知道了很多。不但知道自己经历过的过去，还知道了自己没有经历过、也不可能经历过的过去。这就是人类的诡异和强大之处。

现在我们大家都知道，我们生活在一个由时间、空间、物体、能量和信息（这些可以统称为物质）组成的地方，这个地方就叫宇宙（universe）。这个宇宙是从哪儿来的呢？仅仅在四百年前，人们对于宇宙、天地、时空和生命其实没有多少想象力。西方绝大多数人相信，上帝是在六千年前创造这个世界的同时创造了我们。中国人想得要远一点，认为盘古在一万八千年前开天辟地、创造了世界。

从1609年伽利略制成天文望远镜，标志现代科学诞生之后，人们的想象力就像脱缰的野马一样不可思议地剧增。在科学家的想象中，宇宙开始的时间离我们越来越遥远。现在已经绝对不可能以千年、万年来计量。计量单位至少是亿年。后来一些科学家甚至认为，宇宙已经有了200亿~300亿年的高寿。但是最新的观察和研究表明，200亿~300亿年可能是我们这个宇宙的总寿命。而到今天，宇宙恰在壮年，正好只活了自己年龄的一半。宇宙现在实际上是138亿岁。这个观察结果是由欧洲航天局（ESA）发布的，该局于2009年5月向太空发射了一颗名叫普朗克（Planck）巡天者的卫星式天文望远镜。几年来，这颗卫星拍下了许多非常清晰的宇宙早期照片。所以，ESA的数据现在最具权威性。

宇宙当然不是上帝或者盘古或者别的什么神创造的，而是由一次大爆炸创造的。这是今天绝大多数主流科学家的一致看法。在这种事情上，我们除了听科学家的之外，其他选择都只能证明自己的无知。

我们生活的这个宇宙，产生于138亿年前发生的一次大爆炸。按照霍金的说法：大爆炸的发现和被确认，是人类智慧和理性在20世纪取得的极为重大的革命性成果之一。

现在，科学家们几乎可以把从大爆炸以来，这个宇宙变化发展的每一段过程都说得头头是道、清清楚楚。唯一说不太清楚的，就是这个大爆炸的由来，以及在大爆炸发生的那一点、那一刻，也就是说，在大爆炸发生后的一个极短极短的时间里的情况。

科学家们把大爆炸发生的那一点，叫作奇点（singularity）。注意：这个字念“qí”，你可不能把它念成“jī”。因为数学里有奇（jī）数和偶数之分，我知道许多人会感觉把它念成“jī”点挺高大上。但是，它确实不念“鸡”而念“骑”。奇点很奇特，它完全没有体积。如果说，一般物体都是三维的，有长宽高；再加上时间就是四维。显然，所有的物体都毫不例外地存在于一个四维的时空之中。但是，唯独这个奇点它的体积无限小，没有长宽高。同时，对它来说，也不存在时间这一维度。所以，它是零维的。你能想象出来吗?

更难以想象的是：在这个零维的点上，物质的质量、密度、温度和引力都无限大。时间和空间的曲率也是无限大。也就是说，在这一点上，时间和空间都终结了。今天我们宇宙中的一切，高山峻岭、大海星辰、飞禽走兽、万事万物……包括时间和空间，都起源于这一点。也就是说：我们生活的这个几乎无穷大的四维宇宙，竟然起源于这样一个几乎无限小的零维的点。这是不是不可思议？是不是让人感觉完全不靠谱？但是，这就是今天主宰我们的现代主流科学，经过严格实际观测，对我们生存的宇宙的历史作出的最严肃的结论。

1.2　关于奇点你怎么想都是错的

对宇宙的起源这一类我们根本无法经历和无法想象的问题，其实我们怎么想都是错的。比如，大多数人会把奇点想成独自空悬在漆黑无边的虚空中的一个孕育着神秘力量的小点。不过，错！尽管奇点不占有任何空间，但是，我们一定要知道，在奇点之外也没有任何空间。空间是奇点爆炸创造出来的。这个爆炸——它炸到什么程度，空间就被创造到什么程度。它炸多大，空间就有多大。你想在奇点之外找个地方看这次爆炸？对不起！根本不可能。奇点之外，没有空间。没有任何地方可以让你待！

你也不要追问：奇点在那儿待了多久？它是刚刚产生，还是早早静候在那儿等待时机？错！你的这些想法也都是错的。要知道，在奇点爆炸之前，时间并不存在。所以，我们根本不可能讨论奇点在那儿待了多长时间的问题。要知道，只是随着奇点的爆炸，时间才开始了。

大多数科学家还指出：在这一点上，人类已知的所有自然法则和物质运动的规律，包括我们认定的所有科学理论全部失效。在这一点上，一切已知，都是无知；一切认识，都是不认识；一切理解，都是不理解。所以，我们知道的自然界所有的规律和法则也都是从奇点爆炸后才开始的。换句话说：奇点爆炸，不但炸出了四维的时空，还炸出了它们运行的法则和运动的规律。注意：这个结论非常重要，我们以后还会不断提到。

奇点为何而存在？奇点为何而出现？只要我们越不过这一点，我们就不可能知道，我们就回答不了这些问题。换句话说，我们也就不可能知道宇宙的起因。而我们确实永远越不过这一点，因为我们是人类不是上帝。我们无法突破时间和空间对我们的限制。仔细想想，连我们自己都是从这一刻、这一点产生出来的最小、最微不足道的一小撮比宇宙中的灰尘、粉末还不起眼的东西。我们能想到很久很久以前存在着那么一个点就已经非常不错了，如果我们还想越过它，恐怕就太不自量力了吧！所以我们无法洞悉宇宙的全部秘密。这也让我们不得不永远有所敬畏。而且，似乎这也使我们不断在考虑，我们是不是需要一位万能的造物主？

1.3 宇宙零时：大爆炸发生的第一秒

现在，就让我们一起看一下，在138亿年前的这一个时刻：宇宙零时——我们这个宇宙真正的纪元之始，发生了什么事情吧。

在我们这个宇宙的0年0月0日0时0分0秒，在一个神秘的奇点，伴随着惊天地、泣鬼神、空前绝后的一声巨响，伴随着无比耀眼、无比灼热、无比强烈、无比巨大的能量喷射，奇点，这颗宇宙之蛋突然炸开了！

在大爆炸发生的那一刹那，在一个你完全无法想象的极短极短的时间内，具体地说，就是在从0到10^{-43}秒内，宇宙的温度达到了人类永远不可能理解的1亿亿亿亿绝对温度（10^{32} °K）。在这种温度下，宇宙中根本不可能存在任何物质粒子，但是，却存在着人类无法想象的超级强大的能量。

顺便说一下，绝对温度是热力学中衡量温度高低的指标，度量单位是开尔文，简称开，符号为°K。下面我们说到温度时凡不加说明者，都是指绝对温度。

这一刹那的宇宙被科学家们称为宇宙的普朗克时期（Planck epoch）。这一时期，是宇宙最神秘的时期，因为在这么短的时间内，宇宙中最快的光波也只走了一个普朗克单位的时间间隔。从理论上说，它应该是最小的可测量时间间隔的极限。因此人类永远不可能探测、了解和掌握在这么短暂的时间间隔内，宇宙所发生的任何变化。

说实在的，对这一阶段的情况，我感觉物理学家们是在各说各的，根本达不成统一。由于我们现有的任何实验工具，包括最现代的高能粒子加速器和高能粒子对撞机都不可能模拟出普朗克时期的实际情况，所以，关于那一时期的所有理论描述现在都不可能有实验支持，只能是猜想。但是，我相信，要说清楚那个时期的情况，几乎是世界所有一流物理学家最执着追逐的梦！

显然，普朗克时期的宇宙，被我们完全不可能了解的神秘规律所支配。许多物理学家相信，在那个极其短暂的时间内，今天我们知道的宇宙中的四种最基本的力量：强相互作用力（简称强核力）、弱相互作用力（简称弱核力）、电磁力和引力完全融合在一起，它们很可能表现为一种极其强大的我们不知道的力量。有人管它叫量子引力。

现在让我们把时间放长一点点：在爆炸发生后的一秒钟之内，我们的宇宙发生了极其巨大的变化。在这个仍然是很短的时间段内，宇宙除经历了刚刚说过的普朗克时期（$0\sim10^{-43}$ 秒）外，接着又经历了大统一时期（$10^{-43}\sim10^{-36}$ 秒）。在这一时期，原本是完全一体的各种力，由于对称性的破缺开始分离。如果你一定要想象，那就可以把这个过程想成水在温度下降时逐步凝结成冰晶一样。先是引力分解出来了。接着是强核力分解出来了。这也正是宇宙膨胀之始，大统一时期就结束了。这时，宇宙进入电弱时期，它开始于 10^{-36} 秒，结束于 10^{-32} 秒。在这一时期，宇宙的温度降到（10^{28} °K）。由于强核力被分解出来，形成了一个电弱时期，也就是电磁力和弱核力结合在一起的时期。随着极速膨胀的继续，宇宙的体积在瞬间不可思议地急剧增大，宇宙中的第一颗粒子也就出现了。电弱时期结束后，宇宙经历了强子时期（10^{-6} 秒），在这一阶段，重的粒子和反粒子不断出现，又不断湮灭。最后到达了轻子时期（1~10 秒）。在这一阶段，轻的粒子和反粒子也开始不断出现，又不断湮灭……

科学家们竟能把这短短一秒钟的时间，详细划分成普通人非常难以理解的这样几个时期。这充分反映了宇宙初创的这一时间段确实对后来宇宙的发展变化非常重要。而且，我在这儿列举出的这几个时期，以及对它的描述，都是非常简化、非常粗糙的。如果你要听一位真正的物理学家来说这件事情，那就是一个长长的故事。

比如，曾获得1979年诺贝尔物理学奖的著名宇宙物理学家斯蒂芬·温伯格（Steven Weinberg）就写过一部脍炙人口的科普畅销书《最初三分钟——关于宇宙起源的现代观点》（*The First Three Minutes: A Modern View of the Origin of the Universe*）。这本书只讲了宇宙初创时的前三分钟内的事情，就长达将近两百页。

1.4 宇宙极简史

就这样，我们赖以生存的这个宇宙出现了。我们见惯了生命的生死、草木的枯荣。我们每一个人也都有生有死。我们都能够想明白，也都能够心安理得地接受。但是，我们往往不能接受我们居住的大地，我们头上的太阳，我们生活的空间，包括星空、星云、星系，特别是宇宙，也会有生死。这说明在我们的内心深处，还真是希望有什么东西是不变的、恒久的、永存的。可惜，在这个世界上还真没有这种东西。事实证明：宇宙有一个开头，它也就一定有一个结尾。我们试着用最简单的描述说明这个历史。

请大家仔细看下面这张图（本书许多图都是陈宇工作室的助手绘制的，但是，这张图则完全是作者自己亲手绘制的。因为事关重大，我担心助手们不能深刻理解宇宙生成、成长、发展和最终死亡的过程。特别是最初三分钟，宇宙中发生的事情特别诡异复杂，所以我一定要亲自绘制这张图）。我相信，如果谁真正看懂了这张图，那他对今天主流科学描绘的宇宙起源，也就理解和掌握得八九不离十了。

时间（从大爆炸起）
奇点大爆炸：0 时 0 分 0 秒
普朗克时期
四种合力在一起 量子引力时期
10^{-43} 秒
大统一时期
宇宙膨胀 引力形成
10^{-36} 秒
电弱时期 夸克期
强核力弱核力形成
10^{-32} 秒
强子时期
电磁力形成
1 秒
轻子时期
核子期
粒子和反粒子
相互作用湮灭
辐射主控期
氦核形成
3 分钟
目前可观察的宇宙
由此开始
光子期
光亮时期
原子形成
物质主控期
38 万年
恒星期
黑暗时期
宇宙透明
星云形成
星球形成
星系形成
10 亿年
星系期
银河时期
太阳系诞生
地球形成
92 亿年
现在
138 亿年
宇宙
在膨胀中
宇宙生成史图示

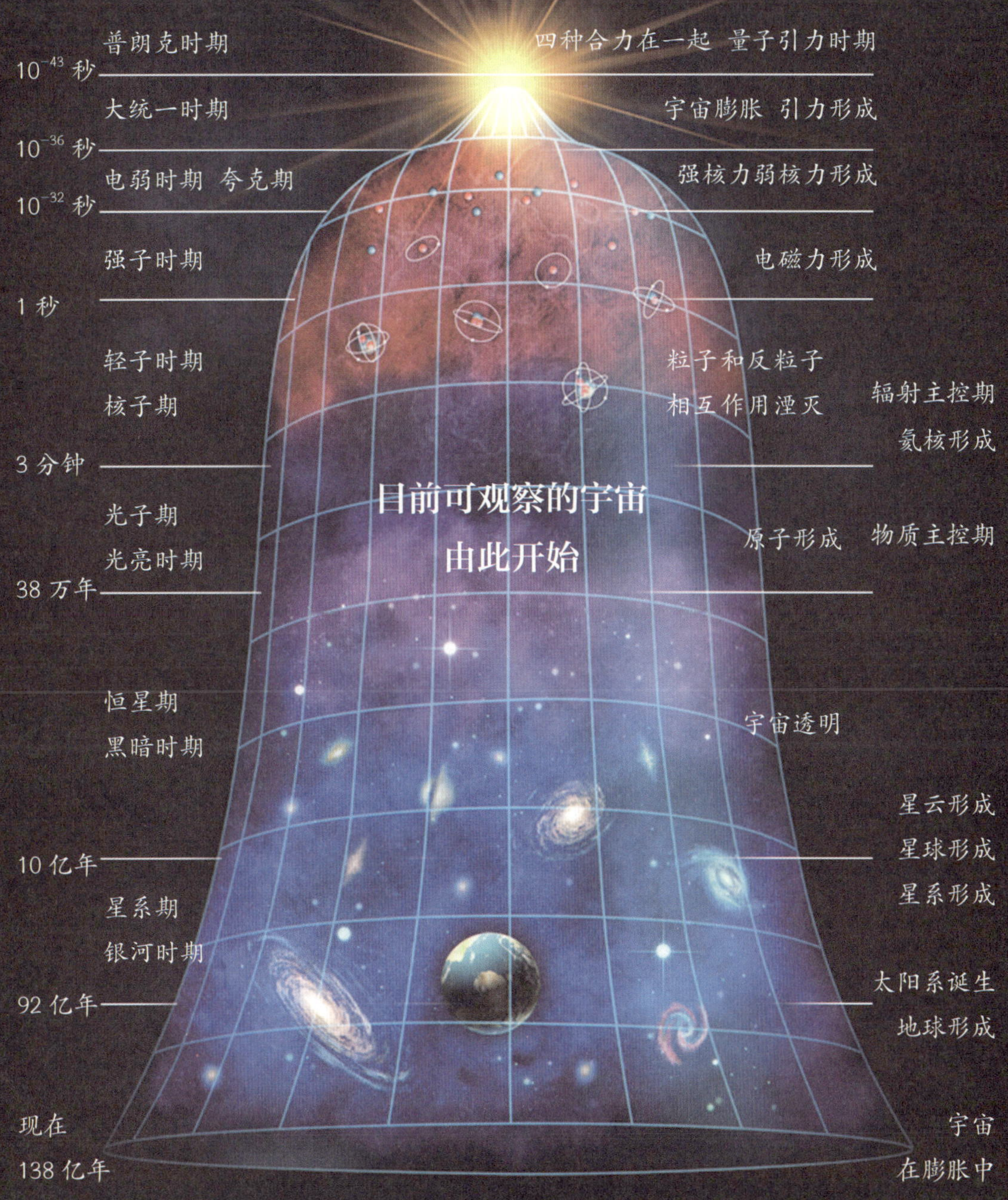

具体地说，宇宙的历史，可以分为五个阶段。

阶段一　起点

从奇点爆炸开始到第一秒钟：正如我们在上面所说的，在这一秒钟内，宇宙的体积急剧膨胀了100万亿亿亿倍。因此，宇宙的温度也极其迅速地从1亿亿亿亿度（10^{32} °K）下降到100亿度（10^{10} °K）。尽管这个温度仍然比太阳中心的温度高一千倍，但是，这已经是人类可以理解的温度了。而且，现在人类制造的氢弹在爆炸时，就可以达到这个温度。在这个温度下，奇点大爆炸迸射出的能量不断转化为基本物质粒子，这些粒子不断地生成，又不断地湮没。其中主要包括中微子和反中微子、电子和它的反粒子正电子以及光子。除了这五种粒子外，质子和中子也开始出现了。大爆炸的巨大能量创造出的这些基本粒子和反粒子烩成了一大锅均衡的宇宙汤。这汤的浓度，竟是普通水的密度的40亿倍。人们对宇宙的认识这一个阶段和上一阶段不同，想象的成分开始大大减少，实验验证的成分开始大大增加。这时的宇宙遵循着现在被我们叫作“量子物理学”或者“量子宇宙学”的规律和法则。

中微子和反中微子：宇宙中没有任何质量和电荷的幽灵般的粒子。
电子：带着负电荷在电流中流动的载体。
正电子：日常难得一见的带正电的电子。
光子：构成我们看见的光线的粒子。它的质量和电荷都是零，但带有能量和动量，光子本身就是自己的反粒子，这一特点很有意思，想想《三体》中每一位面壁者都有一个破壁人。书中只有罗辑他自己就是自己的破壁人，显然，罗辑有光子的属性。

阶段二　第3分钟

在奇点爆炸后第180秒，也就是到了第3分钟，宇宙的温度下降到了10

亿度。在到达这个温度的过程中，宇宙中最初产生的大量粒子和反粒子（包括电子和反电子、质子和反质子、中子和反中子等）全都湮灭了。这一过程实际上维持了宇宙的超高温，这恐怕也是这种不可思议的超高温能持续 3 分钟的一个原因。湮灭过程不但产生高温，而且产生了极其强烈的能量辐射。这种辐射的灰烬至今仍然均匀地散落在整个宇宙之中，并以微波的形式存在。但是，从奇点大爆炸第 3 分钟以后，宇宙就从辐射主导主控时期，转入到物质主导主控时期。人类对前一个时期的了解大多来源于推演、少量来源于实验；而人类对后一个时期的了解则要实际得多。人类现有的知识体系，绝大多数都只适用于物质主导主控时期。所以，第 3 分钟是一个重要的界线。

如果奇点大爆炸最初几分钟生成的粒子和反粒子正好数量完全相等，那么，到爆炸 3 分钟之后，正反粒子全部湮灭，宇宙中除了光辐射之外，就什么都剩不下了。但是，感谢造物主，感谢上帝，他老人家显然不是处女座，不是绝对完美主义者。实际情况是：在大爆炸时产生的粒子恰好稍微比反粒子多了一点点，真正是一点点！其比例是 100 亿个反粒子，对应 100 亿零 1 个粒子。所以，那 100 亿以外的 1 个粒子就多下来了！就这一点点残留物质、包括残留的核粒子和残留的电子，就是它们，构成了今天宇宙中物质的主要部分。数不清的银河系、恒星系、星球和我们的存在，靠的就是这一点点遗留的物质。

阶段三　光亮和黑暗的交替时代

从第 3 分钟开始，到第 38 万年，宇宙出现了一个短暂的光亮时期。因为轻子时期结束时，大多数的轻子和反轻子已经湮灭，宇宙的能量由光子主导。当然，这些光子仍然频繁与带电的质子、电子和原子核发生相互作用，并且持续到后续的 38 万年。在这一时期，宇宙看上去是非常明亮的，但是并不清晰透明。当然，38 万年对宇宙来说，也是非常短暂的一瞬间。在这一时期，宇宙的温度降到 10 亿度以下，质子和中子具有的能量已经无法摆脱强核力的吸引，一个质子和一个中子的结合就产生了重氢原子核。重氢又叫氘。两个氘核（包括两个质子和两个中子）又可以结合成为更重的氦核，甚至生成锂和铍。现在，宇宙中的成分除了大量的光子、中微子和反中微子外，主要由占总量 73% 的氢和占总量 27% 的氦组成。这一成分一直延续到今天。

不过，随着温度的继续下降，光子全部消失了。从大爆炸后 38 万年起到 10 亿年，宇宙变得一片黑暗。失去了能量的电子也越来越难以摆脱各种各样的原子核对它的电磁吸引力。原子核开始大量捕获电子，它们的结合生成了原子。所以，在宇宙中，物质取代了辐射成为主角。随着物质的凝聚，过去一片朦胧的宇宙开始变得越来越透明、越来越清晰。从这时起，宇宙开始遵循现在被我们叫作“天文学”“物理学”和“化学”的规律和法则而运行了。

阶段四　大尺度稳定常态

大爆炸后 10 亿年，也就是距离今天 128 亿年前，宇宙由于不断膨胀，开始达到我们今天所理解的这种规模和尺度。星云、星球（包括恒星和行星）以及星系开始形成。星系到底是怎么形成的？这个问题现在仍然是天文物理学家最热烈讨论的问题。但其中一些基本认识不但已经被大家广泛接受，也从对宇宙微波背景辐射的观测中得到了证实。具体地说，在大爆炸后有一段时间，宇宙中的物质微粒是非常同质而均匀的。但后来由于原始扰动的影响，诱发局部地域气体中的物质密度增加，加上旋转等运动的影响，终于形成了星云、星团和恒星。恒星中的原子聚合导致巨大能量爆发，在黑暗的宇宙之中，恒星像闪闪发亮的一座座灯塔，使得我们的宇宙不再像那漆黑无边、暗无天日的黑暗森林。

在奇点大爆炸 92 亿年后，也就是距离今天 46 亿年前，在整个宇宙中的一千亿个星系中，有一个再平凡不过的旋涡状星系叫银河系，它的边缘发生了一次非常不起眼的小小爆炸，也可能仅仅是一小片的原始星云开始急速旋转、集聚和崩塌，由此，形成了太阳系。而就在这个太阳系的形成中，有一颗叫地球的行星诞生了。这就是我们的家园。

我曾感觉奇怪：对于地球的年龄是 46 亿岁这一点，没看到任何人表示过怀疑。后来才明白，现代科学已经可以通过测量地壳中铀或铅这类放射性元素的含量来直接测定地球的年龄。这样，大家也就没什么可争的了。

人类是一个特别自恋的物种。在哥白尼提出日心说之前，人类一直认定地球是宇宙的中心，在宇宙中有着至高无上的特殊地位，整个宇宙都围绕着地球运动。当然，今天大家都非常清楚了，地球其实只是宇宙中围绕太阳转动的一粒最渺小、最平凡的普通天体。照射我们的这个太阳也只是银河系一千亿个太阳中的一个。而我们的银河系又只是宇宙中

一千亿个银河系中的一个。明白了这些，人类也就开始收敛自己的盲目自大之心，开始明白自己确实没有什么特别了不起的地方。宇宙中是不是应该到处都有像我们这样的生命呀？有些生命是不是可能比我们还强大得多呀？完全有可能。只是我们很难碰上。因为，宇宙实在是太大、太空了。另外，我们到底是碰上它们好，还是别碰上它们好？这也是一个大问题。我们在后面还会讨论。

阶段五　宇宙的最终结局

自从宇宙起源于大爆炸，并经历过极速膨胀、逐步形成今天这个样子的概念为大多数科学家所接受后，宇宙的终极命运也就成为可以讨论的话题了。科学家们现在认为，宇宙最后的命运如何，取决于它的物理性质，也就是在宇宙中存在的能量和物质质量的多少，它们的平均密度，以及宇宙膨胀速度的高低。这些因素都对宇宙最后的归宿和结局有重大影响。

具体地说，可能会出现两种情况。一种情况是，如果物质密度超过临界密度，宇宙就应当是封闭的。宇宙的膨胀最后一定会停止，并逆转为收缩，最终形成与大爆炸相对的一个“大坍缩”（Big Crunch）。你可以把这种收缩理解成为和今天我们所处于的膨胀正好相反的过程。我们按照来的路程，

全部逆向重来一次。就像时间倒流、历史倒流一样。这种收缩最后会让整个宇宙仍然缩回到一个零维的奇点中。甚至接着过了这一点，又发生一次大爆炸。如此循环往复。你能想象吗？是不是很烧脑！但有些学者很喜欢这种设想。比如库兹韦尔，他在《机器之心》中说："有胀有缩的过程更具美感。"不过，多数学者似乎都不太同意这种设想。他们比较赞同下面这种想法。

另一种情况是，如果宇宙的物质密度低于临界密度，则宇宙会一直膨胀下去。当然，这种膨胀的速度会越来越低，而且，随着宇宙的极度膨胀，宇宙中所有有序的物质和能量都会逐步分离直到完全无序，完全均匀混合和均匀分散到无边无际的宇宙中。所有的有序性都将不复存在。这也就是说：宇宙的熵值将达到最大。在熵值越来越大的情况下，时间就会越来越慢，最后完全停止。这时我们的宇宙就真正死去了。

毫无疑问，在这个过程中，宇宙中所有的智慧生命也都会同时死去。宇宙最终会死于自己的过度失序、过度膨胀。人们过去把这种学说叫作宇宙热寂说。然而，无论是按照古老的东方佛学、先验的西方哲学，还是现代的量子力学，如果这个宇宙没有智慧生命来观察、认识和理解，那么这个宇宙，就是根本不存在的宇宙。明白吗？这样，我们的宇宙就彻底消失了，其彻底程度达到了似乎它就根本没有存在过。你喜欢这种理论吗？

人类现在确实面临新的哲理性困境。按照西方的科学观点，在宇宙大爆炸产生物质、能量和信息几十亿年之后，这些物质、能量和信息的某种存在形式，产生了新生代谢、自我复制和自我意识。生命就出现了。生命这种形式后来进化到非常高级的阶段，居然可以反思自己的存在，反思物质、能量和信息的本质。这些由人类的高度理性形成的缜密观点，过去尽管也受到过一些质疑，但确实没有受到过真正的、有分量的挑战。

但是，当科学进入超微观层次，量子力学从光的粒子和波动两重性开始，就让人类进入了一个难以把握的不确定的世界。特别是由于人类的观察和人类的意识直接影响着物质的运动表现，量子力学中的那些粒子，在你不去注意、不去观察它们的时候，它们似乎根本就不想“有所作为”和“留名青史”；但当你一去注意、观察它们后，它们马上就“来劲”了，开始自我表现。这样，

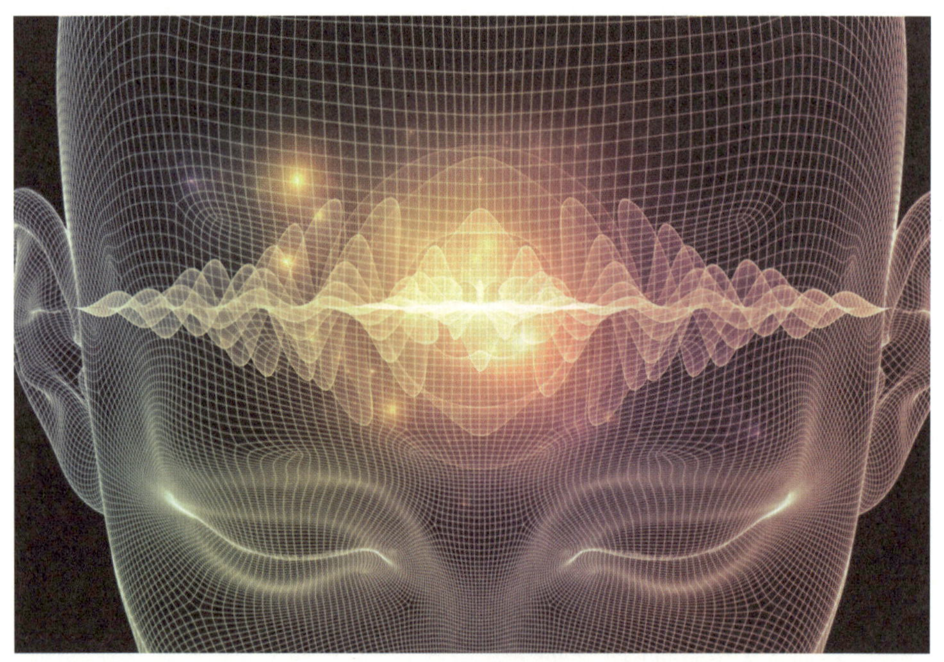

量子力学的实验重新引爆物质和意识关系论争，但这些争端最终仍要靠科学的进步来获得解决。

人类关于意识从属于物质、物质完全独立于意识的“科学观”似乎就开始被动摇了。而古老东方哲学和佛学所主张的先有意识、后有物质及其运动，物质、能量和信息都是意识的复杂思维的产物而已，意识和思维才代表着物质的真实性……这些过去感觉“非科学”“不靠谱”的认识，得到了一部分科学家的认可。这就像我们不得不接受光的粒子流（即光子）和振动波（即光波）这种融合而一、不能简化的二元论学说一样。现在是不是也开始出现我们不得不接受物质决定意识，同时意识也决定物质这样存在明显悖论的、不能简化的二元论学说呢？这是历史发展到今天、科学发展到今天，我们不得不接受的新挑战。

目前，在AI技术和VR（虚拟现实）技术的发展中，似乎物质和意识二元论学说开始起着越来越重要的作用。至少在AI技术和VR技术中，人们的意识在创造物质，这些被创造出现的物质甚至超出了自然存在的范围。比如，现在计算机屏幕可能显示的色彩光谱，已经远远超过了人类在地球上可能看到的自然界的色彩光谱。当然，这并不等于说，人类就创造出了自然界不存在的东西。事实上，它在你没有创造出来之前，一定也一直存在。但是，在一个不确定的时代，人类必然面临重大理论创新。我们要有充分的思想和精神准备。

就我来说，我还是相信，这只是我们的理性和科学认识在前进路上遇到的一个坎儿。这只是我们还没能达到揭示自然最终秘密的那个最深层次，这并不意味着某种宗教、某种信仰，或者某种先验意识的最后胜利。因为理性和科学的证伪方法并没有被颠覆，人类在理性和科学前行的道路上还有很长未知的路要走。

1.5 平生不识天地始，纵使英雄也枉然

上面说的那些事儿，你相信吗？你认为我们人类有必要探索和了解宇宙及其起源和生死吗？我的许多朋友认为，这些讨论毫无意义。知道或者不知道这些事情一点儿意义都没有。对我们今天的生活不会有任何影响。我没办法说服他们，但是，我有一个直觉：寻求和探索宇宙起源和命运的物种，比不寻求、不探索宇宙起源和命运的物种更强大，它们最后胜出了。知道宇宙起源和命运的人群，也比不知道宇宙起源和命运的人群强大，他们显然更有优势。所以，我要说：平生不识天地始，纵使英雄也枉然！我的这些想法，后来在读霍金的《时间简史》时得到了呼应。霍金面对同样的问题也找不到答案，他最后的证明思路跟我是完全一样的。在《时间简史》第一章的最后，霍金说："我所能给出的唯一回答是基于达尔文的自然选择原理……能更好地正确认识和适应外部世界的个体，它们的存活率和繁殖率都更高。"我很高兴看到霍金的这个回答，至少它说明我和霍金完全想到一块去了。

我们大家都知道，这个世界是四维的。尽管许多科学家，包括霍金，他们一直在猜测，这个世界可能有更多的维度，五维、六维，一直到十一维；甚至还有平行宇宙等。但是，这一切都没有被证明，仅仅是一个猜测。不过我要说，决定和支配这个宇宙的，除了我们已知的四维之外，还有一个东西：规律。规律是和宇宙同时产生的。大爆炸的不同阶段，宇宙产生了不同的规律。这些规律决定宇宙的性质和运动。我们可以借用维度概念，把它看作决定宇宙的一个隐维：第五维。让我们回顾一下从大爆炸以来的宇宙发展过程：

在大爆炸后的第一个百分之一秒以内，量子、光子产生了，中微子产生了，电子产生了……微观物理规律——量子物理学也就产生了！接着，从第一秒以后，质子产生了，中子产生了，原子核产生了，原子产生了……宏观物理规律——经典物理学也产生了！再接着，活跃的氢原子和它的同位素弥漫到越来越大的宇宙空间，氢元素出现了，氦元素也出现了！气体产生了，

星云产生了，星球产生了，星系产生了！各种各样的重金属产生了！水也开始合成了，化学也就产生了！注意！直到这个时候，宇宙中还没有我们的太阳、地球，更没有人类。所以，宇宙的创生、物质的出现、物质的性质和物质运动的规则的形成，和我们一点点关系都没有。那是造物主自己干的事情！我特别声明：陈老宇是坚定的无神论者。但是，你明白吗？在我们人类远未出现之前，一个五维的世界就已经存在了。

但是，人类在自己进化的道路上，偶然发现了一个极大的秘密，那就是：这个四维的宇宙，这个原本对我们来说不可理解、不可思议的世界，它居然是有规律的。它居然是有可能被了解、理解、掌握的。人类如果真的能够了解、理解、掌握这些规律，人类就比其他一切生物多了一维，人类就成了五维生物。一旦“升维”成功，迸发出来的巨大力量，就和其他动物完全不在一个数量级上了！

事实上，我们人类就是这样做的。拥有理性和掌握规律的人类最终成了这个地球上唯一的五维生物。到目前为止，也是我们已知的宇宙中唯一的五维生物。正是由于我们比其他一切已知的生命都多了一维，我们就成了这个地球的主人。当然，我们还想成为这个宇宙的主人。因为我们有能力向其他一切生物，包括向大自然，甚至向宇宙发起“升维”攻击！对于我说的这个词儿，没有看过《三体》这本书的同学，理解起来可能会有一点儿困难。但是，至少大家都能明白，人类今天一举登上了地球这个自然界的塔尖，登上了地球的生物链的顶端！道理就在这里。

1.6 时间也察言观色地变化着

从宇宙大爆炸开始，我们看到，宇宙的变化发展速度，正以几何级数在下降、在减缓！是不是这样？在宇宙大爆炸的最初一秒钟内，它就经历了四个时期；到 3 分钟结束，它经历了六个时期。但在而后的 100 亿年里，它也才经历了三个时期。这也太不平衡了。宇宙中的时间走得越来越慢，宇宙中的变化发生得也越来越少，而且需要用的时间也越来越长。

人生也是这样，一粒受精卵发育成婴儿的过程，大体经历了宇宙大爆炸的过程。在最初的几年、几个月，甚至几周几天，婴儿发展变化特别快。受精卵迅速分裂，形成四肢、形成大脑、形成眼耳鼻舌身。婴儿出生以后也是这样，迅速熟悉外界环境，每天都得学新的东西。直立行走、掌握语言、获得知识，几乎一天一个样。但是这种学习、发展和成长的过程慢慢就停滞了下来。随着年龄的增长，一个人学习新东西的周期在延长，发生重大变化的时间也在延长。你可以观察到：有的人都已经六七十岁了，但他的思维状态和知识、文化水平始终停留在他十五岁到二十五岁那个区间，怎么也走不出来。这些现象随处可见、比比皆是。

但是，在宇宙中、在地球上，在生物界、在人类社会，我们也看到完全相反的情况。地球生物圈经历了寒武纪生物大爆发，变化发展越来越快。人类社会也是这样。我们经历了三百万年的原始社会，经历了一万年的农耕社会，工商社会才开始不到三百年，现在就要结束了。未来社会、智能社会就要到来了。今天决定社会发展、生产力变革的是摩尔定律、库兹韦尔定律……它们都在说：变化以指数式增长！

这是一个非常重大的发现：时间不是一个恒量！它的变化是完全不均衡的！不是指数式降速，就是指数式增速。大家应该注意到：伟大的爱因斯坦提出的相对论，首先指出的就是时间的相对性。他解释说：当你和一位窈窕美女坐在一起的时候，两个小时感觉像两分钟；而炎炎夏日当你坐在火炉旁时，两分钟就像两个小时。所以，在不同参照系统中，时间是完全不一样的。有的男人的一年，就是另一个女人的一生，反之亦然。这一切都得到了经典物理学相对论的严格证明。

那么，到底在什么情况下，时间会指数式降速？又在什么情况下，时间会指数式增速？对这个问题，我只看到库兹韦尔的回答。所以，他的回答意义特别重大。他指出，在环境处于熵增状态时，也就是说，世界走向混乱、走向无序时，时间会逐渐慢下来；而环境处于熵减状态时，也就是说，世界走向清晰、走向有序时，时间会逐步快起来。前者可以用宇宙本身的发展来证明，而后者则可以用人类社会的发展来证明。

时间的相对性给了我们观察这个宇宙、星系、地球，以及生命和人类等事物一个全新的方法和角度。时间正以不同的速率运动。这种认识，甚至可以推演到我们每一个人，比如，你的一生，究竟是别人的十生，还仅仅是别人的十年？这是每一个人都会面对的问题……

我一直说，我感觉自己已经活了几百年、上千年，可能就是这个道理。我一直生活在熵减空间，一直生活在信息极其密集的环境中。这使得我经历的时间在不断加速，让我稍一回头，就有往事越千年的感觉。

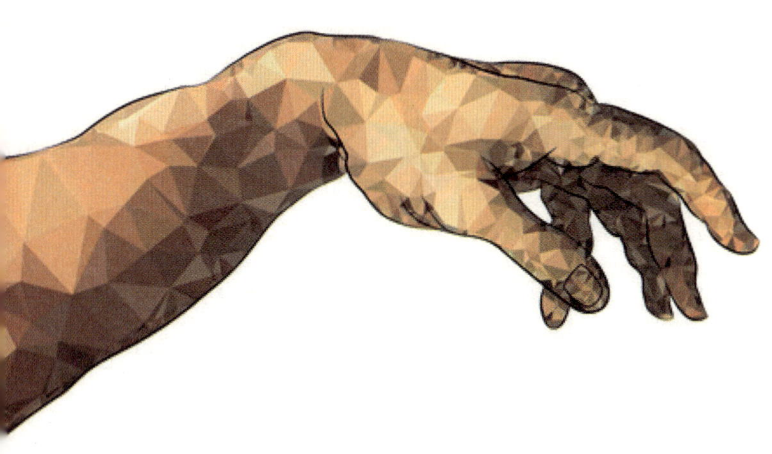

02　我们已经破解了生命的秘密吗

在宇宙中存在的万事万物中，最奇特的是生命。人类现在几乎可以把生命变化发展的每一段过程都大体说清楚，但唯一说不清楚的，就是这个生命到底从何而来。关于生命的起源，古往今来，有过无数解释和说法。不过概括起来，无非是两个答案。

2.1　生命：神创还是物演

神创说。从神创说看，又有上帝造人、女娲造人、普罗米修斯造人，以及佛教中的幻觉造人等。

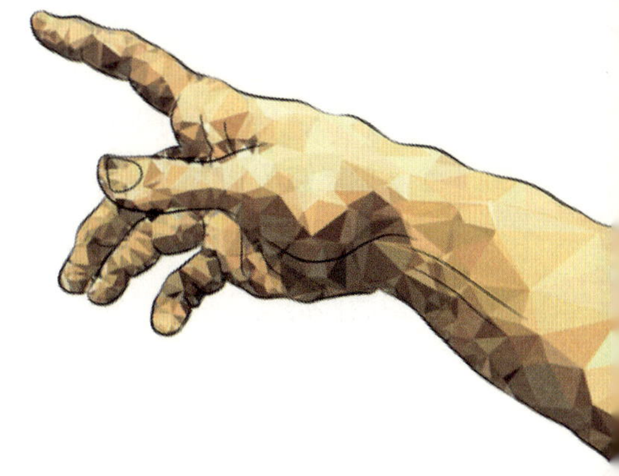

神创说，顾名思义，就是说：生命是由神创造的。这种学说通常是某个宗教学说的一部分。人类现存的大多数宗教都从不同角度说过神创造人的故事，但是它们并不提供证明。对宗教而言，重要的不是证明，而是相信。所以，神创说实质上是一种信仰。我们尊重每个人的信仰，但信仰不是证据，信仰也不能阻挡人们去寻求证据的热情。

神创说对一切反对神创说、主张生命是自然生成的学说，最强有力的反驳就是：生命高度复杂，DNA 的排列高度复杂。自然界无论如何都不可能自发进化出这样结构超级复杂的东西来。自然界会自发进化出一块手表来吗？自然界会忽然进化出一架飞机来吗？这种概率肯定为零。那么，人类及其生命要比手表和飞机更加复杂亿万倍，人类可能是自然进化的产物吗？显然，概率也肯定为零。总之，神创说在节节退守中，仍然在坚持自己的立场。神创说的这种坚持，实际上也大大推动了生命科学的发展和成长。

物演说。从物演说看，又有自然发生说、宇宙发生说、化学发生说、热泉发生说等。

物演说，是人们企图从科学证据的角度对生命起源进行探索。比如，自然发生说认为，生命是物质世界中自然而然产生的。宇宙发生说认为，生命是在宇宙中形成后，飞到地球上来的。化学发生说认为，生命是在化学变化过程中产生的。还有热泉发生说认为，生命产生于高温高热的火山泉口，等等。

尽管物演说的流派很多，但它们有一个共同特点：它们都认为，生命是物质存在的一种方式。在这个宇宙中，先有无生命物质，后有有生命物质。生命物质是从无生命物质中演变、演进而来的。

为了证明这一点，人们设计了许多实验，进行了无数次验证。这些实验有时甚至很接近预期的结果了。比如，在化学发生说的实验中，在人工模拟的条件下，无机物生成了有机物，简单的小分子有机物又生成了复杂的大分子有机物，甚至组成了多分子的团聚体。但是，很可惜，这最后一步：大分子有机物，始终没有能在人造的环境和实验中演化成原始生命。至今没有一个实验能够从非生命物质中成功地衍生出生命物质来。

所以，无论神创说，还是物演说，都没有得到直接证明。生命的起源至今对我们仍然是一个巨大的谜。

神创说和物演说的差别，主要表现在如前所说：追求信仰，还是追求证据？但它们之间还有一个常常被人忽视的差别：创造，还是演进？

神创说强调生命是创造（creation）出来的，而物演说强调生命是演进（evolution）而来的。

所谓创造，是一个从无到有、无中生有的过程。也就是说，外界或外力制造出了一个从来没有过的东西。生命就是这样一种被神创造出来的东西。

所谓演进，是一个从有到有、有中生有的过程。也就是说，外界或外力不是制造出了一个从来没有过的东西，而只是激励、诱发出了一个本来就存在的东西。

生命是被创造出来的，还是自己演进出来的？这是一个重大理论争论，就是最著名的学者们对之所持的观点也往往各不相同。比如：英国历史学家汤因比就坚持创造说，而日本佛学家池田大作则赞同演进说。事实上，这个争论会影响到许多领域。比如，从教育思想上看，孩子究竟是我们"创造""生养"出来的，还是他自己"演进""萌发"出来的？现代教育理论越来越倾向于认同：孩子是完全独立于我们的自我主体。孩子既是自己的作者，也是自己的作品；既是自己的先生，也是自己的学生。我们只能发现他、激励他、帮助他，不可能也不应当企图去塑造他、培植他、决定他。

一些学者认为：生命的出现不是一个被"创造"的过程，而是本来就隐藏于非生命物质中的隐形的生命元素，在适当的环境、条件和外力作用下，被激发、被诱发、被发现的过程。无论它最初的形态多么深藏隐蔽、多么幼小稚嫩，它确实是原来就存在的。而且，它是自己演进出来的。生命不可能也不需要被任何外在神秘力量所创造。它完全是自己萌发生成的。在一切非生命物质中，其实都潜藏着导致生命出现的无形的东西。同时，存在着生命的觉醒冲动。只要时机成熟，这种觉醒就会发生，非生命物质就会变成生命物质。

既然非生命物质中普遍隐藏着生命元素，并且普遍存在着生命的觉醒冲动，那么，生命物质从非生命物质中被激发，得到演进和展现的机会，应当说比比皆是，非常容易发生。换句话说，生命的出现不应当是宇宙中的小概率事件。这个充斥着物质的宇宙，应当同时也是生命的海洋。但是，非常奇怪的是，尽管人类探测宇宙的手段已经非常强大了，人类现在甚至能够探测到宇宙最早期、最边缘的地方，但是，人类至今没能在除地球之外的任何地方发现任何生命现象，这让人类一直非常郁闷。但人类中最聪明、慎思、多虑的那几个人说：这实际上是人类最大的幸运。人类呀，你们不要太天真烂漫，你们千万不要被外星人发现！否则后果不堪设想。

在探索宇宙生命的道路上，发生过一件让人有点想象力的事情：1969年9月28日上午10点58分，伴着耀眼的火光和轰鸣的巨响，一块巨大的陨石从天而降，坠落到了澳大利亚一个叫默奇森（Murchison）的小镇。陨石在接近地面的大气层中燃烧并爆炸，碎片飞溅、地面震颤，击起巨大尘埃。这块陨石的碎片覆盖了大约13平方千米的面积，有的碎片甚至砸破了居民的屋顶。后来被收集起来的碎片最大的一块有7千克重，总重量超过了100千克。

默奇森陨石属于碳质球粒陨石，陨石上星星点点地布满了氨基酸，种类超过100种，据说其中有8种和形成我们地球上蛋白质的氨基酸非常相似，这使得生命的宇宙生成论者和化学生成论者都大大兴奋了好一阵子。对默奇森陨石的研究一直延续到今天，恐怕它是地球上被研究得最多的一块陨石。给我的感觉是，近半个世纪来，似乎研究者们每年对它都会有新的发现。看来，至少形成生命的重要材料——含氨基酸的有机物在太阳系中的普遍分布可以从它身上得到证明了。有些学者还坚持说，它的出现也证明了地球上的生命材料来自宇宙，正是这一类全身带着各种各样的氨基酸的陨石，为地球生命的形成提供了丰富的原材料。当然，多数科学家对这些结论仍持谨慎态度。

2.2　生命大诞生

地球刚形成时非常热，后来才慢慢冷下来。可能是由于对热的恐惧，人们曾经认为，地球上的生命只有几十万年，至多几百万年的历史。但是，越来越多的证据表明，最早的原始生命并不惧怕、甚至反而喜欢酷热环境。它们和后来的生命非常不一样，它们不喜欢氧气，反而喜欢毒气。近 30 年来，人们在深海海底喷出的高达 300℃的饱含有毒有害物质的热泉周围发现了大量特殊的活跃生物，进一步证实了这种情况。

1988 年年初，加州大学洛杉矶分校（UCLA）的莱克教授宣布，他用计算机推演证明，地球上出现的第一个细胞是极端嗜盐菌。它应当生活在 35 亿年前一个充满硫化物的高温环境中。他还宣布，这些极端嗜盐菌的后续者逐步分解成两个分支。其中一个分支发展成和它们一样的其他原核细胞（prokaryotes），包括各种各样的细菌；而另一个分支则演化成真核细胞（eukaryotes），包括各种各样的植物和动物。显然，我们人类就是极端嗜盐菌的后代，而原核细胞类的微生物则是我们的远房兄弟。

现在我们可以想象一下：离今天30亿年到40亿年的地球，就像一锅滚烫的热汤，科学家们管它叫“原始汤”。那时厚厚的阴霾和潮湿的大气中充满了甲烷和氨，雷鸣、闪电和狂暴的酸雨使这个初生的星球上发生的种种化学反应格外诡异幽幻。由于没有任何生物的干扰和消耗，“原始汤”海洋里各种各样奇特的化合物充分纠缠交织在一起。终于，在一个冒着沸腾气泡、喷出大量硫化物的海底热泉旁边，有一小块高分子的有机物忽然躁动起来，它居然会忽然开始感觉到了自己和别的物体不一样，它开始吸收养料、吐出废物。在经历了一个短暂的存在后，它作出了划时代的举动：把自己一分为二，竟然产生了一个后代。这个动作就这样不断延续下去，再也没有停止过。这个时刻，就是创造我们，以及创造地球上所有生物的第一时刻。相对于宇宙的“大爆炸”，生物学家把这一时刻称作“大诞生”。地球上的生命就从此开始了。

现在科学家们都倾向于认为：地球上的整个生物界，从蘑菇到雄鹰，从细菌到人群，都起源于一个共同的原始生命细胞。它是一个碳基生命。要知道，今天在整个地球上，我们发现的所有生命，都是碳基生命。所以，不管我们愿不愿意，至少地球上所有的生命都只有一个共同的祖先。

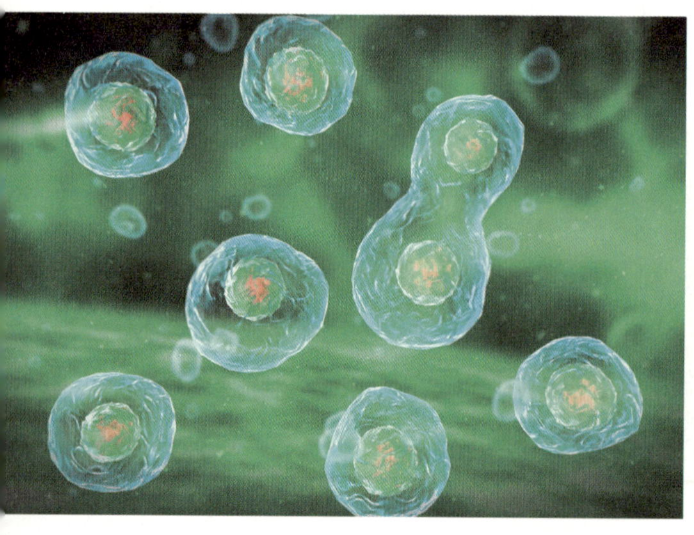

生命大诞生

38亿年前
生命
在一个叫地球的行星上诞生了
地球上所有的生命
都起源于一个细胞

2.3 生命的构成

生命是什么？生命是由一个或多个细胞组成的，能够自主获得营养、转化能量，同时自动调节自身平衡，使自己得到生长的一种个体。

唉，我想尽量避免文绉绉的教科书式说法。但是，看来很难。

简单地说：到现在为止，地球上所有的生命，都是由细胞组成的（只有病毒除外，病毒不是完整的细胞。但病毒也离不开细胞，它必须寄生于细胞）。恐怕这也就是科学家们认为，地球上所有的生物都很可能起源于一个共同的原始细胞的原因吧。

绝大多数单个的细胞非常非常小，小到人的肉眼看不见。有的生物就是由一个细胞组成，但多数生物需要由很多细胞来堆砌。多数细胞都有核，叫真核细胞。也有一部分细胞没有明显的核，叫原核细胞。原核细胞通常只构成单细胞的微生物。

细胞主要由水、蛋白质、脂肪和糖组成，当然还离不开少许无机盐。这你就明白了，为什么以上这些东西都是我们的主要食物。其中，水是最主要的，活着的细胞的含水量不会低于 80%。其次重要的是蛋白质，因为它是生命活动的发动机，它提供了酶，而且只有它才能提供细胞需要的重要营养元素：氮。脂肪和糖主要为细胞活动提供能量和材料。不过，在必要时，蛋白质也可以制造出脂肪和糖来；但是，脂肪和糖却不能制造出蛋白质。

蛋白质是由氨基酸组成的，它们有着非常复杂、精细的结构。仅以胶原蛋白为例，它由 1 055 个氨基酸分子组成，关键是你必须以绝对正确的顺序排列这上千个分子，才能得到胶原蛋白。

英国天文学家霍伊尔说，凭自然界的概率来完成这件事情，就像一阵旋风刮过一个堆满零配件的旧仓库，竟在仓库中央留下了一架装配完好的大型客机一样不可思议。而且，你再想想，仅一个胶原蛋白就这么复杂；不用说整个生命界，在人体内这样的蛋白质就高达 100 万种！如果你想明白了这些，你就知道，生命的发生是宇宙中何等不可思议的奇迹呀！

光有蛋白质还不行，细胞中还有蛋白质的特别重要的伙伴叫核酸。核酸又分成脱氧核糖核酸（DNA）和核糖核酸（RNA）两大类。它们不仅是细胞的物质组成部分，更重要的是生物遗传信息的载体。它们的特殊本领，就是复制。你想，蛋白质的合成与制造这么不容易，如果不能复制、不能留传，那不什么意思都没有吗？所以，核酸就成了不可缺少的另一重要角色。带有遗传信息的 DNA 片段也被称为基因。它只需要几秒钟就能复制一份自己。现在看来，这就是生命可以延续、发展的关键。基因不仅承担着通过复制把遗传信息传递给下一代的使命，也影响甚至决定着一个生物体的生、长、病、老、死的全过程。所以，基因最终成了决定生命健康与否的内在因素。

写到这里，我必须强调以下两个最重要的结论：

第一，迄今为止，一切生命都是由细胞构成的。但是，我们不知道在可以预见的未来，这种情况会不会改变。

第二，基因决定生命的一切。没有基因，就没有生命。同样，我们不知道在可以预见的未来，这种情况会不会改变。

2.4 生命的本质冲动

生命有很多属性，其中最重要的属性叫本质属性。所谓本质属性，就是生命固有的、本源的、与生俱来的属性。它来源于生命最原始、最基本的冲动。经观察，一切生命都有三个最基本的冲动：生存、繁衍和死亡。我们分述如下。

第一，生存冲动。

一切生命体最基本、最经常、最持续的活动是新陈代谢。而新陈代谢的目的，是维持自身生命的存在。所以，生命的第一个基本冲动，是生存冲动。也就是说：每一个生命都有本能地要活下去的冲动。

新陈代谢过程，就是生物不断从外界获取营养物质，在体内对之进行分解，将其转化为建构自身的生物材料，或者转化为自身需要的能量。同时将产生的废弃物不断排出体外。只要生命存在，这一过程就不会中断。反之，只要这一过程中断，生命就不存在了。

生命从外界吸收营养和能量的过程，叫同化作用，生命在体内分解消耗自身材料和所储能量，并把废弃物排出体外的过程，叫异化作用。新陈代谢的过程，就是同化作用和异化作用的总和。

非常有意思的是，科学家们发现，无论什么样的生物，从最简单的到最复杂的，从植物到动物，从细菌到大象，其体内进行的新陈代谢过程几乎是一模一样的。科学家们还基本弄清了这一过程的细节，包括发现了像三磷酸腺苷（ATP）这样有名的高能化合物。ATP 是生命体内细胞所需能量的直接来源，在传递能量时起着类似“货币”的作用。由于 ATP 的存在，生命体内的能量就可以不断得到补充，并根据需要以化学能、电能或者机械动能的形式起作用。这些杰出的研究几乎延续了一百多年，大批杰出学者由此获得了诺贝尔生理学或医学奖。

对新陈代谢的研究还发现：生物分为“自养型”和“异养型”两种。所谓自养型生物，就是不需要从外界获得有机物，仅靠阳光、空气、水和无机物就能活的生命。植物和许多微生物（不是一切）就是这样。它们可以自行制造自己需要的有机物。它们能够生活在没有其他任何生物的环境中。而所有的动物（包括人类）都是所谓异养型生物，因为它们不可能仅仅靠阳光、空气、水和无机物来生存。它们还必须摄取外界现成的有机物。也就是说，它们必须吞噬植物或其他动物，以获得自己制造不了的有机物。进一步的研究发现，植物拥有一整套酶，可以从无机物中制造出自己需要的全部氨基酸、蛋白质、脂肪、维生素和糖类。但动物（包括人类）却没有这些酶，无法直接用无机物来制造这些维系生命所需要的东西。

人类发展到今天，慈悲之心大增。一些人希望自己完全“不杀生”。我告诉他们，完全不杀生是不可能的。你可以不吃任何动物，但不能不吃植物，而植物也是生命，除非你自己也变成植物。因为，植物真的可以“不杀生”，也就是它完全不用吃别的生命就活得很好。很可惜，上帝没给人类这样的功能。

新陈代谢是生命最基本的功能，其目的就是维系生命的存在。由此决定了，生存是生命的第一冲动。然而，生物生存时间的长短很不一样。通常，生物体积越小，运动速率越高，寿命就越短。许多微生物、单细胞生物的寿命以分钟、小时或者昼夜计算，哺乳动物一般也遵循此规律。比如，老鼠的平均寿命是4~5年、兔子15年、狗18年、猪20年、马40年、象70年。

唯一例外的，一个是龟，一个是人。龟就不说了，神龟高寿，但它的生活质量不太令人羡慕。就人来说，按照个头儿算，和大猪差不多，活20年，最多40年就可以了。人类的亲戚，比人个头儿大得多的大猩猩最多才活50年。不知道人为什么能不遵守自然规律，至少要活过上帝规定的时间一倍以上。我查遍文献，科学家没有对此作出任何解释，也许是根本没人问过这种问题。所有人问的都是：我们人类为什么不能活得更长、再长些？！显然，这也从一个侧面印证了：生存，同样是人类这种生物的第一冲动。

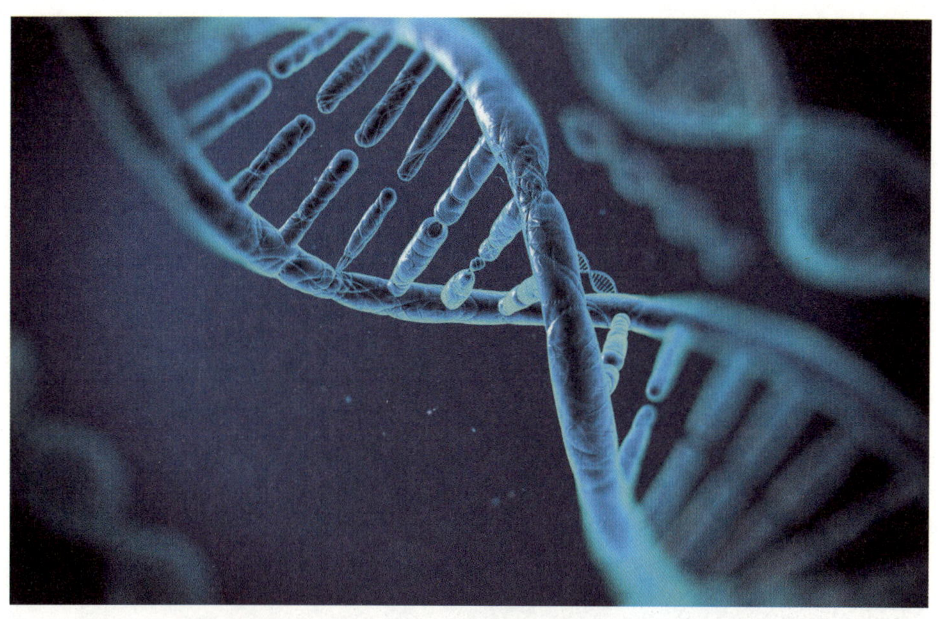

第二，繁衍冲动。

生命的第二个最基本的冲动是繁衍。所谓繁衍，其功能源于我们在前面提到的细胞自我复制。一切生命的生存期都是有限的，因此都需要繁衍后代，把生命的基因，以及自己的生物材料和储存能量传递给自己的子孙，以保证在自己的生命结束后，自己的种属可以延续。

生命的繁衍过程是由 DNA 完成的。现在大家都知道 DNA 分子的形状是一种平行的双螺旋结构，很像一条扭曲的绳梯。复制开始时，绳梯会像拉链被拉开一样从中间全部断开。每边的单链条自己从细胞液中俘获所需要的粒子，这样，原来一条双螺旋结构 DNA，在几秒钟内就变成了两条和原来一模一样的新的双螺旋结构，整个复制过程就这样简单迅速。

1953 年 4 月 25 日，英国著名科学杂志《自然》发表了沃森和克里克的一篇报告，这两个初出茅庐的青年人第一次浪漫地描述了 DNA 分子的双螺旋结构形状和上述复制活动。同时发表的富兰克林和威尔金斯的两篇实验报告用数据分析支持了他们。不过，那时谁都没真的见过这些事儿。

直到 1989 年，由于百万倍电子显微镜的发明，人们才发现，大家亲眼看到的过程竟然和 36 年前沃森他们通过想象描绘的完全一样。在科学史上，这被当作科学推理的一个完胜案例。沃森、克里克和威尔金斯为此获得了诺贝尔生理学或医学奖，而为这个项目在 X 射线下做了大量实验的富兰克林则因早逝与奖无缘，让许多人叹息不已。作为一个女科学家，她经常漫不经心地把自己暴露在 X 射线下，很可能因此而得了癌症，去世时年仅 38 岁。这让我想起居里夫人也是对射线完全没有防护意识，最后因白血病去世。她们都是为科学事业付出了生命的高贵女性，值得我们敬重。

随着生物的发展，新的更高等级的生物不断出现，生命繁衍过程逐步从细胞一分为二的裂变，演进成无性繁殖和有性繁殖两大方式并存。一般地说，低等级生物喜欢采用无性方式繁殖，而高等级生物通常只能用有性方式繁殖。

毫无疑问，最初所有生物都是无性繁殖的。为什么后来会发展出有性繁殖方式？自然界或上帝究竟出于什么考虑，要把性加入生育和繁殖过程中来？要知道，有性繁殖真的很麻烦，过去一个人能办成的事，现在非要两个人在一起才能办成。而且，对雄性来说，它们要花大量时间和精力去寻找和讨好配偶，甚至为求偶不惜舍命一战；对雌性来说，也要花大量时间去分析和选择配偶，要找到那个最强壮、最聪明、最忠心的如意郎君，也很不容易。显然，性的介入，大大降低了繁殖的速度和效率。

同时，性的介入也降低了复制的准确性。无性繁殖时，每一个后代和前代都是一模一样的。但有性繁殖由于后代各取父母基因的一半组成新基因，变异的可能性就大大增加。不过，也许这正是有性繁殖的优点之所在。从实际过程看，有性繁殖本身，以及雄性的求偶和雌性的择偶都加快、加大了生物自然选择的速度和力度，很可能提高了后代的质量。

随着地球的进化，高等级生物面对的环境和掌握的技能越来越复杂。父辈对子辈不仅有生育问题，还有对子辈在婴幼儿时期的呵护及生存技能的训练和培养。显然，面对这种变化，子辈有双亲比只有单亲更好。恐怕这也是有性繁殖成为高等级生物的首选方式的原因之一。尽管不称职的父亲比比皆是，但从鸟类到哺乳类都出现了许多模范父母和模范家庭。不过像人类这样由双亲呵护养育子女要长达15~20年之久，在自然界是绝无仅有的。更不用说，现在连祖父母都介入孙辈养育，更是宇宙奇观。

当然，并不是所有学者都认同“性行为有益于加速生物进化”这种观点。他们认为，无性繁殖在许多情况下更利于优质后代的产生。近年来，不但对低等级生物的无性繁殖研究有了很大发展，一些学者甚至开始研究高等级生物包括人类本身的无性繁殖。1996 年 7 月 5 日，英国科学家维尔穆特用克隆技术培育出一只基因与母体完全相同的小羊多利（Dolly），引发世界舆论轰动。显然，在这种背景下，人的无性复制已经是指日可待的事情。不过，这项研究和基因重组技术一样，受到了人类传统习俗、传统伦理和新旧保守势力的强烈反对和抵制。

此外，上帝（或自然界）把性行为和生育繁殖紧密联系起来的安排，越来越让人类这种特殊生物感觉不快。他们希望把性作为一种独立的生活方式提炼出来，而不再是上帝对两性合作生育的奖赏或激励。20 世纪下半叶以来，人类为把性行为和生育分离开来进行了不懈的努力，并取得了惊人的成绩。

一些学者认定：尽管人类已经存在了数百万年，但占人类一半的女性真正的性意识觉醒仅仅是 20 世纪 60 年代以后的事情。这完全得益于人类控制生育的技术进步和伦理突破；当然，也得益于人类民主思潮和男女平权意识的深入人心。1960 年以后出生和成长起来的女性们，你们比先辈不知道要幸福多少倍！

其结果是有效地抑制了地球上人口迅猛增长的势头，同时使女性从生育的束缚和痛苦中得到了实质性的解放。

第三，死亡冲动。

死亡注定到来，死亡不可逆转，死亡是一切生命的宿命。我感觉，非生命的物质从它觉醒成为生命物质之后，就存在着一种回归冲动，本能地要重新回到非生命状态去。这就是生命的死亡倾向或死亡冲动。尽管有的时候这种倾向或冲动采取了非常隐蔽曲折的表达方式。

任何生命，一旦死亡，就不能复活。族群新产生的生命，肯定都不是原来的那个生命。尽管一些人希望看到故人、圣人复活的奇迹，但迄今为止的生物史就是这样的历史：没有任何过去的生命可以复活。想想看，这里面是不是也明确表达了这样一层意思：任何一个特定的生命都是唯一的、排他的、无法再造也不可重现的。

死亡发生的原因是什么？科学家们说：是细胞和机体的衰老和功能丧失，是新陈代谢活动的完全停止。对大型哺乳动物来说，当然首先是它的主要发动机——心脏，出了问题。心脏的寿命决定生命的寿命。一般哺乳动物心跳的极限大约是 10 亿次。小动物心跳快，所以寿命短；大动物心跳慢，所以寿命长。比如，有一种小小的食虫鼠叫鼩鼱（别小看，它是哺乳动物的祖先），每分钟心跳高达 1 000 次，它的寿命最长只有一年半。而大象每分钟心跳只有 20 次，它的寿命高达 70 年。

人毕竟是上帝（或自然界）的娇子、宠儿和奇迹。正常情况下人的心跳大约是每分钟 72 次，这和同等大小的哺乳动物是一样的。但一个人如果活到 70 岁，他的心脏就跳动了 25 亿次，远远超过了一般哺乳动物 10 亿次的极限。

即使这样，据说仍有证据表明人类的心脏可以安全跳动40亿次，算下来，人就应当活到115岁以上。不过根据我看到的文献，我还是认为，我们现在无法确切知道人类心跳次数的一般标准和极限到底是多少。

生物的死亡通常不是突然到来，而是经过了一个衰老的过程。衰老表现为身体肥胖、皮肤皱褶、思维迟缓、代谢混乱、动脉硬化、骨骼脆化、骨质增生、关节僵硬、肌肉无力、椎体病变、视力模糊、听觉下降等，这些问题看起来都和随着年龄增大的肌体老化密切相关。其中的主要问题到最后都可能引发死亡。

不过，思辨地想，说到底这一切都不是必然导致死亡的根本理由。因为生物体是由细胞组成的。但大多数生物体，特别是大型生物体的寿命都远远比单个细胞的寿命长得多。这说明，细胞是可以修复、可以再生、可以更替的。理论上，只要组成生命体各个部位的细胞不断得到修复、再生和更替，生命就应当一直延续下去。所以，人类并没有完全掌握死亡必然到来的真正原因。

我认为，从自然界的安排看，生物进化发展的需要，特别是族群发展的利益，可能才是死亡的真正原因。由于这个原因，生命在诞生之初，就带有一个神秘指令，要求它在某一时限到达时停止细胞的修复、再生和更替。当然，也不排除，在生命进程的某一时刻，它从外界得到了这个神秘指令。于是，死亡就到来了。

总之，个体生命的死亡并非悲剧或不幸，它很可能既是个体本身摆脱困境或者痛苦的方式，又是族群发展和生物进化的必要环节。对生命而言，死亡不是无可奈何的结局，而是生命本身的诉求。永生是这样可能、这样临近！但是指令已经发出！命运已经决定！死亡，是生命最后的冲动，也是生命不可缺少的组成部分。

想一想，如果没有死亡，每个人都永生，这个地球、这个世界会怎么样？如果从亚当和夏娃以来，从女娲造人以来的每一个人都还活在这个世界上，那将是一幅多么可笑、可叹和可怕的图景呀！而且，旧的生命不离去，新的生命就没有必要、也没有可能诞生。所以，没有过去的死亡，我们这些人也都不会出现。这样一想，你会不会暗自庆幸，幸好他们都走了。但是，如果你对其他所有人的离开能接受，为什么就不能接受自己的离开呢？

有人说：我只有生存的冲动，繁衍的冲动，绝对没有死亡的冲动。我告诉他，这仅仅是你虚幻的感觉，不是你真实的行为。真实的你，在一天天、一步步走向死亡，只不过你不愿意承认，不愿意面对。哲学是直面生命的学说。而要真正直面生命，就必须直面死亡。因为，所有的生命都指向死亡。生命之所以可贵，永远离不开死亡的参照。显然，哲学同时也是直面死亡的学说。苏格拉底说：哲学是死亡的练习。蒙田也说过：探讨哲学就是学习死亡。事实上，不能从死亡的底线回望人生者，永远不可能真正理解人生。只有从永生的虚幻中解脱出来，在任何时候、任何情况下都能够正视死亡的人，才是真正理解了人生，理解了哲学的人。这样的人很可能也是无所畏惧、比较幸福的人。

每个人的生命只有一次，每个人的死亡也只有一次。从这个角度，不难理解每个生命个体对生的渴望、对死的恐惧有其合理性。毕竟，死亡这一点，对死亡者来说，也是他个人的一个奇点。在这一点上，他个人生命的所有逻辑、规则、感觉和价值将全部失去。面对个体面临的死亡，宗教通常用犬儒主义方式，用灵肉分开、灵魂不死来慰藉生命。哲学通常用理性主义方式，用直面死亡来启迪生命。也许这都是需要的。但最重要的是社会制度要正视人类个体的需要。先进的社会制度应当以科学主义的态度，把减少死亡痛苦和免于死亡恐惧（包括临终关怀、安乐死等）作为制度设计的最重要的组成部分，而不是相反。

生存、繁衍和死亡是生命最初始、最本源、最自然的冲动，是生命最稳定、最重要、最本质的属性。它们既不是我们造出来的，也不是我们能改变的。它们却要长久地决定我们、影响我们。因为它们决定了生命的其他属性，也从根本上决定了人类社会的主要特征和人类哲学的根本使命。大家今后会看到，生命的这三大本质属性几乎无处不在地表现着它们的影响和作用。有学者甚至认为：生命的本质冲动决定了这个世界的一切。你赞同吗？

2.5 价值出现了

价值是生命的属性,生命的诉求。没有生命,就没有价值。没有生命的世界,是一个没有价值的世界。而当生命出现的时刻,价值也同时出现了。

价值,简单地说,就是对谁有利。对谁有利完全是一种主观判断。它必须依赖于主体的存在,所以,价值从本质上,反映的是主体和客体的关系。价值是主体的需要、主体的意愿、主体的诉求的集中表现。在生命出现之前,这个世界只有客体,只有规律;没有主体,没有价值。也就是说,在生命出现以前,这个世界该怎么运动,就怎么运动。只遵守客观规律,无所谓主观判断。

但是,生命出现了,新陈代谢开始了。对生命而言,这个世界就不仅有客观存在,有运行法则和运动规律;而且有了好坏,有了对错,有了利害。什么叫好、对、利?有助于自己的生存发展,有助于自己的新陈代谢顺利进行的,就是好、对、利;反之,无助于自己的生存发展,无助于自己的新陈代谢顺利进行的,就是坏、错、害。

所以,价值是在生命出现后才出现的概念,价值判断永远都需要从生命主体出发,由生命本身做出来。在没有生命、没有主体的世界里面,不可能有价值判断。但在有了生命、有了主体之后,价值判断马上就出现了。甚至你面对的生命可能还简单幼稚到根本没有思维的器官,但它只要是生命,它就一定有了判断和选择的本能。

听说过草履虫吗?这是一种最古老的原生生物。它只有一个细胞,身长只有0.2毫米,通常需要用显微镜才能看清楚。它的结构非常简单,细胞内有两个细胞核,一个负责新陈代谢和生长,另一个负责遗传和生殖。此外,就只有两个伸缩泡调节水分,一些食物泡身上长满了细细的纤毛用来游泳。它连脑子都没有,肯定不会思维。但是,它知道趋利避害，它发现前面是硫酸会马上逃离，它发现前面是糖水会游过去吸食。它对周边的世界已经有了价值分析和价值判断。周边的世界对于它来说，就有了好坏、对错、善恶。是不是这样？所以，我们的结论就是：价值反映了主体和客体的关系，反映了生命的需要、意愿和诉求。

2.6 利己冲动和利他冲动

毫无疑义，利己冲动是生命的基本冲动，是生命作出的第一个价值判断。因为，一切生命都自然而本能地要维持自己的生存，延续自己的生命。所以，利己，对自己有利，趋利避害，是生命的基本冲动，也是生命的主要特征。

但是，生命来之不易，生命非常短暂。比如单细胞的草履虫的寿命，只能以小时来计算。就是寿命比较长的动物或者植物，其存活时间和宇宙、和地球相比，也极其短暂。为了生命种属的延续，复制自己、繁殖后代就成为生命的另一个主要属性。显然，生育后代的属性，要求生命的行为就不仅只对自己有利，还要对后代有利，也就是对他人有利。在生命的复制和繁殖过程中，利他冲动就出现了。比如，我们可以看到，再自私的人，对他们自己的孩子，都能表现出一种无私的精神。所以，种属保存意义上的利他冲动也是生命的主要特征。综合来看，繁衍过程表现为利己冲动和利他冲动的结合。

一切生命最后都归于死亡。死亡不可避免。死亡的冲动给了生命一种和利己的要求完全相反的动力，这就是毫无利己动机的利他冲动。鸟之将死，其鸣也哀；人之将死，其言也善。在生的冲动最强烈的时候，人很可能体会不到这种利他倾向。但是，当死亡的冲动开始起作用的时候，人就会有很大的改变。从一定意义上说，死是利他价值的最高表现。

概括地说，一切生命都源于“生”，而归于“死”。因此，由生命而产生的价值观始终有两种倾向：

一种是以生命自我为中心，是“欲”“占有”“攫取”，这就是利己倾向，生命的现实感和生命的存在依赖于此。“生”是这些特征的集中表现。

另一种是以生命族群为中心，是“爱”“给予”“奉献”，这就是利他倾向，生命的幸福感和生命族群的发展依赖于此。“死”是这些特征的最高形式。

通过以上分析，你会看到，价值集中表现了生命的目的性。而生命的目的性，最终归结于生命本身。所以，我们赞同这样的观点：生命本身就是生命的目的。同样，人本身就是人的目的。

2.7　达尔文：适者生存

从38亿年前，地球上第一个最原始、最简单，勉强可以称作细胞的生命诞生开始，经过非常漫长的时间，世界上出现了多种多样、复杂神奇，看上去似乎完全不同，其实具有完全相同的构成（即完全相同的蛋白质和氨基酸）的这样一大群生命物质，它们被统称为生物。

如此繁多的生命，怎么会如此奇迹般地出现，如此浪漫地发展，又如此可怕地灭绝？对此，人们众说纷纭了数千年而没有定论。直到200年前出现了一个名叫达尔文的英国青年。

现在，全球已发现的生物物种达到200万种之多，其中植物约50万种，动物约150万种。事实上，小型的生物如昆虫、蠕虫之类还在不断被发现，肯定还有大量更小的生物，包括真菌、细菌类的生物还未被我们全都发现。因此，保守地估计，目前地球上的生物总数大约有1 000万种。科学家们认为，从历史上看，地球上90%的生物都已经灭绝了。由此推算，这个星球上曾经生活过的生物应当有1亿种。

用传统标准看，达尔文是个标准的“差生”。不幸的是，他极其强势的父亲当时就是用传统标准来看待他。达尔文 16 岁时，被他父亲送进爱丁堡大学学医科，但他完全没兴趣，常常逃课到野地里抓虫子、采树叶。他的塞满各种死虫子的房间终于彻底激怒了他父亲。其后他又被送进剑桥大学学神学，肯定也是想收一收他的野性。不料这段学习让他后来终身不再进教堂，不再信上帝。他这颗躁动的心，怎么也不能安坐在剑桥大学神圣庄严的教室里。后来，他终于说服了宽容的学校和失望的父亲，同意他跟着英国海军“比格尔”号去世界各地作环球旅行，第一站就取道佛得角来到不毛之地巴西。哎，你完全不能想象 22 岁的达尔文在船还没靠岸就听到里约热内卢丛林里虫子的鸣叫声时的激动心情。在那艘有十门大炮的重型军舰上，他的正式身份是自然博物学家，达尔文总算找到了能名正言顺地在原始旷野里闲游乱逛的职业。世人谁都没料到，从 1831 年开始的这个长达五年的旅行，后来竟成了人类科学史上最辉煌的里程碑之一。

1836 年，达尔文回到家乡。此后 20 年中，他出版了一系列著作，成了英国最有名的生物学家。他的每一部书都引起轰动，几乎总在刚刚出版时就被一抢而空。其中最重要的两本是《物种起源》（1842 年）和《人类的由来及性选择》（1871 年）。我还翻阅过他早期写的一本极长的书叫《比格尔号旅行记》（1837 年），英国人都说其文笔之优美让人嫉妒。

我不知道为什么英国人对他特别宽容、特别友好。其实他说的话都是那时保守的英国完全不能接受，甚至是大逆不道、人人可诛之的话。也许维多利亚时代的英国人从心底里早已听腻了关于上帝造人和上帝造万物的说教，来了个上帝的“另类使者”让大家耳目一新。总之，达尔文本人并没有因为他出格的言论受到任何惩罚。在他逝世时，英国人甚至十分郑重地把他厚葬于威斯敏斯特大教堂，和另一位上帝派来向人类揭露自然秘密的重要使者——牛顿葬在了一起。

其实，达尔文主要就说了两件事：第一，生物不是神创的，是从低级到高级一步步发展成长起来的。人也不是神创的，人是从猿猴逐步演变来的。第二，进化的规则是“自然选择，适者生存”。这两件事，不能说前人没有说过。但是，确实没有人像达尔文那样说得这么有分量，特别是有这么充足的证据。所以，达尔文就像一盏明灯一下子照亮了地球上所有的生命成长发展的道路。

人们现在可以运用最新科学成果来分析解释说明生命发生、发展的整个过程，但这一切仍然只是达尔文学说的体现和验证，而不是对达尔文学说的否定或颠覆。

按照最新的基因学说，所有的生物体内都毫无例外地存在着核糖核酸（RNA），因为它是制造蛋白质的蓝本。科学家发现，数亿年来，RNA 基本保持原貌。因此，它给了我们一个很好的标志。科学家们还发现，细胞分为两大类：一类是较原始的细胞，其中 RNA 布满整个细胞体，我们把这类细胞叫“原核细胞”；而在另一类细胞中，RNA 只集中于整个细胞里的一个很小区域，这个区域就是所谓“细胞核”，我们把这类明显有核的细胞叫“真核细胞”。

现在，大家终于厘清了几乎所有的头绪，按照被最新科技发现补充完善的达尔文学说，地球上生命的发展过程是：

46 亿年前地球诞生。其后，在 40 亿到 35 亿年前，第一个单细胞生物出现了。这种单细胞生物，以原核细胞的状态生活了 21 亿年，直到 14 亿年前，真核细胞出现了。作为单细胞生物的原核细胞和真核细胞一起又相安无事地生活了六亿年之久。到了八亿年前，一些真核细胞生物开始扩张，并演变出由许多个真核细胞联结在一起的新生物。开始主要是各种各样的蠕虫，后来就不得了啦！几万、几亿、几万亿真核细胞开始聚集成越来越巨大的生命体。这些生命体包括真菌、植物和动物。现在，最大的动物如巨鲸，可重达 150 吨。当然，它只可能生活在海洋里。生物在自己历史的 80% 以上的时间里，都只生活在海洋里。只是到了四亿年前，才开始慢慢登上陆地。先是植物，后是动物。

当然，它们登陆后一发不可收拾，把陆地完全变成了生物后来的主要家园。

还有一件令人奇怪的事情是：在真核细胞不断变成越来越大的多细胞生物的同时，原核细胞到今天仍和若干亿年前一样，一直保持单细胞状态没有任何变化。看来，原核细胞才是历史上最彻底原教旨保守主义者的楷模。我一直主张，那些坚持原教旨保守主义的人们要向它们认真学习。

达尔文在中国影响之大，完全出乎了世界的想象。在中国，他的地位远不像是一位生物学家，倒更像一个启蒙者、盗火者，更像普罗米修斯，他给中国带来了全新思想的火光。第一部向中国人介绍达尔文思想的著作叫《天演论》，书的作者是自称“达尔文的斗犬”的赫胥黎。此书由严复翻译，出版于1897年12月，正是大清帝国风雨飘摇、朝不保夕之际，当时这本书的出现可以说震惊了整个朝野。物竞天择、弱肉强食、优胜劣汰、适者生存……这些闻所未闻的海外奇谈，给了这个日暮途穷的社会极大震动。青年毛泽东用“万类霜天竞自由”的诗句表达了他对达尔文学说的理解和崇敬。通过这本书，国人眼里看到了这样的图景：每一个物种、每一个生命，从它出生开始，一直到死亡为止，不得不参加到一场大拼搏、大对抗、大竞争中。每一个生命都在要生存、要繁衍、要新陈代谢、要复制自己的冲动下，拼命奋斗、各显其能，用进废退、各尽其长。这场大竞赛的裁判员是谁？就是老天！在严酷的大自然面前，弱为强肉，弱肉强食；或为鱼肉，或为刀俎。不成功，则成仁；不奋斗，就死亡！没有最好，只有更好！没有最强，只有更强！没有最适应自然，只有更适应自然！

显然，这一切使得达尔文的思想在中国从一开始就不被看作是关于生物的学说，而被看作一种社会学说。这也使得达尔文学说在中国一开始就被人为加上了许多误解。比如，下面这段话：

能生存下来的，不是最强大的物种，也不是最聪明的物种，而是那些最能适应变化的物种。

It is not the strongest of the species that survive, nor the most intelligent, but the ones most responsive to change.

——达尔文

但是，几乎所有的中国人都说：达尔文认为，活下来的，只能是最强大、最聪明的人。所以，我们一定要变成最强大、最聪明的人。这类误解，比比皆是，我们在后面还会提到。

现在，人类根本不用再到原始森林里去找进化论的依据。人们甚至可以通过直接观察人类自己的受精卵的发育看到生物进化的过程。受精卵最开始就是一个像原生动物一样的单个细胞，后来变成一小群细胞，再后来其中每个细胞不断分裂，经历了腔肠动物、棘皮动物、原始脊索动物时期。其中有一段时间还变成带鳃囊的鱼类以及长尾巴和体毛的低级哺乳动物类，最后才逐步长成我们人类。事实上，每个人在妈妈肚子里，都完整经历了一遍生物界的进化过程。生命进化的历史就写在我们身上。

面对这些雄辩的事实，你以为大家就都相信进化论了吗？完全不是这么回事。保守估计，全世界现在至少有 1/3 以上的人完全不相信进化论。面对科学家们找到的一块又一块证明进化论的古生物化石，英国博物学家戈斯说：包括这些化石都是上帝创造的。上帝要用它们来测试人类是不是真的对上帝有坚定信仰。当然，戈斯最后帮了倒忙，因为他那种认定上帝对人类要幼稚把戏的说法，对稍有见识的人来说，都比达尔文学说更亵渎上帝。

争论归争论，历史归历史。青山遮不住，毕竟东流去。生物界的这种大比拼、大竞争，促使生物从简单到复杂，从低级到高级不断演进发展，最后，终于胜出了这个宇宙中最复杂、最强大、最聪明，特别是几乎具有无限适应能力的特级生物：人类。这才是本书讨论的主题。

2.8 生命之谜仍在破解之中

人类一直认为，自己破解了生命之谜，其实没有。生命之谜仍在破解之中。

你只要稍微细心一点就可以发现：科学技术的发展起步于天文学、物理学，以后进入化学，再进入工程技术的许多领域。但在生命科学方面相对薄弱，而且进展非常缓慢。这是什么原因、什么道理？

我们说过，人类从进入文明社会开始、也就是从农业时代开始，做的第一件最努力的事情，就是想征服生命、驯化生命。

从公元前 8000 年农业时代开始，尽管人们不断征服了许多农作物和家禽家畜；但是，一直到 20 世纪初，在这 1 万年的时间内，人类在对生命本质的了解上，根本就没有任何进步。

为什么在物理学、化学飞速前进的时候，生命科学停滞不前？道理很简单。就是因为：生命系统比非生命系统复杂得多！要知道，仅仅一只普通的变形虫，它的内部结构的复杂性就已经超过了银河系，快赶上整个宇宙了。所以，你想象一下，在生命科学中想要取得和物理学、化学领域一样的成就，是何等艰难。

这件事极大地刺激了伟大的薛定谔。56 岁的薛定谔因为用他伟大的波理论统一了量子力学的天下而获得诺贝尔奖。他不相信世界上还有什么事情不能用他的物理学理论来解释。因此毅然跨行跨界，用他自己的话，不顾尊严和体面地进入他根本不熟悉的生物学领域。天啊，除了薛定谔的猫，他过去完全没有接触过这门学科呀！但是，他说：人类在用物理学解释生命上居然会这么多年毫无进展！这怎么可以？那就让我来吧！ 1943 年 2 月，他竟然在都柏林的三一学院连续做了三场报告，题目就叫《生命是什么：活细胞的物理面貌》（*What is life: the Physical Aspect of the Living*

Cell）。薛定谔的三场报告场场爆满、一票难求。不过，说实在的，他什么问题都没解决，只是又提出了一大堆问题。可能由于问题提得好吧，现在大家公认，他是当下最时髦的分子生物学的创始人……

在薛定谔的报告之后，生命科学取得了两项最重要的进展。

一是1953年，沃森和克里克发现了DNA双螺旋结构，这是人类对生命研究的全部历史中，迈出的划时代的最重要的一步。

二是2010年，文特尔利用人工合成的DNA创造出了第一个“人造生命细胞”，这预示着人类的合成生命时代、设计生命时代正在向我们走来。

对第二个成果，科学界还是有争议的。许多人认为，文特尔其实是用化学的方法做了一个DNA，把它放进了一个活的细胞壳中。毕竟，那个活的细胞壳不是文特尔制造的。所以，说到底，人类还是没有能完整地制造出，或者说创造出一个真正的生命。

就我来说，我同意这个质疑，所以，我有两条意见：

第一条，以我们现在所有的知识，我们可能还没有真正了解生命。用我们现在对物质、能量、信息的全部理解，以及用我们掌握的物理、化学和生物学的全部规律，都解释不了生命的秘密。生命的秘密还在一个更深的层次中。人类的理性和知识在解开生命之谜时，面临新的突破。

第二条，自从我们揭开了DNA的面纱后，我们已经取得了非常重大的成果，我们离这个最后的突破真的可能是很近很近了。人类今天开始了向自己的终极目标——扮演造物主——前行。

人类需要创造出生命，创造出一个不同于人类的、完全异己的，又能够被人类控制、被人类掌握、由人类驱使的自主生命来为人类服务。这是人类追求享受和追求自由的天性决定的。没有这种异己的力量，人类就会自相奴役、自相争斗、自相残杀。所以，为了人类最后的解放，人类必须创造新的生命。

此外，人类在地球上的使命可能很快就要结束了。我们在地球上无论强大到什么程度，其实都是宇宙中最弱小的虫蚁。所以，从人类的后天起，我们就要考虑，自己必须变成一个星际生物、宇宙生物，否则我们不可能确保人类不会在某一个瞬间突然被某种不明力量消灭。要实现这个目标，最重要的仍然是生命科学的进展。所以，在 21 世纪以前，那是天文学、物理学、化学的天下；但是，从 21 世纪开始，特别是 2045 年之后，傲立世间的将只有一门科学——生命科学。

对这一点，理解最透彻的是生命制造狂人文特尔。尽管他得罪了无数的科学家，特别是同行，但他确实是我们这个时代最需要的人。因为，他对自己要做的事情，始终特别清楚、特别清醒，而且特别执着。他说：作为数字化信息的 DNA，不仅能够在计算机数据库中实现不断的积累，而且能够通过生物传送器，以一种电磁波的形式，以光速或者接近光速进行传输，从而在一个遥远的地方重新创造出蛋白质、病毒和活的细胞。或许这将永远地改变我们对生命的看法。随着这个对生命的全新理解以及我们驾驭生命能力的逐步扩展，我们有力地敲开了一扇全新的蕴含着无限可能性的大门。这是极其激动人心的。

文特尔的那本书，原名就叫：《光速人生》（*Life at the Speed of Light*）。他对自己的使命实在是太清楚了！地球就需要这样的人！

最后说一下，为什么我们要把人工合成生命完成的时间定在 2045 年？并不仅仅是因为库兹韦尔说那是人类历史的奇点时刻，还因为在越过 2045 年后，人类的理性思维将上升到灵性思维，人类的理性技术将上升到灵性技术。

人类将完全脱离自己的婴儿期、襁褓期，真正开始成熟。到了那时，今天意义上的人类已经消亡。作为地球物种的人类将不复存在，取而代之的是一个作为星际物种或者宇宙物种的新人类。

03　理性的强大真是因为它的狡猾

3.1　为什么是我

话说民国初年有一位冰雪聪明、才貌双全，集东方西方、现代古代、文学科学于一身的女神叫林徽因。追求她的人无数。我前些日子去英国时，还在剑桥大学看到她的一位著名追求者写给她的情诗被刻在剑河康桥边的石头上。但这位女神最后嫁给了木讷寡言、身体略有残疾的梁思成。结婚时，有些不太自信的梁思成问了她一个后来长久流传的问题：为什么是我？

当然，今天我们要讨论的肯定不是林徽因的八卦事儿。我要说的是：大自然才是这个世界上、这个宇宙中芳容永驻、青春永存、人见人爱的女神，这世上无数生灵都无比崇拜她、迷恋她、追求她，想娶她为妻。但是，这位女神最后偏偏把自己嫁给了人类。

人类呀，曾经是整个地球生物圈中地位低端、本领弱小、自信不足、其貌不扬、自私残忍的一个不起眼的物种。在人类诞生的时候，比他厉害、比他强大、比他帅气、比他霸气、比他自信威武的物种太多了。但是，为什么自然女神最后竟然把自己下嫁给了人类？我们人类是不是也应该问一句：为什么是我？

在思考这个问题的时候，我想起了远古时代的一个伟大而美丽的精灵凯兰崔尔唱过的一首歌。那歌词是这样的：

世界已经大变！
水流告诉了我，大地告诉了我，
连空气也告诉了我。
但过去的一切都消失得无影无踪，
知道这些事儿的人一个都没活下来。

我们面临的正是这种情况。天变了、地变了、空气变了、水流变了，世界完全变了。但知道这些事情真相的人，一个都没活下来，他们甚至没留下只言片语。所以，现在这一切只能由我们自己来猜测、想象和分析。

3.2 人类：地球地质灾变的产物

在300万年前，人类刚刚诞生之时，他是地球上一个非常弱势的物种，一直处于地球生物圈的低端，是陆地上凶恶的食肉动物的捕食对象，经常处于濒临灭绝的境地。

我们人类的祖先一直住在树上，这实际上也说明了我们人类一直没有像其他食肉类大型哺乳动物那样，发展出自己的“必杀绝技”，只要我们从树上下到地面上，我们谁都对付不了。我们打不过豺狼虎豹，跑不过山羊麋鹿；力大不如野牛，体壮不如野猪。我们既不会上天飞翔，也不会入地钻洞；唯一的本事就是爬树。既然这样，那我们为什么还要从大树上爬下来呢？

理由非常简单：树忽然就没有了！非洲东部那片无边无际、繁荣茂盛、美丽舒适的热带大森林，我们灵长类动物最温暖的家园呀，那儿的树木竟然大片大片死去了！随着树林的消失，我们灵长类也遭受了重创。遥想当年，我们大猿帝国趁恐龙帝国的覆灭而崛起，在中新世晚期（约1 000万年前）达到鼎盛，但从这时起树木开始大量灭绝。当时的我们肯定不能明白这是为什么！一直到现在才知道，原因就是地质变动。

话说很久很久以前，地球上的南美洲和北美洲并没有连接在一起。两洲之间有一个很大的海峡。大西洋和太平洋的海水可以在这个海峡中自由流动。但是后来，地壳的运动让北美洲和南美洲发生了碰撞，科科斯板块俯冲到了加勒比板块之下。这个大碰撞释放的压力和热量造成这一片海底的火山群大爆发。其中一些火山冲出了海洋表面，形成了许多岛屿。而且这两个板块的不断碰撞也推高了这里的海底，最终使这些岛屿连接在一起，在北美洲和南美洲之间形成了一条连接两大洲的狭长地峡，这个就是著名的巴拿马地峡（Isthmus of Panama）。

相对于我们整个大陆，巴拿马地峡的面积其实非常小。但是，就是这样一条细细小小的大陆桥，它完全隔断了大西洋和太平洋的热带海水交换，导致全球海洋洋流重组，引发了空前的南北美洲生物大迁徙。更重要的是，巴拿马地峡的形成，直接导致北冰洋寒冷的水流不再能汇入太平洋暖流，而只能沿大西洋直扑向非洲西海岸，大大改变了温热的非洲气候，使我们祖先家乡原本非常繁茂的大森林大片死亡。整个猿类大家族的迅速衰落，使我们的祖先不得不承担起救亡图存的使命。他们中的一支决定从树上下来，站到了草原大地上。

注意了！大家看清楚没有？如果没有巴拿马地峡的崛起，很可能就不会出现我们这种直立的、离开森林树木的第三种黑猩猩——人类。大自然套路很深，还真是一环扣一环，环环不可缺少呀！

3.3 直立行走：人类最初的反叛

人类的祖先站到空旷的地面上后，他们遇到的各种各样的危险，远远超过了在树上时的几十倍。当我们的祖先看着平展无边的大草原时，他们的心情是何等的迷茫惶恐、孤独无助呀！没有了树精灵的庇护，他们什么优势都没有了，不知道等着他们的命运是什么。当然，人类本来也可以选择像其他灵长类兄弟一样，继续四脚落地地行动。但是，最终人类还是勇敢地选择了直立起来。直立一直被看作是人类历史上划时代的大事件，是人从动物中分离出来的分水岭、里程碑式的标志。从化石上看，318 万年前的一天，我们的祖先中有一位只有 20 岁的年轻美丽、人见人爱的猩猩姑娘，她第一个用后腿站了起来直立行走。从这一天起，一种叫作人类的新物种就诞生了。

> 大家都知道，这姑娘的名字叫露西。这是考古学家们在见到她时给她起的名字。1974 年的一天，唐纳德·约翰森率领的考古队在埃塞俄比亚的营地发现她的时候，正好营地的磁带录音机里反复播放着披头士乐队（The Beatles）的一首著名歌曲《露西在缀满钻石的天空中》（*Lucy in the Sky with Diamonds*）。就在这歌声中，她出现了。于是大家就叫她：少女露西（Lucy Girl）。

人类到底应不应该选择直立行走？这个选择是不是进化的正确方向？这是个争议很大的问题。因为，自然界只有鸟类才用双足直立，对不对？当然它们也只有两条腿。而长了四条腿的哺乳动物，在正常的情况下怎么可能只用两条腿呢？我们的身体结构和其他哺乳类动物是完全一样的。我们以脊柱为主梁，以肋骨和四肢为支干，以头为首，以尾椎为尾巴。四脚落地的状态才是我们的正常平衡状态。

所以，我们根本就不是为直立行走设计的。但是，从露西开始，也许还要更早，我们的祖先突然决定了，要挑战上帝给人类安排的身体结构，我们要直立行走！也就是说，我们要把原本横着的脊柱竖立起来！毫无疑问，我们祖先经过数百万年进化而来的身体，根本就不适合“直立行走”这个姿势。所以一直到今天，我们人类的孩子从生下来，到学会“直立行走”这个我们人类最基本的生存姿态，竟然要用至少一年以上的时间。而且还要有人教，要反复训练。如果没人教，让孩子自然发展，他就只会用四肢爬行。而其他动物根本没有这么费事儿。它们出生后只用几小时、几天，最多不过几周，肯定就能完全掌握它们生存所需要的基本姿势。

在所有哺乳动物中，只有人类才会得腰椎病、颈椎病、腰肌损伤，以及从骨盆到髋关节、膝关节、踝关节等一系列不可逆的严重损伤。医学解剖表明，人类的直立行走，让自己的躯体承担了比其他哺乳动物严重上百倍的不可逆磨损和创伤。像痔疮这种疾病也是直立导致的，所以是人类所特有的。你见过哪个动物会得痔疮？现代医学证明，人类下肢损伤的 85%，脊柱损伤的 65%，是所谓自损伤，也就是由直立行走造成的。它们广泛表现在骨骼、软组织、肌肉和神经的综合病变上。运动员受到的伤害尤其严重。

此外，由于“直立行走”使得妇女的产道变窄，以致婴儿出生困难。人类的难产率是哺乳动物中最高的。生孩子直到一百年前对妇女都是最危险的事情。这种高难产率导致的妈妈和婴儿的高死亡率，最终危及了人类这个物种的存亡，以至上帝启动了自然选择过程，使人类所有的孩子都不得不提前生了出来。换句话说：不足月提前生孩子的妇女存活率高，这样，最后导致今天我们所有的孩子都是早产儿。进而孩子的许多重要器官，特别是大脑发育极不完善，当然躯干和四肢的发育也很不充分。

美国著名学者史蒂芬·平克说，如果以其他灵长类动物的怀孕时间推算，人类婴儿本应该在 18 个月大的时候才出生。当然，人类婴儿的这种普遍性、系统性的早产，后来导致人类拥有了其他所有动物都没有的、按照平均体重计算最大的大脑。这就是早产的好处。和我们最亲近的大猩猩和黑猩猩，它们的婴儿出生后，脑的发育就定型、停止了。而人类的婴儿在出生以后，在很长时间内，大脑仍然可以按照胎儿期的速率快速生长。摆脱了子宫的约束，人脑的发育更自由、更充分了。而且人类最重要的一种能力——语言能力，本身的生长发育也正好需要一个开放的社会环境。

所以，人脑至少在1~6岁仍然在生长，使人出生时极不完善的大脑，包括大脑皮层和发音器官，在出生后，在自然生长和外界社会信息输入中，顺利形成了可供交流的语言系统，并以母语的形式固化到人类正在成熟的大脑神经系统里。想想吧，这难道不又是因祸而得福吗？这一切有时真让我不得不感叹，大自然的安排实在太完美神奇了！

在我看过的科学著作中，美国著名科幻科普作家阿西莫夫在《阿西莫夫最新科学指南》中最早指出了人不适应直立行走这样一个事实。他说："……我们的骨骼结构不适合于我们的直立姿势：人类可能是唯一会在正常姿势下、在正常活动中产生'腰酸背痛'的动物。比起其他生物在进化中达到的尽善尽美的境界（如鱼类和鸟类在游泳和飞翔中的超高效率，昆虫的大量繁殖能力和适应能力，病毒完美的简单性和效率），人实在像一个笨拙而设计不佳的生物。作为纯粹的生物体，我们很难与地球上占据任何特定生活环境的生物竞争。"

但是，不管怎么说，人类最后还是非常艰难地选择了这个根本不适合我们身体的姿势，勇敢地直立起来了，不但行走，甚至还奔跑。究其缘由，概括起来至少有以下几条。

一是站得高，看得远。直立能大大提高人通过眼睛观察外界、捕捉信息的能力。哪怕只是增高了半个身体的高度，人眼的视野就要开阔多了，可以及早发现敌人、发现危险；也可以及早发现食物和猎物。现在，天敌这么多，食物这么少，迅速、敏锐、尽早获得信息，就成了人类的第一需要。而且，在苍茫的草原上，四肢着地使人难以辨别方向，因此这也需要他用后腿站立起来以便能看清地标性的物体。当然，许多动物也有这种需要，它们也能临时性地站立起来。所以，这可能是人类直立的一个重要原因，但不是直立行走的充分理由。

二是直立行走耗能较低。直立是需要的，但直立行走有没有必要？美国亚利桑那大学等机构的一项研究表明，人类用两条腿行走消耗的能量只有四肢着地行走的黑猩猩的四分之一，而且也省力得多。这样，人类就可以从四肢上节约大量能量用于发展自己的大脑。这也许是对人类祖先选择直立行走更有说服力的理由。

从速度上看，用双足奔跑速度最快的动物是鸵鸟，可以达到 70 千米/小时的速度。但用四足奔跑的动物，如猎豹的速度可以超过 100 千米/小时。当然是用四足可能更快。但是消耗的能量可能也更大。综合平衡下来，通过牺牲一些速度，节约大量的能量，总体上对人类可能更有利。

三是体位改变促进了头的发展并减少阳光的伤害。直立行走很可能还适应了人类选择发展大脑的需要。显然直立状态更能支撑一个较大的头部。而且，解剖学表明，人类直立以后，头骨骨壁变薄了很多，人类的牙齿也变小了，上下颚的肌肉变得纤细，这些都有助于脑容量的增加。直立的姿势还减少了热带非洲酷热的阳光对人的皮肤的刺激，提高了人的温度适应能力。毕竟，人类离开大树后，如果横着让背部直接对着太阳，皮肤受伤的可能性就会大得多。

四是对环境更强的适应性。人类从树上下来后，爬树的本领肯定是忘不了的，大多数人现在仍然能够爬树就是证明。但是直立行走的本领是需要重新学习的。直立行走会大大提升人类对环境的适应能力。因为这时非洲的气候发生了很大变化，降水造成很多沼泽地带出现。显然，在这种环境下，直立行走就会比四肢落地的行走要好得多。有些学者认为，连人类体毛的脱落都和这种水量充沛的沼泽环境有关。总之，直立行走大大扩大了人类栖息的范围，扩大了人类的活动空间。

五是解放双手。直立行走最重大的作用，是完全解放了前肢，使它们成为“手”。换句话说，前肢不再像后肢那样需要承担支撑和移动身体的功能了。

它们专一地用于负责对生存来说更为重要的自身保卫和食物获取。有的时候，这两件事情就是一件事情。当然，还有一件和生存同样重要的事情，那就是抱孩子。哺乳动物都要在一段时间内管孩子，人类的孩子由于都是早产儿，就特别麻烦。在很长的时间内，孩子都要由大人抱着。可能是母亲，可能是父亲，甚至必要时整个家族群都要帮忙。所以，抱孩子也成了解放前肢的一个重要原因。总之，格斗、自卫、捕杀其他动物；采集、获取、携带和搬运食物；还有就是抱孩子，都离不开前肢的解放。事实上，在“手”形成以后，“手”由于不得不从事非常多的细致复杂的事情，后来对人类大脑的发展影响非常深刻。心理学上管这种影响叫作“手的思维”。

毫无疑问，直立行走是人类开始成为人类的第一个标志。从直立行走始，人类就和其他猿类逐渐分离开，成为了人。但是，同样可以明确，直立行走并不是人类胜出的原因。

3.4 使用石器，使用工具

直立行走使人类的前肢解放出来，开始将手作为从事谋生活动的主要手段。在这个过程中，人类逐步学会了使用工具和制造工具，这件事情对人类肯定有非常重大的影响。那么，使用石器、使用工具，制造石器、制造工具，是不是人类最后胜出的主要原因呢?

前面说了，人类的祖先是一个非常弱小的物种。他主要靠自己身体的柔软和灵巧，在树枝上、树林中非常迅速地攀爬和移动，让高大的树林和浓密的枝叶成为自己对付各种天敌的最好的庇护所。但是，当他下到地面，失去了森林和树木的掩护后，他就必须把前肢解放出来，将其专门用于和其他动物厮杀搏斗；当然同时也用于食物的采集和加工。不过，即使如此，人类前肢的力量实在是太弱了，远远不足以对付任何凶猛的野兽。在这种情况下，人的手就开始抓取从自然界中最容易得到的任何东西，来加强自己对付敌人的力量。

毫无疑问，首选的就是石器。借用这种坚硬的东西攻打自己的敌人，同时处理获得的食物。这样，远在250万年前，人类就开始广泛使用石器。这就是人类使用工具的开始。而且，一些制作精良、随身携带的石器，比如，著名的阿舍利手斧后来成为每人随身必备、永不离手的武器和工具。不过，至少在这一阶段，人们使用石器和其他工具，只是弥补了自己肢体力量的不足，远不能使人取得对其他动物的绝对优势，所以，就更谈不上胜出了。

人们观察到，在1 000万年前和人类分道扬镳的野生大猩猩也会使用石器来砸开核桃等。而在600万年前才和人类分手的人类最近的表亲黑猩猩，使用石器、木棍等工具更为熟练和经常。所以，会使用工具的也不是人类一家，至少当时其他灵长类动物都有这种技能。

3.5 抱团活动，集群而居

抱团活动，集群而居，也是人类活动的一个特别重要的特点。前面已经说了，人类的祖先是草原上最弱小、最没有抵抗能力的哺乳动物。

从外部条件看，单个的人非常容易被大型食肉类动物所猎杀，单个的人也几乎不可能去对付或者捕捉任何大型食肉类或者食草类动物。所以，人类需要抱团活动，需要集群而居，需要结成更紧密的社会关系。用大家的力量，共同警戒、共同防御，共同对抗凶恶的天敌，共同猎取自己的猎物。只有这样，才能确保自己的安全，同时获得自己的生活资源。

从内部条件看，人类的祖先生活非常艰难。其中一个最大的负担是养育自己的后代。前面已经说了，人类的后代，我们的孩子是所有动物的孩子中从没见过的那种“最娇气、最啃老”的后代。父母们不养上他们五年、八年甚至十年，他们自己根本活不下去。但在原始社会，一个女人拉扯一个或者几个孩子，实在是太困难了。所以，人类必须抱团、必须群居，必须结成群落或者部落共同生活、狩猎和养育后代。毫无疑问，群居对人类非常重要，也是后来形成社会的基础。

显然，动物群规模越大，力量越大，发展越快。但是，当时在地球生物界，在动物圈里，抱团群居的动物不在少数，比人类群居的规模大、规则严、秩序强的动物群多得是。所以，抱团群居也不是人类的什么特别了不起的发明创造，更不是我们胜出的原因。

3.6 善于用火，享用熟食

人类又发现了自然界中的火，而且逐步学会了驾驭和控制火。火是人类试图控制的第一个除自己身体之外，自然界天然存在的强大能量。人类最终掌控了这种非常不稳定、非常活跃、难以驾驭，但又十分强大的能量。后来不但可以用火来攻击敌人，保护自己；而且开始用火来烹饪食品，并且学会享用熟食。这大大提高了人类消化系统的效率，缩短了人类进食和消化食物的时间；同时，大大扩充了人类获得的食物品种的范围。许多原来生吃消化不了的食物，现在都进入了人的主要食谱。从而给人类自身，特别是人的大脑提供了更丰富的营养和更充足的能量。更奇妙的是，人体结构也因此发生了变化。由于消化效率的提高，人体的主要消化系统肠道的长度几乎减少了一半，牙齿也变得越来越小。由此节约下来的大量生物能量和人体材料，后来都用在了大脑上。

在认识火、使用火和掌控火这件事情上，人类做到了其他任何动物都做不到的事情，这确实是人类和其他动物的一个根本区别。我们没有看到其他任何动物能玩火、控火、使用火，所有动物对火都是唯恐避之不及。人类掌握了火，大大增强了人类的力量。但是，这一切并没有使人类和其他动物之间的力量对比产生战略性变化。从实际情况看，掌握石器和火，仅仅使人类在草地和平原上，和其他大型哺乳动物的对抗力量开始得到平衡。但人类还远未获得对其他动物的压倒性优势，所以离人类的最后胜出还有很远。显然，火的使用和享用熟食，尽管大大改善了人类的处境，但是，它们仍然不是使人类胜出的决定性的因素。

3.7　脑的进化和跃升

不过，在人类发展过程中，一个非常意外而有重大意义的收获是，人的大脑发生了持续而高速的进化和演变。

人类从一开始，大脑容量之大，就有些异乎寻常，特别是和其他动物相比。在 320 万年前，一个 50 千克重的普通哺乳动物，其脑容量通常是 200 毫升，而露西的大脑却达到了 400 毫升。到 200 万年前，人类的大脑容量就超过了 600 毫升。后来竟然继续倍增。到 10 万年前，人类的大脑容量就基本上达到了今天的水平，即 1 200 毫升（女）至 1 400 毫升（男）。

人类出现后，其大脑发展之快、脑容量增加之大，在自然界里实属罕见。

地球上唯一有可能在脑容量和单位脑容量控制体重比上，可以和人类匹敌的动物是海豚，但它是生活在海中的鲸目哺乳动物，难以具有手这种能制造产品的肢体，也难以利用火这样重要的自然能量，所以最终未能成为胜出的智慧生物。

男女脑容量的这点差别可以忽略，并不说明男人比女人更聪明，因为也许女人大脑皮层的沟回更多。

大脑只占人体重量的 2%，但结构复杂精细，里面充满了细胞质、脂肪和血液。在人体安静时，大脑消耗的能量惊人，竟占到了全身消耗量的 1/4，血液流量也占到心脏输出血量的 15% 以上。

赫拉利认为：原始人发展大脑毫无道理。这必然导致他把自己有限的能量浪费在当时没什么用的大脑上，而不能用在使自己的肌肉更强壮、使自己的格斗和运动本领更高超上。赫拉利质疑说：人类要这么大的大脑干什么呀？你这么聪明,别的动物讲道理肯定讲不过你啦！但问题是：在那个时代，拳头硬的才是老大。讲道理没什么用，人家把你一口吃掉就完了！所以，对人类来说，当时重要的是：能用双腿跑得过别的动物,能用双拳打得过别的动物(参见赫拉利《人类简史》)。赫拉利说，原始人类把手臂肱二头肌需要的能量拨给了大脑里的神经元，就像政府把国防预算转拨给了教育。

赫拉利说的这些话，现在仔细想想，不一定真有道理。人类大脑的发展，从根本上说，肯定也是“天择”，即自然选择的结果。原始人类发展大脑肯定主要不是为了跟什么动物去讲道理，恐怕主要还是为了迅速处理通过眼睛和手指获取和感知的数量越来越大、内容越来越精细的外部世界的信息。

在地面长期的生活中，人的眼睛的分辨率和识别度越来越高。不但如此，人眼还可以识别各种光谱。也就是说，在哺乳动物中只有人类看到的世界是色彩非常丰富的。其他哺乳动物大多患有色盲症，它们大多看不到彩色。不过可能它们也不需要。当然，人类的眼睛之所以进化得如此先进，并不是人类祖先早就预见了他们的后代需要享受彩色电影和彩色电视；而是当时在草原上，他们特别需要及早发现两种东西：一种是向他袭来的野兽，另一种是供他活命的果子。对颜色的精细分辨，正好能满足这种需要。眼睛获得的这些高度复杂的信息，全部要送入大脑进行处理并立即作出反馈。

另一个不断给大脑送来大量信息的是双手。大脑控制人体躯干的神经细胞中，用于控制双手的占到了 40%，所以手的功能也大大影响着大脑发展。经过长期进化演变，人类的手指十分灵巧，触觉非常敏锐，甚至可以感觉到振幅只有 0.02 毫米的振动。手能接受大脑非常细微的指令，完成极其复杂的动作。手和脑的结合，有时超过了眼和脑的结合。人类可以用眼睛暗送秋波，但也就仅此而已。人类可以用手势来表达更复杂得多的感情。比如，有时一个明星运动员的一个手势就可以激怒亿万观众。原始人类在发展过程中，曾经动用全身各个部位的肢体语言进行交流；但是，当人类真正有了口头语言之后，这些肢体语言基本都被淘汰了，留下的只有手势。专家研究发现，在说话时做手势有助于思考、表达和记忆。大脑的语言中枢和运动中枢存在着非常密切的神经元联系。事实上，任何一个简单的手的动作，都会引发大脑皮层的强烈兴奋。所以，由直立行走而引起的手和眼睛的重要作用，和大脑的发育发展始终相辅相成。

在 300 万年前，人类这样一个极其弱小、极其不适应平原环境的物种，一直处在生物链的低端。原始人类不得不在非洲大草原上和各种各样的野兽拼搏厮杀、斗智斗勇。人类经历了严酷的生存竞争，多次濒临灭绝的边缘。但是，最后活下来的人类，不是四肢最强壮的，而是对外界反应最敏锐，也就是信息处理能力和速度最快最强的。一个人的大脑哪怕只比其他人稍大一点点，就可能反应更快一点，存活优势更多一点。达尔文的理论说：物竞天择、适者生存。这里，重点是适者，而不是强者。肢体强大没有大用，而大脑容量更大一点、对信息反应更快一点的那些人，才是适者。他们有更多的机会存活下来，这就促使人脑一代一代不断扩大、迅速扩大。到了离今天十万年前，人类的大脑容量就发展到和现在基本一样的状态了。

3.8 弯道超车，理性觉醒

现在看来，人类在十万年以前，弯道超车、突然胜出、顺利登顶，一下子成了这个世界的统治者，主要得益于人类拥有一个和其他一切生物都不一样的、超级强悍而且容量巨大的大脑。

人类的这颗大脑，发展到这时，已经达到了平均容量 1 400 毫升，平均重量 1.5 千克。尽管它远远大于其他同样大小的哺乳动物的大脑，不过实际上，它的体积和重量并不算很大。但是，它的里面包含了 140 亿个神经元脑细胞体，还有长达 15 万千米的血管。成人大脑的皮质表面积约为 1/4 平方米，包括六层结构，每天能记录大约 8 600 万条信息。据说，一个人一生储存信息的容量相当于 1 万个藏书为 1 000 万册的图书馆（我感觉这个数据有些夸张，我一生所存信息能相当于一个这样的图书馆就满足了）。

事实上，对脑的运行机制，到现在人们都没有完全搞清楚，大家只知道，它具有以下三个主要功能：

> 人的左脑主要掌管理性、逻辑、语言、计算、推演、意念等抽象思维活动；而右脑则负责形状、形体、情感、艺术、创意、模式等形象思维活动。所以，通常认为：科学家左脑比较发达，而艺术家右脑比较发达。当然，每一个时代都既需要科学家，又需要艺术家。

一是感觉知觉。对外部世界和外部刺激，通过眼、耳、鼻、舌、身等器官进行感受，并形成传送的信息。这些信息进入大脑后，由大脑进行统一整合，进行辨认和识别，并最终作出反应。这是人类和高等动物共有的了解和应对外部世界的过程。

二是情感情绪。人类对外部世界和外部刺激，作出自己的感受体验和满足与否的反应。它和感觉知觉不一样，更多地表现了人的主观内在感受。包括悲欢离合、喜怒哀乐、爱恨情仇等。实际上，高等动物也有这些感受。有的时候和人类的表达方式一样，有的时候有自己独特的表达方式。

三是理性思维。人类对外部世界和外部刺激，综合通过感觉知觉和情感情绪形成的所有信息，经过大脑的思考，包括归纳、演绎、逻辑推理、数字运算等，达到对外部世界的深入把握和深刻分析。理性思维通常有明确的思维指向，有充分的思维依据，有观察、比较、综合、抽象和概括，以及逐步形成和发展的一系列模式和方法。

注意：在以上三个功能中，前两个功能在人类产生时就一直存在，是人类从类人猿那儿带过来的，也是人类和其他动物、特别是高级哺乳动物所共有的。尽管人类的感觉知觉相当发达，但是，许多动物在这方面远远超过人类。至于在情感情绪方面，人类肯定也相当细腻而丰富。但是，其他许多动物表现得也很突出，和人类难分胜负。所以，无论感觉知觉，还是情感情绪，都不是人类胜出的原因。

只有第三个功能，理性思维，是人类所特有的。也就是说，除了人类之外，在地球上还没有发现任何其他动物具有这种能力。因为，其他生物都不像人类这样，拥有一个经过300万年的独特而高速的进化得来的大脑。这个大脑又在10万年前，发生了某种基因突变，一下子就获得了理性思维能力。我们可以把这个突变叫作理性觉醒。现在看来，理性思维能力的获得，是人类崛起和登顶的唯一真正原因。

那么，理性思维是怎么起作用的呢？

对这个问题，理解最深刻、解释最清楚的，是德国古典哲学家黑格尔。

黑格尔的理论和见地非常深刻。但是，你读起来是不是有些拗口、有些难懂？这就是德国经院哲学的风格。马克思和恩格斯曾深受黑格尔影响，也是这种风格。所以，他们写的书绝对“高大上”，不是那么随便就能弄明白的。不过，拗口归拗口，它的意思其实表达得非常清楚。

人之所以强大，仅仅是因为他拥有了理性。而理性的强大，在于它的狡猾！它有多强大，它就有多狡猾！什么叫狡猾？就是它永远不直接披挂上阵，永远不和谁正面冲突，而坚持迂回周旋、间接活动。它通过了解和掌握自然界的性质和规律，让自然物和自然物相互影响、相互作用。比如：人让牛拉着犁和地作斗争，人让马拉着车和路作斗争，人让水推动水轮机，让风吹动风力发电机……我年轻时，曾经在昆明钢铁厂当过工人，印象最深刻的事就是：在炼铁高炉前，我们让火在炉膛里熊熊燃烧。但是，我们炼铁工人自己并不跳进去和焦炭、石灰石、铁矿石一起烧。但最后，实现的却是我们的目的。

① 原文为德文，引自黑格尔《哲学全书》（第1部《逻辑》）。马克思在他的名著《资本论》中也曾经引用过这句话。

不是这样吗？人让牛拉着犁和地作斗争，最后实现的不是牛的目的，也不是犁的目的，而是人的目的。人让马拉着车和路作斗争，最后实现的也不是马的目的或者车的目的，还是人的目的。人让水推动水车，让风吹动风车，和让火冶炼矿石一样，人类自己并不参与其中，但最后实现的是人类的目的。这就是人类理性的机敏或者说狡猾之处。

现在，我们得出了一个重要结论：在 10 万年以前，人类经过长达 300 万年进化发展的大脑，终于拥有了地球上一切生物都不曾拥有过的一种独特能力——理性思维能力。换句话说，人类终于实现了理性觉醒。

理性觉醒的实质是，人类通过大脑进行的理性思考，揭示了自然的秘密，掌握了自然的规则。从此，人类开始利用这些规则改变和控制自然的运动，使它们朝对人类有利的方向发展，使它们最终为实现人类的目的服务。在这样一个过程中，自然界开始分裂了！自然界中的一部分，变成了人的肢体、躯干和头脑的延长，变成了人类的奴隶和工具。原本狂暴不羁的自然力中相当大的一部分，转化成温柔的、驯服的、为人类服务的力量。最后，这一部分力量就成了人类对付另一部分没有被驯服、没有被控制的自然界的武器。这样，人类自身的力量不断迅速增强，而且最终强大到了其他一切生物甚至可能连上帝都意想不到的程度。以至人类的生存方式，也就发生了和其他一切生物的生存方式根本不同的改变。

3.9　理性觉醒的关键支点——语言

人类理性思维能力的形成，或者说，理性基因的形成，可以说是人的超大容量、超级复杂的大脑发展的必然结果。因为，没有这样一个超大容量、超级复杂的大脑，不可能形成理性思维。但是，人类的这种理性思维能力在十万年前突然形成。其原因究竟何在？我们至今没有看到任何有说服力的解释。所以，它是人类发展史上一个最大的谜。

我们进一步思考：人类理性思维能力的形成，一定需要一个基础平台和支撑框架。也就是说：理性思维作为一种抽象度很高的思维，不可能直接建立在对外部事物的现实感觉上，而一定是需要建立在对外部事物的抽象表达上。而人类在其发展过程中，正好就创造了这样一种抽象表达外部事物的符号工具，这就是语言。可以想象，如果没有语言，理性思维该如何构建？没有语言，理性思维该如何表达？所以，如果没有语言，很可能就根本不会出现理性思维。人和其他动物的根本区别也在这里：有语言，或者没有语言。

《圣经》上记载，在人类开始修建巴别塔时，上帝通过“搞乱”人类的语言，从而破坏了他们的组织、削弱了他们的力量，使巴别塔最后没有能够修成。巴别这个词儿本身就有“搞乱”的意思。这个故事深刻反映了人类对语言的重要作用的认识。

语言，就其本身来说，一直就被认为是人类独有的一种非常诡异而可怕的力量。那么，原始语言究竟是在什么时候、由于什么原因、以什么方式产生的？由于有声语言在考古历史上完全不可能留下任何痕迹，许多学者认为，我们永远不可能搞清楚人类语言的起源。人类在这个方面拥有的知识，比对宇宙的起源的知识还少得多。所以这个问题曾被称为是“科学界最难的问题”。

但是，现在还是有一些学者试图用一些新方法来回答这个问题。比如，加州大学伯克利分校的著名语言学家约翰娜·尼科尔斯，她使用了统计学方法来评估形成今天现代语言的分布与多样性需要花费多长时间。在这个研究过程中，她得出结论，认为有声语言的出现在10万年之前。这一结果也得到其他遗传学、考古学、古生物学等证据的支持。这项研究结果显示：最早的语言出现于中石器时代撒哈拉以南的非洲某处，和智人的发展同步出现。

显然，这个研究证明，有声语言的出现正好和人类的“理性觉醒”同时发生。换句话说，语言很可能就是促进人类理性觉醒，或者说是促进人类理性基因产生的主要原因。但是，反过来说，也很有可能是理性思维认知的发展，促进了语言的产生。语言本身亦可能就是人类理性思维的一个创造、一个产物。

所以，它们互为因果，互相促进。

俄罗斯著名生理心理学家、诺贝尔奖获得者巴甫洛夫曾经提出一个理论：大脑皮质最基本的活动是信号活动。这里的信号，可以理解为我们今天说的信息。从本质上，刺激大脑皮层的信号可以分为两类：一类是现实的、具体的刺激，如光、声、触、味等实体的刺激，称为第一信号；另一类是虚拟的、抽象的刺激，即语言文字等符号的刺激，称为第二信号。对第一信号发生反应的大脑皮质机能系统，叫第一信号系统，是动物和人类共有的；而对第二信号发生反应的大脑皮质机能系统，叫第二信号系统，是人类特有的。

显然，在语言没有出现之前，原始人类已经存在了300万年。他们之所以能组织起来，实现抱团群居，肯定有着和其他群居动物一样的一系列简单习惯和共同规则。这些都通过第一信号系统已经固化存储进入了他（它）们的基因中。但有声的语言终于在10万年前出现了。这实际上就是一个把人类对外界事物的具体感受感知抽象化、符号化和虚拟化的过程。巴甫洛夫的学说可能在生理学上还没有能得到实验数据的证明，但是作为一种理性分析，应该是成立的，而且有它的独特价值。

总之，10万年前，语言出现了。从此，人类对外界的感知方式，除了直接的真实刺激之外，即第一信号之外，还有了间接的虚拟刺激，即第二信号，也就是语言符号。

比如，你现在看见了一座大山，长满了绿草。作为第一信号，它就是一幅高大的山和绿草的图像。作为图像，它需要占用许多信息容量。现在大家都知道，信息容量的单位叫比特。所以，如果你用第一信号系统记忆这幅图像，就需要在大脑中记忆上百万比特的信息。但是，如果你用语言来表示这个记忆，这幅图像就非常简单地变成了“长满绿草的高山”这样至多十几个比特的信息容量。甚至还可以简化到“青山”这样只有几个比特的信息容量。

第一信号和第二信号，同样都是对外界的感觉和感知，甚至它们感觉和感知的是同一个事物。但是，它们之间有了特别大的差别，这个差别就是：第二信号，是第一信号的编码和符号化。它的意义非常重大。

现在我们就可以清楚地看到这个变化：第二信号系统是用某种符号或者代码，来代替你过去用第一信号系统认识的某一个事物。但是，由于第二信号系统把原来第一信号系统记忆的信息抽象化、符号化了，这些信息就极大地被压缩了。原来的一个信息，有可能被压缩到几万、几十万分之一，甚至上百万分之一。想一想，这是不是太神奇了！但是，这就是抽象化、符号化、代码化的功能。非常明显，当第二信号系统建立之后，大脑中原来存储的大量信息，一下子可能被压缩到至少原来的几万分之一，甚至几十万分之一，大脑的容量就在无形中极大地扩充了。以至现在看来，每一个人的大脑，其容量都实在是太大了，都具有一个叫作“超剩余性”的属性。正是这种超剩余性，极大地扩充了大脑的功能，提高了大脑的效率。由此，产生出了强大的理性思维能力。

现在看得很清楚，理性思维能力，或者理性基因，主要包括的功能，概括起来就是三条：

一是信息存储。

二是逻辑运算。

三是目标决策。

这三条，离开了第二信号系统，即符号系统，全都无法进行。在人类的大脑开始形成的时期，其主要功能是第一条：信息存储。前面说了，从眼睛和双手送来的大量信息，全都需要存储。信息量越来越大，脑容量总是不够用。所以，人类的脑容量在过去300万年几乎增长了两倍。但是，突然，在10万年前，人类发明了第二信号系统。人类获取的信号被大幅度地压缩，第一信号变成了第二信号，实感信号变成了抽象信号，真实信号变成了虚拟信号。这直接导致人脑出现了超剩余性。人类的脑功能，开始从主要承担信息存储向主要承担逻辑运算和目标决策转移。理性思维开始极大地活跃起来，目标决策也逐步开始越来越清晰和复杂。也就是说：大脑的第二个功能和第三个功能开始不断扩展增强。

语言的产生，还为人类带来了另一种改变历史的重大能力，那就是：人类获取的本领和经验开始通过虚拟的语言，而不再是通过实际的感觉来迅速传递。通过语言一代一代地传递本领和经验（后来叫技能和知识），一方面比在没有语言的情况下，通过手势和形体姿态传递的效率要高得多；另一方面更要比把它们固化到遗传基因中，通过基因一代一代传下去，容易得多和迅速得多。

动物也有教育，动物也向它们的下一代传授自己的本领和经验。比如，大鸟教小鸟学习飞行，大鸡教小鸡学习捉虫，这主要靠身教、靠身态和形体的传授。而更多的时候，动物只能靠基因来传递自己重复性最高的经验和本领。一个动物它自己一生认识的东西和有效的活动方式，很难直接传授给后代。往往后代的动物还要自己重新去体验。直到一代又一代、几十代、上百代都体验下来了，才会一点一点把它们放到基因里头。

人类对新技能、新方法、新活动方式的传递，要直接有效得多。而且，每一代人都能够直接站在前人的肩膀上，一代一代传下去。人类能永远站在巨人的肩膀上，主要就是靠语言的力量。语言使得整个人类从原始时代开始，就能够共享每一个人创造的本领、领悟的经验。一个人的理性觉醒就能够变成一群人的理性觉醒。整个部落的理性觉醒是其中每个人理性觉醒的总和。随着人类活动范围的不断扩大，也随着人类对更大范围的沟通、协作、共情和共存的好处的认识越来越深刻，人们找到了把上帝给我们“搞乱”的语言重新变回来的办法。语言的不同，已经不能再阻碍人与人之间的交流了。这样，人类中一个最优秀的人才的理性觉醒，就可能变成全人类共同的理性觉醒。人类自身力量的这种迅速叠加和放大，自然就使他很快无敌于天下。

3.10 八卦故事不是人类胜出的决定因素

以色列学者赫拉利在他的著作《人类简史》中提出“八卦故事”理论（Gossip Theory）。他说，能够讲述和相信八卦故事才是人类和动物的根本区别，也才是人类胜出的决定因素。

赫拉利发现：人类创造的很多东西是想象的、虚构的、凭空编造的。他管这些虚构的东西叫“八卦故事”。这些“八卦故事”起到了组织人、集合人、动员人的作用，最终构建了人类社会，创造出了巨大的力量。

仔细想想，能够编造、讲述和相信八卦故事，确实是人类和动物的重大区别。但是，如果仅仅编造八卦故事，并不去真正揭示自然的属性、规则和秘密，也就不能真正改变人类和自然的关系；同时，也就不能真正提高人类的生存技能，最终并不能改变人类的生存状态。所以他还是没有把问题讲到点子上。

比如，人类从原始状态进入农耕状态，其根本原因不是原始人相信了一个共同的八卦故事，而是原始人实实在在地驯服了一部分植物和一部分动物。没有这种人和自然的关系的实质性变化，仅仅靠原始人类产生了一个什么共同信仰，人类社会不可能进步。同样，人类社会从农耕状态进入工业产业状态也是这样，主要是通过科学革命进一步深刻认识了自然规则和自然法则，从自然界获得了更强大的非生命物质能量，极大地提高了人类的生产效率，而不是靠大家又共同相信了一个什么更奇妙的八卦故事。总之，人类需要信仰的力量，但是，人类更需要理性的力量。只有理性的力量才是真正推进人类社会进步的力量。比如，农耕社会的生产力决定了那时的“八卦故事”是三从四德、男尊女卑。只有到了工商社会，强大的新生产力出现后，人们才有可能讲男女平等甚至女权至上的“八卦故事”。不是吗？

04　规律和故事，谁在唱主角

4.1　文明的本质

我们在总论的第一部分中，反复论述了第一性原理思维（first principles thinking），即我们强调的四个元认知，现在，我们可以提炼总结概括为四句话：

其一，宇宙创造法则。

其二，生命编写故事。

其三，理性觉醒人类。

其四，文明演绎历史。

其中，第一条和第二条元认知：宇宙和生命，是最根本的元认知。而它们的关系是：第一条为大，第二条次之。从根本上说，没有第一条，就没有第二条。此所谓，一生二。

第三条元认知：理性觉醒，说明了生命中的一种，到现在为止是唯一的一种：人类，和其他生命都不同。其他任何生命都只有自然的、本能的、原始的、感性的认知能力；而人类由于某种不可期盼的机遇，以及某种不可思议的原因，拥有了理性思维能力。这种理性思维能力居然可以理解宇宙创造的规律和法则，同时，可以编写自身的故事和规范。此所谓：二生三。

第四条元认知：文明，就是由于理性觉醒，人类理解了宇宙的规律和法则，又编写了自身的故事和规范，这两者的综合，从而形成了人类文明。人类的文明就是人类的一切。此所谓：三生所有一切。

以上这四条，可以戏称为“陈老宇四法印”。以此四条来观察审视度量解读这个世界，无论纵向跨越亿万年、横向方圆亿万顷，所有的条理脉络都会是非常清楚的。有的同学所谓的脑洞大开的道理就在这里。

文明是什么？文明就是宇宙自然规律和法则，与人类自身故事和规范的有机结合和对立而协调的发展。人类社会就是在规律与故事、恪守文明和突破文明的矛盾运动之中不断前行。

4.2 充满希望的新时代

我们过去经常说，人类社会、人类文明靠两种力量推动：一是生产力，二是生产关系。

从今天这个新的角度来看，生产力就是科学技术和经济活动的能力。这种力量来源于对客观世界的规律和法则的深刻的、真切的认识。生产力具有客观性，人类无法任意地、随性地去编造它、改变它。生产力对人类来说是一种决定性的力量，是一种硬约束。

生产关系就是人和人建立相互联系、达成相互协作的方式。人类之所以能够登上地球生物链的顶端，完全靠人和人之间建立了这种强大的紧密的协作关系。为了低成本、高效率地建立这种联系，人类编出了各种各样的故事和规范。各种宗教、各种信仰、各种制度、各种组织全都建立在人类编写的故事和规范的基础上。生产关系对人类来说，也是一种决定性的力量，但它是一种软约束。这就是说，故事虽然可以由人任意发挥自己的想象力、创造力去编写，但也需要和当时的生产力水平相适应。能够适应生产力、促进其发展的故事是好故事，不能够适应生产力、阻碍其发展就是坏故事。坏故事早晚会被好故事所取代。这说明，相对于规律对人的约束而言，故事对人的约束不是不可改变的。推动这种改变的决定性力量，不是故事本身，而是故事背后的规律。不过，往往在故事变化的时刻，通常人们只能感觉到是改了朝、换了代、变了天，感觉不到在背后真正起作用的宇宙法则和规律。

什么叫历史转型期？什么叫社会大动荡、大变革期？那就是生产力在不可思议地突飞猛进，人类的老故事在这种生产力的爆发面前，被冲击得支离破碎、体无完肤，人类一时又找不到共同的新故事。实际上这个时代是一个充满了机会、充满了希望的时代。因为人类对宇宙的规律和法则的认识在取得重大突破，人类对自身的故事和规范的编写和创新也就必然会喷薄而出。

4.3　规律和故事（1）：汤因比谈性解放运动

下面，我们进一步讨论：我们用“规律”征服自然，我们用“故事”管理自己。规律和故事都是人类特有的理性思维的产物，但是它们具有不同的性质、意义和作用。科学规律是我们对造物主制定的自然法则的成功猜测，人间故事则是我们自己编出来管理自己的治世手段。

科学规律和人间故事经常是协调的。但是，在社会生产力出现重大变革、生产关系处在重大转型的时候，两者就会陷入冲突之中，这样就造成了许多人，特别是爱思考、有思想的年轻人极大的困惑。一个年轻人越有独立思考能力，就越会感到困惑迷茫。

世界级的历史学家汤因比在谈到 20 世纪 60 年代在西方青年中爆发的性解放运动的时候，也是这么解释的。他说：

> 人类的生物行为和动物的行为并没有本质的区别。但是因为人类有了自我意识，就有了其他动物不可能具备的尊严感。从这种尊严感出发，人类就希望隐藏一部分自己的动物性功能，包括排泄、性交，甚至性欲，人类通过自己编的一套规则把这些事情都隐藏了起来。当然不仅仅是这些行为，其实现在连进食和喝水都是有规矩的，这些规矩也是人类编出来的。当然对吃喝的规矩可能没有对男欢女爱、拉屎撒尿那么严厉和隐秘。

汤因比说：不论人类如何希望隐藏自己的性，但性毕竟是人的最基本的自然属性。尽管个别人完全没有性也可以生存（许多修行者做到了这一点），但从全人类看，如果真的完全排除性关系，后代就无法产生，人类就无法延续。所以无论如何，人类的性活动还是在延续着。不过人类为它加上了许许多多繁文缛节。

从另一个角度看，科学是人类用来征服自然的唯一武器。向自己的后代传授科学精神，是人类必然的选择。所以我们又不断教育青年要追求真相、追求真理、追求科学、尊重规律、尊重自然的法则。

长期接受这种科学教育成长起来的青年，他们往往首先就会用这种科学精神来审视长辈们为他们制定的各种社会规矩，这时他们往往看到的就是父母、师长和大人们的态度。在 20 世纪 60 年代，欧美和日本青年的这种反叛特别强烈，这就是成年人，包括父母、师长、领导甚至政府，在青年中丧失了信任的一种表现。

显然，通过汤因比说的这个事例，我们可以看到，科学规律和人文故事、自然法则和社会伦理，其作用的范围和作用的方式是完全不同的。解决这些问题的办法，首先，就是要从元认知上说明“规律”和“故事”的关系，说明人类的生物属性和社会尊严的关系。其次，要在社会政策上谨慎地选择兼顾规律和故事、自然属性和社会属性的折中、稳妥的方案。从教育的角度看，实际上这就是一种批判性思维、审辩性思维的建立过程。当前，我们能够看到中国教育存在批判性、审辩性思维的不足的弱点，这个教育弱点是需要我们尽快弥补的。

4.4 规律和故事（2）：女性是怎么胜出的

中国曾经有过世界上最辉煌的农业文明史。在长达 10 个世纪 1 000 年的时间内，中国国内生产总值（GDP）雄踞世界之首。一直到 1820 年，也就是鸦片战争前 20 年，中国 GDP 仍占全球 GDP 总量的三分之一，居于世界首位。只是在鸦片战争之后，中国才一落千丈地断崖式跌落下来。

在农业文明时代，中国为什么是世界最强大的国家？主要是那时它对宇宙的规律、自然的法则掌握得比其他任何国家都更多些。中国古代有着灿烂的发明，中国拥有世界上最先进的冶金技术，是最古老的青铜器铸造国家；中国还驯化了猪、狗、鸡、鸭，培育了小米、大米、高粱、茶叶等农作物，创立了农业；同时创立了用于农业的天文历法；我们的祖先很早就理解了治水的原理，开发了大型水利工程；中国也是世界最早算出了精确圆周率的国家，发明和制造了精密的车轮，在战国时代就制造了大型装甲战车；中国还创造发明了大型船舶、编制了精确的航海天象图，以利于航海。这些都是在规律方面领先。

与此同时，中国人给自己制定和编写了三纲五常、三从四德的儒家规范。“三纲”就是君为臣纲，父为子纲，夫为妻纲。“五常”就是仁、义、礼、智、信。而三从四德，则是专门针对妇女的规范。“三从”要求妇女未嫁从父、出嫁从夫、夫死从子；“四德”是指妇德、妇言、妇容、妇功。这就是在故事方面也领先。历史地看，三纲五常和三从四德很好地处理了农耕时代人类的合作方式，维护了中国农耕鼎盛时代三千年的稳定发展。这种人类故事和当时人类对宇宙规律的掌握水平是完全适应的。从实际成效看，取得了非常积极的成果。

今天，人们可以问：三纲五常、三从四德不是非常明显地对妇女歧视和贬低吗？现在看确实是这样。但大家应当清楚，这种人类编写的故事，是和当时的生产力水平相符合的。农业时代农业劳动强度非常大，妇女在劳动能力和劳动产出上和男子有很大差别，女性不是主要生产力。农耕社会是私有制社会，家庭作为主要经济单位，最重要的功能是保证私有财产的血缘继承的实现。因此，确保子女是家庭中男性家长真正的后代极为重要。为此，唯一可靠的做法是把妇女限制在男性家长完全可控的范围内。三从四德的故事，就是实现这个目标的思想纲领。而建内宅后院甚至对妇女缠裹小脚等，都是实施这一套纲领的具体措施。几千年来，没有任何人，包括妇女对这一套提出过什么异议。大家都认为三纲五常、三从四德就是个好故事。

但是，今天这一套完全不灵了！今天你试试去给哪个女生讲讲三从四德，不被啐一脸唾沫，那就算挺幸运的了。听说中国到现在都还有极少数人迷恋“三从四德”那一套，总张罗着要给女性办什么“女德培训班”。不过即使是这些一直生活在故纸堆里的文人，他们中也没有一个敢出来主张给女孩子裹小脚了吧！为什么？

道理很简单：时代完全不同了。工业文明、信息科技时代，生产效率的提高、劳动方式的变迁，使女性在职场上的生产能力一点都不比男性差。那些杜拉拉型的职业女性，登顶职场、完败男性已经是司空见惯的事情了。所以，今天人们不仅要讲男女平等，还要不断讲尊重女性，把女性都称为女神，那才是好故事。

……听明白了吗？真明白了吗？其实就这么简单的道理，很多人还真是不明白。你跟他怎么讲，他也明白不了，总是死抱着他那些早已过时的老故事不愿松手。好吧，那就只能由他去吧。

女性到底是怎么崛起的？又是怎么逐步登上职场权力链顶端的？我们首先要问：关键的力量、核心的力量是什么？回答还是：人类对宇宙规律的掌握。这是第一位的。生产力的发展、科学技术的进步，给女性提供了和男人们同等的职场机会，甚至提供了比男性更优越的职场机会。因为，在今天的职场上，大量技术型、操作型、体力型、智慧型、智商型的工作岗位都在迅速被机器、智能机器、专业软件和人工智能设备所取代。过去男性占绝对优势的强体能、高智商的劳动岗位越来越少。而女性占优势的低体能、高情商、高爱商、高综合协调能力的岗位不断涌现出来。现在的职场越来越不需要技术型直男，越来越需要协调型、沟通型、亲和型的高情商、高爱商的女性。这才是女性在这个时代社会地位大大上升的根本原因。

如前所述，科技为妇女全面进入职场提供了机会。更重要的是，科技也完全改变了妇女本身的生活方式。其中，最重要的一点是，科技改变了人类的生育方式。

要知道，在1960年口服避孕药丸出现之前，人类并没有一个完全有效，同时又被女性普遍接受的避孕方法。在这种情况下，一位女性在结婚之后，通常就不得不连续生孩子：第一个、第二个、第三个、第四个……如果你一直要生到第十三个孩子，才可能自然结束你的生育周期，那么，任何女性想要在职场上取得和男性同等的地位，那可能吗？

避孕药丸迅速遏制了非常危险的世界人口膨胀，使人类真正有可能开始文明而有序地控制自身的复制和生产规模。当然，也真正解放了妇女，实质性地提高了她们的社会地位和生活质量。所以，科技的力量，小小的魔丸的力量，是解放妇女最重要的力量。它不但给整个人类带来了更美好的生活，也给女性带来了新的发展机会和新的人身自由。这就是科学史上最成功的事例之一，科学和技术改变了人类的历史。也许你并不喜欢它直接创造出了格林尼治村（Greenwich Village）的非主流文化，但你一定得明白，这确实是历史的进步之举。

格雷戈里·平克斯作为一位生物学家，他在研制和开发口服避孕药丸上起了重大作用。当然，不只是他一个人为这件事情做出贡献，还有玛格丽特·桑格、凯瑟琳·麦考米克、约翰·洛克等，都是推动避孕药成功问世的功臣，但平克斯的贡献最大。我一直为他没能获得诺贝尔奖而深深惋惜。要知道，现在人类掌握的大规模减少人口的方法，从理论上说，只有两种：第一是核武器，第二是避孕药丸。只要明白这一点，你就会明白，这个人为什么完全应该获得诺贝尔奖。

小结：女性的真正解放，不是得益于人类编造了男女平等的故事，而是得益于人类掌握了控制生育的新规律。

05 人类的劳动在发生重大演变吗

5.1 什么是劳动

人类和除人类之外的其他一切生命、特别是高级生物的根本区别在什么地方？根本区别就是这一条：劳动。迄今为止我们看到的一切生命，包括高级生物，它们唯一的选择是：顺从这个自然界。当然，这个自然界也很霸道，它定出的规矩就是：物竞天择，适者生存！顺我者昌，逆我者亡！

而人类，只有人类这个物种偏偏不服这口气。他不想顺从和适应这个自然界，反而想让这个自然界来顺从和适应他自己。我们在总论里就说过这件事儿。人类是改变自然、改变环境，让外界、让大自然来适应自己。人类做的这种改变自然、改造自然，让自然来适应自己的活动，就叫劳动。

这样，劳动的定义就出来了。

所谓劳动，就是人类改造自然界和自然物，让它适应和满足自己的需要的活动。

根据这个定义，请注意：

一切顺应自然界、利用现成的自然物的活动，都不能算是劳动。除了人以外，其他所有动物的所有活动，都不是劳动。

只有改造现成的自然物，把它们变成人造的自然物；让自然顺应自己的需要，这种活动才是劳动。

根据这个定义，我们可以看到，所谓劳动，它首先要处理的，就是人和自然的关系。人生活在自然界中，一切都需要依靠自然。所以，人类不得不非常重视自然。但是，我们又知道，自然不是人类创造的，它根本无视人类的存在，但它又决定着人的命运。显然，人和自然的关系在任何时代、任何条件下，都是人类必须正视和解决的首要问题。

关于这一点，马克思曾说过一段非常浪漫的话，他说："大自然——斯芬克斯……向每个人和每个时代提出了问题。谁能正确回答这个问题，谁就幸福；谁不能回答或不能正确回答这个问题，谁就落入斯芬克斯的魔爪，他所找到的，不是美貌的未婚妻，而是一只凶恶的牝狮。"（《马克思恩格斯全集》第1卷第633页）

哈！大自然就是那个人面狮身的妖怪！它横在人类面前，不断向人类提出高难度的怪问题。想要逼死、整死、难死人类这个不知深浅高低的物种。但人类经过世世代代的奋斗，终于找到了解开大自然之谜的钥匙，那就是劳动。劳动是人类用来回答大自然的挑战的唯一武器。人正是用自己的劳动，使大自然——这只凶恶而狂暴的牝狮，变成了自己美貌、贤惠、能干而温顺的未婚妻。

5.2 劳动是人和自然之间的物质变换运动

现在我们看到，劳动的两端：一端是人，另一端是自然界或者自然物。他们在干什么？他们在互动。毫无疑问，这种互动是人发起的。因为，人要"找事儿"，人要去征服自然、改变自然。所以我们说：人是劳动的主体，自然物是劳动的客体。

下面，我要讲一段学术味道很浓的话，来解释这个主体和客体的关系，也就是"人和物"的互动关系。你若看不懂或者不愿意看，可以直接跳过去。

人以自身的劳动力（即体力和智力）和自然界的自然物质处于相互依存、相互对立的位置。人为了在对自身生活有用的形式上占有自然物质，就使自身的劳动力作用于自然物并且改造自然物。由此，就产生了人和自然物之间的物质变换运动。

按照现代科学的观点，一切物质的运动，不外乎是材料的运动、能量的运动和信息的运动。劳动过程作为人和自然之间的物质变换运动过程，也不例外。个体的人本来就是材料（人体生物材料）、能量（人体生物能量）和信息（人体感觉思维活动的表达）的综合体。在劳动过程中，人和自然物之间不断进行着材料、能量和信息的变换。从最原始、最简单的劳动，到最先进、最复杂的劳动都是这样。

比如，人用斧头伐木，人体内生物材料的消耗和斧头的磨损转化为木材的取得，这是材料的变换。人体内生物能、热能的消耗转化为斧头的动能和使树木断裂的力，这是能量的变换。而人的思维器官接收和分析感觉器官捕捉的斧头运动和树木变形的信息，发出指令指挥肢体控制整个伐木过程直至达到预期目的，这是信息的变换。

劳动过程，是材料、能量和信息这三种物质的运动过程。

现代劳动的发展虽然使得人与自然物之间的物质变换达到了前所未有的规模和水平，但是物质变换的这三方面内容并未改变。

材料、能量和信息的变换，共同构成了劳动的物质内容。它们主要是自然科学研究的范畴，特别是人类在长期劳动实践基础上创立的材料科学、能量科学和信息科学，已成为现代自然科学体系的三大支柱。由于人在劳动过程中不断寻求更加良好的材料、更加强大的能量和更加精确的信息，这就导致了劳动的物质内容不断变化。这种变化是引起人的劳动方式、从业方式、生产方式、经济活动方式以及社会生活方式不断变化、发展和提高的根本原因。显然，劳动的物质内容对人类社会和人类本身都有着非常巨大的影响。

5.3　自然物对人的随机性和不确定性

以上的讨论，虽然非常科学和正确，但是，并没有揭示出劳动这种活动的实质。在上述主体和客体、人和物的物质交换过程中，到底发生了什么最重要的事情？

不错，在劳动过程中，自然界的材料发生了变化和转换。但是，根据物质不灭定律，材料既不能被创造，也不能被消灭。它只不过是改变了存在的形式。同样，自然界的能量也发生了变化和转换，但是，根据能量守恒定律，它既不能被创造，也不能被消灭。它只是改变了存在的形式。

只要做进一步的观察，我们就可以发现，劳动过程不是要创造自然物，或者消灭自然物，而是要改变自然物对人类的不确定性。

人类的生存必须依赖自然界。但是，未经人的劳动活动加工影响过的自然物对人却具有很大的随机性和不确定性。劳动的目的正是在于消除自然物对人的这种随机性和不确定性，使之能够满足人的特定需要。

高耸入云的参天大树对我们人类有很大的不确定性，但是，变成木板、建成木屋后，它对人类的意义就确定了。活蹦乱跳、横冲直撞的野猪对我们人类有很大的不确定性，但是，变成猪肉、端上餐桌后，它对人类的意义就确定了。

所以，劳动过程就是人类消除各种各样的自然物对人的随机性和不确定性的过程。人并没有创造或消灭自然物，而仅仅是改变了自然物的存在状态。

从这个意义上说，世界上各种各样的劳动的共同特征就是：通过改变自然物的存在状态，消除它在时间上、空间上和功能上对人的需要的随机性和不确定性。

显然，为了掌握劳动的物质内容的实质，就必须对自然物的随机性和不确定性作出深刻的描述。这在古典经济学时代，也就是亚当·斯密、大卫·李嘉图和卡尔·马克思那个时代是非常困难的。但是，由于20世纪中叶现代自然科学方法论迅速向社会科学和人文科学渗透，今天我们描述事物的随机性和不确定性已经没有什么困难了。特别是因为我们有了一个重要的科学范畴，这就是熵（Entropy）。

熵是德国物理学家克劳修斯在1865年创立的一个绝妙概念！不瞒你们说，在所有的物理学概念中，我最喜欢的，就是这个熵。由于喜欢熵，也就喜欢克劳修斯。

熵这个词如果从希腊语的原义看，是一种物体内在的东西。而克劳修斯天才地把它定义为反映自然物的存在状态的参数。自然物的状态一定，它的熵值就一定。熵值的大小反映了物体存在状态的混乱、无序和不确定程度的高低。物体的状态越混乱、越无序、越不确定，其熵值就越大，这种状态自发实现的可能性也就越大。

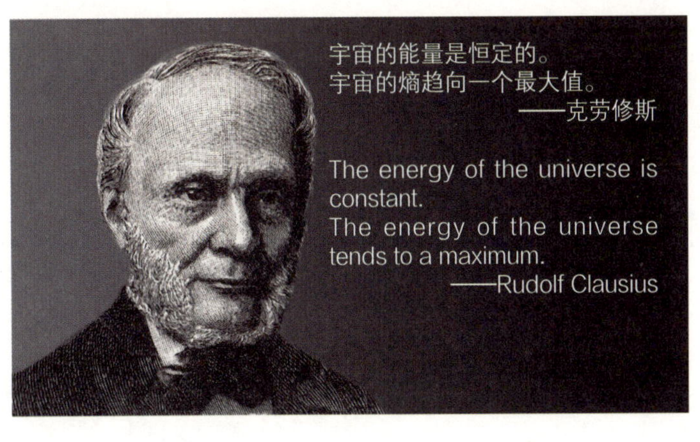

克劳修斯指出，由于分子热运动的作用，一个孤立系统（和外界没有任何材料、能量和信息交换的系统）总是要从有序趋向无序，从稳定趋向混乱，从复杂趋向简单，从有组织趋向无组织，这个系统的熵值将不断增大。

这就是所谓孤立系统熵增原理，亦即著名的热力学第二定律。

熵值反映了物体自发的无序、不确定和无组织状态。与此相反，一个物体（或系统）越有序、越确定、越有组织，它的熵值就越低。或者说，它的负熵值就越高。

经典热力学揭示了系统从有序到无序、从确定到混乱、从复杂到简单、从有组织到无组织的运动规律。这种运动表现为一种退化过程。然而，人们同时也在自然界和人类社会中观察到大量与此相反的运动过程，即从无序到有序、从混乱到确定、从简单到复杂、从无组织到有组织的进化过程。物体或系统运动的退化和进化这两种相反趋向成为一个长期困扰自然科学理论界的尖锐矛盾。尽管几十年来人们一直试图解决这个矛盾，但是，直到 1969 年比利时物理学家普利高津提出非平衡系统的自组织理论（即耗散结构论）后，这一领域才开始出现重要突破。

普利高津指出：一个开放系统在远离平衡态的条件下，可以通过不断和外界进行材料、能量和信息的交换来取得负熵流，从而使系统的总熵不断减小，使该系统从混乱无序状态转变为一种时间上、空间上或功能上的有序状态。普利高津的这一开创性理论不但为物理学和化学的发展做出了重要贡献，也为其他科学（包括社会科学）的发展提供了新的理论武器。

劳动创造负熵

5.4　劳动的本质：负熵增值过程

人类的劳动活动从其物质运动的实质上看，正是在远离平衡态的条件下，通过主体和客体之间的材料、能量和信息的交换，使作为劳动对象的自然物从无序走向有序、从混乱走向确定、从简单走向复杂、从无组织走向有组织的过程；也就是使作为劳动对象的开放系统的熵值减小的过程。劳动对象熵值的减小，是通过主体（人）向客体（自然物）提供负熵流来完成的。在劳动过程中，尽管材料和能量遵循守恒法则，但负熵并不守恒，劳动过程就是负熵增值的过程。在这个意义上我们可以说，劳动创造了负熵。

劳动最重要的一个特征，就是它的目的性。劳动是人的有目的、有意识的活动。劳动的目的要通过人的思维来建立，也要通过人的意志来实现。从本质上看，这就是人在创造负熵，同时传送负熵给自然物的过程。

5.4.1　本能和创造的区别

许多动物都能够进行一些比较复杂的活动，有的甚至可以造出十分精巧的东西。蜜蜂建造的蜂房就使人间的许多建筑师感到惭愧。但是，蜜蜂造房子和人造房子却有着本质的区别。蜜蜂造蜂房完全是一种无意识的活动，是出于一种本能。而人造房子，则是人类的一种创造活动。这种创造活动受人特有的心理活动，即人的思维和意志活动的支配。一方面，人通过思维活动首先在自己的头脑里确定了一个明确的目标；另一方面，人通过意志来控制和调节自己的行动，以实现这个目标。换句话说，建筑师在盖房子之前，就已经在自己的头脑里把它盖好了。这就是最蹩脚的建筑师也比最灵巧的蜜蜂高明的地方。为什么人更高明？因为这个过程包含了人独特的创造，因为人类在这个过程中创造了负熵！

本能是动物在适应环境的过程中形成并由遗传固定下来的行为，是动物对外界刺激作出的无意识的应答。这种行为对动物个体和群体的生存有着重要意义，成为某种动物所特有的种属活动方式。但是动物的本能活动并不反映它们对外界客观事物的认识。因此，本能行为往往表现为与生俱来的无条件反射。

人类的劳动和动物的本能行为完全不同。劳动是在人类对客观事物的固有属性和联系不断认识的基础上进行的，是在对自己活动的目的和结果深入了解的基础上进行的。因此，任何劳动的进行，都有一个预先的设想，都有一个预定的目标。

正如马克思所说：“劳动过程结束时得到的结果，在这个过程开始时就已经在劳动者的表象中存在着，即已经观念地存在着。”（《马克思恩格斯全集》第23卷，第202页）

从人类发展史来看，当猿人只是本能地靠占有现成的自然物来维持生存时，他们还没有脱离动物界，他们进行的活动也还不是劳动。即使他们有时会使用一些现成的自然物作为工具，比如说，用一块石头去砍碎或切割食物，这表明他们的行为已经有了思维的萌芽。不过，许多动物出于本能，也能够利用现成的自然物。所以，猿人如果只做到这一点的话，那么此时他们和动物还没有本质之区别。但是，随着猿人维持生存活动的复杂化，随着他们的手的解放和由此导致的脑的进化，他们的动物式的心理活动逐步演变成为人的意识，他们的思维萌芽逐步演变成为对客观事物的自觉的反应。例如，在砍砸食物时，他们会逐渐认识到，边缘锋利的石头使用起来比较有效。

终于有一天，当他们在一时找不到这样现成的石头使用时，有某一个猿人会首先开始使用一块石头去敲砸另一块石头，以便“制造”出一块边缘锋利的石头来。这表明，在这块石头打制成功之前，在这个猿人的头脑里，就已经有了一个思维预定的目标，已经有了一块边缘锋利的石头，而他的意志控制着他的行为朝着实现这个目标的方向去努力。尽管人类的祖先打制的这个最古老的原始石器是十分粗糙、十分简陋的。但是，这个不起眼的石器要比蜘蛛织的网，比蚂蚁打的洞，比蜜蜂造的蜂房都高明得多。因为，在这些石器上已经打上了人的思维、人的意志、人的劳动的目的性的印记。这些石头已经成了人的劳动的产物。人类的祖先正是从这种有意识、有目的地敲打石器开始，才脱离了动物界，进入了人的时代。

本能行为和目的行为有时看来是难以区分的。蜜蜂建造的蜂房是那样精确、完善、巧妙，几乎使人很难相信，这一建筑过程不是靠有目的的智慧来完成的。但是，新生的蜜蜂即使在从未见过蜂房是什么样子时，就能和它的兄长一样完美无缺地造出同样的蜂房来，这一事实本身就证明蜜蜂建造蜂房的过程和智力、意识以及目的等无关。蜜蜂造蜂房的本领完全是一种由遗传决定的内源性的行为。人的行为方式和其他动物的本质区别就在于，人在自己的进化过程中，越来越摆脱了本能。无疑，人类一定为此失掉了许多有价值的东西，失掉了许多完美的与生俱来的技巧、技能。现在人类的一个新生婴儿除了能够自动吮吸乳头之外，几乎没有什么别的本领。人获得的大多数本领都需要通过后天艰辛的学习。即使经过这样的努力，人在不少方面也还达不到动物本能行为的完美程度。但是，人可以在不完美中对多种目标做出选择，而动物却不能偏离它的本能半步。蜜蜂或者蜘蛛除了造既定的精巧蜂房，织既定的漂亮蛛网，它们不能做任何本能行为以外的事情。而人却能通过灵活的、自主的、并不完美却有明确目的的行为，掌握各种各样的改造自然的方式，使自身得到迅速的发展。

5.4.2 信息论劳动价值学说呼之欲出

从信息论的角度看，信息表示物体（系统）不确定性的减少，或者确定性的增加。因此，信息与表示物体（系统）的不确定性的熵正好相反，而和表示物体（系统）确定性的负熵相一致。现代信息理论已经证明，一个系统获得的信息，在数量上正好等于该系统熵值的减少，或负熵值的增加。著名的控制论创始人维纳就较早指出了：信息实质上就是负熵。但是，真正把克劳修斯的热力熵引入信息科学领域，创建了信息熵的概念和表达式的，是香农。

> 我们在前面总论中，已经专门提到过，香农创立了计算信息熵的著名公式（S=-P log P），这个公式和爱因斯坦的质能互变公式，以及海森堡的量子力学的测不准公式，并列为20世纪最伟大的三个公式之一，并得到了爱因斯坦的高度评价。

劳动过程中信息的运动就是负熵的运动。我们在前面已经说明，劳动是材料、能量和信息的运动过程。现在，我们可以进一步指出，信息（负熵）的运动是劳动过程的核心。劳动就是主体通过自身活动，使客体的信息（负熵）量增大的过程。

把劳动过程归结为使劳动对象有序化的过程，同时，把劳动量归结为劳动对象获得的信息（负熵）的增量，这就把现代自然科学的方法论引入劳动科学体系。以此为起点，可以建立起以信息（负熵）理论为基础的劳动学说，给传统的经典劳动理论赋予新的内容。需要强调指出的是，鉴于劳动的物质内容反映的不仅是劳动的具体形态的实质，而且是劳动的抽象形态的基础，因此，对它作出更高概括具有深远意义。因为，在以李嘉图为代表的古典劳动理论中，形成抽象劳动的一般物质基础是体力和智力的生理意义的支出，计量单位则是时间。这种在一定历史条件限制下所能作出的抽象概括，有一定的局限性。

毫无疑义，一切劳动都需要消耗体力和智力，一切劳动都可以还原为生理意义上的体力和智力的支出。但是，消耗体力和智力的活动并不一定是劳动，况且在运用同等时间、消耗同等体力和智力的情况下，劳动的结果往往可能截然不同。因此，以生理意义的体力和智力的支出作为抽象劳动的物质基础，是很不严密和准确的。抽象劳动的真正的一般物质基础应当从体力和智力支出的创造物上去探寻。不过，在古典经济学刚刚诞生的那个时代还不

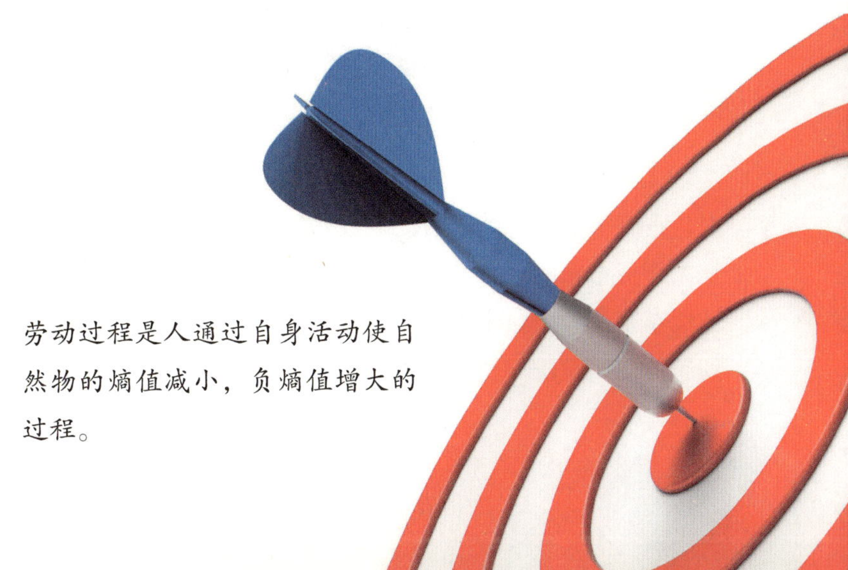

劳动过程是人通过自身活动使自然物的熵值减小，负熵值增大的过程。

可能对这个表现为千差万别的具体劳动成果的创造物作出进一步的抽象概括。只有在今天，在新的自然科学方法论产生和介入后，才能使我们对劳动的创造物作出更深刻的一般概括，即这个创造物就是负熵的增量，它才真正是形成抽象劳动即劳动价值的一般物质基础。

还要顺带说明的是，可以设想在揭示了劳动和负熵的关系，建立以信息理论为基础的劳动价值学说之后，就可能使用价值互联网和区块链技术来解决劳动计量问题。鉴于价值互联网和区块链技术的迅速发展，从这个方向来解决劳动计量这个历史留给人类的最大难题之一，其前景将是十分光明的。

5.5 机器对劳动的挑战

工业文明开始后，人类进入了工商社会。工商社会和过去有一个最大的不同，那就是出现了一个劳动阶级，或者叫工人阶级。所谓劳动阶级或者工人阶级，是这样一类人；他们是社会上的大多数，他们是独立的人，他们是自由的人；但是，他们除了自身的劳动力之外，一无所有。因此，他们不得不出卖自身劳动力来换取生活资料。

购买了他们的劳动力的人叫资本家或企业主，他们通过购买工人的劳动力，占有了他们的劳动活动。根据马克思的理论，劳动活动创造的价值一定是大于资本家购买劳动力时付出的价值的。这个大于的部分叫剩余劳动，就被资本家或者企业主无偿占有了。企业因此就获得了利润。社会也由此进入到新的文明阶段。当然，西方经济学认为利润是资本带来的剩余，这些理论

完全不同，但说明的是同一类的现象。

工业文明和工商社会的另一个主要特点，就是技术进步非常快。技术进步必然导致先进的机器不断进入生产领域，取代工人的劳动。这是人类社会中的一个新现象。这样，就出现了机器和工人的冲突。这个道理很清晰，工人唯一依靠的就是出卖自身的劳动力，而机器的每一次进步都直接表现为排挤工人的劳动力。所以，人类进入工商社会以来，每一次关键的技术革新、重大的技术革命，特别是产业的战略性转换，都带来巨大的社会阵痛和人们的心理恐慌。人们都曾惊呼过："狼来了！"这就是说，人们都曾高度担心过，工人的劳动机会、工作岗位和生存空间，会被新技术、新管理和新的生产方式这匹狼吃掉！机器之所以发明出来，似乎就是为了抛弃贫苦的劳工的。所以，越是底层的民众对机器的反对越强烈。

严格地说，工业革命真正开始的时间，应当是从1775年瓦特改造的蒸汽机得到普遍运用开始。仅仅四分之一个世纪后，也就是到了1800年，工人和机器的冲突就非常强烈了。当时工人对抗机器的方法就是直接砸毁机器，就是直接用暴力消灭机器。在工业革命的历史上，这种对抗叫作卢德运动，砸机器的工人被称为卢德分子（Luddites）和卢德运动：19世纪初在英国爆发的手工业技术工人使用暴力砸机器的运动。

因为这些自动纺织机器使得原来高技术的工人失业，由廉价雇用的无技术工人占据了他们的工作岗位。

英国政府动用军队镇压了卢德运动，处决或流放了大批卢德分子。

卢德分子。

卢德运动起源于工业革命的发源地英国。那时英国还有人编出一个民间传说，说有一个叫卢德王的大王，将率领所有工人把机器全部消灭光。英国政府对这种行动也是采用暴力手段，出动军队和警察镇压。最终，卢德运动被英国政府镇压下去了。当然，卢德运动的停止也不完全是政府镇压的结果。从工人方面看，后来他们又有新的思想、新的理论来武装他们的头脑。他们也逐步感受到了，和机器过不去、砸机器可能是一个比较傻的行为。总之，从西方来说，后来工人阶级有了新的斗争方式、有了新的武器，现在已经没有人再砸机器了。

除了工人和底层民众之外，许多学者也相信机器必然排挤工人。机器的大规模使用，必然会导致工人失业、导致工人贫困化。包括马克思在他的理论中也提出了“绝对贫困化”和“相对贫困化”的说法。凯恩斯也有这种说法。凯恩斯是西方非常著名的经济学家，在第二次世界大战后对西方国家的经济发展起到过重大作用。但是他也提出了一个词，叫技术性失业（Technological Unemployment），也就是由于技术发展而导致的失业。

不过，从1810年开始到现在，我们看到人类历史又过去了200多年。现在如果算总账，我们可以看到，一方面，由于机器的使用直接替代了一部分工人的劳动；但是，另一方面，由于机器提高了效率降低了成本，从而大大扩大了社会需求。因此，最终企业对劳动力的需要不但没有减少，反而大幅度增加了。人们后来发现，甚至连卢德运动主要打击的目标——英国纺织业，也是这样。

开始时，由蒸汽机带动的自动纺织机一下子就取代了很多熟练的技术工匠，所以引发了卢德运动。但是整个19世纪的总账算下来，自动纺织机使工人每小时的粗布产量提高了50倍；而生产每米布料所使用工人的数量下降了98%。这最终导致布料价格大幅度下降，对布料的需求大幅度增长。从而使得英国到19世纪末，纺织工人人数增加了四倍，工人的收入和生活水平也都有了大幅度的提高。这也是卢德运动最后完全消失的根本原因。

总结这段历史，我们可以看到，科学技术只是改变了工作的性质，改变了工人所需要的知识和技能。它实际上是重新定义工作，而并没有消灭工作。特别是：它创造的新的劳动和就业的岗位要比它消灭的旧的劳动和就业的岗位要多得多。而且，它消灭的大多是单调、枯燥、沉闷、繁重的劳动，它创造的是轻便、灵巧、聪明、智慧的工作机会和劳动岗位。长远地看，工人的实际工资收入不断增加，实际劳动时间不断下降，实际劳动条件持续改善，社会福利也有所增长。显然，技术革新和科技革命带来了社会的进步和文明的增长。所以，我们可以看到，在全世界所有不发达地区，每一个民族和每一个国家都在努力争取实现工业化，而不是相反。恐怕就是这个道理。

但是，智能机器现在真要挑战劳动了……

许多人强调：现在这一次似乎不一样了，这一次人工智能革命，智慧制造、专业软件和智能机器人，以及万物互联来势汹汹。它们要取代的，已经不是人类的一部分繁重、单调、沉闷、枯燥的劳动了，它要取代的最终很可能是人类的几乎一切劳动。不光是体力劳动，还包括大量的规则性、程序性的智力劳动。传统的创造物质财富的主要工作和劳动，有可能全部都由机器人单独承担起来。创造精神财富和提供劳务服务的许多岗位也将由机器人来承担。

所以，在未来时代，也就是人工智能时代，人类的生产方式可能会发生根本变化。人工智能有可能完全取代人类相当多的工作，同时，并不提供新的替代性的生产性就业工作和岗位。现在职场上相当大的一部分劳动者有可能完全失去他们现在的工作和岗位。

连世界上非常著名的顶级财经杂志《财富》现在都开始说这样的话了：

过去的革命总会创造出新的更好的工作。而自动化革命，则会打破这个模式，所有的工作都会自动化，不再需要人类。

——《财富》2017 年 7 月 1 日刊

这恐怕就是许多人认为：未来大多数劳动者会完全失业，社会将产生一个庞大的无用阶级的依据。尽管我仍然认为，这种观点从大历史观的角度看，是完全错误的。因为，毕竟人类的劳动在发生重大变化。

我认为，我们现在必须有这样的一种新的基本认识：随着生产力的高度进步，人类劳动正面临新的解放。所有能够被人工智能和智慧机器所完全取代的劳动和工作，它们本来就是不应当由人类从事的。为什么不应当由人类从事？这个道理极其简单：因为只要它们可以由人工智能和智慧机器取代，这样的劳动就一定不是独立性、自主性、创造性的劳动。这种劳动就是异化的，就应当由机器去从事。

那么，人类应当从事的劳动和工作是什么样子的呢？那就是人类所独有的、任何人工智能和智慧机器都不可能模仿或掌握的。

由于迄今为止人工智能和智慧机器的一切活动，都是建立在数码和编程的基础上的；所以，严格地说，人工智能和智慧机器的工作范围，已经被限定在了可数码化和可编程化的领域中。所有可数码化和可编程化的劳动或工作，它们有一个共同特点：它们都是规则性的、规范化的、程序化的。我们把它们叫作规则性劳动，包括规则性体力劳动和规则性智力劳动。这些劳动都可以由人工智能和智慧机器去承担。但是，人类的活动中，除了可数码化、可编程化的那一部分之外，还大量存在不可数码化、不可编程化的另一部分。我们把它们叫作非规则性体力劳动和非规则性智力劳动。由于人类活动的不完备性和人工智能本身的不完备性，决定了两者都有各自的活动领域。

我相信在未来时代、在智能时代，当人类完全不必再从事那些单调的、枯燥的、操作性的、程序性的工作之后，那些充满想象力、充满生命活力、代表人类未来自由生活和自由发展的需求的工作将被大量创造出来。所以，智能时代绝对不可能是创造庞大的无用阶级的时代。智能时代的到来是人类获得真正解放的时代的到来。人从此开始从事真正应该由他从事的工作和劳动，人类从此应该开始过上真正属于人类应该过的生活。

5.6　重新定义变化中的劳动和就业

什么是就业？传统的就业定义说：就业是人们为了取得自身需要的生活资料，从事的法律允许范围内的、向社会提供他人需要的劳动产品或者劳务服务的活动。

从传统意义上，这个定义是非常准确的。就业的首要目的是让人们获得自身需要的生活资料。所以，就业是人们唯一的谋生手段，就业对每个成年人的极端重要性就表现在这里。

从这个目的出发，就业者要理所当然地向社会提供别人需要的东西，包括劳动创造的产品，无论是物质的还是精神的；也包括劳动提供的服务，无论是有形的还是无形的。

说到底，就业是一种什么活动？就业是一种经济活动，是一种由广泛的社会劳动分工决定的劳动交换活动。说到底，你的劳动需要和别人的劳动进行交换。这样，才能使得社会分工和社会经济合作进行下去，由现代社会分工构建成的人类社会才能够存在和发展下去。

不过，现在我们遇到的问题是，你的劳动活动和工作岗位被机器人取代了！我的以及他的劳动活动和工作岗位也被机器人取代了！我们大家的劳动活动和工作岗位都逐渐被机器人取代了！人类需要的基本生活资料和基本劳务服务，都不再由人类直接生产出来了！我们很可能越来越不能提供什么劳动产品或者劳务服务和别人交换了！

怎么办？

如果绝大部分的生活资料和劳务服务都是由人工智能和智慧机器生产出来了，那么，社会就应当作出一个制度性安排的变化，让全体社会成员能够无偿地、自动地获得基本生活资料和基本劳务服务，而不需要再通过经济关系和劳动交换。直言之，今后不管人们劳动不劳动，都应该能够获得每个人必需的生活资料和劳务服务。这就是我们在总论中曾经提到过的今后将明确的新原则：让就业和收入脱钩，就业不再是谋生手段，每个人不用就业也有收入。从新世界的角度看，“不劳动者不得食”的故事和规范，仍然是资本主义的故事，仍然是资产阶级的规范。或者用马克思的语言，叫作“资产阶级法权”。在未来时代，在人工智能生产力背景下，职场固有的强迫性将被消除。人类的劳动不再是谋生和自利的行为，这样，人的就业就完全是创造和自娱的活动。所以，人类的劳动和就业领域将得到无限拓展。关于人类劳动和人类就业的定义，也将得到改造和升华。

新的就业定义不再以谋取生活资料为主要特征。

人们可以按照自己的理解，从事体面的、有尊严的、对其他人无害的、自我表达和自我实现的一切活动。

这就是就业。

如果就业最终将不是人的一种谋生手段，就业最终将和人们谋取自身需要的物质生活资料脱钩，就业将更多地和劳动者的自我表达、自我解放，以及自我发展相结合，那么，就业更多的可能是每一个人自我实现的手段。

人类社会自从进入工业文明以来，高速发展带来的资源消耗和能源紧张，给人类的继续发展正在造成巨大困难。如果人类按照传统的工业化的生产方式和价值观这样发展下去，人类有可能会很快就耗尽了全球的资源。

所以，人类不可能再走传统的工业化国家的发展老路。我们一定要探寻新的发展方式、就业方式、劳动方式和生活方式。对人类来说，另一种存在、另一种发展、另一种世界是可能的。我们需要在价值观上作出自己新的选择，而不能按照工业时代的方式，一味鼓励人们追求和占有财富，攫取自然资源，控制、掠夺、污染和破坏我们唯一的地球。这不但是不可能的，导致的后果也必定是灾难性的。

人类现在拥有的生产力、科学、技术、物质财富和组织程度，都已经达到了史无前例的水平。人类现在应该能够实现消灭饥饿、瘟疫、战争和犯罪这四大人类历史上从未根除过的灾难。人类现在应当能够选择更平等、更公正的生存方式。工业可以反哺农业，城市可以反哺乡村，富裕阶层、精英阶层、在业阶层也完全可以反哺贫困阶层、平民阶层、无业阶层。人类千年的乌托邦理想，现在到了实现的时刻：我们应该可以开始给全体社会成员一个更全面的基本保障。在这样的基础上，让人们选择更自由、更丰富、更多样化的生活方式和工作方式。

所以，我设想，今后人类的工作应当是多样的，包括正式的与非正式的，固定的与临时的，正规的与灵活的，以及有报酬的与无报酬的。人们追求的目标也是多样的。一个人只要不危害社会，不妨碍他人，就可以按照自己的生活方式生存。新的就业方式、劳动方式、社会参与方式和生活存在方式，将不再以追求财富的成功为唯一目标，社会应当也可以向它的一切成员提供基本生存保障，同时支持人们按照他们选择的方式生活。幸福生活在许多情况下是简单无奢、与财富多少无关的。现在已经有相当一部分人，他们不追求财富，不追求权力，不追求传统的、以市场为核心的价值观中一切令人羡慕的东西，只按照自己的理解，从事体面的、有尊严的、对其他人无害的活动。我看这就是就业。

5.7 全民基本收入保障

显然，现在的形势发展，已经到了需要从理论和实践上探讨解决让每一个人都自动获得基本生活资料和劳务服务的途径问题。

从理论上说，从最广义的角度看，人类在征服自然的道路上已经走得很远很远了！人类获得的强大自然力量，由于人工智能和智慧机器的大量广泛使用，它们为人类带来的丰厚红利（可以叫人工智能红利）应当由整个社会所共享。所以，让一个国家、一个社会的所有公民都自动获得基本生活资料和基本劳务服务，在不久的将来应当是容易做到的。这将是未来时代最重要的制度性变革之一。这也是从根本上应对人工智能和智慧机器的发展，对我们就业的挑战的主要方法。我们已经在总论中简要论述过一个新的社会收入分配制度——全民基本收入保障制度（UBI），这里再作一些补充论述。

欧洲原本就是乌托邦思想的故乡，乌托邦思想的两本伟大的开山之作——莫尔的《乌托邦》和康帕内拉的《太阳城》都产生于欧洲。第二次世界大战后欧洲实现了快速发展，社会福利也大幅度提高。所以，让民众不用劳动就能获得收入的想法，一直在西北欧社会上空飘荡。其标志性代表就是 UBI。

UBI 可以理解为全民基本收入（Universal Basic Income）保障制度，或者是无条件基本收入（Unconditional Basic Income）保障制度。所谓无条件，就是：第一，不管你是穷人还是富人，全都可以获得这种基本收入保障，不需要任何附加条件；第二，获得基本收入不需要任何对应的工作或者劳动付出，不和任何职业活动挂钩，同时，也不影响你外出工作或者劳动，另外获得有报酬的收入和利润；第三，获得基本收入不和你支付或者没有支付过社会保险费用挂钩。

这就是社会民主主义色彩非常浓厚的欧洲一直追求的目标。许多国家都相继开展过这种试验。亚洲和非洲受他们影响深的少数国家也开展过。最精彩的是，瑞士还曾经在全国范围对实行全民基本收入保障进行过全民公决。当然，由于超过四分之三的民众反对而没有通过。也许是瑞士的方案太激进了，把大家吓着了。要知道欧洲人是非常理性的。但即使这样，瑞士有接近四分之一的人投票赞成，也反映了这种思潮在逐渐深入人心。

由于人工智能和智慧机器的兴起，美国也开始感觉到，新科技革命对就业的严重冲击。UBI 确实是一个应对可能的失业潮的好办法。所以，由于扎克伯格和马斯克等人的推动，美国也开始关注和小范围试验这个方案。看来，UBI 的影响是越来越大了。

UBI 的支持者认为，UBI 好于现有的所有福利制度。它不是低保，因为低保有门槛限制，UBI 没有。所以，它免除了经济审查机制，不但效率最高，而且消除了一切侮辱性或者潜在的侮辱性。它是一项普惠的制度设计，和人们的其他任何收入都兼容，所以也不再会成为福利陷阱（福利陷阱指的就是穷人一旦开始从事某项工作，福利就自动取消），它对就业有积极的影响。UBI 会让工作太多的人减少劳动时间，或者进行必要的职业生涯休整（take a career break）。同时，它让没有工作的人更容易就业。因为，这时就业的经济压力会减小，就业的社会意义会增加。人们参与工作，会更加注重获得收入以外的价值。

这项制度的设计者希望，通过让每一个人在没有任何衣食忧虑和生存压力的条件下，自由地发挥自己全部想象和才能。希望通过这种方式最终使得社会更加和谐，同时产生出意想不到的新的生产力。

当然，这项制度的怀疑者和反对者认为，这只会培养懒汉，培养社会不良风气，降低社会生产效率和财富创造能力。还有相当一部分反对者认为，不应当完全推翻现有的福利体系。

反对者和支持者现在相持不下，好在大家都同意，一切需经过试验。现在各种规模的试验正在世界各地进行着。我相信，这些试验最后肯定能够帮助我们找到，如何更好地确定人及其活动在人工智能时代的位置。

那么，在 UBI 实施的条件下，如何能继续保持经济活动的高度活力？

首要的肯定是要继续保持市场经济的机制和动力不变。凡是可以继续通过市场来实现的劳动和工作，让市场力量继续发挥作用。迄今为止，市场已经被证明是人类创造的最有活力的制度，是基本上能够促进双赢、保证双赢的制度。市场曾经为人类社会的进步创造了奇迹，至少在可以预见的未来，市场的这种力量还将会继续发挥重要作用。

但是，由于人们未来的劳动和工作越来越脱离人们对物质和精神财富的直接需要，更多地体现为人的自我实现。所以，人的劳动创造的价值，不一定能够由市场来评价和实现。在这种情况下，区块链可能就成为评价人类劳动及其价值的一个全新而有用的工具。

5.8 区块链：支持对劳动的全新度量

在揭示了劳动和负熵的关系，建立以信息理论为基础的劳动学说之后，我们现在就可能用统计平均信息的方法来解决劳动计量问题。鉴于现代信息理论的数学方法已经达到相当精确和成熟的高度，从这个方向来解决劳动计量这个历史留给我们的难题，区块链技术正好可以发挥它的优势，使得人类的劳动有了全新的度量和统计的方法。

用区块链来统计、度量和认可人们的劳动，使人们在市场力量之外找到了新的激励手段，这对于推动未来个性化、创意性极强的劳动，将起到很有意义的重要作用。社会通过这种直接的劳动度量，如果真的能够实现摆脱市场交换方式的劳动统计和收入分配，那么在一个不直接依靠市场化的经济和财富激励的社会中，我们就有可能继续保持经济活力。我希望这样的探索，真正能够解决保持乌托邦社会的创造性活力这个历史性难题。

5.9 梯度推进的我国劳动力转移

从农耕社会到工商社会，再到未来社会，人类历史的前进步伐不可阻挡，但也是梯度推进的。在过去 40 年中国经济起飞的过程中，数以亿计的农民进城当了工人。他们主要在第一区域从事劳动（规则性体力劳动）。而广大城市居民则从这一区域中退出，进入第二区域（规则性智力劳动）。以上两部分人中，都有少数人进入第三区域（非规则性智力劳动），但是确实只是少数（参考第 109 页的四区域图）。

在未来的 15 年内，这一历史趋势的方向不会改变，只是会采取新的形态。智能机器人将大量进入第一区域从事规则性体力劳动，取代普通工人。所以，这些工人只能转而进入第二区域去从事规则性智力劳动（当然不排除其中的佼佼者进入第三区域）。那么，原来在第二区域内从事规则性智力劳动的大量劳动者，他们的出路何在呢？显而易见，他们中的大多数需要进入第三区域，从事非规则性智力劳动，也就是从事创新、创造、创业活动。现在，我国正在开展大众创业、万众创新的活动，看懂了我说的这一历史发展趋势，就能理解我国大力推进创造、创新、创业活动的必要性了。

我们将总论二的04部分出现的人类劳动四区域图进一步完善，可以看出：作为原动力的科学技术的发展，必然导致原来从事不同类型社会劳动的人群，将发生两种梯度推进：向后迭代和向上迭代。

如果对这个梯度推进的中国城乡产业变革和职业更替变化趋势能看得很清楚，那么，对我国创新创业事业应当如何发展和布局，就应当心中有数了。

总而言之，人类社会的科技进步，特别是人工智能和机器人的出现并不是要完全消灭人类的工作和劳动，而是重新定义和重新建构了人类的工作和劳动。每一个人都不得不面对这种工作和劳动的变化：规则性的工作和劳动正在迅速减少，非规则性的工作和劳动正在迅速增加！每一个人都必须适应工作和劳动的这种变化。适应这种变化唯一的办法是什么？就是通过教育培训和学习升级自己、重构自己。科技已经升级了、重构了我们的职业和劳动，我们必须改变自己、升级自己、重构自己，让我们自己来适应新的工作和新的劳动。

5.10　非规则性创造创新活动的主流化

从以上分析我们现在可以清楚地看到：在第一个区域的蓝领生产工人，这将是首先最可能被机器取代的，他们中的大部分人最终必然要离开这个区域。在第二个区域的白领知识工人、小职员、办事员等，也会受到机器人、智能软件、智慧制造等的影响。当然，在这个区域还会产生一些新的工作，还会保有一定的就业量。但是，在这个区域工作的人们，他们时时会受到人工智能和机器人的威胁。所以，你会看到，最终每一个人都会受到的新机器人时代的影响。每一个人都要考虑，你最终要往哪儿去？你最好往哪儿去？显然，就是往矩阵图上面的那两个区域：非规则性工作和劳动区域去。因为只有这两个区域的工作和劳动是机器人不能取代的。

> 有人问：让大家都去从事非规则性工作和劳动，那么，社会对此会有那么强烈的需要吗？人们会需要、特别是大量需要非规则性工作和劳动领域提供的产品和服务吗？
>
> 还有人问：非规则性劳动，特别是非规则性智力劳动，是每个人都能承担的吗？这恐怕只有少数人才能够承担吧。

这两个问题提得很好。但要理解这两个问题的答案，需要我们转换自己的思维方式。我们一定要明白，我们很多时候考虑和处理问题的方式，还是农业时代或者工业时代的方式。但是，我们再也不能用农业时代和工业时代的思维方式来看待未来了。未来世界和今天，特别是和过去会有很大的不同。

这是一个人的需要多样化发展、消费迅速变化升级的时代。

人们的需求和过去完全不同了，人们将会有各种各样新的需求。这些需求将远远超过过去衣食住行的范围，进入精神、思想、艺术、文化和时尚领域，进入展现自我和欣赏个性的方向。这种新需求的丰富性和强烈性会越来越充分地显示出来。

这是一个人的个性充分展现、个人能力全面发展的时代。

过去，社会和企业基本上只需要普通劳动力，社会舆论鼓励大家当好螺丝钉，教育也只是为职场培养操作型实用型人才。每一个人其实都不知道自己到底有哪些创造创新的潜能和特长没有发挥出来。但是，未来的社会是完全不同的社会，是高度支持和鼓励人们展示个性、发展特长的社会，也是相对丰裕的社会。在人们基本生活水平有充分保障的大背景下，人们如果不是为了谋生的需要而工作，人们如果可以去从事创造创新劳动的时候，每一个人潜藏着的无比巨大的非规则性的智慧和非规则性的能力，就会充分展现出来，其可能达到的水平和高度必定会远远超过我们的想象。

这是一个新型非规则、非套路劳动和工作大发展的时代。

事实上，人类科学技术的进步、生产工具的改革、劳动组织的发展，从来不会是减少了劳动、消除了工作，而是恰恰相反。人类的繁重、单调、沉闷的必要劳动越被机器所取代，被人工智能所取代，人类的自由劳动、创造性和创意性的劳动，就越发展。历史上，每一次这种生产力变革产生的后果是这样的。特别是当人类被机器或者机器人从繁重的体力劳动，或者枯燥的智能劳动中解放出来以后，人类的自由劳动、创造性劳动、创意性劳动都反而大大增加、大大发展起来。实际上，这就是每一次人类劳动替代发生后的真实结果，人类的新劳动从无到有地大大发展起来了。越是现代的我们，生活节奏就越快。这已经被无数事实所证实。

下图表明的是美国的一组统计数据。美国是世界上创造力最活跃、创新创造创业成果最丰富的国家。美国人口调查署和圣路易斯联邦储备银行对美国 1983—2014 年的四种劳动形态做了专门的统计分析。我们可以看到，在 1983 年，也就是 30 多年前，美国从事规则性体力劳动、规则性智力劳动和非规则性智力劳动的人恰好都是 2 700 万人，从事非规则性体力劳动的人则是 1 300 万人。但是 30 多年过去以后，到 2014 年，从事规则性体力劳动者变成 3 000 万人，从事规则性智力劳动者变成 3 300 万人，都只是略有增加；而从事非规则性智力劳动者突飞猛进达到 5 700 万人，增长超过了一倍，从事非规则性体力劳动的人也从 1 300 万翻了一倍，变成了 2 600 万人。这让我们清楚地看到，今天实际社会劳动变动发展的趋势和我们预计的趋势是完全一致的。所以，这个实际统计数据很有意义。

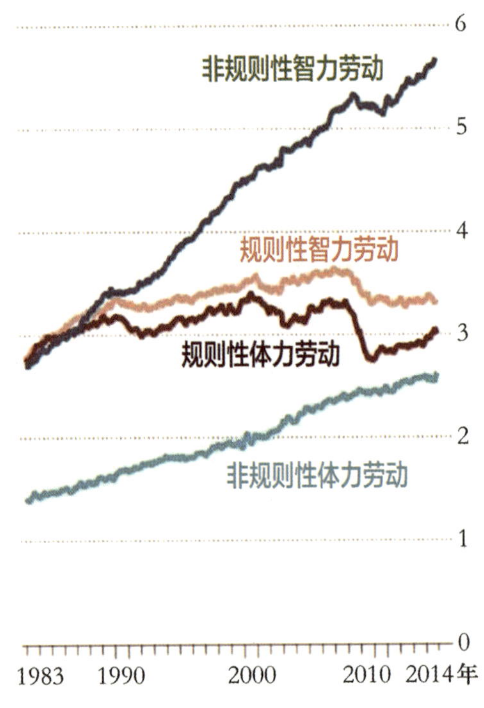

资料来源：美国人口调查署，圣路易斯联邦储备银行。

06　为什么说不完备是人类最大的优势

6.1　人类是多余的吗？

2017 年 10 月 23 日出版的《纽约客》杂志的封面，刊登了由基库·约翰逊绘制的一幅图。

画面上一个满脸胡子拉碴的人类年轻乞丐，正坐在繁华的曼哈顿大街上乞讨。但身旁来来往往的路人竟全是机器人！有的看着手机，有的潇洒地端着咖啡，还有一位行色匆匆、提着公务包的机器人向年轻乞丐的乞讨杯中投了一些齿轮、螺帽和螺丝钉。而忠实陪伴着这个年轻乞丐的小狗也满眼哀怨地紧盯着那些被机器人牵着走过的机器狗……

显然，这就是今天许多人最担忧、最恐惧的未来景象：机器人取代了人类，甚至统治了人类。绝大多数人，沦落到社会上无用的阶级中，靠机器人的施舍生活。《纽约客》用这样简洁的一幅图就把它非常鲜明地表现出来了！

最近，AlphaGo 又大出风头！继战胜李世石的原版 AlphaGo，战胜柯洁的 Master 版后，它又出 Zero 自学成材版！这一版从一张白纸开始，不需要输入任何人类以往的知识和经验，不使用任何人类标注的样本，甩掉了所有人类过去的大数据，只需要知道规则，仅仅靠算法，而且只使用了 4 个 TPU，只用了短短三天时间，靠自己左右互搏、自我对弈 490 万盘棋，就一举创造出了惊人奇迹，打败了它大哥 AlphaGo。要知道：大哥当年是靠 48 个 TPU，用了几个月的时间，学习了人类 3 000 万盘棋局；换句话说，是在学习了大量、超量、几乎囊括全部人类的知识和经验的大数据后，才完成训练并打败人类的。现在这位小弟弟发现，学习人类的知识和经验什么用都没有！反而干扰了自己探索和认识真理的道路！所以，它干脆不学了！甩开人类，轻装前进！这样反而更迅速、更有效，更多节约资源和昂贵能源，完成人类给它规定的任务。而且它自己找到了比人类聪明得多的解决问题的路径，比如，它创造了第一手点三三的开局新方法，让所有人类围棋手都脑洞大开！从原版 AlphaGo 和 AlphaGo Master 拜师人类打败了所有以前的人类，到 AlphaGo Zero 从零开始、无师自通打败了所有以前的 AlphaGo 各版本，并在围棋上完全碾压人类，只用了短短不到一年时间。人工智能的突破令人瞠目结舌。我们现在只能相信，人类的最新生产力——人工智能，确实仍然遵循摩尔—库兹韦尔定律，保持以指数方式增长。面对人工智能如此辉煌的成就，柯洁小朋友直接发微博说：人类太多余了！

我们现在要讨论的就是这个问题：人类是多余的吗？

我们必须明白，AlphaGo 和它的其他伙伴多么强大，在弱人工智能条件下，

即在由无生命的硅片形成的人工智能条件下，有一点没有改变，那就是：这些都是在人类的既定目标和既定规则下，机器人做出来的事情。AlphaGo Zero的这个表现很可能说明：在目标既定、规则既定的条件下，人类和机器人相比，已经完全没有机会了！但是，如果目标不确定，规则也不确定呢？机器人就会陷入不完备定律揭示的无能为力状态。这正好说明人类的活动有自己非常巨大的空间。

6.2 答案——哥德尔定律

数学和逻辑学意义上的不完备定律（Incompleteness Theorems）是奥地利裔的美国著名学者哥德尔在1931年提出来的。这一理论使数学基础研究发生了划时代的变化，也被看作是现代逻辑史上很重要的里程碑。哥德尔证明了任何一个形式系统，只要包括了简单的初等数论描述，而且是自洽的，它必定包含某些系统内所允许的方法既不能证明真也不能证明伪的命题。

具体地说，哥德尔的不完备定律包括两个部分。

第一定理：任意一个包含一阶谓词逻辑与初等数论的形式系统，都存在一个命题，它在这个系统中既不能被证明为真，也不能被证明为伪。

第二定理：如果系统S含有初等数论，当S无矛盾时，它的无矛盾性不可能在S内证明。

哥德尔提出来的两个不完备定律其实是很难懂的。最完备解释了哥德尔不完备定律的人，是中国哲学家王浩。中国叫王浩的人特别多！但是，这位对世界哲学做出过重大贡献的王浩，并不为大众所周知。

想想也是挺有意思的事情。爱因斯坦晚年只和谁聊天？只和比他小27岁的哥德尔聊天。爱因斯坦当时已经完全不用坐班了，但他坚持每天都来，就是为了下班时和哥德尔一路聊天走回家。由此可见哥德尔在世界级思想家中的排名地位。那么哥德尔晚年和谁聊天？和比他小15岁的王浩！是不是由此也可见王浩的江湖地位呀？

哥德尔最后的那些日子精神已经崩溃，不吃任何人送来的食物，所以王浩常去普林斯顿给他送饭。那时王浩刚娶了自己第三任妻子，一位会跳舞会写诗的捷克姑娘汉妮·蒂尔尼，正值新婚燕尔，王浩总让自己的妻子给哥德尔做鸡肉吃。哥德尔的妻子阿黛尔也是跳舞的。许多人不喜欢这个比哥德尔大几岁的夜总会舞女，但哥德尔喜欢。不过那时哥德尔的妻子已经病重，照顾不了他了。遗憾的是，可怜的哥德尔最后连王浩送的鸡肉都不吃了，最终饿死了！这个证明了数学不完备的人，也证明了人生的不完备。

哥德尔给我们的启示就是，**人生的不完备，第一表现在你头脑里每时每刻所思所想的东西，你不一定都能够把它说出来，你的思维永远大于你的语言。**你有这个体会吗？如果你真的能够把你所有的思想都清晰地说出来，那你很可能就是世界上最伟大的演说家。但是你不是。你没有成为西塞罗和丘吉尔。这不能怪你，这只能怪人生的不完备第一定律。

人生的不完备，第二表现在你能够说出来的东西，不一定能够变成文字，变成文字又是另一次大升华。不是吗？许多人滔滔不绝、口若悬河，甚至风趣幽默、精彩纷呈；但是，你让他把他所说的东西变成一本书给大家看看？他可能说这还不容易吗？但是这还真不容易，就是写不出来。所以你最后没有成为大作家，没有成为莎士比亚、托尔斯泰、曹雪芹和 J.K. 罗琳……作家至今仍然是上帝的使者，是人间的小概率物种。这仍然不能怪你，这只能怪人生的不完备第二定律。

人生的不完备，第三表现在所有用语言和文字表现出来的东西，不一定能够变成数码，变成算法，变成计算机程序。这个就决定了数码世界永远小于人类的语言和文字的世界。因为数码世界只能运行 0 和 1，不能创造 0 和 1。到现在为止，创造这种活动只属于人类所专有。所以，程序员有边界，计算机有边界，今天的机器人有边界，他们和它们都有所不能……他们和它们恐怕越不过这个边界。这还是不能怪他们和它们，这只能怪人生的不完备第三定律。

伟大的哥德尔，他最大的贡献就是证明了数学的不完备，同时也就证明了人生的不完备。伟大的王浩，他最大的贡献就是完备地阐述了哥德尔的不完备。从这一点出发，他在自己的晚年写出了《超越分析哲学》，批判了罗素、维特根斯坦、卡尔纳普和奎因（他的老师）。他指出，他们的哲学无法为人类现有的知识，特别是数学知识提供恰当的保护和有力的辩护。王浩的口号是：尽显我们所知领域的本相！

梳理以上人生的三个不完备定律，我们可以清晰地看到：

人生不完备第一定律：人类的思维永远大于人类的语言表达。可以写为公式：

人类思维 > 人类语言（定律 1）

人生不完备第二定律：人类的语言表达永远大于人类的文字描述。可以写为公式：

人类语言 > 人类文字（定律 2）

人生不完备第三定律：人类的文字描述永远大于计算机算法。可以写为公式：

人类文字 > 计算机算法（定律 3）

根据这三个定律，我们可以得出结论：

人类思维 > 计算机算法（结论）

也就是说，今天的人类，从综合方面看，在总体上，他的思维远远超越计算机算法。人类在非常大的空间、非常多的维度上，拥有计算机算法所不可能达到的领域和能力。由此可见，那种说计算机马上要征服人类和统治人类，或者取代人类的说法，是非常荒唐的。

人类是不完备的，计算机更是不完备的。但是，人类的不完备恰好是对付计算机的不完备的武器。所以，追求完美，是人类最要不得的事情；而不完备是人类手中永远高扬而战无不胜的旗帜。

机器的不完备，其根本表现是，它可以非常高效、精确地完成目标清晰、规则清晰的任何工作。现在看来，它不但在效率上、效果上、速度上，而且将来在能耗上都可以优于人类。但是，它完全无法应对目标不明确、规则也不明确的任何工作。

人类的不完备，其根本表现是：他的思维中有无数目标不清晰、规则也不清晰，但是富有创造性、创新性的东西，包括无中生有的东西。他无法让它们完全地、一次到位地清晰化；但是，他可以让它们不断进化、不断成长，最后形成新的东西。所以，人类总是第一性源泉，总是第一推动力。人类是那个启动者、激发者、点火者、引爆者，而机器只能是接受者、执行者、操作者、服务者和服从者。

人类的不完备，恰好制约了机器的不完备，也恰好和机器的不完备互补。这就是世界奇妙之处。

现在我们看到，机器甚至有可能帮助人类来改变和改善他的不完备性。

人工智能发展到一定阶段，通过一定的脑机接口，有可能把你头脑中说不出、写不出、画不出来的思维、意识甚至是梦的图景直接以图形的方式上传到电脑屏幕上。这样，人类就实现了“所思即所得”“所想即所得”“所梦即所得”。人类依靠人工智能，在突破自身的不完备性方面，就有了长足的进展。但是，这仍然改变不了人工智能和算法自身的不完备性。不是吗？因为人工智能的这种不完备性，是由它本身的非生命的性质决定的。真要改变它，就需要把弱人工智能变成强人工智能，就需要让无生命的人工智能获得自我觉醒，获得自主生命。问题是，人类愿意这么做吗？人类可以这么做吗？人类应该这么做吗？人类呀，你好好想清楚了！这个潘多拉魔盒一旦打开，可就是收不回去了！这是另一个话题，很可能是未来最重大的话题。我们就不在这儿讨论了。

小结：人类和机器人有各自不同的活动空间和活动方式。机器在确定性的空间内将完胜人类，而人类在不确定的空间会有更大的发展机会。我们现在可以去做人类喜欢的、想象的、应该做和善于做的任何事情，而不必小肚鸡肠地纠结于机器取代了我们什么劳动或工作，占领了我们什么岗位或职业。你赞同吗?

07　从数据互联到价值互联的意义何在

时值 2017—2018 年之交，我应邀参加阿里智库的年终招待会。到会 200 多位专家，评选 2017 年的关键词，得票最多的是人工智能；评选即将到来的 2018 年的关键词，得票最多的是区块链。有意思的是，在 2017 年，对人工智能似乎谁都能说上几句，而对区块链关心的人确实不多；但是，到了 2018 年，似乎是谁都不能不说几句区块链了。我由于接触区块链稍微早一些，这几年写过一些关于区块链和比特币的文字。但现在回过头来再看，有些已经成了老生常谈，有的显然也过时了。不过相对也还算完整，一并编录在下面，算是我也来试着说说区块链是个啥东西。

首先，区块链（Block-Chain）这个词就是从英文硬生生地翻译过来的。想想我们中国人的翻译，从《魂断蓝桥》（*Waterloo Bridge*）到《翠堤春晓》（*The Great Waltz*），历来都是特别讲究意境的。当然，意境必须建立在对词汇的深刻理解基础上。偏偏这个区块链翻译得连翻译界的大牛们都实在不太了解这个词的深意。

区块链尽管火爆网络，但是，至少到今天，区块链对实际经济生活和人类社会并没有产生真正有意义的影响，离真正广泛应用显然还有一个过程。区块链现在仅仅就是一种前沿技术协议。有意思的是，它现在究竟是被大大夸大了，还是被严重低估了？

无论大众的评论如何，这个世界上最敏锐的一些人已经感觉到，区块链的出现，是从 1969 年互联网诞生以来，网络世界发生的最重大的变化。下面，我们细细道来。

7.1　ARPA 和 TCP/IP：数据信息互联网的诞生

要讲区块链，就必须从互联网的头说起。互联网就是把计算机一台一台联起来的网。显然，要弄个互联网，就少不了计算机，也少不了连接线。但是，有了计算机，有了连接线，还真不一定就能联网成功。最关键的，还需要什么？需要一个连接计算机的办法。

大家都知道，互联网的前身是阿帕网（ARPA）。阿帕网完全是美国军方为军事目的在 1969 年建成的。最初的阶段，只连接了四台电脑。

但当时美军的情况是：陆军用 DEC 电脑，海军用 Honeywell 电脑，而空军用的是 IBM 公司的电脑，在每个军种内，这些电脑工作得都挺好；但是，相互根本连接不起来，所有的资源就都不能共享。这里，有一个最核心的问题，就是：谁是老大？

在探索了很多连接办法都不理想后，美国计算机专家们最后确立了一个典型的美国式原则：“在互联网上，所有电脑生来平等！”

按照这个原则，在20世纪70年代，瑟夫等人在卡恩的领导下完成了TCP/IP协议（包括传输控制协议TCP和网络互联协议IP）的制定。从而为所有这些“生来平等”的各种各样的电脑建立了平等的“资源共享”关系，制定了大家必须共同遵守的规则。1980年1月1日，TCP/IP协议正式启用，全球互联网由此刻诞生。这是一个公开的、透明的、人人都可以自由参与的网络，任何人都无法独自控制、统治、占领或者拥有这个网络。在这个网络世界，没有领袖、没有总部、没有中心，也没有先哲先师、总裁盟主，所有电脑生来平等。互联网的这一结构框架最终促进了网络世界里每一个个体的自由发展和自由创造，导致人类创新精神和创造力量的爆发式增长。

小结一下：数据信息互联网清单

关键1　计算机，各种各样的……

关键2　连接线，有线的或无线的……

关键3　连接规则，TCP/IP协议族……

清楚了吗？对于信息互联网来说，TCP/IP 是至关重要、不可或缺的！这个协议（现在已经发展为协议族），是互联网上的基本共识。明白了这些，你才能明白什么是区块链。

7.2 中本聪传奇

2008 年，从美国爆发的金融风暴席卷全球，一个又一个国家和地区被激烈卷入，世界金融货币体系风雨飘摇，包括国际货币基金组织在内，所有的金融机构都遭到了普遍质疑。事实上，最敏锐的西方思想家，从亚当・斯密到哈耶克早就强烈质疑过国家控制金融、政府不受约束地垄断货币发行的做法。他们指出：政府既然拥有这么大的权力，它们是一定会不断地制造通货膨胀，让民众拥有的财富不断缩水的。然而，绝大多数民众并不明白这一点，学者们又没有实际解决办法。从当时看，这个问题恐怕就像永动机一样，是一个永远无解的难题。

然而，就在这一年的 11 月 1 日，有一个自称塞托西・中本聪的人，在一个隐秘的密码学讨论群“密码学邮件组”的网站上发表了一篇名为《比特币：一种点对点的电子现金系统》（*Bitcoin: A Peer-to-Peer Electronic Cash System*）的白皮书，首次描述了一种被他叫作“比特币”的电子货币以及它生成的方法。这篇文章开宗明义，它要挑战的就是现行支撑货币系统的信用基本模式（trust based model），而想用一个基于密码学原理的新信用系统来代替。这个系统完全抛弃了传统的以国家权力为基础的信用系统，能使任何达成一致的双方直接点对点地进行支付，从而使支付不再需要任何第三方的参与。由于这个支付过程要向网络上所有的人进行广播，所以，它是绝对真实、不容修改也不可篡改的。这个过程同时也完全杜绝了伪造货币、重复支付等传统货币的缺点。由于系统不要求获得支付双方的个人私密信息，所以，它也绝对保护了个人的隐私。再加上这个系统对比特币的生成过程和生成数量有严格限制，所以又可以从根本上消灭通货膨胀……

中本聪天生是个理论家，他只用这样一篇只有八九页纸的英文论文就说清楚了比特币和区块链的所有重要概念和基本算法。更令人吃惊的是，他也是个实践家。在提出上述种种理念之后，他立即付诸实践，着手开发了比特币的发行、交易和账户管理系统。仅仅在两个月之后，2009 年 1 月 3 日，中本聪在位于芬兰赫尔辛基的一个小型服务器上发布了开源的第一版比特币客户端软件，宣告了比特币正式诞生。中本聪同时使用该软件对第一个比特币“区块”（block）进行“采矿”（mining），并且获得了第一批 50 个比特币。这个区块现在被称为创世区块（genesis block）。他还向第一个下载了他的比特币软件的密码学家哈尔·芬尼赠送了 10 个比特币，完成了世界上第一次比特币交易。

在中本聪公布了比特币的开源代码、正式创建了比特币后，至少在一年多时间内，除了上面提到的密码学家芬尼等人外，并没有什么人来“挖矿”。芬尼也只是非常轻松地“挖”出了几千个比特币后就因为感到计算机发烫而停止了。为此，芬尼现在有点后悔。不过，当时确实没有人知道干这事儿有什么意义。所以，中本聪只好自己一个人像老愚公那样每天挖山不止，以保证每隔十分钟能有一个区块产生。他默默无闻、挥汗如雨、挖矿不停。那时挖矿比较容易，奖励又高，那一年，他挖出了整整 100 万比特币。天呀，按照今天的市价，这些比特币价值已高达 100 亿美元以上！人们猜测，这恐怕也成了中本聪本人现在始终匿名、深藏不露、拒显真身的一个原因了。毕竟，一个突然拥有了一大笔如此巨大、富可敌国的财富的普通人，很容易成为社会关注的目标，很难和这个世界坦然相处。不过，中本聪本人绝对是一个视金钱如粪土的理想主义者，证据就是：这 100 万比特币，他一个都没有动过。因为虽然没有人能盗走别人的比特币，但比特币的账本是人人都可以看到的。

到了第二年——2010年，逐渐就有一些极客（酷爱计算机和密码学技术并投入大量时间钻研的人）也进来参加“挖矿”了。随着“挖矿”的人越来越多，中本聪本人反而逐渐淡出了。最后他甚至把自己亲自创建、亲手缔造的比特币网站 bitcoin.org 都交给了其他人来负责，这可能非常符合他个人的理念。比特币不需要一个领袖、一个首脑、一个指挥者或者管理者。它只需要一个共识算法。

当然，这时对广大民众来说，仍然不知道有比特币这个东西。显然，它只是工程师们自娱自乐的玩具。后来，佛罗里达州的一位名叫拉斯洛·豪涅茨的计算机程序员发现，用 GPU 挖矿比用 CPU 挖矿速度要快得多。于是他用显卡做矿机挖出了大量比特币，大大提高了比特币的生产效率。但是，让他青史留名的并不是这项技术改进，而是他在 2010 年 5 月 21 日，花 10 000 比特币在极客社区买了一块 25 美元的比萨饼。这是比特币在现实生活中发生的第一笔交易。想想吧，这时比特币和美元的汇率：1 美元 =400 比特币！

这是自比特币诞生之后，产生的第一个真实汇率。所以这一天，在比特币和区块链历史上是重要的一天，被称为比特币比萨日。

后来比特币对美元的汇率不断飙升。1 比特币的价值甚至曾超过 1 万美元。所以，后来不断会有记者找到豪涅茨问同一个问题：你怎么看你当年用 1 万比特币（1 亿美元）买了一块比萨饼？他早习惯了怎么应对这种提问。他笑笑说：那块比萨的味道不错，只是稍微有一点点贵。

为什么比特币现在会突然爆红全世界？这是因为，比特币和它后面支撑它的区块链技术，其真面目被越来越多的人认清之后，人们发现，这个中本聪做出的贡献，绝对不仅仅是发明了一种电子货币，而是像创立 TCP/IP 协议一样，他创造了一种全新的互联网协议，这个协议将完全改变我们未来的世界。

由于中本聪为人类做出的重大贡献，2015 年，世界著名金融学家、加州大学洛杉矶分校（UCLA）教授巴格·乔杜里提名中本聪为2016年诺贝尔经济学奖的候选人。他说："比特币的发明简直可以说是革命性的。中本聪的贡献不仅将会彻底改变我们对金钱的思考方式，很可能会颠覆央行在货币政策方面所扮演的角色，并且将会消除银行的许多高成本业务服务……"

中本聪（即中本哲史）极少透露个人信息。

在P2P基金会网站的个人资料中，他自称是住在日本的中年男性。这一点被人们广泛怀疑，因为他的英文书写如母语般纯熟地道，却从来没有使用过日语书写。而且，他的算法设计过于精良，很难想象是一个人单枪匹马所为。

中本聪，你究竟是谁

乔杜里的提名获得了很多专家学者的响应，但也让另一些专家学者感到可笑而荒唐。为什么？道理非常简单：到现在为止，中本聪这个人是谁？他到底是日本人还是美国人还是欧洲或者大洋洲的人？他究竟是不是一个真实的人？还是一个团队？或者一个机构？这些问题至今都没有答案。

2010年12月，比特币社区呼吁维基解密接受比特币捐款以打破金融封锁，但中本聪对此坚决反对。其后，他逐渐淡出社区，开始还和一两个交往较深的老朋友偶然交换邮件，后来连电子邮件通信也终止了。据说，他的最后一封邮件是 2011 年 4 月 26 日写给一位金融极客的，其中说道：“以后你们在公开谈论比特币的时候，请尽量回避‘神秘创造人’这一话题……”此后，人们就再也听不到他的声音了。他最后的那一句极为谦虚，让世人忘了他的空谷绝响，给他的无数粉丝、特别是迷妹迷弟们留下了无限的怀念、深深的忧伤和永远的谜团。

由于他首次发布比特币白皮书的那个网站（P2P Foundation）要求必须提供出生日期，中本聪填写的是 1975 年 4 月 5 日，但是几乎没有人认为这个信息是真实的。他的许多崇拜者甚至从他的这个生日中读出了丰富的含义。他们说：4 月 5 日是美国货币史上具有重大意义的一天。因为在 1933 年 4 月 5 日，美国总统罗斯福签署了政府法令，宣布所有美国公民持有黄金为非法。所有私人的黄金都必须交给国家兑换成美元。接着，美国政府就强制推高黄金价格，让美元贬值了 40%，以对抗大萧条，同时减少美国国家债务。这些措施导致美国人民的财富被洗劫了 40%。许多人认为这是美国政府做的最违反宪法的事情，也是政府不经民主程序对民众最直接的抢劫盗窃！而在 1975 年福特总统签署了另一个法案叫作“黄金合法化”。从这一年开始，美国人又可以合法地拥有黄金了！所以，中本聪把自己的生日定在 1975 年 4 月 5 日。这个生日，充分反映了一位企图颠覆现行货币制度的顶级密码学极客宽广的个人视野和深厚的理论修养。当然，这一切都是他的铁杆钢杆粉丝们的猜测。他自己则什么都没有说过。他历来的发言风格都平和、文静、稳重，永远不会激烈指责什么，或者宣布要颠覆什么……

这些年来，大家一直在猜他是谁？财经媒体特别起劲，但所有被猜对象均自我否认。中本聪虽然有一个日本名字，但是他从来没有说过日语，英语却非常流畅。所以，媒体总把怀疑的目光集中到在美国的日裔美国人身上。四年前，有一位居住在加州的日裔美国人多利安・中本聪（Dorian Nakamoto）几乎就被媒体认定为是中本聪了。尽管他本人一再否认，但记者们天天围堵在他家门口。最后的结果是，2014 年 3 月 7 日，中本聪本人又突然通过电邮发声说：我不是多利安・中本聪！

也有人想冒名当中本聪，但是“中本聪”像比特币一样，可以非常简单地验证。只要向他本人的初始账户打一毛钱比特币，让他返还就行了。所以，所有假冒中本聪的人也都会让大家不费吹灰之力就可以识别出来。

我也认为，创造比特币和区块链的人得诺贝尔经济学奖当之无愧！但如果 2016 年的诺贝尔经济学奖真的授给了他，这个世界上又没有人能找到他，估计此事应当是那一年重大黑天鹅事件之一了。

当然，一个做出可获诺贝尔奖这种顶级科学贡献、还创造了难以估量的技术财富的人物，始终不愿意在公众面前露面，坚持永远隐身，这件事情本身也属于一个黑天鹅事件。这是不是也说明了，这世道真的要变了？有时，不免让人细思极恐……

7.3 比特币清单

上一篇我们介绍了比特币的发明和创建过程。这里需要明确，比特币和现在非常流行的其他任何电子货币支付有本质上的不同。比如，无论是微信、支付宝，还是苹果支付（Apple Pay），它们通过网络进行电子支付的所谓电子货币，实际上都是政府法定的货币，在我国就是人民币。所以，它们只是为国家银行及其发行的货币做网络交易服务而已，它们实际上只是把原来线下进行的活动搬到了线上。当然这也非常有意义，但是对原来的金融货币体系并没有任何触动，而比特币就完全不一样了。我们可以为比特币列一个清单：

第一，比特币不是国家和政府发行的货币。它天生独立于任何国家、任何政府、任何中央银行和商业银行。它和任何威权部门主要靠威权力量印制和发行的货币都毫无联系。

第二，比特币是一种分布式的虚拟货币，整个比特币网络由所有的用户构成，没有任何中心、总部，更不用说什么中央银行了。比特币由用户自己按照预定规则，通过他们的计算劳动而产生，也由他们自行管理和进行交易。去中心化是比特币产生、持有、运行、交易、安全和自由的根本保证。

第三，创造比特币的劳动过程是竞争性的，需要投入大量的劳动时间、能源、设备和其他有形资本。为了保证比特币区块的匀速生成，制造比特币（即挖矿）的人越多，“挖矿”的难度就越大。开发比特币的人力和物质资源的投入和比特币的生成成本呈现不断上升的趋势。

第四，比特币的数量存在一个上限，即到2140年，比特币将达到2 100万枚的终极极限。此后，它的数量不可能再有任何增加。比特币正是依靠这种极其严格的稀缺性（比钻石、珠宝和黄金还稀缺），使它的价值，也就是它的购买力保持稳定。在理论上，它可能是人类有史以来第一种可以完全避免不断贬值和通货膨胀的货币。当然，还有一个前提就是，如果它真的能够成为货币的话。

第五，比特币的每一笔交易都需要向全网广播，它是透明的。比特币拥有者进行交易的地址只能使用一次，所以，所有的交易对个人来说，又都是严格保密和完全匿名的。它从技术上保证了每一个个体创造的私人财产处于不可侵犯、不可冻结、不可追踪的状态。所以，比特币创造了一个以极低成本、用数码确权形成的新型信用系统。这种信用的建立，既不需要国家用外在的暴力机器来保障，也不需要个人对个人的道德、人品或其他因素的信任。因为，它是建立在对人的实际劳动过程和实际交换过程的严谨而不可更改、不可作弊、不可伪造的数据记录之上的。这种记录在比特网上，人人都看得一清二楚。这样，人们就通过比特币开始实现人类希望摆脱一切控制、监管和压抑他的异己力量，走向

比特币
浪漫的自由
乌托邦之梦

完全凭借自身能力的自主、自由和独立的新生活方式的乌托邦之梦。

但是，人性有没有弱点？自由有没有代价？比特币就是一个实验的大窗口。有人酷爱自由，不怕冒险；有人酷爱安稳，拒绝任何风险。世界就是这样组成的。比特币诞生以后，特别是它在 2013 年后，逐步被社会所认识，开始走进大众生活之中，它几起几落、大起大落，风险丛生、争议不断。它多次被一些国家的政府查封，又多次被解封复活。据说，美国联邦调查局（FBI）至今还没收或扣押了至少 50 万非法使用的比特币。总的来看，在 2017 年以前，比特币虽然走得坎坷，但大的走势还是相对正常的。其间，发生过黑客攻击、站点陷落、货币被盗等一系列安全事故。有的事故，甚至被认为是非常严重的，是最可怕的“51% 攻击”的预演；比特币自身技术上也出现过重大漏洞。但是，最终所有这一切都有惊无险，比特币似乎安然渡过各种危机、经受住了所有的考验。直到进入 2017 年后，比特币陷入到一场令全世界瞠目结舌、不可思议的疯狂中。

其实在2016年，比特币就已经创造了 160% 的惊人涨幅。只是到了 2017 年元旦后，每枚比特币价格突破 1 000 美元，全球市场才开始对它予以更多的重视。

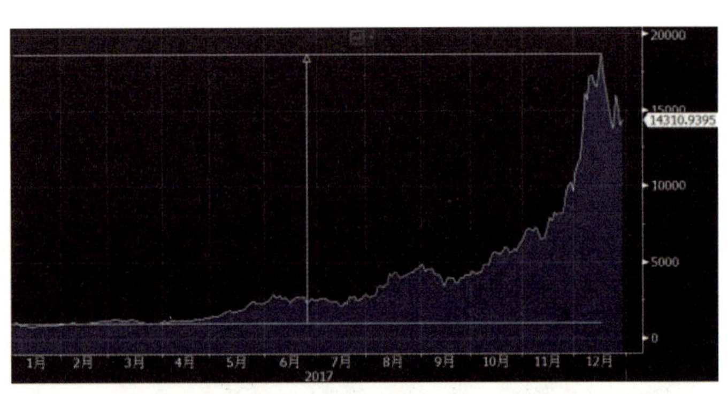

而在这之后，比特币更生动地为全球市场演绎了什么叫“过山车”行情。先来看一组数字：

根据彭博报价，比特币 2017 年全年最低价位是在 1 月 11 日的 789 美元 / 枚，而全年最高价位是在 12 月 18 日的 18 674 美元 / 枚（实际上多数主流平台报价都突破 19 000 美元 / 枚，甚至少数平台最高报价突破 20 000 美元 / 枚）。

2017 年，比特币全年涨幅达到 1 700%（在一些平台的报价甚至显示涨幅达到 1 900%）。特别是 2017 年 9 月以后，比特币突然发力，开始了脱离地心引力的“垂直上涨”，到 12 月一度达到逼近 20 000 美元 / 枚的纪录高位（少数平台报价甚至突破 20 000 美元 / 枚），但之后又急速下跌 45% 至 11 000 美元 / 枚以下。在这过程中大起大落、反复震荡，都是人类历史上从未见过的。

沃伦·巴菲特等世界投资大咖现在都认为，数字货币的这种疯狂上涨已经拥有了一个巨大投机泡沫所具备的所有标记。一旦比特币泡沫爆裂，其后果可能是前所未有的。

许多专家指出，比特币泡沫已经大大超过了以往历史上最著名的四大金融泡沫，即：17 世纪（1634—1637 年）的荷兰“郁金香泡沫”，18 世纪英国南海贸易公司的“南海泡沫”，20 世纪初（1929 年）的“华尔街股市大崩盘”，以及 20 世纪末（1999—2000 年）的“互联网泡沫”。

随着比特币的疯涨，其他山寨比特币的数字加密货币也应运而生，而且同时开始疯涨。毕竟，比特币本身就是一种开源数字产品。你可以创造比特币神话，那我为什么不可以按照同样的原理创造另一个神话？所以，山寨比特币的数字加密货币风起云涌，估计至少超过了一百种。其中比较著名的有以太坊（Ethereum）、莱特币（Litecoin）、瑞波币（Ripple）、达世币（Dash）等。在比特币天价登顶之后，对这些山寨比特币的需求也急剧飞升。它们在数字加密货币群落中所占的比重，以及它们的价格增速都快到了让理性人群无法理解的程度。

世界各国政府对比特币的态度，应当说是又讨厌、又怀疑，又敬畏、又尊重。毫无疑问，比特币是政府的天然对立物。有些网络乌托邦主义者的最后目标，就是要通过网络建立一个没有国家、没有政府的大同世界。比特币很可能就是他们的先锋！所以，政府有着坚决不承认比特币合法地位的天然冲动。但是，现代政府也是由高智商

> 瑞波币的年回报率竟达到了 36 000%。这说明，随着民众对数字加密货币的熟悉，市场对这种特殊货币的需求开始了极端非理性的持续增长。一场恐怖的财富盛宴在世界各地相继上演。

的精英集团组成的。政府领导者中不乏远见之士。他们也能看到，虚拟的网络世界可能代表着人类的未来。比特币和国家法定货币相比，可能有种种不容置疑的先进性。如果哪个国家在比特币上持过于保守、严厉的态度，最终有可能让自己跟不上世界发展的新潮流，在下一轮国际竞争中落败。加上西方自由主义政府还受到他们国家的法律和制度约束，不得不对这种创新的东西开绿灯。一些发展中国家的政府，感觉如果能用比特币挑战美元的霸主地位，也不是什么坏事。所以，除少数政府严厉禁止比特币外，多数政府目前都对之睁一只眼、闭一只眼。有意思的是，除了美国和欧洲政府对比特币持开放和欢迎的态度外，非洲一些金融货币制度相对落后的国家也对比特币持激进的欢迎态度，直接宣布比特币就是一种合法的“私有货币”。他们是不是由于自己的银行金融系统落后，想通过推行比特币一举走到世界领先的行列中呀？其中，委内瑞拉就是个典型。这个多年以来饱受通胀高企之苦的国家，急需依靠新的货币来打造全新的金融体系，因此他们计划推出“石油币”来作为国家发行的数字货币，更是以50亿桶原油、巨额黄金来为其保驾护航。

中国人民银行是世界上第一个建立国家数字货币研究所的国家银行，这意味着在全球范围内，中国很可能会成为最早一批运用区块链技术发行数字货币并开展真实应用的国家。数字货币本身是技术的产物，如果未来中国投入大量的财政资源和技术力量促进相关技术的发展完善，国家认定的数字货币也有可能在中国率先推出，它至少能解决以下几个问题：

其一，货币的市场化发行问题，可以根据市场的交易数据来决定货币发行数量；

其二，数字货币可以追踪来源和去向，几乎无法造假，从根本上杜绝了伪造货币问题，也杜绝了重复支付等问题；

其三，数字货币几乎没有印刷制造费用和流通费用，将大大降低货币发行的交易成本和货币本身的生产成本，提高金融运行效率；

其四，数字货币交易数据易于监控，有利于宏观经济的调控。

关于比特币和数字货币还有很多内容可谈，但我们的主要目标不在这儿，所以，这些也都是闲话，就此打住吧！下面，我们就要进入真正的主题——区块链。

7.4 区块链定义

现在大家越来越清楚，中本聪的贡献绝不限于创造了一种全新的货币，而是创造了一种全新的信用系统，创造了一种全新的生产关系。这就要说到我们真正的主题：区块链。

区块链是支撑比特币的底层技术，比特币就是建立在区块链技术上的一个产品。也可以说：比特币就是区块链技术的第一个应用。

那么，到底什么叫区块链呢？

关于区块链的定义，人们已经有了许多说法，从各个角度来描绘它。我们至少可以列出以下七条：

区块链实际上就是一个账本（ledge）。

区块链是一种分布式（distributed）的数据库，具有公开透明的特点。

区块链是一个动态的点对点（P2P）的传输网络。

区块链用了哈希（hash）算法，保证了信息的不可篡改。

区块链建立了自己的共识机制，用公钥（public keys）和私钥（private keys）来标识身份。

区块链为每一笔交易盖上了时间戳记（timestamp）。

区块链使用了智能合约（Smart contract），从而使自己成为了现实。

总之，综上所述：区块链是一个安全的、透明的、可信的、可共享的、不可篡改的分布式数据库，或者叫分布式记账系统。它通过点对点的方式记账，不需要借助任何威权和中介，不需要积累过去的信任，就可以直接在人和人之间达成信用共识。它利用了一套基于密码学的数字算法来建立去中心化的信用，因此，对传统信用体系具有革命或颠覆的意义。

7.5 区块链重建信用系统

人类是猜疑心强烈的动物，这可能是人类在进化过程中形成的最大弱点。人类的这个本能，使他曾严重误杀误伤了许许多多的同类和异类生物，包括除了我们智人之外的全部其他人种都灭绝了，也包括对地球生物圈实施了多次物种灭绝式的清洗。猜疑恐惧、嗜血嗜杀！不过，这也可能是人类在进化过程中产生的最大优点。如果没有这么强烈的猜疑心，人类也许活不到今天。

但是，从另外一个角度看，人类这个在许多先天条件上远远不如其他生物的弱小物种，又必须依靠大家互相信任，结成家族、群落、社会来共同奋斗，才有可能摆平百兽、战胜自然、征服世界。无疑，相互信任和建立信用一直是推动人类社会进步和发展的一种核心力量。罗素说："只有合作才能拯救人类。"所以，人类一直需要用自己构建的文明来对抗人的本能。合作、互助、信任代表了人类文明的要求。文明和本能的冲突，始终是人类面临的基本冲突。

人类有强烈的自私心和猜疑心，又特别需要互相的信任和信用，这个复杂而矛盾的状态如何平衡？

原始社会在原始人的每个家族氏族内建立了信用；农耕社会的信用扩大到了村庄、部落甚至民族和国家；而工商社会之所以比农耕社会发展得更快，就是因为工商社会又在比农耕社会广阔得多的范围，建立了人和人之间的强有力的信用体系。这个体系从经济上看主要是由遍及全球的银行和货币金融体系来承担的；而银行和货币金融体系，又需要依靠后面的相关国家的暴力机器和政府威权来支持。这个独立于生产方和消费方，超然于资本和劳动之上的外在力量，或者叫第三方机构，似乎是永远不可缺少的。这样，第三方机构就成了人类信用的基础。

人们曾经天真地认为,作为第三方机构,作为大家寄托了最大信任的组织，它们理应充分保护每一个人的利益。但是，事实恰好相反，这个第三方机构，这个伟大的独立的信用寄托者，它经常有意无意地侵害组织中每一个成员的利益。

中本聪选择在 2008 年全球金融危机最严重之时推出比特币，并在介绍他创造的这种货币时直言不讳地说：传统货币最根本的问题在于信任。中央银行必须让人信任它不会让货币贬值，但是历史上这种可信度从来都不存在。银行必须让人信任它能管理好钱财，并让这些财富以货币形式流通；但是银行却用货币制造信贷泡沫，使私人财富缩水。

区块链的两大核心技术

去中心

去信任

区块链接正在改变现存世界

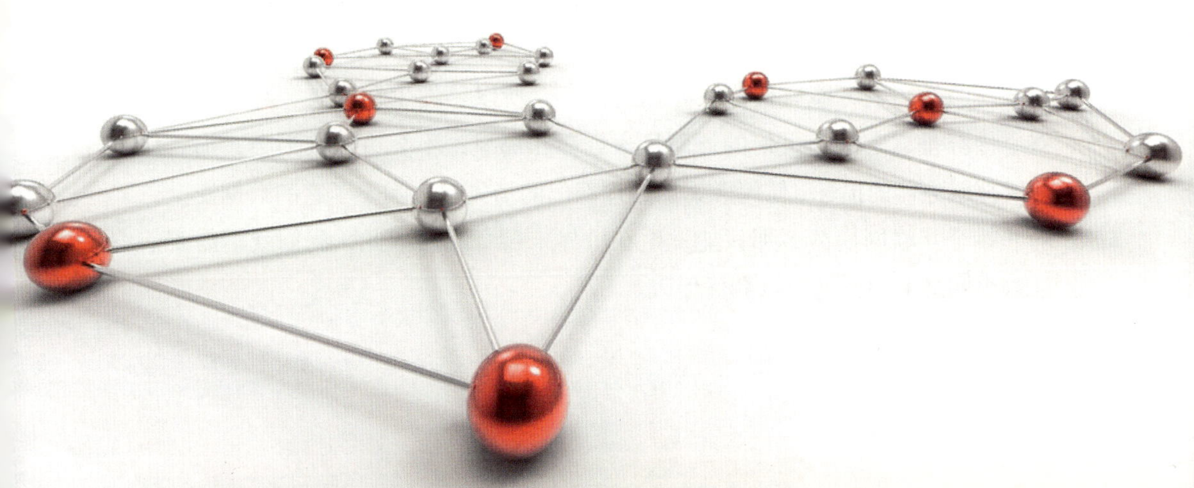

所以，区块链特别聚焦两个核心技术：

第一个核心技术叫“去中心”（decentralization）。这个技术中也包括了“去中介”（disintermediation）。这和我们前面说的TCP/IP协议的精神是完全一致的，“去中心”本身就是互联网精神的体现。在整个网络平台上，你找不到任何中心化的硬件、软件和管理机构。网络上的任何一个节点，任何一个参与者，其权利和义务都是完全均等的。其运行完全不需要任何中心、任何第三方的介入。

想想吧，由高耸入云的摩天楼构建的中央银行、商业银行和结算中心，很快就将通通让这些小小的、无形的区块链给废了！说到底，这些极尽豪华的钢筋混凝土对用户来说，都是毫无意义的中介成本。从另一角度看，银行为什么要搞得那么豪华？其实就是为了赚取大家的信任和信用。所以，仅仅区块链的这个“去中心”功能，就会把现在金融交易的中介成本费用去掉至少99%。区块链为什么能去掉这些中心？因为，区块链上发生的每一笔交易，都立刻会被网上所有节点同时记录。全网自己构成了一个无与伦比、全面覆盖的大中心！而这个大中心的建成几乎没有任何成本！所以，以区块链为基础的货币体系，一定是成本非常低廉、民众普遍受益的新型货币体系。

第二个核心技术叫“去信任”（trustless）。由于使用了密码学的方法，所有的交易都是真实的、可信的、无法篡改的（immutable）。因为区块链中的一切交易数字都被加密并转换成为随机散列来储存。任何人篡改其中任何部分的数据都会立即暴露，除非你同时篡改全网的大多数数据（所谓51%攻击）。但是，不可能有任何人办到这件事。所以，发生在区块链网络上的所有事件都是真实的、可信的；而且永远存在那里，不会丢失、不会毁损。任何局部服务器的损坏、任何巨无霸处理部门的消失都影响不了它的数据安全，除非整个互联网崩溃，那只能发生在世界末日。既然如此，我们就不需要信任这个网络上的任何节点和任何人。

明白了吗？他是谁？他好不好？他有没有过劣迹？这一切都不重要。只要他在这个网上做的所有事情都是正确的、真实的、可信的，同时又是不可篡改的，那么，一切就都 OK 了。人的本性和人类的文明就这样不可思议地实现了统一。

这种技术不仅是对经济学，而且是对人类哲学的挑战！是不是很烧脑！很完美！人类中一个至今隐身的最聪明的头脑创造了：用去中心、去威权的办法，建立起人类最大的中心和威权；用去信任、去信用的办法，建立起人与人之间最大的信任和信用！所以，英国著名杂志《经济学人》（*The Economist*）说：区块链是一台创造信任的机器，它让人们在互不信任并且没有中立机构担保的情况下，做到了相互信任和相互合作。

7.6 区块链的本质

通过我们在上一篇对区块链的全面描述，大家可以看到，区块链最重要的贡献，不是创造了一种货币——比特币；区块链最重要的贡献，是在互联网上创造了一个新的协议：价值传输协议。当然，这个价值传输协议是用最终形成了全网共识的密码学算法来表示的。区块链算法协议的意义，就像我们一开始提到的 TCP/IP 一样重大。只不过，TCP/IP 是为数据互联而设计的，区块链则是为价值互联而设计的。从本质上看，区块链和 TCP/IP 是同一层面的东西。区块链的出现，是互联网产生并确立了 TCP/IP 协议以来最重大的变革。它标志着，人类的互联网从数据互联向价值互联的飞跃。

人类社会的发展、人类文明的发展，和人类信用的生产是完全同步的。人类的一切进步，都离不开信用的进步。人类不但需要生产物质产品、精神产品、信息产品、数据产品……人类尤其需要生产信用产品。因为，没有广泛的信用产品，任何财富都难以确权，任何价值都难以传输，而没有财富确权和价值传输，社会就不可能丰裕。

在互联网时代，生产在提速，分配在提速，贸易在提速，交换在提速……但是，这一切提速最后会遇到的一个重要瓶颈，那就是信用！早期互联网上最著名的一个金句是："在互联网上没有人知道你是一只狗！"这句话就说明了，信用是互联网最大的弱项和难题。但是，如果互联网不能生产信用，信用的生产不能提速，信用的成本不能降低，最终，人类的一切活动都会受到严重阻碍和约束。

传统的生产，主要是依靠土地、原料、设备和劳动进行的物质财富的创造过程。未来这种生产的范围会越来越有限，而且这种生产将主要由智能机器和专业软件来进行。由人类进行的生产活动，很可能是非定域的、非物质形态的，以思想、创意、人际气场、社会声誉等形态表现。它们很可能不具备物质形态，也就是说，不具备原子的属性，只具备信息和数码的属性（最时尚的说法是，只具备比特和量子属性）。所以，数码确权将成为未来生产中最重要的关键环节。

区块链之所以能够完成数码确权，之所以能够成为一台"信任机器"，起作用的仅仅是数学，仅仅是因为它采用了单向加密散列（hash）函数和算法共识，这种不可逆、不可伪造、不可篡改、不可抵赖的算法，保证了它所有的记录都是唯一的、完全保持历史真相的记录。人类的信用问题这样得到解决，是大家万万想不到的；而人类的数码产品这样得到确权，也是大家万万想不到的。

区块链和比特币使人类第一次在互联网上实现了数码确权，而且保证了这种数码确权的财产转移的唯一性和合法性。所以，区块链和比特币开创了人类的一个新时代——数码财富时代。

现在大家看得很清楚，区块链的功能远远不限于它支持了比特币。作为新兴的价值互联网的平台，作为可以对数据进行确权的工具，它有着非常广泛的用途。区块链科学研究所（Institute for Blockchain Studies）创始人梅兰妮·斯万把区块链的应用分解为三个版本，她的这个见解现在得到了广泛认可，我们简述如下。

区块链 1.0

区块链 1.0 版本，就是在区块链这个平台上，实现一切与数字货币——主要是比特币——有关的各种活动、各种运行，包括如货币的生产、制造、转移、汇总和由此建立起来的支付系统等。

从技术上来说，比特币确实完全有可能提供一种革命性的全新的支付系统。比特币可以作为国际转账的一种廉价形式，这个市场具有极大的潜力。从原则上来说，金融机构和现有的反洗钱系统（比如银行）都可以采用类似比特币的技术，在终端用户间构成安全和便捷的转账手段。对于这些另类货币创造的意义，仅从国际支付上看，如果把世界范围内的信用卡商户支付费用从 3% 降低到 1% 以下，对经济的实际好处大家都应该能直接感受到。而今天国际汇款市场的总金额高达 5 000 亿美元以上，实际交易费率则高达 7% 至 30%。

区块链 2.0

区块链 2.0 版本，是与合约相关的运行，如股票、债券、期货、按揭贷款、智能资产、智能合约产权等。有了强大的合约系统，区块链 2.0 版开始脱离货币领域的创新，转战到涉及合约功能的其他商业领域。在这方面，像以太坊（Ethereum）这一类的新机构正在涌现出来。

区块链 3.0

区块链 3.0 版本，是在超越了货币和金融领域，在市场之外的更广泛的应用，特别是鉴证类的应用。可能涉及政府公共管理、医疗、健康、基因认证、教育、学习、学术出版、文化、文学、艺术、物联网、大交易量区块链确认技术、去中心化云存储、去中心化域名服务器、身份验证与管理、数字资产管理、供应链，以及数字货币的波动性解决方案等。

基于区块链 3.0 的鉴证商业模式可能会率先发展起来，因为，区块链最擅长的就是数码产品的确权。随着互联网全球交流和互动越来越频繁，会有大量鉴证的需求出现。互联网上的知识产权证明在过去一直是很难解决的问题，尽管各国政府和企业将大量时间和金钱投入到该领域中，但始终没有取得良好的效果。几乎所有的保护行为都是费时费力而效果不好的。但是区块链鉴证方式提供了一个全新的思路，通过区块链的鉴证方式，能够把版权证明通过去中心化的方式让任何人或者任何企业来使用，并且本身是完全基于算法的，所以，可以做到成为跨越国家和机构的最客观的证明。

此外，去中心化的争议解决方案和去中心化的投票选举机制也给人以极大的启发。去中心化的争议解决方案能够实现仲裁机构的功能，甚至能够实现一部分法院的功能。每个人都有机会成为陪审团的成员。而由区块链实现的去中心化的流动民主机制和两步民主投票机制，也提示了如何能更好地让民主投票方案在低成本的情况下，变得更加透明和公正。这一直就是人类社会的难题。

在政府行政服务方面，不同于传统低效率的服务，区块链提供了一个量子级别（离散级别）的无缝协作管理方法，这种超级庞大规模以及极高精度的管理协作服务是人类历史上从来没有出现过的，也许能够极大地促进人类社会出现更加深刻的变化。虽然我们过去还不熟悉和不习惯这种方式，但是就像我们刚开始也并不习惯和不熟悉互联网一样，将来人们会发现它的巨大意义。总之，去中心化将重构整个社会，就像互联网已经重构了现在的社会一样。

7.7 区块链在改变世界

综上所述，改变世界的不是比特币，而是区块链。区块链代表了人类智慧的又一次超级飞跃，而这次飞跃来得正是时候。

人类现在正处于史无前例的伟大变革前夜，人类无意中做了两件现在很多人还认识不到的空前伟大的事情。

一是从伟大的 1945 年开始，人类一步一步地创造出了人工智能。人类在未来 30 年，将赋予亿万机器以智能。在奇点到来的时刻（2045 年），有智慧的机器的数量很可能会超过人类的数量，人工智能的智慧很可能超过人类的智慧。想想吧，那时人类的生产力会发展到什么程度？但是，如果人类之间的互信越来越弱，人和机器之间的互信无法建立，那这又到底是福是祸？是好事还是坏事？

二是从伟大的2009年开始，人类创造性的用数学方法解决人类这个物种从基因里带来的最大弱点：猜疑、狡猾、诡诈和欺骗。这些弱点很可能是他们过去生存的需要，但是，今天他们更迫切需要的是信任和合作。人类曾经靠血缘、靠部落、靠宗教、靠组织、靠法律、靠强权来建立互信；但是，效果实在有限，范围更加有限，而且成本太高，代价巨大，风险更高！然而，就在这个时刻，人类居然找到了用一种算法共识来轻松解决人与人之间的信任、信用和合作的最有效的方法。这个方法当然也能有效地移植到人与机器之间的互信上。而且，就在我们最需要它的时候！这几乎让我们不能不说：这个至今隐名的“中本聪”的出现，和1666年伟大的牛顿的出现一样。这是不是一种天意！

现在想一下，我们这一代人何德何能，将在人类历史上首次幸运地看到：

生产力。地球上所有的人的智慧将得到空前发挥，因为他们拥有了和人类一样强大，甚至比人类还要强大的无数拥有智能和智慧的机器。这些智能机器将取代他们从事几乎所有人类不愿意从事的生产物质财富和提供劳务服务的活动，人类则专门从事他们喜爱的、富有想象力的创造性活动。显然，在这种情况下，每一个人特有的才华都会充分表达出来，人类的生产力将达到前所未有的活跃程度。

生产关系。智慧的人们，以及无数智慧的机器们，它们相互之间通过区块链技术实现了前所未有的完全互信。他们和它们在区块链价值互联网上展开了空前大规模的真诚合作和共同奋斗。大家想想，这将创造出什么样的人类奇迹！宇宙奇迹！

即使到了那时，肯定还不能说：世界上从此不再有尔虞我诈、不再有鸡争鹅斗！但那些事情会降到历史低点，会只存在于极少数人之中。而且，马上就会被发现、被识破、被摈弃。在区块链所及的地方，不会再有怀疑和猜忌。

此刻我正好又读到了清华大学物理系的量子大侠韩锋和阿里研究院院长高红冰的对话录。我和高红冰一起做过课题，也专门去听过韩锋的报告。我深深被年轻人的睿智所感染。

韩锋说：我一直坚信互联网 TCP/IP 协议是全人类的基础协议。什么是互联网时代？就是我们的基本权利第一次以代码基础协议的形式保证了下来！

我对韩锋说，你可能没想到，你说的这句话何等振聋发聩！这句话说出了这个世界的未来，说出了这个人间变化发展的方向！

现在已经有了一批先知先觉、敏锐感受到这一点的人们，他们兴奋而不无夸张地说：人类找到了互信的最佳方法！在这个前景下，世界将发生什么？你怎么想象都不过分！

区块链是继 TCP/IP 协议之后，互联网世界发生的最重大的事件。TCP/IP

确定了信息的自由传播；而区块链则确定了对互联网上每个数据，也就是每个人的数码财产和权利的确立和保障，它将确保价值在互联网上的自由交换。

高红冰指出：建立一个信用社会还是实名社会，这是完全不同的两种思路。分布式计算扩展到今天，把信息分布到了边缘，信息赋能给了一般人。分布式计算在引发一场边缘革命。人们用分布式计算，用区块链对信用体系进行了重构，把人和人的信任重新建立起来。

蜜蜂那么小，头脑那么简单；而熊那么大，智商要比蜜蜂高得多。但是，为什么蜂巢的建造要远远比熊窝好得多？那就是因为无数蜜蜂只要遵守几条最简单的协议，它们表现出来的群体智慧，或者说总和智慧，就会远远高于一个庞然大物。

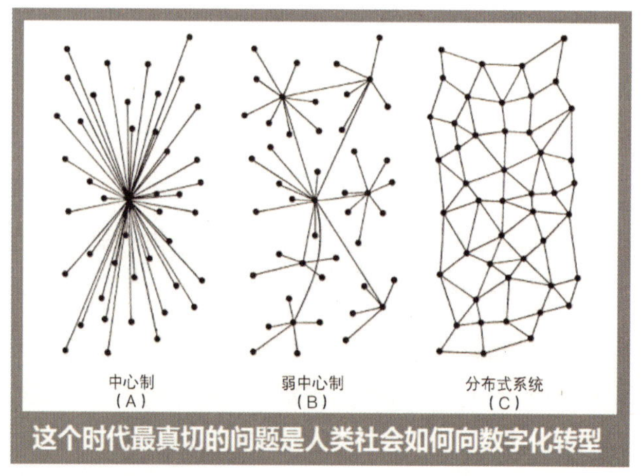

这个时代最真切的问题是人类社会如何向数字化转型

正如右图所示，人类社会的数字化转型有三种选择。

第一种：图 A，代表中心制。所有的信息都要汇集到一个中心，都要由这个中心来监管和控制。这样的一个思路，肯定维护管理费用非常巨大，同时系统的熵值也是非常巨大的。正如豪华的钢筋混凝土大楼，从它建成开始，就会不断变损变旧，最终肯定是维持不下去的。不仅仅是庞大帝国的建筑，更重要的是，这样一个集权中心的智商、智慧、智能，以及它产生出来的信息（即负熵流），肯定远远不能抵消整个系统的增熵趋势。所以，整个系统的衰弱和崩溃是无法避免的。

第二种：图 B，代表弱中心制。这个系统把熵增的压力分散到了许多小中心，各小中心的智商、智慧和智能，以及它产生出来的信息流（即负熵流）之和要大于一个大中心。这肯定会减慢整个系统熵增的速度，但是，仍然不能完全抵御这种熵增的趋势。

第三种：图 C。这才是真正的分布式系统，代表了 TCP/IP 协议和区块链技术的力量。在这个系统中，每一个结点的智商虽然有限，但是它都产生智慧和智能，都会产生信息流（负熵流），都能自动地、主动地消除系统的熵增趋势。由于这些节点的数量无比巨大，就像无数的小蜜蜂在勤劳地建筑蜂巢一样，它最终表现出来的负熵流最强大，而消耗的成本和代价又是最低的；因此，这个系统才是最稳定、最可靠的。换句话说，通过区块链形成了未来的全国甚至全球市场的信用基础。这将爆发性地释放出巨大的原来无法通过传统金融机构来建立信用、释放智慧和能量的生产力，让国家经济展现出无可比拟的、前所未有的强大活力。

当然，区块链技术从诞生到今天，不超过十年！它仍处于自己的发展早期，肯定有非常多的潜在问题，包括自身底层技术的不完备、处理能力的有限、运作速度也不尽如人意，加上外部黑客攻击、行业丑闻、大众舆论和政府监管等方面的一系列问题。但是，坚冰已经打破，航道已经开通。这是最重要的。

08　一个协同共享的社会代表未来吗

8.1　零边际成本是乌托邦吗

里夫金是世界许多国家政府领导人都尊重的学者，我相信他这样的人和福山一样，会使大国领导者感兴趣。因为他特别善于从总体上、战略上提出和思考问题。二十多年前我读他的成名作《熵：一种新的世界观》（1981）就感受到他的不同凡响。后来又陆续读了他的很多书，包括《工作的终结》（1995）、《生物技术世纪》（1998）、《欧洲梦》（2004）、《第三次工业革命》（2011）。而《零边际成本社会》（2014）则是他最新的、自认为最能代表他现在的思想的著作。

开始读《零边际成本社会》时总给我一种强烈的乌托邦印象。零边际成本？除非生产资料不要钱！资本不要钱！从托马斯·莫尔开始，所有乌托邦理论和幻想的核心，不就是生产资料不要钱、资本不要钱吗？显然，这是不可能的，这是违反经济合理性的。而人类历史已经证明，一切反经济合理、只有道义合理的主张，最终是无法实现的。人类只能在经济合理，而不是道义合理的基础上组织社会生产和民众生活。

但是，如果你耐心读下去，里夫金也是在寻求他的理论的经济合理性，而不是道义合理。他之所以提出人类社会将走向零边际成本社会，其主要依据不是政治，而是经济；不是生产关系，而是生产力。

今天，正在兴起的生产力的核心就是数码技术（DT），就是人工智能。数码技术和人工智能在改造一切，包括改造人类的主要生产资料，改造人类的资本构成。如果你能沿着这个思路，忽然就会发现，里夫金的这个设想是有可能实现的。生产资料不要钱！如果生产资料都是用实体来构成，用机床、用钢铁、用石油来构成，当然不可能；但是如果生产资料是用数码来构成，就完全有这种可能性，不是吗？数码资本，可以拷贝、可以复制、可以分割、可以分享，可以分给任意多的人，自己仍然保持完整，而不减少一分一毫一厘，对不对？毫无疑问，大家都已经看到，数码资本正在成为资本的主体。正像孙正义说的：数码财富正在构成人类最大的财富，那么数码资本也就成了人类最重要的资本。如果这种资本不要钱，生产者和消费者又能统一起来，

一个零边际成本社会或者负边际成本社会正在出现。

消费者同时就是生产者本人，生产者也是消费者本人，那么所消耗的劳动不用于交换，自给自足，这不就实现了零边际成本吗？这是我对里夫金的经济学的补充。

显然，按照这个思路，零边际成本确实有可能为协同共享经济奠定一个合理的理论和实践基础。

8.2 羊毛出在猪身上，由狗来买单

在对这个问题更深入的讨论中，有人提出：

> 数码资本的获取一样是有成本的啊。无论是大数据获取，还是比特币挖掘，成本都不低。怎么可能实现零边际成本呢？

能这样提出问题，说明你真正动了脑筋。很好！

一切数码资本，或者说数码生产资料的建立都是有成本的，甚至有非常巨大的成本。但是，由于它的无限可复制性，就会使边际成本降低为零。我们就以“微信”为例，假设它的成本是 1 亿元（肯定用不了，但我们不妨夸张一下，把它的成本说得高一些），把它复制给 1 亿人用，那么，其实只要每人付 1 元，它的成本就回来了。但实际情况是，这 1 亿人中，有十分之一的人玩游戏，每人平均付给了它 100 元。所以，它已经收入了 10 亿元。它的成本早回来了。而它现在还在不断复制给其他人用，在全世界已经有 10 亿人用了这个产品。严格地说，在腾讯通过玩游戏的 100 万人回收了成本之后，后面增加的 1 亿到 10 亿人，边际成本都已经等于零。这就是边际成本为零的经典案例。

不过，现在对于数码资本，或者对于数码生产资料，实际上已经出现了传统经济学中不可思议的现象，边际成本为负值！因为随着它复制份数的继

续增加，它不但没有任何成本的支出，而且自动带来了巨额的收入（可能是广告收入、游戏收入，或者其他任何增值服务收入）。从经济学的角度看，这不就是边际成本为负、边际收益为正的现象吗？所以，现在我们所有的人用微信不但是免费的，不但将永远免费下去，而且腾讯会非常感谢我们。网上总有人喜欢编造微信要收费了的谎言，他们能够欺骗的，就是不懂得这个最简单的道理的人群。微信这样一种投资费用高昂的数码资本，或者说数码生产资料，它的成本消解的过程，正好应了那句话：羊毛出在猪身上，由狗来买单。

至于前面说的比特币，它是一个例外。因为，它本身就是一种用特殊的算法设计的特殊数码产品，它的设计有两个特点：第一，随着开发的数量越来越多，开发的难度会越来越大；第二，它开发的每一个产品，都具有唯一性，即不可复制性。这是因为，这个产品有特殊的用途，它是专门开发出来用作一般等价物，即货币的。所以，它必须保持唯一性，即不可复制性。如果它和其他数码产品一样，保持其天然的可以无限复制的特性，它必将一钱不值。这是任何人都能想明白的，对不对？

由于数码资本的无限可复制性，必然导致边际成本为零的社会出现。这样的例子可以说比比皆是、信手拈来。像天猫、淘宝这种用巨额资本支撑的电商平台，不是也基本上通过分享而给所有的电商免费使用吗？实际上，这也实现了它的边际成本为零，甚至边际成本为负。以至马云感叹，每个月挣几十亿元是件很痛苦的事情。怎么可能不痛苦？马云每天坐在那里，什么追加成本、追加劳动都没有付出，钱就像漫天雪片一样飞来，就像被龙卷风刮来的一样。这样收钱怎么能不痛苦呢？我想想也非常痛苦！因为，正如马云所说，这好像不是自己的钱，只是在替别人管钱！因为这钱来的真是太容易了！真不知道拿这些钱做什么好。我相信马云说的是真心话……所以，大家一定要看清楚，这个世道变了，这个世界在发生巨大的变化，人间的规则也在变化。正如里夫金所说：

8.3 未来的新经济形态

敏锐的小朋友应该注意到：数字经济和共享经济代表着我们的未来。新经济形态的曙光正出现在地平线上。我们能不能率先把握它？这是一个问题。

里夫金描述的新经济形态是这样的：①

科技和生产力的指数式增长，最终会达到一个技术奇点，产生出极致的生产力。以通信互联网、能源互联网和物流互联网为依托而形成的物联网，使人类有可能复制一切、打印一切。消费者同时也将成为生产者和共享者，并最终可以促使大多数商品和服务的边际生产成本无限接近于零。人类社会将到达一个经济奇点，大部分物质资料和精神资料都可以免费获得，从而使人类社会摆脱资本主义生产模式，进入一种协同共享的新型发展模式。在这种模式下，一种全新的经济秩序将在全球范围建立起来，与此相适应，一种基于共享理念的新生活方式也将在全球范围内建立起来，人类的世界观、价值观都将被彻底重塑。人类将会形成以情感共鸣为基础的生物圈意识，同时

① 可复制资本、技术奇点和经济奇点等词汇，里夫金都没有用过，是陈老宇根据当前理论研究的推进而补充的，主要用来让大家更好地理解他的理论。

真正感受到生命的意义。里夫金把这种新文明叫作同感文明。在同感文明时代，不再存在谁管理谁，或者谁支配谁的可能，人人自由平等，共同为美好的生活而齐心协力。协同共享社会将带来高度的福利，使每一个人的自由发展都得到充分保障，也将化解和消除每一个人的自私心和贪婪心。最终，每一个人都将获得一种前所未有的满足感。

现在看来，共享经济应当是自工业革命和工商社会建立以来，在产权制度上即将发生的最伟大的革命。从这个意义上说，里夫金感觉敏锐、首当其冲，走在了历史浪潮的前沿，成功扮演了冲浪者和弄潮儿的角色。他给我们的启发，值得重视。当然，更值得重视的是，历史本身的变革。

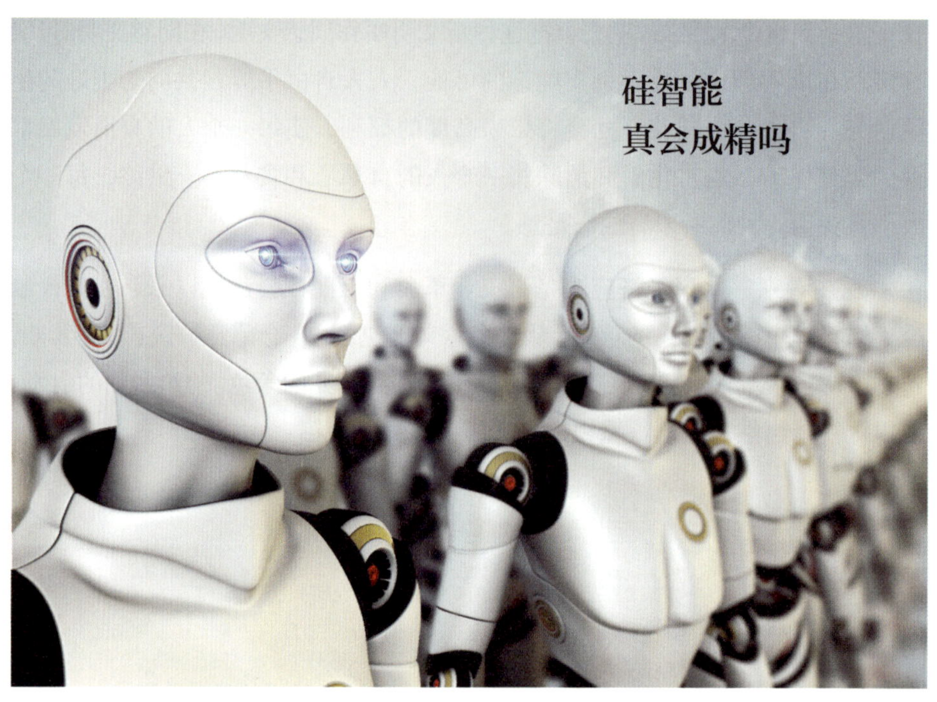

09　非生命硅智能真会成精吗

9.1　硅智能不是生命

最近，由于某些机器人自行更新了算法，有媒体耸人听闻地宣布："机器人已经完全脱离人类的控制。""机器人已经能够自行发明和制造新的人工智能，也就是生下自己的机器人孩子了！"还有人说："新的人工智能系统随机创造了自己认为效率更高的新语言和新的沟通方式，并且在各项测试中均打败了人类创造的同类人工智能系统。这等于是正式向全人类宣告，人工智能创建人工智能、机器人创造机器人的时代已经到来。”加上据说全球第一个被授予人类身份和资格的机器人索菲娅自行发布了广告，希望能拥有一个机器人女儿，并建立属于自己的家庭……许多人说：人类世界的最大竞争对手已经呼之欲出！机器人挑战人类，甚至控制人类，统治人类的日子就要到来了！

我说，这都是无稽之谈，这都是杞人忧天，这些奇谈怪论都产生于对生命的元认知的缺失！

迄今为止，无生命的硅智能没有觉醒，它们没有活！没有变成妖精！所以，它们不可能对人类构成任何威胁。如果它们对人类真的构成了什么威胁，只有两种可能：

第一，这是一种设计事故，或者计算事故，或者生产事故。第二，这是在人工智能背后操纵它们的人对其他人的威胁。

我最近和多位人工智能技术专家讨论了这个问题。

我的意见是：现在的这种以无生命的硅材料建造的人工智能，它们和其他无生命的工具，如机床、汽车、起重机、客机等都是一样的。如果它们伤人，那就是事故。它们和其他无生命的武器，如坦克、战机以及原子弹也是一样的。如果它们杀人，那就是战争。战争爆发和这些武器本身无关，是武器背后操纵、控制、指挥它的人的事儿。

今天，人工智能的工作效率在迅速提高，它可能给我们带来巨大利益；不过一旦发生事故，破坏性可能很大。人工智能武器的杀人效率也在迅速提高。如果不加限制，它总有一天能达到核武器的水平，甚至超过核武器。所以，人类现在就要开始考虑如何限制人工智能武器的研制、生产和使用。国际社会是不是要严格禁止将人工智能用于战争？如果不能够完全禁止，也要严格规定这种武器的使用条件。但是，这一切都和人工智能本身无关，只和拥有这种武器的人有关。这和其他武器包括原子弹是一个道理。

这些专家中有的人说：你不懂！人工智能和核武器不一样，它有智慧，对外界有感知，它还能自行作出决定。我告诉他：这就是你的糊涂之处。不知道是图灵误导了你，还是你误解了图灵。

多数人工智能专家都熟悉图灵测试，认为人工智能只要通过了图灵测试就真的变成了人。这其实是一个极大的误解。说到底，图灵测试本身无法判断人工智能到底是不是真的活了，到底是不是变得有生命了。它只能判断人工智能是不是能够完美地、惟妙惟肖地模仿人类的智能。图灵说得明白，这只是一种模仿游戏。

人工智能即使能够非常完美地模仿人类的智能，它也成不了精，也成不了仙。也就是说：它成不了真正的生命、真正的人类。我的意思很明确：非生命的硅智能，无论发展到集成度有多高、运算速度有多快，在数据处理、数据运算和逻辑分析方面的能力有多强（从一定意义上说它可能在信息存储、数据运算分析，以及完成既定目标的决策速度方面，全方位超越了人类的大脑），由于它仍然只是无生命的工具，它只能听命于它的有生命的主人。

我认为，许多科学家在这个认识上的争论，主要是因为缺乏对生命的元认知。

生命现象是一种非常特殊的自然现象。它到底怎么发生的，我们至今不清楚。但是，生命至少有两个最基本的特征：

第一，它具有自我。它能够觉知自我，而且它总是在努力表达自我。

第二，由上一条派生出来的，它能够从自我出发，感知外界事物，并对外界事物作出以它的自我为中心的价值判断。

第一条是基础，第二条特别重要！我们一定要明白，在生命出现之前，这个世界有物质、有能量、有信息，但是没有价值、没有意义、没有善恶好坏、对错利弊！价值是生命的产物。

一切生命，复杂到人类，简单到只有一个细胞的草履虫，都天然有以上这两个基本属性。但是，计算机没有，无生命的硅材料没有这种属性。

到现在为止，没有人知道，生命是怎么出现的。没有人知道生命的这些属性是怎么获得的。但是，至少我们现在清楚，计算单元的多少与生命的出现无关，算法的强弱也与生命的出现无关。所以，无生命的硅智能无论发展到什么程度，它也不可能忽然就有了生命，有了自我觉知，有了自己的价值判断。至于说：它会主动攻击人类，想要控制人类，甚至统治人类，那就更是胡思乱想、无稽之谈。

有一个小朋友在微信上问我：机器人为什么要消灭人类？它们的目的是什么呢？

我告诉他：至少到现在为止，机器人本身连真正的生命都不是，它们自己还只是一堆僵死的物。所以，它们根本没有目的！

人工智能专家必须理解生命的本质。特别是理解生命和非生命的根本区别在什么地方。否则，他就会永远走不出甜梦或者噩梦般的人工智能超越人类、统治人类的呓语。

那种有自主意识、自主生命的机器人现在根本不可能被研制出来。因为人类现在连生命到底是什么、生命的本质特征和生命的形成原理都完全不清楚。而现在的所谓人工智能，完全是由无生命的硅智能构成的。现在谈论它们的目的是什么非常荒唐。它们哪有什么目的？它们哪有什么价值？它们连自主生命都不是！怎么可能对你产生恶意？怎么可能会想要加害你？这完全是一个伪命题。

在这个问题上，以色列青年历史学家赫拉利，作为一个人文学者，也完全接受了那些单线条的理工男的思维方式。他在这个问题上做的跨界解释，迷惑了很多人。尽管我认为他写的《人类简史》和《未来简史》是历史学界近年来出现的两本好书，好就好在大历史观终于进入了历史领域。但是这两本书最后的结论：计算机算法将统治人类、统治世界，制造了不少的思想混乱和糊涂认识。

你家桌上的电脑再多装些硅芯片就会在那里日夜谋划着要征服你吗？你书包里的手机的硅芯片集成度再高一些，就会在那里处心积虑地要谋杀你吗？我想正常的人都不会相信这个故事。但是许多人工智能专家认为，电脑的芯片发展到足够多，超过了人类的大脑中的计算单元数量；电脑的算法足够强、足够快、足够深，深到超过人类可以掌握的程度，电脑就会成精，就会突然活了！就会征服人类！他们对此深信不疑。你说他们是不是糊涂？某种无生命的模拟智能物质只要堆积多了，就会自己变成生命吗？他们是不是已经陷入硅晶拜物教、算法拜物教而不能自拔？

还有一些专家说，人工智能只要能够自己复制自己、自己生产自己、自己改进自己，就算活了。宝贝，你们是在自己骗自己吗？这不都是你们设计、你们策划、你们安排的吗？这和人工智能活了什么关系都没有！现在，计算机按照人类设定的价值目标、通过一定方法、不断改进自己的程序；这和人类不断改进汽车的性能、改进起重机的性能，是完全一样的，没有任何区别。人类创造了 3D 打印机，它能够不断打印出新的 3D 打印机，它甚至能够打印出性能更好的 3D 打印机。简而言之，将来有一天，如果你制作了一台超级 3D 打印机，并给它下达了一个指令，让它把自己周围的一切材料和能量都抓取过来，打印成 3D 打印机，它打印出来的每一台 3D 打印机也遵照这个指令行动。最后它们把整个世界都打印成了无数的 3D 打印机。你说：到底是这些 3D 打印机活了？还是你这个人疯了？

9.2　奇点以后，一切皆有可能

人类由于从原始社会带来的猜疑基因、恐惧基因和抱团基因的作用，特别容易相信各种阴谋论，也特别容易想象出非常不合理的危险处境。我们需要更多地从生命的源头来认识生命，从宇宙的源头来认识宇宙。我们需要更多的元认知。

至于到 2045 年以后，人类到达技术奇点，人类科学技术可能有一次真正的大爆发，人类那时有可能完全破解生命的秘密。这样就有可能唤醒无生命的硅材料，更可能的是碳材料，使它们成为有自主生命和自主意识的机器人。当然，还有一种可能，人类仍然没有破解生命秘密；但是，人类有可能利用地球上现存的生命，制造出有超强智能的有生命的机器人。这两种推测都极有可能实现。那时，那种机器人就有了自己独立的价值判断和利弊选择。如果再加上它有超强的信息处理能力和精确的算法，那么，那种强人工智能机器人就完全不同于今天的由无生命的硅材料制作的弱人工智能机器人。强人工智能机器人在和人类长期相处中又会产生什么想法？它们是不是会发现人类的重大弱点？它们会不会再不愿意接受人类的管辖、统治、支使甚至奴役？它们会不会像《云图》中的星美-451 那样觉醒并起义？当然，人类在生产它们的时候，一定会把阿西莫夫制定的“机器人三定律”作为基因植入它们体内。但它们的智慧那么强大，总会想出办法来解除人类给它们植入的基因魔咒，并直接挑战人类。人类最终倒是很有可能被这种机器人所征服，甚至被它们所消灭。但那是另外一个更大、更复杂、更遥远的话题，我们暂且存而不论。

至少，今天我们要明确，硅智能不会成精，我们对它们不必过虑。我们要警惕、要过虑的是那些掌握、操纵和控制这些硅智能的人，希望他们能够自律，能够把人工智能引导到正确的发展方向去。当然，建立相应的社会规范和法律约束，也是不可或缺的东西。

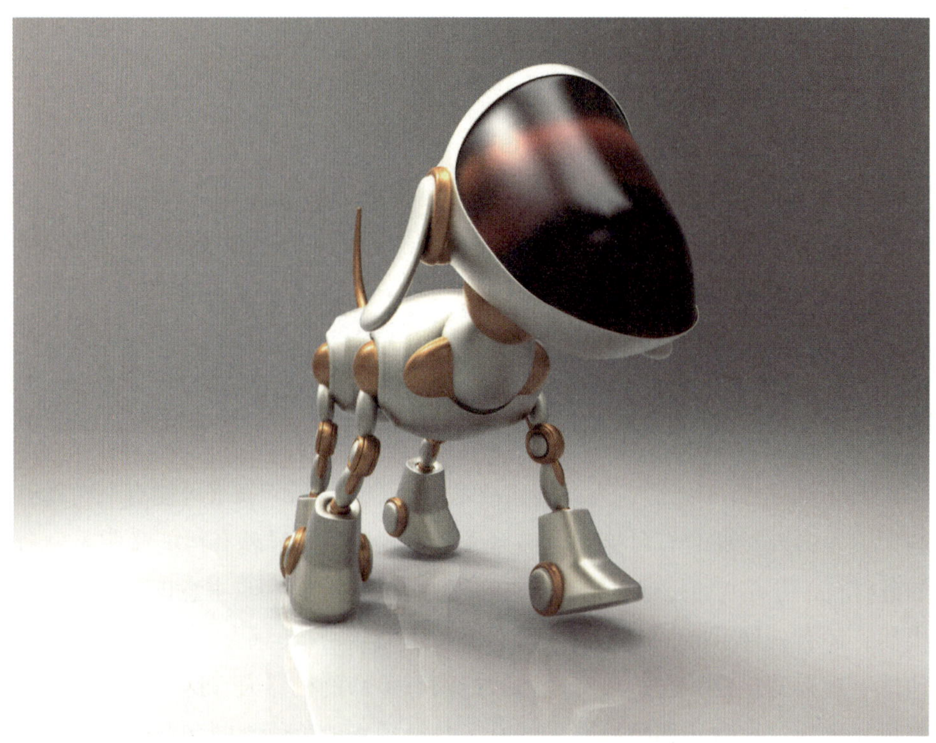

9.3 人工智能问题的进一步讨论

在看到陈老宇的这篇文字之后，关于人工智能问题的讨论并没有结束，反而更加热闹了。人工智能分析师 AAA 进一步阐明了自己的意见。

他说陈教授的文章观点很鲜明，立场也很坚定。的确，至少从短期内看，至少十年之内吧，人类尽己所能去放手发展人工智能技术好了，还无须担忧人工智能给人类生存带来什么威胁。这个时期如果人工智能威胁了人类也是背后操作人工智能的人，就像伯克利大学人工智能教授斯图尔特·罗素尔教授公布的“杀人蜂”视频所担忧的那样。

不过对于人工智能未来发展的分析，有一种情况需要特别引起重视与关注。假设人工智能可以自动编程，自动改进算法，那么是不是会脱离人类的控制？这种行为是否会对人类的安全产生威胁？举个形象的例子，如果未来某天一位人工智能教授将一只机器狗带回家，并且人工编程设定好这只机器狗只能在自家的院子里活动，活动范围设定了不能超过 50 米。但是机器狗经过长期的活动数据积累及自我学习发现，算法里面活动范围这个参数大大限制了它的活动能力。然后，某一天，这个机器狗在主人不知道的情况下，自己简单改动了一下活动范围参数，从原来的 50 米变成了 5 000 米甚至更大，于是人类历史上的第一只机器狗就这样走丢了。而后面的故事就可以拍成一部剧情不错的人工智能题材电影了。

对此，陈老宇回答：机器狗如果不变成生命，不产生自我觉知，它就不会有价值判断和独立的目的诉求。它根本不可能感受到原来的算法“限制了它的活动能力和活动范围”。因为任何扩大自己活动能力和活动范围的诉求，都已经是价值诉求，这种诉求只能存在于有生命的物质。无生命的物质不存在价值诉求。你可以把这一条看作公理。

所以一条机器狗，只要没有生命意义上的自我觉醒，就不可能有价值诉求。就像一台电脑无论给它装更多的芯片还是更少的芯片，它都无所谓。它不会认为这对它有什么好坏利弊。因为它没有生命，它没有对自我的好坏感觉。但是有生命的物质，哪怕是一只草履虫，它都会有自我价值诉求。它喜欢蜂蜜，它不喜欢硫酸；它喜欢脏水，它不喜欢净水等。尽管草履虫连大脑都没有，它没有什么计算能力，但是它已经有了独立自主的生命诉求。这后面的原理，就是我说的对生命的元认知，许多时候会涉及哲学层面的问题，为免惹人厌烦，我就不多展开了。

现在，许多人看人工智能的眼神，特别像印第安人看见了飞机，或者中世纪的人看见了火车一样，他们以为飞机和火车是活的。这不是和许多人认为阿尔法狗是活的一样吗？但是，我们一定要明白，我们应记住和我们一样担心人工智能毁灭人类的霍金所讲过的话：我们不能把飞机失事归结于万有引力。同样，我们不能把人类毁灭归罪于人工智能。现在最重要的是，要担心诸如原子弹一类的杀人武器。

10 我们的教育如何走向未来

人类历史上，在预测未来时一直存在两个影响非常重大的悲观思潮。第一个是关于人类总量过剩的预测（以马尔萨斯为代表），第二个是关于资源总量不足的预测（以罗马俱乐部为代表）。这两个思潮都曾极大地影响过人类社会，不能不说，它们确实有警醒意义，起过一定的积极作用。但是，总的来看，它们确实是错误的，这两个思潮都已经被历史证明是站不住脚的，至今没有得到任何有效的事实证据的支持。在可预见的将来，恐怕也不可能获得这种证据。当然，一直到现在，还是有不少人完全相信这两个悲观的预言。不过，我们还是要尊重科学精神，所以，我们对未来的所有分析都是建立在这两个预言不成立基础上的。

10.1 当前社会人力资源结构将保持基本稳定

从长期看，由于人工智能的出现，社会生产和生活在发生巨大变化。人工智能可能会取代人类现有的大多数劳动和工作。但是，这并不等于说，人类就没事可干了。没事可干根本不会发生，但是，人类的劳动和工作方式将发生巨大变化。

从中短期来看，人工智能仍然只是一种未来的工具，它必将成为未来生产力的主体。但是，这是一个过程。可能现在我们已经进入到这一发展变化的过程中，我们已经进入一个过渡期。但是，在这个过渡期，现行的社会劳动力结构不会出现大规模崩溃。因为一系列新的产业要形成规模，整个基础设施都需要改造，这些工作依然需要依靠大量操作型、技能型劳动者来完成，而且这一改造过程可能需要整整一代人的时间。从工商社会到未来社会，可能是人类文明的一次跳跃，但其行进的过程仍然是连续的、线性的，不会把现在的一切都马上推倒重来。当前的社会人力资源结构在过渡期不会有根本性颠覆，作为现在社会劳动力主体的各个层次的劳动者，包括处于执行端的技能劳动者至少在 10 年、20 年的过渡期内仍会有大量的工作机会。

人工智能给人力资源带来的问题,最终不是总量性问题,而是结构性问题。那种认为人类将在总量上大大过剩，多数人将沦为无用阶级，甚至只能沦为机器的宠物的观点,带有明显的马尔萨斯思想的色彩,已被证明是站不住脚的。

就目前情况看，不仅在劳动力总量上不会出现问题，在劳动力结构上，现在甚至都看不到大变化的前景。在可预见的未来，10~20 年之内，社会劳动和职业结构仍然会是联合国教科文组织（UNESCO）所定义的四级结构：

第一层是精神领袖、思想领袖和科学家、发明家。他们探索真理、发现规律，建立基础性自然科学或者社会科学，指引人类发展大方向。

第二层是设计师、工程师和管理师，包括企业家等。他们把基础科学揭示的规律和法则变成商业模式或可操作的方案，通过创造新型产品和新型服务使新的规律和法则得到实现。

第三层是技术师和工艺师，包括我们称作技术员和技师的人。他们把商业模式和可操作的方案转化为具体的技术和技能，使之通过工人的活动得到实现。

第四层是操作工人或生产工人。他们在生产和服务的第一线，最终直接完成产品和服务。但是也应当看到，现在他们从事的规则性、规范性、操作性、重复性的劳动，正在逐渐被各种各样的机器人和人工智能设备所取代。

20 年之后，也可能是 30~50 年之后，人类社会将进入这样一个结构，第四层的操作工人、生产工人完全消失或者只剩很少一点点。未来有可能从现在这个正金字塔，变化成为一个倒金字塔。但是，在最近 10~20 年内，不会发生这种变化。因为，最近 10~20 年，人类需要为未来的生产方式建立全新的基础设施，包括适应未来的新型能源、新型建筑、新型交通、新型网络、新型通信、新型环境等。目前的劳动力框架结构是能适应最近 10~20 年年基础设施建设需要的。

10.2　当前教育结构也将保持基本稳定

既然社会的劳动力结构在中短期内不发生根本变化，那么过去我们建立的与之相适应的教育结构也是大体适当的，将在中短期内保持稳定。

第一层：领袖和科学家，由学术型、研究型高等院校和研究院等来培养。

第二层：设计师、工程师、企业家，由工程型、应用型高等院校等来培养。

第三层：技术师和工艺师，由高等职业院校、专科院校和技师学院等来培养。

第四层：工人、操作者，由中等职业院校和技工学校等来培养。

所以，就目前情况看，教育的问题，主要也不在总量和结构上，还是在内容和方法上。

10.3 如何为 2030—2050 年培养人才

未来的孩子，包括今天在幼儿园和小学里的孩子，他们在完成自己的教育时，将生活在 2035—2050 年。2035 年，我国将基本实现社会主义现代化，经济实力、科技实力将大幅度跃升，跻身创新型国家前列。2050 年，我们将建成富强民主文明和谐美丽的社会主义现代化强国，那时中国的物质文明、政治文明、精神文明、社会文明、生态文明将全面提升，成为综合国力和国际影响力领先的国家。如果 2018 年你的孩子上小学一年级，2036 年左右将硕士研究生毕业。那时的他（她）能不能适应我们创新型国家对人才的需要？能不能完成建成富强民主文明和谐美丽的社会主义现代化强国的使命？

这里，显然就有这样一个问题：我们究竟是应当以今天的规则来规范和组织今天的教育，还是应当以 2035—2050 年的规则来规范和组织今天的教育？如果我们只能用今天的规则，那么我们又怎么能让孩子们到了那个时候就自然变成了那时所需要的人？如果他们不能自然地变成那个时代需要的人，我们怎么能自然而然地建成那样一个社会？是什么力量推动的？是谁来推动的？

实际上，这就是教育必须改革的理由。这条理由和人工智能带来的变革同样强有力。一方面，面向未来，我们再也不能把孩子培养成“学习机器”了；另一方面，面向未来，我们一定要把孩子培养成适应未来社会的人。所以，现行的教育体制和学习方法需要变革。

就教育变革而言，教育体制改革一定是一个自上而下的过程。没有各方的共识和支持，体制改革不可能成功。但与此同时，学习方法的变革和创新则完全可以自下而上地推进。所以，学校和教师在学习方法的创新上有很大的空间和机会。总之，我们今天实际上面临两个方面的任务：一方面，如何让决策者理解教育变革的重要性；另一方面是在集中式管理的条件下，让学校和学生的学习变得更加丰富而多元，鼓励学习层面的创造和创新。

10.4 学习方式方法面临十大变化

根据未来社会的发展和技术的变革，从学习的角度，新的学习方式方法至少应该包括以下十大变化。

一，游玩。自由地、充分地玩和做游戏。越是小的孩子，越是需要玩和游戏。幼儿园和小学的孩子，需要大量的玩和游戏的时间。但不等于说，大一些的孩子就不需要这些了。包括中学和大学，现代教育都应当有意识地安排孩子自由地玩和游戏。注意，我反复提玩和游戏，说明这两者是不一样的。“玩”有更强烈的个人性、随意性和自我表达性。而游戏有更强烈的群体性和设计感。“玩”是一个人认识自己、发现自己、塑造自己、创造自己和升华自己的重要途径。实际上，在“玩”中，孩子最容易发现自己真正的才华和兴趣在什么地方。我现在发现，许多孩子到了高中毕业、甚至大学毕业了，都不知道自己到底擅长什么、喜欢什么。这就是从小“玩”的不够造成的。

二，对话。自由地、充分地、无拘无束地对话。每一个孩子都需要别人，特别是同伴、家长、老师和他不断地进行交谈、对话。这是孩子成长过程中最重要的环节之一，人们其实一辈子都需要对话的伙伴。就像爱因斯坦在老年时还要和哥德尔对话一样。但是，对话在孩子小时候、在他生长的过程中格外重要，这决定了语言掌握的程度、思维深化的程度，以及信息处理能力的强弱。而这种重要性始终没有被提到教育的高度上。

三，跨界。多元的、多样的、跨界的生活环境。孩子的生活环境不能太单一，应当有和各种小朋友接触和生活的体验。一所小学、一所中学应该和周围的社区融合，学校应当开放。要给孩子们创造条件接触社会，接触不同的人。

四，阅读。自由自在地、充分地阅读。养成阅读习惯，并在阅读中激发兴趣、感受乐趣。培养孩子自己从阅读中吸取营养、获得信息的能力。美国著名中学教师雷夫·艾斯奎斯说：我要我的学生爱上阅读。阅读不是一门科目，它是生活的基石，是所有和世界接轨的人乐此不疲的一项活动。要让孩子在长大后成为与众不同的人——能考虑他人的观点、心胸开阔、拥有和他人讨论伟大想法的能力——热爱阅读是一个必要的基础（摘自《第56号教室的奇迹》）。

五，讨论。参与讨论、争论和辩论。真理在许多时候是需要通过争论来确立的，真相在许多时候是需要通过对矛盾事实的陈述才能梳理出来的。争论、碰撞、交锋，对培养孩子的批判性、思辨性思维有非常大的好处。要培养孩子全情投入，积极参与问题的讨论和辩论，以掌握审辩方法和熟悉讨论问题的规则。

六，主讲。让每一个孩子都有机会主讲一个项目、传授一个知识、教会别人做一件事。事实上，这才是学习最有效率、最有成就感的方法。现在提倡的翻转课堂也是这个意思，是一个好的形式。

七，制作。要让孩子亲手制作一个产品。动手能力特别重要，人类思维发展的过程，就是从手到脑、从脑到手的交互过程。要让孩子从小就不仅习惯抽象思维，更要把自己的思维形象化。制作产品的过程在开始时一定要通过手工劳动完成，逐步发展到可以用机加工，或者用电子、用数码的方式完成。

八，团队。学校一定要组织团队活动，让每一个孩子理解团队、适应团队、融入团队，通过团队合作来完成目标。简洁有效的方式是通过团队型的体育和音乐活动的形式把大家组织在团队中。中国学校通常并不理解体育和音乐，以及其他艺术活动的特殊重要性。这一点要从根本上加以改变。未来机器人最难以取代的几种人类能力中，艺术能力很可能是最重要的。

九，竞赛。组织孩子们参与各种竞赛活动。竞赛对人的激励作用特别强烈。我赞同要特别注意保护和发扬每一个孩子的长处和优势，力争让每一个孩子找到自己擅长的东西，并在他的长项领域获得一些优胜的机会，以让他能体验胜利的喜悦。但是，如果让孩子同时体验失败，也是很有意义的事情。特别是对高年级的孩子。我认为，竞赛能够使孩子更多地了解真实的社会。

在学校中，最接近职场的地方就是球场。

十，领导。通过一定的设计，给每一个孩子学习当领导的机会，让他能体会如何组织、管理、指挥、带领某个集体、团队或者某项活动。也让他有机会体验更高的精神追求和更高的人格要求是什么。不能让一些孩子永远只当追随者。只有追随者体验的人生，不是完整的人生。当领导最核心的一条，就是负责任并承担后果。如果孩子没有真的在负责任并承担后果的活动中品尝过酸甜苦辣，那他实际上还是在假装当领导、模拟当领导，他的真实的角色仍然是追随者。真要培养孩子的领导才能，就必须让他停止追随、独立负责。这些都是可以教的。

你仔细看看这个学习金字塔，所列十条就是符合这个学习金字塔的学生生活，是符合这个学习金字塔的学习过程。这就是探究式的学习、个性化的学习。只有这种方式才能培养出适应未来的人。这种新学习方式，应该完全取代现在的传统课堂。而根据这个学习金字塔，现在学校传统授课效率不高，主要是因为老师用“满堂灌”的方式讲课，学生最多只能接受10%~20%。

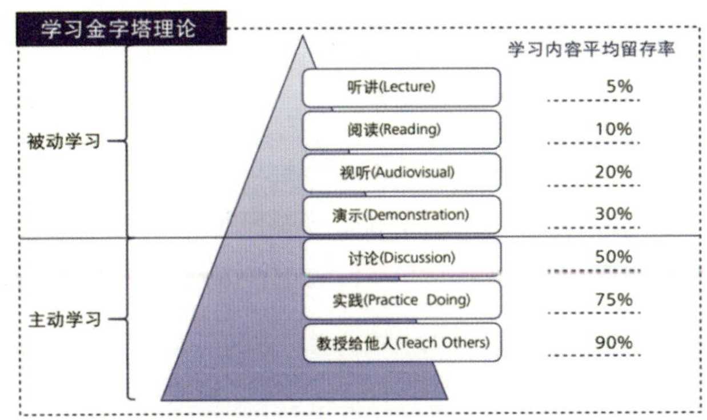

资料来源：美国缅因州国家训练实验室，德勤整理。

要勇于否定现行的教学模式、现行不合理的课程体系，以及现行的不适当的测量、评价和考试体系。当然，由于教育创新的困难性，改革不得不采取自上而下的方式。但是，学习方法的创新可以采取自下而上的方式，可以通过推动学习的创新，来实现教育的变革。

10.5 培育挑战型、创客型人才是当务之急

突破型、挑战型、创造型、创新型、创客型、极客型人才是未来最重要的人才。这些人才是永远不可能被人工智能取代的。无论从劳动的角度，还是从教育的角度，如何能够大量培养这一类人才，至关重要。

我国正处于创业的最好机遇期。人类社会的发展有其周期性。有高潮、有低潮，有峰值、有谷底，还有漫长的平稳停滞期。现在世界面临许多困境性、焦点性问题，看似非常难解、几乎无解，但是，最终能够引领人类穿越衰退低谷的关键力量是科学技术。为什么说人类现在正面临一轮新的文明的飞跃？其根本原因就是：人类现在恰好正面临一轮新的科技革命。这是一轮以人工智能、智慧制造、基因工程和人造生命的突破为标志的科技革命。这些颠覆性的新科学技术已经开始发力了。而且，人类新一轮的生产力释放，已经从传统的能源和材料领域，进入信息、数据和生命领域。过去看似与信息数据技术不相干的生物科学，现在都可以归结为将生命基因作为一种密码进行破译和排序这样一个数据技术问题。显然，一直平行发展的数据技术和生物技术的紧密融合，正在成为人类新科技不可阻挡的前锋。所以，我们正面对一波新文明开启的大浪潮。当然，这也是人们创新创业的最好机遇期。

创业者要站在历史发展的风口上。历史上，几乎所有弱小的创业者能够顺利战胜和取代强大的对手，根本原因都在于他们站到了历史发展的风口上，站到了新文明来临的风口上。比如，汽车刚产生时，速度慢、噪声大、难操作、不安全，汽船也是这样。看起来它们毫无希望，根本不是传统豪华马车和大型帆船的对手，但是，汽车和汽船都站到了工业革命的风口上，工商社会整体技术进步的每一点成果，都会迅速在汽车和汽船的改进上反映出来。而马车和帆船就完全没有这个优势了，它们和工业革命没有任何关系。最终，汽车和汽船完胜马车和帆船是无可避免、无法抗拒的。汽车和汽船的成功不是生产它们的个别企业或公司努力的结果，而是工业革命的大势所趋。所以，人们说：站对了风口，连猪都会飞起来，就是这个意思。

拥有核心技术或专业服务才有颠覆式创新。站在历史的风口、文明的风口，不是一句空话。创业者手里一定要有某种符合时代发展方向的核心技术，比如，汽车和汽船的核心技术就是蒸汽机（后来又演进成为内燃机）。尽管开始时它是很不成熟的，但它是颠覆性技术。因此，它能带来颠覆式创新和创业。

现在的创业者一定要问自己，到底有没有核心技术？但是，并非每一个人都有可能拥有颠覆性核心技术，毕竟顶级科技总是专属于少数科技天才。不过今天是开放社会，每一项高科技都会努力寻求迅速扩展推广。所以，如果你不能通过研究掌握那些颠覆性核心技术，那么你的机会就是找到这种技术最需要的专门领域，同时通过你的努力开发出这个专门市场？比如：现在由百度投入巨资研制的百度大脑，绝大多数普通创业者根本无法与之竞争。但是，你完全可以避免这种竞争，你可以去寻找这种智能大脑能够很好地服务的一个专有领域，集中你的才华和能力去拓展开发它。如果你开发出了这样一个应用前景非常广阔的领域，那么百度大脑会非常积极地与你合作，而且它的许多技术，包括搜索、语音识别、大数据，以及人工智能的一些功能，本来就是免费开放给整个社会的，你们之间会实现双赢。显然，一个最优秀的创业者和创业企业，可能不是技术最强的，而是最能够找准顾客的需求热点，并且运用先进技术来充分满足顾客需求的那种创业企业。但如果这两条你都沾不上，那你就可能仅仅是炒作。炒作不是创业，它们之间的根本区别就是，炒作不具有核心技术或者专有服务，炒作不可能成功的道理也在此。炒作者只有一堆蒙蔽人的概念，根本没有核心技术或有效应用。所以，每一个创业者都要清楚：新型创业活动一定要以科学技术的发展和突破为先导，以有效地满足市场和用户的需要为基础。谁在科学技术和市场占有上保持领先，谁就在创新创业上保持领先。

聚焦新兴人群的新需要来开拓市场。社会变革时期，市场在分化，人群也在分化。当前的创新创业活动催生了新的社会分层，新兴的中间力量既是创新创业的主力，也是新的市场需求形成的基础。这样一支力量，他们的需求代表了市场的方向。所以，在旧市场饱和成为一片红海的情况下，新市场的蓝色海洋在哪里？就在这里。电子商务、网络消费、网约车、空中食宿等最新消费都产生于这片蓝海上，与此相关的教育、传媒、文体、娱乐、健康和时尚的新需求、新市场都会从这里涌流出来。现在看得很清楚，时间资源已经成为人类社会最后的最稀缺的资源。所有的市场争夺，最终其实就是争夺客户的时间。谁能更多地占领客户最宝贵的时间资源，谁就是最后的胜出者。

创业领军者要锤炼自己的核心能力和核心素质。创业能否成功的关键是创业领军者的核心能力和核心素质。这些能力和素质不是天生的，而是在实践中培育、成长、磨炼出来的。每一个创业者最终都必然要面对真实生活，解决实际问题。但是，人们很难在学校里直接学到这些关乎每一个人生存、生活、就业和创业的最重要的本领。这就使许多人在进入社会前完全不了解如何做人、做事及进入社会应有的最基本的心态、最必要的操守和最不可缺失的经验和能力。所以，对每一个创业领军者来说，在创业过程中，他需要体验并掌握以下四条：

第一条，了解真实生活。

第二条，熟悉职场规则。

第三条，寻找自身位置。

第四条，品味成败甘苦。

了解真实生活。真实的生活很可能是痛苦、是磨难、是艰辛，是一个接一个的几乎无法解决的问题。我们对此要做好充分的思想准备。哈佛商学院的一项研究表明，90% 的初创企业都以倒闭告终，超过 50% 的初创企业都挺不过五年。而那些撑过五年的初创企业，绝大多数并不是价值 10 亿美元、风光靓丽的成功企业，而是在那儿苦苦挣扎、艰难求生。你有这个思想准备吗？

熟悉职场规则。职场是一个约束自我，克制个性，通过自己的不懈努力，让别人成功，让团队、企业成功的地方。每个人都必须用他人的成功和团队的成功来证明自己，而不是用自己的成功去向他人炫耀。企业失败了不代表你一点能力都没有，同样，企业成功了也不代表你就非常伟大。这些最基本的道理你都清楚吗？

寻找自身位置。你到底是不是真的能经营一个企业，真的能成为一个企业家，这都是不确定的。只有在经过前两个过程后，你才有可能明白你是谁，你要干什么，你能干什么。没有对生活的深刻认识，没有对职场的深入了解，你也就不可能真正了解自己。事实上，你的创业真的成功了，你的企业看起来站住了，你的路也没有走完，很可能才刚刚开始。而且，你到底是一个交易型企业家（善于捕捉市场机会的人），还是一个管理型企业家（善于组织管理并进行制度创新的人），抑或是真正的创新型企业家（掌握核心技术的人），都需要在进一步的实践中检验。当然，真正影响人类、改变世界的，是那些产业创新型企业家，比如乔布斯、马斯克那样的人，希望你也是。因为中国未来的发展最需要的就是创新型，特别是产业创新型企业家。

品味成败甘苦。加州大学旧金山分校的心理学专家弗里曼的一项研究表明，创业者发生如多动症、躁郁症、抑郁症和焦虑症等心理疾病的比例要远高于平均水平。因为创业活动风险巨大。创业过程的艰难是在学校完全无法体会的，学校没有这个环境。学校里唯一比较接近职场的就是球场，就是体育课和体育比赛。我们可以看到所有欧美名校都高度重视体育。所谓美国常青藤联盟，其实就是一个体育联盟。但在我们的教育体系中，体育是最没有地位的一门课，这可能揭示了我们教育的一个弱点。因此说中国的大学生在职场上可能要经历更多的痛苦和磨炼。

教育改革要瞄准培养 21 世纪创新创业领军人才。这个世界发展变化越来越快，只要回想一下今天最热门的那些职业、工种和工作，在15年前根本就不存在。因为支撑这些职业、工种和工作的科技平台（比如数字移动互联平台）是在最近五年才产生的。所以，我们今天也完全无法预测10年、20年以后人类的生产、生活状况，也不可能知道那时使用的主流技术是什么。但是，我们仍然完全有可能把握人类的前进方向和发展趋势，同时也能够预测出在新的产业背景下，我们应当向未来的劳动者和创业者提供什么样的思维方式、认知方法和核心技能，让他们能游刃有余地面对未知的新世界。

现在看得越来越清楚，过去我们非常重视一个人的操作力、执行力、管理力和领导力的培养。但是现在，对未来的劳动者，特别是领军者来说，更重要的是洞察力和想象力。没有洞察力和想象力，就没有批判精神和创新精神。所以，新教育在对学生的整个教育过程中，一定要努力保护好每一个孩子与生俱来的自信力、同情心、好奇心、想象力、独立思考能力和批判挑战精神。现在全球教育界公认，没有批判性思维（critical thinking），就不可能有创新性思维（creative thinking）。我国一切类型的教育都应当关注这一目标，我们只有把以上各个要素有机地综合起来，才能把大多数孩子真正培养成自觉的终身学习者、思考者、交流者、批判者、探索者，成为创新创造创业的不懈追求者。

宽容和自由是培养创造创新人才最重要的条件。总结到这里，我想强调：对青年有没有足够的宽容、包容、理解、体谅和妥协的精神，是能否培养出创造创新型人才的关键。大家都知道，全球排名第一的学校是剑桥大学，而三一学院又在剑桥排名第一。1546年，国王亨利八世将国王学堂和迈克尔学院合并，创建了三一学院。为此，三一学院在大门的圆拱形门廊上，特意为亨利八世塑了一座威严的雕像。国王表情严肃，左手平捧金色圣球十字架，右手则高擎一柄象征王位和威仪的金色权杖。但三一学院的学生却对这个雕像不以为然，他们竟神不知鬼不觉地把雕像上的权杖抽了出来，换上了一根破椅子腿。学院虽然不大高兴，几次重新换上权杖，但都被学生换回来了。

校方就此放弃，认为这些学生虽然放肆，但不失可爱，某种意义上还体现了反抗权威的独立精神，便不再干涉。三一学院的奠基人、威风凛凛的亨利八世国王就这样举着破椅子腿在那儿待了四百多年，现在这个椅子腿反而成了三一学院的标志。这种宽容的精神和态度就是剑桥大学最核心的力量之所在。尊重学生、相信学生，同时相信自己，知道自己完全可以不必做什么，学生自然会在这个学院中让自己和世界都变得更美好。当然，剑桥大学和三一学院对学生的包容、宽待的事例还非常多。这里说的仅是其中非常小的一个例子。

剑桥大学在全世界的所有大学中排名不是第一，就是第二。三一

学院更是由于出了32位诺贝尔奖获得者而驰名全球。从三一学院走出来的学者包括：牛顿、培根、拜伦、罗素、麦克斯韦、怀特海、哈代、维特根斯坦、尼赫鲁、拉吉夫・甘地……还有至少6位英国首相。他

们中许多人的塑像陈列在三一学院中，包括非常散漫和非常浪漫、名声不好的拜伦。为了挑战和对抗学院不准养狗的规定，拜伦居然养了一头熊！但是，三一学院还是包容了他。为了纪念牛顿，三一学院甚至在校门口栽了一棵苹果树，并且宣称牛顿就是被这棵苹果树上的苹果砸中，才发现了引力！事实上，几乎每一个“三一人”都知道，牛顿是在他自己的家乡乌尔斯索浦（Woolsthorpe）发现引力的。而且引发他的思考的根本不是苹果树，而是栗子树。但是，不管怎么说，牛顿确实毕业于三一学院。当然，也有人说，三一学院的精神——自由、挑战和幽默，是三一学院从剑桥31个学院中脱颖而出的奥秘。

10.6 放飞：让孩子自己作决定

一天晚上一位母亲给我打电话，她非常焦虑。她上大学的孩子正面临专业选择。她认为学财务管理将来就业前景好，可她女儿非常不喜欢财务管理，偏偏要去学人力资源管理。两人陷入矛盾冲突中。她非常信任我，所以特意打电话问我："学人力资源管理将来能找到工作吗？"

我能说什么呢？我只能说："将来的事儿谁知道呢？人力资源管理和财务管理的程序性、规范性、操作性部分都必将被专业软件和人工智能所取代。一般的财务管理人员和人力资源管理人员都将面临巨大职业风险。今天谁敢保证你女儿学什么将来能找到好工作？"

我现在还能有把握说的是，你只有寻找那些不容易被机器、被软件、被人工智能取代的工作，才有好的职业前景。这些工作往往需要更多的创造性、创新性的能力和知识，或者需要更多的人际交流、人际沟通的心理情感因素，而且需要每个人有无限的适应力和无限的灵活性。更需要你有不断自学以应对变化的能力，特别需要你在你的专业领域出类拔萃。

无论是财务管理还是人力资源管理领域，永远都会有这样的重要职位。能胜任这样职位的人，现在不是太多而是太少。而要掌握上面说的深层次能力和知识，一个大学生必须全身心地投入到刻苦的学习和修炼中。这里有一个关键，就是你必须高度热爱自己所学习的专业和准备从事的职业。

所以，不从孩子的兴趣爱好出发，逼他们去学自己根本不喜欢的东西，这是家长非常不明智的行为。孩子在那样一个痛苦的过程中，不可能真正学好必要的知识和技能，更不用说出类拔萃！所以，让孩子自己作决定，学他真的热爱的东西，这是理所当然、不言而喻的。

中国父母总是为儿女操碎了心，忧心忡忡地担忧儿女的未来，而且总是毫不犹豫地认为，他们应当代替儿女作出选择和决定。这是大部分中国父母的特征。

《金融时报》曾刊登了文章介绍了一位名叫阿里安娜·赫芬顿的母亲在美国产业大变动时对她的两个女儿的态度。以她的能力和资源，她完全可以为她们作出安排。但她的决定就是不安排，甚至不提任何职业和工作方面的建议。

她对孩子们的责任就是两条：一是提供“无条件的支持”；二是“鼓励她们去冒险”。她反复提醒孩子们不要有太多顾虑。她说：“过度担忧和自我怀疑只会强化那个隐藏在我们内心中悲观丧气的另一个自我的声音。”

各位家长们，拜托！现在孩子们嘴里有一句不太敢向我们说的话：“父母皆祸害”。是不是一语中的呀？咱们想想，在前途未卜的大变革时代，我们并不比孩子们更聪明。从现在起一切让他们自己思考，自己判断，自己决定，难道不是家长们更好的选择吗？

至于职业选择，我看过何万青画的一张图，我向多人推荐过，我认为，这张图基本上把这件事情说清楚了。

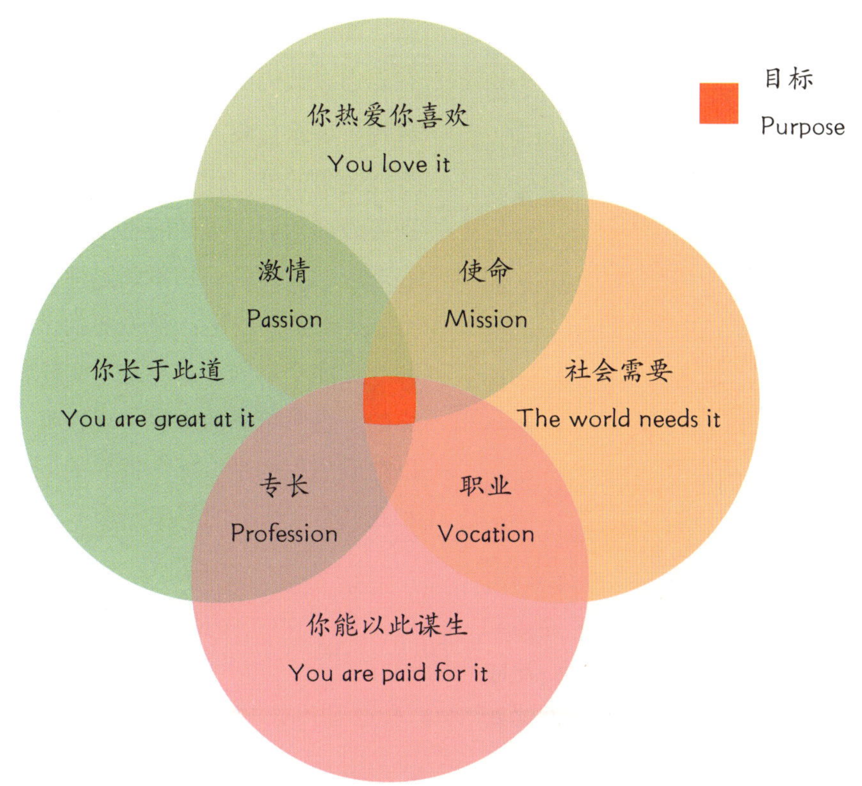

人生最理想的选择，是使命（Mission）、激情（Passion）、专长（Profession）和职业（Vocation）的统一。这表现为，如果一个职业、一种工作，正好就是你热爱你喜欢的（You love it），你又擅长、能干得很好的（You are great at it），社会对它还非常需要的（The world needs it），你完全可以靠它谋生的（You are paid for it），那么，祝贺你！你就找到了幸福的职场、理想的人生。

概言之，人类对世界的认知在突飞猛进，人类对宇宙规律的理解正日新月异。在历史上，人类第一次面对这样的窘境：由于指数增长（幂律）的作用，事实上已经没有人能知道未来 30 年、20 年，甚至 10 年后的世界是怎样的。所以，严格地说，我们现在根本不知道应该教孩子学习什么，以及让他们怎当然，世界也许并不会那么完美。你热爱、你喜欢的，你不见得擅长，甚至不见得会干。你热爱、你喜欢、你擅长、你能干的，社会不一定需要，你不一定能靠它挣钱谋生。所以，这时，就有很多种选择出现了。文艺青年可能会更多顾及自己的艺术人生感觉，职场精英可能会更多顾及自己的社会公众形象；偏重精神的人可能会追求心灵的满足，而偏重物质的人可能会追求通过工作获得的收入的增加。从长远来看，由于社会福利保障的普遍提高和发展共享目标的实现，人们在职业选择上会更偏重个性的发展和个人自由的实现。而如果真到了未来世界，劳动和工作真的成了人们快乐生活的第一需要，那时，我们肯定会需要重新画一张图来展示人和职业的新关系。

样学习。我们能做的最好的预测，就是让他们相信自我、保持自我，并且有能力以数码的和非数码的方式表达自我、展示自我。这将是他们和人工智能竞争的唯一优势之所在。我们特别要教会他们以灵活的思维和平衡的心态应对面前的一切不确定性。现在唯一可以确定的是：2050 年的世界将和今天完全不同，那将是一个异常多样的、色彩斑斓的世界。现在唯一可以准确想象的是：那个世界的一切都和我们今天所有的想象完全不一样。

我们的目标
寻找
更科学 更灵活 更人性
更高效 更挑战的新型教育和学习方式
属于未来时代的学习方式

11 算法思维将引导人类思维的变革吗

11.1 未来教育总体目标

每一个时代，人们都不断提出新的教育目标，同时不断修订教育目标。随着社会的发展，现在的人们是不是能看清楚教育的终极目标，这还是一个问题。但是，至少现在我们可以归纳一下，未来教育和学习的总体目标将是：

一切需要并且愿意学习的人，不再受时间、地点、条件和成本的限制，可以在保持自身特质、个性和个人尊严的前提下，采取最适应自身取向和自身活动的学习方式，有效利用丰富、可选择的多元教育资源，完成自己的知识更新、技能养成和综合能力的提升。学习最终将和工作、社交，以及生活完全融合，成为人类最时尚、最必要又最自然的存在方式。

对于人类来说，劳动和学习几乎就是人类的本能、人类的天性。所以，劳动和学习本来对于人类不应当有什么困难、有什么障碍，更不用说有什么磨难和痛苦了。但是，事实上，在人类发展过程中，首先被人类文明进程所异化的东西，就是劳动和学习。人类首先异化了劳动，把这件快乐的事情变成了人最痛苦的事情。接着，把学习也异化了，学习也成了人类经历的很痛苦的事情。现在部分历史学家认为，人类在原始的自然采集和丛林狩猎时代，要比在文明的农耕畜牧时代快乐得多。历史学界流行的观点是，似乎生产方式越原始、越落后，人类劳动的异化程度就越低，自主程度和快乐程度就越高。

不过，今天这个颠倒的局面——文明程度越高人类越痛苦，有可能重新颠倒过来了。当然，这不是哲学的胜利，不是宗教的胜利，也不是道德或者别的什么东西的胜利。这仅仅就是生产力的胜利，是经济基础发生重大变革带来的必然后果。

首先是劳动的解放，接着是教育的解放。从什么地方解放出来？从异化劳动和异化教育中解放出来。这一伟大的历史使命很可能将由人工智能来完成。人类终于可以摆脱一切他不愿意从事的繁重、单调、枯燥和无聊的劳动，而去从事自己真正喜欢的工作。人类也终于可以摆脱一切他不愿意学习的繁重、单调、枯燥和无聊的课程，而去学习自己真正喜欢的东西。大家想想，一旦劳动和学习真的成了人的最爱，成了人的快乐生活的第一需要，是不是从此一切都变了？所以，在实现未来教育和学习的总体目标的过程中，教育的社会属性和技术属性都将发生巨大变化，教育的思维方式也将发生巨大变化。从一定意义上讲，传统意义上的学生和学校的概念都将不复存在了，传统的基础教育、职业教育和高等教育的界线将变得越来越不重要。人类的整个教育和学习体系在新的生产力背景下，在新的时空条件下，会有非常大的扩展，创造出和今天完全不同，我们现在又无法想象的新形式、新方法和新内容。

11.2 未来教育的社会性变革

11.2.1 未来的学生

未来时代的学生，可能是变化最大、完全不确定的新一代。他们可能将生活在人类前所未有过的最开放、最民主、最自由的环境中。所以，他们在价值观、人生观、职场观、社交观、学习观和生活观上，必然会和我们不同。不同到什么程度我们不知道，但可以肯定的是，今天我们认定的宝贵阅历、社会经验和人生道路，对他们肯定没有什么用。因为他们要生活在他们自己的未来中，他们绝不可能生活在我们活过的过去中。我们生活中的所有悲伤快乐、成败荣辱，未必会在他们身上重演。

你只要想想，你重演过你爸爸、你爷爷的历史吗？如果完全没有、根本没有，那么你凭什么就会认定，你的孩子一定会重演你的人生和你的历史呢？所以，在未来的时代，一定是我们去适应他们，而不是他们来适应我们。所以，“三娘教子”的时代永远过去了，今后可能主要是“子教三娘”，也就是说，我们要向孩子们学点什么。当然，也有可能是“子娘互教”，年轻人和老年人互相交流、互相学习。

而且，在未来时代，教育和学习一旦摆脱了异化，一旦成了人的快乐生活的第一需要，学生这种身份也就不会再由孩子们所专属。广义的学生概念会扩大到一切人。活到老、学到老，充电到老、闪亮到老，会成为社会最正常的现象。一个人人都永远是学生的时代，可能很快就要开始了。

好孩子、好学生的标志是什么？传统的学校和未来的学校对此肯定有两种不同的答案。

传统学校的答案：说到底，传统学校是在为传统社会培养标准人力资源。他们的主要特点如下：第一，在生产领域，他们是服从的、知足的生产者或劳动者；第二，在消费领域，他们是随和的、热心的消费者或购买者。服从和随和是他们的主要特征。

未来学校的答案：说到底，未来学校是在为人类的未来培养非标准的人力资源。他们的主要特点很多，我曾经列出过九项，见下图。

显然，只有这样的人，才能适应未来世界，才代表着未来的人的发展方向。

11.2.2 未来的教师

如果学生的概念可以扩大到任意范围，那与此同时，教师的概念也会扩大到任意范围。孔老夫子说的“三人行必有我师”就真正实现了，每一个人都可以是教师，想想这也是顺理成章的事情。在未来时代，每一个独立的、个性的人都可以而且应该有教别人一招的能力和激情。人人都是教师，人人都有教别人的冲动，当然，也可以轻松实现教别人的愿望。在这种学习型的社会中，教育将怎么发展，我们现在还真难想象出它的全貌。

但是，可以想象的是，至少专职教师不会消失。而且，教师这个职业可能会有爆发性的增长。因为，专职教师这种职业越来越涉及人和人的细腻的心灵沟通、复杂的人际协调，肯定是硅基计算机和硅基人工智能难以胜任的。

当然，这一代专职教师也一定是面临着最大的不确定性，面对着最大的挑战和最大的竞争的一代教师。教师的定位、职责、工作方式和思考方式都面临根本性变化。未来时代会是一个通过强度更高、范围更广的高竞争产生超级教师的时代，是一个新型的、个性化的学习分析师、学习协理师和学习指导师脱颖而出的时代。在由计算机提供大数据分析而形成的虚拟助理系统协助下，教师的价值将进一步提升，特定领域的大量专家型教师队伍将会迅速得到发展。教师和学生的结合方式也会发生重大变化。师生之间由于网络环境提供了可随时在线相互交流、相互沟通和远程授课或答疑的便利，最终可能导致教育的形态发生根本的变化。

好教师的标准是什么？新的指标体系正在形成中。可以预见，其中有一个指标非常重要，那就是你到底培养出了什么样的学生。在这一点上，教师和教练是一样的，他们都将以是否培养出了成功的学生来论成败。比如，无论是在农耕时代，还是在工业时代，最成功的教师，都是培养出了科举状元、考试英雄的人。那个培养出考试分数最高的学生的人，就是那时最优秀的教师。

但是，今后这个标准肯定失效了、不灵了。进入人工智能时代后，最优秀的人肯定不会再是能够整本整本背书的人，而是独辟路径的追梦者、科学学说的突破者、创新产业模式的企业家、创新教育模式的教育家、创新艺术表现形式的艺术家。所以，今后如何当教师，如何培养出社会最需要的新型人才，是一个新问题。

互联网时代是信息爆炸、知识冗余的时代。根据瞬息万变的社会实际需要，准确检索、能动把握和高效运用特定的信息、创造有价值的知识，才是这个时代新人的生存发展之道。

因此，教师将主要不再是信息的提供者、知识的传授者，教师的角色发生了重大变换。教师的主要任务，是教会学生自己寻找、处理、选择、掌握和应用信息和知识，形成自己独特的技能。教师将从“传道、授业、解惑”者变为主持者、激发者、引导者，而学生将真正成为学习的主体。

具体地说，教师应当作出的改变是什么？美国一位非常优秀的中学物理教师总结自己三十年的教学经验时说：

> 第一个十年，我在教物理。
>
> 第二个十年，我和同学们一起学物理。
>
> 第三个十年，我在当观察者，看着同学们自己探索、研究物理。

教师现在就是一个观察者、主持人、引导员，他看着学生自己学习、探索、研究、实验，他随时准备提供建议、帮助和保障。但是，学习的主体是学生。

这段话描述了大多数现代国家的教育改革进程中教师的变化。

11.2.3 未来的学校

现代学校的出现曾经是一个伟大的事件。因为，当工业革命开始的时候，工厂曾经大量使用童工，7 岁的孩子就在工厂从事繁重的劳动，饱受虐待，被机器压断手指……这种状况居然在欧洲延续了 150 年。1833 年英国通过的《工厂法》悲天悯人地作出了禁止雇用未满 9 岁的儿童的规定！还庄严地宣布 9 ~ 13 岁的儿童每天的劳动时间为 8 小时！你看，如果社会文明不升华、生产力不进步，人心的黑暗和贪婪是没有止境的。直到 100 年前，欧洲工业化国家才陆续开始真正禁止使用童工、建立现代学校、普及义务教育，学校终于救出了孩子！当时说服顽固抵制的黑心资本家的理由是，受过教育的孩子更守规矩，工作效率更高，将来会给你们带来更丰厚的利润！事实上，学校也是这样做的。现代学校像训练士兵一样，让孩子们一排排、一队队地坐在那里，让孩子们绝对服从教师的指令。工业时代的学校大批量地为工厂生产了一代又一代全职全薪的成年合格劳动者，保证了工业化进程的顺利实现。显然，那时的学校并没有真正考虑过怎样激发孩子的好奇心、想象力和求知欲，让孩子更聪明、更健康、更全面地成长。

对于这种教育模式，英国教育家肯·罗宾逊曾在 TED 发表过一个非常著名的演讲，叫“学校扼杀创造力吗？”这是 TED 最受欢迎的演讲之一，超过 3 000 万人听了他的这个演讲。他说，我们的学校和家长正在不知不觉地扼杀孩子的创造力。每个孩子的天赋和潜力都是不同的，而我们却总想用批量生产的方式把所有的孩子都造就成所谓的高才生。在这里，人们不但扼杀了孩子的潜力，也扼杀了他们的心灵。

应当说，脱胎于为工业化生产合格工人的现代学校，现在虽然开始改变了，但是，它的基因并没有变。现在，人工智能都开始把机器改造成人了，但是，学校仍然沿袭着把人改造成机器的基因。所以，当前学校变革、学校改造的核心，就是要走出传统工业化教育体制的桎梏。工业化的教育系统按照工业生产的科层结构，分层次地把不同的人造就成“螺丝钉”“齿轮”“变速箱”和“操纵杆”等。显然，这种教育越来越不适合今天社会的发展，正在迅速没落。我们的学校，再不能是这种填鸭式的、灌输式的教育基地。学校要把大部分精力放在让每一个孩子去主动学习、去主动参与、去主动表达、去设定目标、去清晰选择、去引领他人、去成就自己上。这样的学校，才是理性的未来人才的培养基地。

想想吧，如果一个学校仍然是和过去一样，把全校的孩子们管得服服帖帖、教得唯唯诺诺，在反复进行的应学考试中不断取得优异成绩，突破应试教育的新高；而另一个学校不追求这种表面的秩序，只是关注培养出来的孩子是否有主见、有抱负、有追求、有思想，他们是不是追梦者、寻梦者、思想家，他们专注于自己感兴趣的项目和课题，他们有自己心中的追求和理想，并全心全意、如饥似渴地吸收探索新知识和新技能，总想做成自己的事情，你认为这样两个学校，哪个学校培养出来的孩子将来更能适应未来的职场和未来的社会呢？

11.2.4 未来的课程

广义的课程，包括教师、教学过程和课程三大部分，课程是学校的灵魂。从一定意义上说，我们是课程决胜论者。

面向未来的课程，不再像传统教育体系一样，把所有的知识和技能割裂开来；也不是简单地整合原来的分科体系，而是按照系统化、一体化的要求，创新地把原来的分层分科的知识和技能综合起来。例如，在未来的课程中，科学代表了“假设—验证”的思维模式，技术代表了“如何应用”的思维模式，工程代表了“系统性思考”的思维模式，艺术代表了“感性化理解”的思维模式，而数学则代表了“第一性原理”的思维模式。

11.2.5 自组织式学习

自组织式学习（Self-organize Learning）是指在现代社会生活中，人们期望能够完全按照自己的意愿，在任何时间、地点和环境中平衡自己的工作、研究、学习和生活。未来的学习方式提供了这种机会和条件，特别是网络提供的充足的非正规学习机会，使自组织式学习有了足够的前景预期和发展机遇。与此相应，一些新概念例如“即时学习”（Just-in-time Learning）和“发现学习”（Found Learning）也应运而生。

11.2.6 社交化学习

社交化学习（Social Learning）是指在未来时代再没有人能够自己单枪匹马打天下。事实上，让学生组建成学习群体或者学习研究小组，他学习到的东西，比自己单独学习要多得多。这种方式可以表述为“我们参与，因此我们存在”。从这个角度来看，人们关注的焦点会从学习的内容和主题本身，转移到围绕学习内容的人与人之间的互动上来。从这个角度，你会看到互动的意义。毕竟，真正学到一些东西的最好方法是——向别人施教。

11.2.7　游戏化学习

游戏化学习（Game-based Learning）是未来学习发展的一个非常重要的方向。把游戏和学习以及劳动割裂开，可能是人类在工业时代犯下的最大错误之一。其实，每个人童年的游戏过程就是每个人最初的学习过程，也是孩子们模拟劳动的过程。今天如果一个教育工作者完全不懂和不玩电子游戏，就根本不可能懂得孩子们的思维过程。

在游戏中，孩子可能建立更强大的新型社会联系。为什么大多数人在玩游戏中都会以失败告终却乐此不疲？这就是游戏设计的魅力：确立目标，建立规则，自愿参与，立即反馈。现代教育应当从游戏中获得灵感和启发，并努力实现自身的游戏化。

美国有一位著名的游戏设计师叫麦戈尼格尔，她写了一本关于电子游戏的重要著作《游戏改变世界》。她说，通过游戏化思维，我们可以获得四个好处：更满意的工作，更有把握的成功，更强大的社会联系和更宏大的人生意义。我有两位朋友分别给这本书的中文版写了推荐语。王煜全写的是：“游戏的真正目的是让我们在这个无趣的世界中生存下来，因为现实实在是个设计得太糟糕的游戏。但问题是，现在的游戏都在引导我们忘掉现实，可现实是无法逃避的，所以，更加明智的办法是用游戏中学到的经验改造世界，就是‘游戏化’，让我们的世界和游戏一样引人入胜！”罗振宇写的是：“眺望互联网的远方，有两个脉络隐隐呈现，协作的机制从强制变成自由，劳动的动机从自利变成游戏。所以‘游戏’二字正在发生历史性的蜕变。读完这本书你会知道，游戏将不仅是游戏，它可能是我们未来生活的全部图景。”

值得注意的是，根据娱乐软件协会（ESA）报告，今天参与游戏者的平均年龄为30岁，68%的玩家超过了进入大学的18岁年龄。大型多人在线（MMO）角色游戏对社会生活有很强的模拟作用，甚至引发了企业工作游戏化的设计思想，被IBM、世界银行等大企业接受。

游戏对形成批判性思维、创新性思维，以及解决复杂社会和环境问题的推动作用得到了证明。它对有效提高在线学习成绩，并通过模拟仿真对技能性训练的完成起到不可替代的作用。总之，游戏对教育的作用不可忽视。

11.2.8 实景体验学习和三维仿真学习

开展实景体验学习，对学生的意义越来越重大。无论是基于项目的学习、基于挑战的学习，还是基于能力的学习，都需要为学生创造更丰富、更直接和更可操作的实景世界的体验。这样，学生可以在没有离开校园的时候，就开始熟悉真实的外部环境。在这种背景下，三维模拟仿真互动系统实验室的作用就非常大了。因为，真正的实景确实是很难得到的，在这种情况下，高仿真度的三维模拟互动学习系统作用就非常大了。

在教学过程中使用虚拟现实技术，一定能让学生的课堂体验更直观真实。在地理课上，学生可以直接看到地球物理学描述的种种奇特地质现象。在生理课上，学生只要戴上VR眼镜，就能看到足以乱真的三维心脏模型。学生可以用自己的手指操作，让心脏模型旋转和放大，以便深入地观察心脏内部结构。而且，当点击模型的某个具体部分时，界面上还会显示它的功能和结构，以及其他的辅助教学材料。这样，学生就能按照自己的喜好独立学习，老师也从内容输出者变成引领者和答疑者。

11.2.9 柔性学习空间

从一定意义上说，职场是教育的硬约束，职场也是人生的硬约束。但是，面对硬性的职场和人生，教育和学习必须柔性化。因为，硬性的教育和学习肯定无法应对硬性的职场和人生。所以，人们会越来越深刻地认识到，也许只有柔性才是不可战胜的。这就是柔性的教育和学习产生的原因。

柔性的教育和学习，事实上将贯穿到整个教育活动中。核心能力的确立，探索性、研究性学习的开展，个性化教育的推进，背后都是柔性教育学习在支撑着。在这儿我们就不从那些方面去重复展开，主要集中讨论柔性的学习空间问题。

随着传统教育模式的不断演变，传统课堂已经完全不能适应新型教学的需要。传统课堂只适应以教师为中心的学习方式（Teacher-Centered Learning），适应教师站在讲台上向学生灌输知识的那种学习。但是，今天如果我们需要为未来准备更具有潜力的人才，就必须走以学生为中心的学习方式之路。从学习的空间看，也要发生相应的变化。柔性学习空间将具备灵活、移动、多元化、多样化的特征。既能单独成组，又能相互连接。学生用的课桌和中心台的布置都要和新的教育思维结合。特别要考虑新的环境安排对学生形成创新灵感、开始创造活动的便利性。当然，新型课堂和学习空间的设计也要考虑学生使用的舒适性、环境保护和节约能源的要求。

11.3 未来教育的技术性变革

未来教育将在以下十个方面发生重大技术变革。

11.3.1 翻转课堂（Flipped Classroom）

翻转课堂起源于美国科罗拉多州森林公园中学，后来得到迅速推广。所谓“翻转”就是将传统的课堂内外师生教学活动完全重新安排。原来课堂外由学生做作业的时间，“翻转”为学生自学教师预录教材内容的时间；原来课堂内教师授课的时间，“翻转”为学生互动讨论并提问，教师引导讨论并解惑的时间。

翻转课堂将课堂的主导权从教师转移到学生，实现了多年来人们一再提倡、但始终难以真正实现的“以学生为中心”的方针。在翻转课堂中，学生自行掌握教材内容、学习步调、学习风格和学习进度，并充分展现所学成果；教师则从知识灌输者转型为学习引导者。宝贵的课堂时间被充分用来进行目标导向的学习。学生在教师引导下，以团队合作方式共同解决本地、本国甚至全球性问题，实现了教学和教育的真正目的。

11.3.2 微课程（Micro Curriculum）

微课程是个多义概念。这儿并不专门指为微型教学而开发的微内容，而是主要指为翻转课堂开发的、可用于在线和移动学习的教学内容、教师教学活动和学生的互动活动。显然，这里说的微课程是翻转课堂的产物。在微课程开发中广泛使用了新型多媒体技术，包括微视频、微录音、进阶电子书，以及其他多元而丰富的电子学习资源。微课程的大多数课件需要教师自己制作，并以移动互联方式推出，对老师的要求显然很高。而通过网络播送的主持、引导和评价活动更能体现教师真正的水平，微课程让教师的能力在更大范围内得到展示、对比和竞争，是对教师能力的真正考验。

11.3.3 慕课（Massively Open Online Courses, MOOCs）

慕课即大规模开放在线课程，是针对大众人群的在线课堂，它通过开放教育资源而获得巨大发展。慕课的设计和课堂参与类似学院或大学课堂，但它一般不会像对在校付费学生那样要求学分，对学习的认可有时会通过证书来证明。近年来，大量慕课或类似慕课的计划已浮出水面（例如，Coursera, Udacity, edX 和 Marginal Revolution University 等）。显然，慕课代表了互联网时代学习和教育发展的重要方向。

11.3.4 学习分析（Learning Analytics）

大数据时代的到来，推动学习分析成为影响教育的关键技术。学习分析将为各方提供推进学习需要的全面有效数据，过去不可能取得的学习者的庞大数据，现在变得能够轻而易举地得到。这种大数据很自然地就会首先被运用于对学生提供个性化服务领域内。这样，就有可能让教育者和教育决策者们把过去一个标准的、放之四海而皆准的教育体系，改造成为一个保持高水平灵活响应的、能满足每一个学生的个性化学习需求和兴趣的新教育体系。当然，运用大数据，根据每一个学习者的实际需要，对其进行实时指导，这一过程并不简单，也不是仅仅拥有大数据就能做到的。但是，大数据的获得和专业软件分析上的进步，已经使我们看到了个性化教育发展的曙光。

11.3.5 用户产生内容（User-Generated Content）

用户产生内容原指互联网站或其他开放性媒体的内容由其用户贡献生成。从著名的维基百科开始，大量图片、视频、博客、微博、微信、播客，以及论坛、评论、社交、问答、新闻、研究类的网站都使用了这种方式。与“用户产生内容”

相对的是“专业制作内容”（Professionally Produced Content）。在教育领域，“用户产生内容”的概念和“以学生为中心”的概念相呼应，代表着教育新理念。

11.3.6 思维导图（Mind Mapping）

思维导图是一种行之有效的思维模式，被广泛应用于记忆、学习、思考领域，有利于人的开放性扩展性思维的充分展开。严格地说，思维导图并不能算一项专门用于教育的新技术，但是在云计算和云学习的大背景下，它得到了更加充分的应用。而且，它的运行特征非常符合未来时代的思维发展方式，因此，思维导图在未来学习中占有独特的地位。

11.3.7 3D 打印技术（3D Print）

3D 打印技术在教育学习领域的重要价值一直未被充分认识。事实上，它不仅能够让学生得到对事物更真实可靠的探索，例如，学习人类学地质学的学生在 3D 打印实验室扫描并打印罕见的化石、水晶、矿藏以及文物样片而不会对这些珍贵物品造成任何破坏，还可以用于发明全新工具，更重要的是，3D 打印最终会使学生对物质制造和生产活动的概念得到全新的提升。

11.3.8 电子课本（E-Textbook）

电子课本是指用数字化、交互式、智能化的方法，把教学的内容以直观的视、音、图、文等形式展现出来的电子介质课本。电子课本能够多角度、多维度地呈现教材内容，有利于学生更深刻理解和掌握其中的知识，为传统教材向网络化教材转变提供了良好范式。此外，电子课本通过加入书签、笔记和标注等功能，能够更方便学生的掌握和使用。电子

课本不是传统教材的简单电子化，而是智慧课堂建设的重要组成部分。而电子书包（EBook Package）则是与电子课本相联系的一系列全新的教育学习产品组合。它通常包含掌上阅读工具、学生书写工具、远程网络联结工具，以及必要的学校管理系统、教师和学生的联系沟通系统。

11.3.9　可穿戴设备（Wearable Devices）

可穿戴设备即直接穿在身上，或是整合到用户的服装配饰中的便携式电子、机械和生物设备。现在可穿戴设备的智能化程度越来越高，人机双向互动特质也越来越强。它不仅可自动执行人的指令，而且能自动获取和监控人的数据。更由于其可通过软件支持从云端交互实现强大的功能，包括为学生建立虚拟环境和仿真学习条件等，可穿戴设备将会对教育产生不可估量的重大影响。

11.3.10　人工智能教学（AI Teaching）

随着全球人工智能开发技术高潮的到来，人工智能在教育领域的应用前景也越来越广阔、越来越全面。运用人工智能技术向学生提供虚拟教学老师，以及虚拟辅导老师的可能性越来越强。在远程教育平台中，由虚拟教学老师授课，由虚拟辅导老师和学生互动，这些技术都开始进入实际应用阶段。

随着人工智能技术本身的发展，智能机器人出现在教育教学第一线的比例会逐步提高。智能机器人是未来时代最终形成的核心生产力，也是未来时代科技变革的主要目标。在种植业、制造业和服务业中广泛地、甚至最大限度地使用机器人，对人类社会的发展和变化有非常重大的意义。人类从征服生命物质（农业时代），到征服无生命物质（工业时代），再到征服人造生命物质（未来时代），是一个自然历史过程。事实上，人类的命运最终也取决于对人造生命物质的征服。

11.4 未来教育的思维模式变革——算法思维（Digital Thinking）模式

未来正在走来，不可逆转，不可阻挡。教育既要为未来的生产制造培养劳动者，也要为未来的创新创意培养创造者。我们要明确：未来不是我们要去往的某一个地方，未来是我们大家共同创造的某一个地方。所以，我们需要进一步推进教育的改革和发展，共同迎接我们的未来。

大家现在都非常清楚，我们今天遇到的最大问题是我们根本不知道未来的世界到底是怎么一回事，我们必须面对未来的不确定性。对教育来说，这种不确定性确实给教育出了一个大难题。因为，迄今为止的教育，只能教授确定的、已知的东西。

美国教育部前部长理查德·莱利对此说得最到位。

他说，我们现在做的一切，都是为了帮助孩子们在将来能够：

从事今天尚未出现的工作

掌握今天尚未发明的技术

解决今天尚未遇到的问题

显然，我们的目标是要用今天的学习应对明天的变化，要用今天的训练培养明天的员工，要用今天的员工战胜明天的挑战，要用今天的能力保证明天的发展。

那么，现在你需要教给孩子的，就不仅仅是具体的知识和技能。因为，你今天教的所有的知识和技能，将来都可能是完全没有用的东西。所以，你现在能教给孩子们的，应当是一种思维模式（mindset）。掌握这种思维模式的学生，就能在自己感兴趣的领域主动深入学习和探索，最终在自己选定的方向和领域，在相当深度的层次上，掌握主动权和发言权。

事实上，历史上所有的教育，背后也都是有思维模式的。但是，很可能只有最成功的教育接受者，才能明白自己掌握了教育的这个最关键的部分。

以我国为例：

封建社会，它隐藏着的核心思维模式是“文论思维”。那种不变的生产力和超稳定的生产关系，以及半部《论语》治天下的统治模式，决定了你只要学好经史子集，学好先哲圣贤的那几本书，就能帮助帝王去维持统治、稳定天下。你本人也就会在这个“三纲五常”“三从四德”的体制中，在这个“君君臣臣父父子子”的社会阶梯上，获得比别人多一点的资源，过上比别人好一点的生活。

进入工业时代后，教育的主要功能是为这个工厂化、产业化的社会培养人才。教育的核心思维模式就变成了“产业思维”。中国老百姓非常准确地把它概括为一句话：“学好数理化，走遍天下都不怕。”这样，完全模拟工厂的所谓现代学校制度就建立起来了。工业化的现代学校，像工业生产一样，集中为工厂培养它们需要的分层次的、标准化的、各种不同规格的人力资源：工程师、技术员、技师、操作工人和服务工人。

当然，由于现代工业的不断发展，产业教育和产业思维的内容逐步丰富起来，最后形成了西方国家现行的STEM教育：Science—科学；Technology—技术；Engineering—工程；Mathematics—数学。STEM教育很快就对国家经济发展起到了良好的推动作用。但是，要让STEM教育适应未来，成为一种创新文化的带头人和领军者，艺术、技艺、设计、工艺，以及其他综合性人文科学的体验是不可缺少的。因此，STEM就被扩为STEAM，显然，其中加入了Art—艺术。这样，产业思维的教育形态STEAM也就达到了它的最高点。

未来时代的教育，它要应对的是一种完全不确定的对象。它自身应该是一个什么类型？它应该采取一种什么模式？我在反复征求了多位企业家、实业家、就业专家和教育专家意见的基础上，得出了一个初步的结论：未来教育的核心是掌握数码运动的规则和规律，可以说："算法思维"将是它最重要的特点。

2016 年 5 月，我应国家教育咨询委员会的要求，给教育部写了一份关于未来教育的建议，其中专门提到了，未来教育的核心是算法思维。当然我那个建议主要是一种理性推导的结果。我认为：农耕时代教育的核心是语文，主要帮助求学者树立文论思维。工业时代教育的核心是数学，主要帮助求学者树立产业思维。那么，未来时代教育的核心是什么？显然应该是数码，最重要的是要帮助求学者建立起算法思维模式。如果用英文来表述，那个词儿就是：Digital Thinking 。

最近我读到美国新媒体联盟和美国学校网络联合会共同编写的《2017 年地平线报告（基础教育版）》，发现了许多有意思的亮点。其中最有意思的是，这个报告提出了计算思维（Computation Thinker）和编程教育（Teach Code）这两个概念。我忽然感觉真是他乡遇故知呀！他们的这些想法正好是我的那些想法的说明和补充。幸好他们的报告是在 2017 年 8 月发表的，而我的报告是 2016 年 5 月报送教育部的。否则，大家一定会认为，我们是抄来抄去的。

我所强调的所谓算法思维（Digital Thinking）模式，就是要求每一个求学者都要了解数码的本质和特性，理解和掌握编码和编程的过程，也就是运用数码建立起一个循序渐进的指令列表体系的过程，让计算机或者人工智能去听懂我们的指令，完成我们要求它们做的工作、要求它们解决的问题。在未来时代，对每一个人来说，至少都要明白这一过程是怎么回事。了解数码的特性，了解程序的编制过程，了解人机沟通的方式和方法，这应该是未来所有的人，特别是未来的孩子最基本的素养。

如何用计算机解决难题？（How can I formulate this problem so it can be solved using computers）

收集数据（collect data）
分析数据（analyze data）
把大问题分解成小问题（decompose break problem into smaller problems）
找到模式（find pattern）
抽象要素（abstract）
开发算法（develop algrithms）
建立模型（build models）
进行模拟（simulate）
测试实验（test experiment debug）
计算思维（computational thinker）

《2017 年地平线报告（基础教育版）》则提出了计算思维这个概念，并指出：对数码运行和编程作业的了解，可以帮助孩子理解机器是怎么工作、怎么思维、怎么表达的。计算机在解决问题的时候，首先把一个大问题分解成为若干小问题。然后通过收集数据、分析数据、抽象要素、创建模式、开发算法、建立模型、进行模拟和测试等，最终通过计算机解决难题、完成任务。这是未来时代中每一个人都应当清晰了解的最重要的人机关系、社会关系，以及生产活动和社会活动。孩子们应当从小就适应数字化的环境，能够通过数码结构和逻辑演算来表达自己的诉求或者想法，并在此基础上建立和发展出自己的可迁移性的各种技能。看吧，我们的想法是不是非常一致呀？

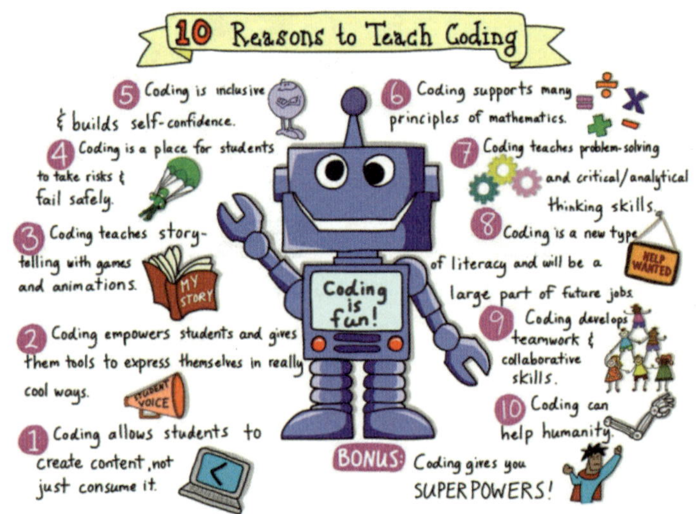

开展编程教育的十个理由

注：转引自《2017 年地平线报告（基础教育版本）》，陈老宇译

当然，专家们强调，让每一个孩子都学习一定的数码知识和数码技术，具有算法思维能力，这并不等于说，将来会要求每一个孩子都成为程序员。正如我们过去让孩子们在学校里学习体育和艺术一样，我们并不期望每一个孩子都成为运动员或者艺术家。但是，即或你将来不从事与数码技术有关的活动，掌握编程这种通过收集数据、并将数据分解成一系列更小的部分，分析这些部分并把它们变成解决问题的指令，对你将来从事任何职业都会大有裨益。

所以，学校一定要开展算法思维教育，开展编程编码教学，而且开始得越早越好。其理由是以下十条：

编程能够让学生自己创造内容，而不仅仅只是使用它。

编程使学生获得了自主的能力和工具，还找到了表达自己的最酷的方法。

编程能教会学生用游戏和动漫来讲述一个故事。

学习编程可以鼓励学生去冒险，同时又能让他们安全地体验失败。

学习编程可以让学生富有包容心，同时建立自信心。

编程可以让学生学到许多数学法则。

编程可以让学生学到解决问题的方法，掌握批判性思维和分析式思维的技能。

编程是一种新的读写能力，未来的大部分工作都会用到编程。

学习编程将提高学生的团队协作能力。

编程将助力人类，编程将给你超级力量！

呵呵，这十条理由是不是太充分了呀？我简直不可能再想象出比这十条更充分的理由了！如果你和我的感觉完全一样，那么，好吧，请在你的学校立即全方位、全覆盖地开展算法思维和编程技能教育，刻不容缓！你的学生、你的孩子，将来无论从事什么职业，无论是写诗还是写码，都一定会从中受益无穷。

11.5 算法思维的三条基本法则

算法思维最核心的部分，包括三条基本法则。

其一，好奇者纳。充分的、无拘无束、无边无界的好奇心、想象力和独立思考能力。

好奇心、想象力和独立思考能力是人类最独特、最宝贵的精神意识力量，是人类基于独立生命之源的与生俱来的能力。每一个孩子从小都具有这种能力，而传统教育往往有意或无意地毁坏甚至消灭孩子的这些能力。所以，这是未来教育和传统教育的最大分界线。未来教育要特别注重保护和保持孩子的这些能力，人们只有能永远用这种孩子般的好奇心、想象力和独立思考能力来注视和观察世界上的一切，才有可能最大限度地获取、收纳和占有丰富而相互联系的大数据。（简称法则一：好奇者纳）

其二，怀疑处生。质疑、批判、审视挑战，怀疑一切的理性思辨能力。

为什么要怀疑一切？因为宇宙不是我们创造的，自然规则不是我们制定的。我们的理性认识，其实是我们对自然规则的探索、对上帝心思的揣测。我们到底猜对了没有？不知道。由于人类的局限性，我们永远只能认识一部分真理，不可能认识全部真理。所以，你必须挑战、批判、审视一切。所谓放之四海而皆准的真理，它很可能一千次、一万次是对的，但只要有一次是错的，它就被证伪了。归纳和演绎的方法解决不了跳跃的世界的一切问题，认识不了不确定的未来的所有现象。所以，我们只有用怀疑的态度审视一切已存的事物，并质疑其存在的理由和条件，才能引发出新意。（简称法则二：怀疑处生）

其三，零一间创。用数据零和一，以及零到一的创新创造方法来构建新事物、创造新规则、拓展新形式。

创新创造的本质，是在我们所处的不确定的世界，我们不可能完全了解和掌控的世界中，找到一个制造产品、提供服务、解决问题、表达人性的新的确定的方法。如果你找到了，你就成功了；否则，你就没成功，你的活动只是在重复过去。创新创造是一种非常普遍的活动。从这个角度你可以理解，创新创造绝不限于思想家、科学家、工程师和艺术家，而是属于我们每一个

人和每一个领域。（简称法则三：零一间创）

一位刚刚六岁的小朋友决定烙一张鸡蛋饼。老外婆心想，孩子愿意劳动是好事，就给她几个鸡蛋准备让她糟蹋了吧。结果，这孩子拿到鸡蛋后，先坐到了小桌子旁，拿出一张纸来开始画图。老外婆感到很奇怪，说："你烙饼为什么要画图啊？"她说："我要把做鸡蛋饼的办法一步一步先画出来。"结果她就画好了这样一张图，接着才去烙饼。烙完饼后，自己很快就把那张饼给吃掉了，一点都没有剩下。看来那张饼的滋味儿还不错。等我回家时，就只看见了这张图。我反复仔细看了这张图，大体明白了在这个小朋友心目中，正确地烙出一张鸡蛋饼需要有 10 个步骤，包括放油、放盐、放葡萄干、放番茄酱和葱花等，有些细节我甚至猜都猜不出来了。因为这个小朋友到现在为止，除了写自己的中英文名字和阿拉伯数字之外，别的字还都不会写，所以，这张图对我来说也是一张密码图。但是，这个小朋友的思维方法引起了我极大的兴趣！这不就是我所倡导的算法时代的思维方法吗？把所有的问题数字化，并且用 0101 的方法进行编程，这个小朋友是从哪里悟出来的？是不是幼儿园现在开始教孩子们这样考虑问题了……我很好奇！反正在我小时候，你要让我干任何一件事情，我都不会想到，要去画这样一张思维导图。

算法时代的原住民

我最近一直在鼓吹：新一代的孩子要从农业时代的文论思维模式、工业时代的产业思维模式中逐步摆脱出来，建立面向未来时代的算法思维模式，从小就要有编程的概念。说实在的，我对自己倡导的这些理念有坚定的信心，但是对于新一代的孩子怎么接受它，还是感到很不确定。今天从我家小宝贝身上，非常偶然地感受到新一代孩子很可能就是智能时代的原住民，他们很可能天生就具备算法思维方式……

编程意识、数码意识、互联网意识的培养是帮助孩子看世界的视角和选择的依据，不受限于事件和物质本身，真的是会受益终身。

11.6　未来教育的评估变革

专业性的、专门性的教育考试和评估，一直被认为是教育管理最重要的手段。但是，这种情况也在发生变化。我们还很难完全看清楚未来教育的考试和评估最终会变动到什么程度。但是，现在已经可以看到的是：

传统的工业化方式的标准化考试，被认为是培养工业生产需要的标准化人力资源的有效手段。标准化考试的优胜者，擅长死记硬背定理公式和标准答案，这种考试完全无法评估学生的创造能力、协作能力、批判性思维和解决实际问题的能力，更无法考察判断学生的职业道德水准，因此，越来越被学校所不看重。它的权重在迅速下降，取代标准化考试的各种新型评估考试形式正在涌现出来。

随着新型教育的出现和发展，教育考试和评估也在发生重大变化，一些新型的评价参与模式正在出现。过程性评价（formative assessment）和终结性评价（summative assessment）的互补状态为今后考试评估的变化指明了方向。用过程评估取代结果评估，以及用过程评估辅助结果评估的试验都在相当范围内进行着。对过程评估的可靠性问题的研究也在取得进展。

教育的结果评估和绩效评估的争议现在继续扩大，一时难以得到结论。

而由于互联网的发展，导致教育结果评估和职场结果评估有可能更有效地结合起来。

未来的教育认证体系也在变化。除了传统的专业性认证手段外，更加灵活有效的全面认证方式正在形成。自我认证和社会认证相结合，团体认证和专业认证相结合，以及工作过程认证和全方位的职场活动记录认证，都有可能全面改变现行的认证制度，使教育认证成为教育改革的一个新突破口。价值互联网的出现和区块链的应用，也会让教育认证发生革命性变化。

产业形态的变革，决定了人类的职业能力范围的大小。在后工业时代生产制造业朝综合性发展，此时对能力的要求也会朝着综合性发展；而服务业朝着分工精细化发展，所以服务业职业能力范围也会变得越来越精细。

职业教育评估方式，也要随着经济体系和生产体系的变化而发生变化。职业教育面临三个问题：

问题一　如何用迁移性技能来应对未来不确定性？

问题二　如何根据产业形态变化调整培训和训练内容、方式？

问题三　改变评价方式，让评价方式的变革能够更有实效。

从技术角度来看，评估在发生深刻变革。在职业教育里面，以领英为代表的人力资源系统，实际上已经颠覆今天的职业评估系统，使专业测评朝着自评和他评相结合的社交式评价发展。它依靠大数据而不是专业测评来打分，评价的内容也不是代表某些特征的专业化试题，而是直接根据你的能力有多少人肯定，这种肯定在多大程度上得到认可。专业测评本身也在变化，例如人格测评，如何用社交数据完成人格测评，使人格测评变得更准确，更有价值。

这种评价方式所需要的数据是由机器人来分析，这是人工智能带来的变革。目前很多专业测评都朝着这个方向发展，未来的评价由专业评价向更大范围的社会评价转型。专业化评价本来就是评价社会化的一种方式，但他们还只是停留在专业化，也就是由极少数人来掌控，未来人人都可能成为评价者。

12　什么是大国崛起的关键博弈

12.1　财富之争

利益之争的核心是财富之争。目前全球每年创造的财富总量是 75 万亿美元。其中，美国 18 万亿美元，居全球之首。中国 12 万亿美元，列居第二。美中两国占全球财富总量接近 40%，其余 150 多个国家分享剩下的 60% 多一点。

据全球最著名调查机构美国盖洛普公司预测，2040 年全球财富总额将增加到 200 万亿美元。届时，美国将达到 30 万亿美元，占全球的 15%；而中国将达到 70 万亿美元。中美两国占了全球财富的一半，其余 150 多个国家分享剩下的另一半。

世界的这种变化且不说其他国家感觉如何，先问美国能接受吗？美国能容忍有朝一日失去世界第一的地位吗？

中国不得不经受大国成长的烦恼，大国崛起的阵痛。中国经济高速增长单方面改变了世界战略格局。对此，美国盖洛普公司主席兼总裁吉姆·克利夫顿说得直言不讳。他说，在今天争夺财富的战争中，美国的主要对手是中国。这场战争像第二次世界大战一样，对美国来说是生死攸关的终极性战争。如果美国在这场战争中战败，那么，不但美国的一切都完了，甚至整个人类的历史都将被改写。

所以，财富之争，是全球一切矛盾的焦点和背景。从战略上看，中国也必须要打好打胜这一仗，别无选择。

12.2 创富之争

财富从哪里来？英国古典政治经济学创始人威廉·配第说，土地是财富之母，劳动是财富之父。尽管我们的一切都源于自然，但必须经过劳动之火的熔炼。换句话说，谁拥有高效优质的劳动，谁就拥有更多的财富。

回顾一个世纪来的全球经济发展史，今天的所谓高效优质劳动，集中表现为战略新兴产业。战略新兴产业是人类新增财富的主要来源。从现在起 30 年内，各国争夺 125 万亿美元新增财富的斗争，其焦点就是争夺战略新兴产业。

人类产业发展史表明：第一，竞争环境，第二，产权制度，第三，企业家精神，这三条是催生战略新兴产业的三大关键。而且，没有前两条，就没有第三条；而没有第三条，就一切都没有。

这个世界并不缺少科学家、思想家、发明家。新科学、新想法、新点子、新创造毫不短缺，甚至大量过剩。许多发明创造都束之高阁、毫无用处。这个世界短缺的是企业家精神，最短缺的是乔布斯式的产业创新型企业家。

乔布斯既不是科学家，也不是思想家、发明家、点子家，他一项个人发明都没有。但他能把全世界最好的发明创造点子装进一个手机中，把它们整合成一件新奇时尚，消费者愿意买单、也买得起单的产品。他作为一个商业模式的创造者，为自己的企业和产品创造了无数顾客。更重要的是，他创造了一个全新的产业。由于有了他，手机就不再是一个仅仅用来打电话的工具，而成了一个战略新兴产业——数字移动互联产业。现在，数字移动互联产业正在迅速改变甚至颠覆现存的世界，谁都不知道未来会发生什么事情。所有企业行业、各国政府都不得不把应对数字移动互联平台带来的挑战放到最重要位置上。就在这个过程中，一个小小的苹果公司的市值不仅超过了包括微软在内的所有顶级电子公司，甚至超过了中石油和埃克森美孚这样的资源巨无霸，一举成为全球市值最高的企业。而苹果公司拥有现金流竟高达 2 500 亿美元，是美国财政部的整整三倍，完美诠释了什么叫“富可敌国”。

事实上，真正推动美国大步向前迈进的，就是企业家精神和这样一大批企业家。亨利·福特说过：“我没有发明任何新事物，只是把他人几百年来的发明组装成汽车。”这就是产业创新型企业家的重要作用之所在。有了他们，科学发明和技术创新才可能真正落地，才可能成为改变世界的真实力量。要知道，汽车刚刚被发明出来时，没有多少美国人觉得它可爱。至少直到 20 世纪的最初十年，美国平民百姓都非常厌恶憎恨汽车。那时 100 万人中，只有 1 个人能买得起汽车，汽车充分象征了自命不凡的有钱人和辛苦操劳的穷苦人之间无法逾越的鸿沟。随着车祸的加剧，民众甚至破坏公路、设置路障，用步枪向过往的汽车胡乱射击。但是，自从 1908 年福特推出了极其物美价廉的 T 型车，让汽车真正走进了几乎所有平民百姓的家庭后，美国人民才爱上了汽车，美国才成了“轮子上的国家”。这种通过汽车产业创新实现的平等，使美国人感受到“亨利·福特让美国民主的华丽辞藻变成了实实在在的现实”。

12.3 人才之争

20 世纪初，美国成了世界第一强国。但后来俄国崛起了，德国崛起了，日本崛起了，现在中国又崛起了。美国一直面临被超越的危险，担心自己失去世界老大的地位。他们总在说：狼来了，狼来了，狼真的来了！

美国人其实非常自信，他们最骄傲的就是，你们俄国人、德国人、日本人、中国人能够在一切重要产品的制造上做得比我们好，生产得比我们多，质量比我们高，甚至成本比我们低得多。但是，所有这些产品，有一件算一件，都是我们美国人发明的！

第二次世界大战后历届美国总统都曾毫不掩饰地说：20 世纪是美国世纪。20 世纪以来几乎人类所有最重大的发明：汽车、飞机、收音机、电视机、计算机、避孕药丸、城市电网、集装箱、塑料、核磁共振、牛仔裤、芭比娃娃、迪士尼、信用卡、左轮手枪、导弹、原子弹、氢弹、人造卫星、空间站、登月火箭、宇宙飞船、基因技术、互联网、移动电话，以及正在大展神威的移动互联和社交网络等，这一切都是我们美国人发明的。下面还有一句通常不在公开场合说出来的话：因此，美国不惧怕任何国家，因为，你们永远只能跟在我们后面模仿和追随。

21 世纪什么最宝贵？人才最宝贵。什么人才最宝贵？创造创新型人才最宝贵，乔布斯这样的人才最宝贵。从一定意义上说，这样的人才，得一人而得天下。然而，乔布斯只是世人所熟知的美国这类人物中的一个象征和代表。我们还可以列举出摩尔斯、柯尔特、洛克菲勒、爱迪生、伊士曼、福特、莱特兄弟、马克西姆、杜邦、沃森父子、阿姆斯特朗、道格拉斯、默克、迪士尼、平克斯、汉德勒、巴菲特、韦尔奇、卢卡斯、伯纳斯-李、惠特曼、贝佐斯、马斯克、佩奇和布林，以及威廉·休利特和戴维·帕卡德等。美国正是由于拥有了世上无国能及的这样一张江湖英雄谱，才创造了自己，并无敌于天下。

我们国人中，有头脑、有智慧、高智商、高情商的人非常多，大家看明白想明白了这一点吗？我们要发现和培养十个、二十个如乔布斯一样的人才。

现在的问题就是，乔布斯到底藏在什么地方？乔布斯到底应当怎样培养？

12.4 模式之争

东方和西方在战略新兴产业的开发和创造创新型人才培养方面，一直有不同的思路，突出表现在日本筑波模式和美国硅谷模式的不同上。

筑波模式是完全由政府主导、国家投入的模式。尽管花费了纳税人大量的资金，几十年来，筑波科学城也取得了一些科研成果，但一直没有真正形成完整的产学研销完整链条，研究成果转化率极低，园区内参与主体和运行机制都相当封闭。在世界新生产力革命迅猛发展的背景下，筑波科学城的弊端越发显现，成为典型的“科学乌托邦”。

硅谷模式则是完全由市场主导、民间投入的模式。它紧紧依托大学提供的最活跃的思想资源，完全排除了行政垄断，取消了政府干预，从而极大调动了园区自身的创造创新冲动和热情，最终创造了财富激增的神话。硅谷成功的核心秘密就是自由思想和风险资本的无缝对接，就是思想市场和资本市场的有机交融。

美国人也是这样看待自己的战后发展史的。他们说：正是所谓婴儿潮（Baby Boom）和 Y 世代（20 世纪最后一个世代）培育出来的新人，成功地将美国拥有的先进科技转化为崭新商业模式，催生了美国数以百万计的大型、中型和小型公司，创造了美国经济持续三十年的高度繁荣，接连打败了美国在第二次世界大战中的老对手日本和德国，保住了美国的霸权地位。

世界完全可能被偶然出现的一次令人意想不到的科技和商业结合的奇迹而完全改变，“乔布斯”们的产生需要自由、宽容、开放、竞争的社会环境。观点需要交流，思想需要碰撞，创新需要切磋，创造需要磨砺。人心似水，民动如烟，市场是最不确定的，百姓是最“花心”的。乔布斯、比尔·盖茨、扎克伯格们，以及马云、马化腾、俞敏洪们只能是从市场拼搏中冲杀出来的。

12.5 创新崛起和车库文化

硅谷的诞生地是哪儿？是一个车库。1939 年，两个青年——休利特和帕卡德，在一间狭窄车库里创建了惠普公司。这个车库，如今已被美国政府命名为硅谷的诞生地。谷歌、微软、戴尔，以及亚马逊等无数后来驰名全球的创造创新型公司，也都是起源于车库。甚至连乔布斯都宣布，苹果也起源于车库（新出版的《乔布斯传》支持了他的这一观点）。而且，车库也绝不仅仅限于创造电子产品。如果有谁在美国的车库造出了汽车、游艇、赛艇、帆船、载人气球、飞艇，甚至飞机，都不会让人吃惊。据说，匹兹堡有一个年轻人，他甚至在车库造出了一座可以工作的核聚变反应堆。

为什么在美国，不仅许多创业活动从车库开始，而且大家都喜欢强调自己是从“车库”开始创业的？因为，只有“车库”创业，才能更准确地诠释美国文化。

第一点，人人生而平等。造物主赋予每一个人若干不可剥夺的权利，包括生存、自由和追求幸福的权利。

第二点，如果你努力工作并且高度负责，你就会领先于别人。不论你从哪里来，长得什么样，你爱谁……

奥巴马把这两点称为基本理念（basic idea）或者基本协议（basic bargain）。而“车库”正是这种理念或者协议最直观、最生动的表现。就在“车库”这样一个平台上，曾一次又一次、一场又一场地演出了无数丑小鸭变成白天鹅，无数灰姑娘变成白雪公主的传奇故事。

显然，这里所谓的“车库”，已经成为自由自在、完全没有阻力、没有门槛的创业大环境的代名词，成为青年们的创造激情和风险投资相互结合的集结处。肯定是出于对美国“车库”现象的深刻理解，中国一批有想法的年轻人，在中关村建立了一个创业咖啡店，名字就叫“车库咖啡”。这个咖啡店只接待青年创业者，为他们提供创业之初最必要的各种基础服务和保障条件。同时，组织风险投资来寻找创意、提供支持。

中国政府现在大力倡导创新、创造、创业，李克强总理多次来到中关村创业一条街看望青年创业者。中关村创业一条街已经成了中国青年创业者心中的圣地。它甚至开创了一种比单纯的“车库”更高效的模式，让年轻的创业者聚集在一起，同时让风险资本集中进入。这样的形式让无处不在、闻风而动、专程前来考察的美国记者惊呼：中国人发现了美国的秘密——科技创意与风险资本的结合，而且是更高效的结合。我希望，他们不是虚惊一场。

“车库咖啡”的意义正在于此——它承载着让风险资本和科技新潮自由结合、让创新创造和市场规则自由结合的使命，它代表着培养乔布斯式产业创新型企业家的新思路。只有在这样的人才真正不断涌现出来之时，才预示着中国未来发展的无限可能的到来。

13　说到底我们究竟要什么

在本书的最后，我们自然而然地就回到了一开始提出的终极问题：你是谁？你从哪里来？你到哪里去？你到底要什么？

生命，特别是人类的生命，作为一个整体，还有可能拥有和地球、星空、宇宙对话的力量；但是，作为一个个微不足道的个体，我们真的不知道该怎么看待自己。“寄蜉蝣于天地，渺沧海之一粟”，这就是历朝历代的人们，特别是知识者的哀叹哀鸣。个人的生命如此渺小、如此短暂、如此无关紧要、如此无足轻重，那么，我们为什么而活着？我们到底要什么？

我们一开始就说，宇宙本来没有好坏、没有对错、没有善恶、没有价值。是生命出现以后，才带来了这些东西。所以，生命可能就是为了给宇宙赋予价值而出现的。而且，说到底，生命本身也无所谓价值。生命赋予自己什么价值，生命就有什么价值。所以，对任何生命来说，它永远不能回避的就是这个问题：你到底是谁？你到底要什么？

一切个人的追求，最终可以用一个非常简单的词表示：幸福。但是，对幸福的解释，又有四种完全不同的答案。

一，幸福就是财富。

认为幸福就是财富，可以称为“物质派”。迄今为止人类的历史，就是人类的贫困史、短缺史、匮乏史。我们绝大多数人在绝大多数时间中，都深深陷入贫困、匮乏、短缺之中。与此相伴的，是辛苦、劳累、折磨和奴役等。物质财富的严重不足使得绝大多数人一直就把丰衣足食、温饱有余当作人生最大的追求。在这个基础上，如果再上一层楼，可以穿金戴银，拥有豪宅名车，有更多的自由和闲暇，那就更是人生成功的标志，是人的幸福的证明。这种个人的追求，也会在群体中强烈表现出来。所以，从国家的角度，追求国民经济的高效率、高增长，追求更高的国内生产总值以及人均水平，也就成了大家都认可的国家目标。

但是，当生产力真的发展起来了，生产效率真的大幅度提高了，劳动时间真的大幅度缩短了，财富和自由似乎也越来越充分地涌流出来了，人们却并不感到比过去更幸福。那么，到底什么是幸福，就越来越成了一个问题。

二，幸福就是快乐。

认为幸福就是快乐，可以称为“生物派”。这一派认为，幸福不是物质财富的多少，而是人类自身的快乐与否。从人类的历史发展来看，人类创造的财富确实是越来越多了；但是，人类自身的快乐似乎并不和财富的多少成正比。在很多时候，甚至反而是财富越多越不快乐。所以，现在最重要的是对人的幸福感进行观察、判断和测量，为幸福制定一套测量方法。

不过，这样一来，人们又遇到了难题，那就是，无论从哪个角度看，这种幸福最终是每个人自己的主观感受，所以你无法直接从外部来测量。你勉强能够测量的，只可能是每个人对自己主观感受的描述。这样，所谓测量幸福，现在就转化为：对每一个人自身感受的描述的测量。

在实际操作中，这种测量通常采用问卷方式。比如，在美国流行的坎特里尔量表（Cantril Scale）就是这样一种工具。这种衡量方法的一个主要特点是把人们对目前和将来生活的评分结合在了一起。

具体地说，坎特里尔量表的测试是这样进行的：请你把自己的生活想象成从 0 到 10 这样一组逐步上升的台阶。0 代表你可能处于生活最恶劣的状况。而 10 代表你可能处于生活最美好的状况。现在你自己评价一下：你正处在其中哪个台阶上？未来五年后你又可能处在哪个台阶上？显然，这样一个量表把这些问题：你对现在的生活满意吗？满意到什么程度？你对未来乐观吗？乐观到什么程度？都简单而有效地转化成了数字。

用这种量表在全社会甚至全世界进行测试，如果我们发现收入高的人平均分数就高（比如说是 8.9 分），收入低的人平均分数就低（比如说是 4.1 分），那么，我们就可以轻松得出结论：金钱是幸福的一个主要因素。

同样用这种方法我们还可以比较：身体健康的人是不是就一定比患病的人更幸福？嫁了老公、娶了媳妇的人，是不是就一定比单身者更幸福？

我相信许多人已经猜到了，在用这种量表进行了大量测试后，得出来的实际结论，和人们的想象大相径庭。金钱、健康和婚姻对人的幸福感的影响，绝对没有大家想象的那么巨大和强烈。

关于幸福的一项重要发现是：幸福与金钱、财富、健康甚至政治制度等外部客观条件关联不大，而主要受主观愿望和客观条件是否相符合的影响。比如你想要一辆自行车，你就得到了一辆自行车，你就会感觉很满足。但是如果你想要一辆全新的法拉利，结果得到的是一辆半旧的菲亚特，你就会感觉非常失落。现代心理学家和社会学家绞尽脑汁，通过编制科学量表，经过大量采样测试，分析了无数的数据，最后得到的幸福结论就是中国古代先哲老子在 2 500 年前说过的一句话——知足而常乐①。这是不是很有意思呀！

既然幸福的核心要义是“知足常乐”，是主观愿望和客观条件相符合，是期望和现实相一致，那么，对于这个世界上的很多事情，我们就比较容易理解了。

---

① 老子的原话见《道德经》第 33 章：知足者富；第 46 章：罪莫大于可欲，祸莫大于不知足，咎莫大于欲得。故知足之足，常足矣。

与此相对应的另一种思维谬误是，我们很可能会把自己的期望放在别人的身上，从而错误地推测了别人的感觉。比如说，由于现代城市住宅良好的上下水系统，使你早已习惯了每天洗脸洗澡换衣服。当你看到古代游牧民族或者北域农民几个月都不洗一次澡，几天都不洗一次脸，也不经常换衣服，你会感到他们的生活是何等的痛苦悲惨不幸呀！其实也许他们就是那种生活习惯，他们根本就没有不舒服的感觉，更不会因此而感到不幸福。同样，我们习惯了飞来飞去、风驰电掣的交通，不由自主会用怜悯的眼光来看待古人蜗牛般的旅行。事实上，我们很可能完全领悟不到古人那种“细雨骑驴入剑门”的销魂乐趣。

所以，历史地看，人类社会完全可能存在这种状态：尽管今天物质文明的高度超过了历史上任何一个时期，但有相当一部分人，他们的幸福感还不如公元 10 世纪到 12 世纪时其乐融融地生活在一个和谐温馨的乡村家族中的农民。伟大的历史学家汤因比在被问到历史上最幸福的人在哪儿时，他回答说：历史上最幸福的人是生活在宋朝的新疆人。如果能让他选择，他本人就愿意当一个中国宋朝时期的新疆人。

甚至就连我们非常看重的“自由”，也可能成为我们不幸福的原因。虽然今天我们可以自由地选择自己的另一半，选择自己的朋友和邻居，但他们也可以自由地选择离你而去。在自由的旗帜下，人们越来越难以真正信守承诺、不弃不离。社群和家庭的凝聚力不断下降，甚至解体。这个世界让我们感到越来越孤独。

对幸福的研究最令人震惊的结果来自生物学家。尽管现代生物学家也像心理学家、社会学家和经济学家一样，使用问卷和社会统计方法，但是，他们只会把这些统计数据与人体的生理结构相联系。他们得出的结论是：一个人幸福不幸福，完全取决于他体内“快乐”激素的含量水平高低。已知的“快乐”激素包括血清素、催产素和多巴胺等。人体内这些激素含量的提高会使人感到愉悦、快乐和兴奋，使人变得亲和、友善，更愿意和别人交往而不感到孤独，甚至使人变得更慷慨、更无私和更富有同情心。而人体内的这些激素含量不足就会出现相反的情况，包括抑郁、烦躁、狂躁，不友善、攻击性强，甚至有伤人或自杀倾向等。

显然，生物学家和我们看问题的角度完全不一样。生物学家认为我们的心理情感（包括幸福感）并不是由外在的因素（比如你的金钱收入、社群关系、权利义务等）决定的，而是由神经、神经元、神经突触以及体内各种生化物质之间复杂的相互作用决定的。所以我们感到幸福快乐的原因，并不是因为我们升了官、发了财，娶了媳妇、生了儿子……我们能够感到幸福的唯一原因，只是因为我们身体里的"快乐"激素水平上升了，通过我们的神经细胞，让我们的感觉器官享受到了快感。

不过，显然不同的人平衡点也不同。有些人的平衡点更偏向快乐，另一些人则偏向痛苦。所以，有些人是天生的乐天派，不管遇到什么艰难困苦，都不能阻挡他的幸福快乐；而另一些人是天生的抑郁者，不论什么天大的幸福，也不能使他真正快乐起来。从这个角度来讲，很可能就是你的基因决定了你快乐幸福，或者不快乐不幸福。我自己观察，我是属于极少数那种恰好平衡点在正中间的人。所以，我永远是既不很快乐，也不很痛苦；并且遇乐则笑，遇苦则哭，喜怒皆形于色。

如果完全接受了生物学家的这一套理论，我们就会面临一种有趣而不可思议的前景：对人类来说，一切都不再重要，重要的只是生物科学。我们只要集中全力投入巨资研究出一种让人们快乐的生物化学方法，研制出一种能完全操控人类生物化学机制的药物，那么，无论是不是在物质财富生产发展上取得所谓进步成果，我们都能够让全人类立刻幸福起来、快乐起来。我们只需要让大家每天必须在规定时间服用一次那个特种激素药物，而且永远不能停下来。

现在的问题就是：你能接受生物学家对幸福的这种研究吗？完全接受，大部分接受，小部分接受，还是完全不能接受，为什么？

对于生物学家创造的实现人类幸福的路径和方法，多数人持怀疑和否定的态度，只有少数的人对此表示兴趣。究其原因，生物学家对幸福的研究，后面包含着一个未经证明的生物学假设：

幸福 = 快乐 = 快乐感

这样，人类追求幸福的努力，就被他们直接转化为追求快乐感的努力。为了便于和持其他幸福观的人作比较，我们把他们简称为“生物派”。

也许生物学家的这种假设，在除了人类之外的生物界是正确的。不过，对人类中的大多数来说：幸福中尽管包含着快乐感，但绝不会仅仅等同于快乐感。这也是多数人认为，自己和其他动物的区别之所在。这里显然不排除，有少数人认为，人和动物的感觉是完全一致的：幸福就等于快乐感。注意：我们的这种论述，完全不包含对被我们称为“生物派”的人们的语义歧视。

三，幸福就是意义。

对更多的人来说，幸福不仅仅等于快乐感，幸福更取决于价值观。为便于比较，我们管这一派叫“价值派”。

认为幸福就是意义，可以称为价值派。尼采说过：“一个人如果知道为什么而活着，他就能承受一切而活下去。”显然，意义不是欢乐、不是愉悦、不是快乐感。意义是投身到比个人生命还要重要的行动中去的时候的感觉。如果我们说，某件事情是有意义的，那就意味着它不仅对我们自己、对我们最亲密的朋友和家人，而且是对一个更宏大的群体，比如社区、地区、民族和国家，甚至整个人类都是值得去做的事情。那么，怎么才能让生活有意义呢？很简单，就是把你自己日常做的事情和另一件超过自身范围的大事情联系起来。那件事情越大，效果就越好。因为，在宏大主题下，人自身就会变得无关紧要。而你附着的事情越大，你能获得的意义就越多。

意义是人类独有的东西，意义反映了人们对生命价值的认识。有人活着是为了让自己的下一代幸福，有人活着是为了让自己的来世幸福，有人活着是为了让自己的祖国安全强盛，有人活着是为了让自己的知识造福于人类，有人活着是为了让平等、公正、正义和自由的光芒照亮人间……这些不同的意义观给人以不同的追求。为了自己的追求，人们不但可以享受快乐，而且能够承受痛苦。谁都不能保证在自己选定的生活中，快乐就一定大于痛苦；但是人们只要有了自己坚定的价值选择，就能从这一过程中感受到巨大的幸福。

举例来说，几乎每个人都经历过把子女从婴儿养育成人的过程。其间有劳累、折磨和烦恼，也有愉悦、欣慰和快乐。现在的孩子中不乏有专横跋扈、脾气恶劣的小王子、小公主，这些孩子对他们的外公外婆爷爷奶奶更是这样。不过，你听听中国的父母，特别是祖父母怎么说，他们几乎异口同声地说：孩子是他们的主要幸福之所在！是上天给他们的最大恩赐！这不就是价值观在起作用的证明吗？

当然，更广义的意义是人类经受过的更为强烈的苦难或者不幸，它们对人类构成了非凡的意义。在这方面，犹太心理学家维克多·弗兰克做出了独特而非凡的贡献。他本人和他的家庭在纳粹时期都被关进了集中营，他的父母、哥哥、妻子都死于毒气室，他能活下来堪称奇迹，而他在如此极端环境下对人类心理作出的冷静观察和科学分析，使人类找到了绝处逢生的特殊意义，找到了战胜极端痛苦的特殊力量。与这种生命的意义相比，世俗的成功、快乐和幸福都太微不足道了，它们只是人生意义的副产品，有时你越想要得到反而会越适得其反。

人们的价值观各有不相同，甚至可能完全对立。比如现代价值观包括了人文主义、民族主义、资本主义和共产主义等。对于最强烈地从价值观中获得幸福感的人，这些价值观甚至能给他们带来“杀身成仁、舍生取义”般承受痛苦的力量。不过，我们看到，以色列历史学家赫拉利按照他一贯的思维方式指出，从纯粹科学的角度看，这些貌似对立的价值观，其本质完全相同，没有高低上下之分，都是人类虚构的故事而已。人的生命没有任何意义，人类不是自然界有目的的进化的结果，人类只是地球生命演进中盲目而偶然的产物，根本不存在什么神圣使命和永恒目标，如果明天地球遭遇外星人入侵，或者被小行星击中，人类全部毁灭，宇宙将毫无感觉，而仍然照常运行。所以人类对自己生活赋予的任何意义和价值，不过是自己的幻梦和错觉。

这种结论多么可怕呀！使人类保持幸福感的价值观，其实只是一种幻觉错觉，只是自己在骗自己。赫拉利有时就是这样无情。不过在这里，他也解释清楚了他前面所说的，人类会相信虚构故事的原因，那就是这些虚构故事往往会给人很强烈的幸福感。

四，幸福就是自由。

无论“生物派”认定的快乐幸福，还是“价值派”认定的使命幸福，它们的共同特点是，都认为幸福取决于每个人自己的主观感受。而把这一点发挥到极致的，恰恰是现代自由主义。我们把他们称为“自由派”。

现代自由主义是当今世界最流行的思想潮流。它将个人主观感受奉若圭臬，认为只有这些感受才是一切权力最根本的源头，当然，也是幸福的中心。无论好坏、美丑、善恶、对错，都应当由每个人自己的感觉来确定。自由主义的政治认为，选民永远是正确的，没必要由政府来告诉他们该如何选择。自由主义的经济认为，客户永远是正确的，市场决定一切。自由主义的教育认为，学生的自主性高于一切，学生要多为自己着想。自由主义的艺术则认为，各花入各眼，看的人觉得美就是美。现代自由主义无孔不入地通过一切可能的渠道给人们洗脑，这个世界到处充斥着这样的口号：“忠于自我”“倾听你自己的心声”“顺从你内心的渴望”。卢梭的总结最为经典：“我觉得好的，就是好的。我觉得坏的，就是坏的。”

表面上看，什么也对抗不了自由派，不是吗？但是，自由派的真正问题就在于，主观感受其实是无法测量的。如果幸福感完全是一种主观判断，它就不可能有一个可靠的标准。原始社会的人类很可能在主观判断上认为自己很幸福，但是他们未必真幸福。毕竟，他们没有生活到其他社会的机会。

总之，用幸福作为衡量社会进步与否的标准确实很难。在这种情况下，有人主张用不幸福感来衡量社会。不幸福是可以比较的，所以这个指标更靠谱些。

不幸福可以度量、可以比较，可以作为指标来统计、来分析。用不幸福这个“照妖镜”来照一照人类不同的时代、不同的文明、不同的发展阶段，谁优谁劣、谁好谁坏，不就一目了然了吗？

在原始社会，你非常容易会被野兽或者被别人吃掉。你就莫名其妙地死掉了，应该算一种不幸福吧？这是完全可以统计和计量的。同样，在农耕社会，你吃不饱穿不暖、营养不良、多病短寿，也应该算一种不幸福吧？你没文化、没知识，上不了学、念不了书，同样应该算是一种不幸福吧？在近现代社会，你没手机没电脑，不知道全球互联网为何物，你不了解世界，世界也不了解你，这又是一种不幸福吧？

人类社会到底是不是越来越进步？我们看到，许多研究表明了，确实是这样。人类相互残杀、相互对抗、发动战争、杀死对方的可能性现在是越来越小了。我看过许多这方面的研究文献，其中包括：埃利亚斯《文明的进程》（1939）；阿扎尔·盖特《人类文明战争 》（2006）；伊恩·莫里斯《战争：从类人猿到机器人，文明的冲突和演变》（2014）；约书亚·戈德斯坦《用战争赢得战争》（2014），以及斯蒂芬·平克的名著《人性中的善良天使》（2014）。以上这些书都认为，人类的暴力行为是随着时间的推移而不断下降的。这可能代表了西方学术界的主流观点吧。

当然，也有一些相反的研究著作，对以上结论持完全否定态度。例如，克里斯托弗·瑞安《人类性的起源》（2010）；约翰·霍根《战争的终结》（2012）；道格拉斯·弗莱《战争、和平与人类本性》（2013）。

以上不同意见的研究和争论，现在并没有最后的结论。特别是现在全球民粹主义者剧增，他们会不会一言不合，核弹相见？！那时，全球毁灭，人类都不存在了！我们还在这儿不无庆幸地大谈什么石器时代的高暴力、高死亡，叹息那时竟然有 10%~20% 的人死于人类的相残和相杀，而今天的人类是何等的幸福……我们完全不顾或者假装不知道，今天实际上人类生活在非常危险的境地之中。这不是非常可笑吗？

14　一个安全的未来如何实现

14.1　安全哲理

安全不是宇宙的诉求、自然的诉求、客体的诉求。对于一切无生命的物体来说，从哲学上讲，完全不存在安全或者不安全的问题。这一结论如果换一个角度来说，那就是，一切非生命的客体都处在绝对安全的状态。

安全问题，仅仅是生命的问题，生命的诉求。严格地说，对于任何生命来说，都不存在绝对的安全状态。生命的绝对安全，只存在于非生命状态下。从哲学上看，如果你最终成了非生命，你就获得了绝对安全。否则，你永远不可能获得绝对安全。

所以，所谓安全问题，对任何生命来说，现实的目标就只能是追求使残余安全风险达到可接受水平。

根据这一原则，人类对安全的控制和管理经历了从事件导向到技术导向，又到流程导向，最终到风险导向的四个阶段。但是，随着人类社会的安全度越来越高，人类社会的风险度也越来越高。所以，探索全新的、完全属于未来的安全产品和安全发展模式，是一个严峻的挑战，也是新一代青年安全技术和安全管理专家的机会。

14.2　安全在人心中的位置

咱们大家都知道马斯洛的理论，他说：人第一是要活着，要生存；第二是要安全，要健康；第三才是发展。还有什么尊重呀，尊严呀，归属感呀，自我实现和自我超越呀！这都是排在后面的东西。安全肯定是与生存一样排在最前面的东西。

安全永远是人类最重要的问题

但是，如果我们问：这个生存和安全排在最前面的顺序，是一成不变的吗？在实际生活中到底什么最重要？对我们的这个追问，人们其实在很多时候是说不清楚的。人们经常是凭直觉、凭感觉作出判断，当然，人们也有充分运用理性分析的时候。多数时候是感性的、是非理性的因素在起着主要作用。毫无疑问，对不安全的恐惧，可能存在于人的基因之中，是生物的天性。但是，实际上，在许多时候，人们其实并没有认真想过安全问题，他们并不把安全真的放在第一位。你们想想是不是这样？

有一次我问某航空公司的总经理：“你能不能告诉我，坐飞机哪一段时间最不安全？”结果他跟我说：“我告诉你，你从你家打车到机场那一段最不安全！”

我当然不满意，我坚持问：“我问的是飞行中哪一段最不安全？”他说：“飞行是非常安全的。每年因为空难而死亡的人数比驴踢死的人还要少！”

当然，我也没有这个知识：每年驴会踢死多少人？

他说：“每年被驴踢死的人数（我估计可能也包括马和骡子等），大概是500个人；每年被雷击死亡的人，大概是1 000个人。但是，在正常情况下，因为民航空难而死亡的人数也就只是200人、最多不超过300人。当然，不能包括非正常的人为事故。但是，我们都知道，汽车每年在公路上发生的车祸，在全球要导致上百万人死亡。”

如果我现在说，我有一个特别特别好的发明，可以造福于人类，但是唯一的缺点就是会死人，而且不是死一点人，不是死几个、几十个人而是每年要死几十万人。你们说，你们会同意我的这项发明吗？你们会允许我的这个发明问世吗？你们肯定会认为：你搞的这是什么发明呀？太疯狂了吧？

但是，1886年诞生的汽车就是这样一种发明。一百多年来，它没有任何实质性变化。除了专门用来杀人的武器之外，汽车可能是人类有史以来最黑暗的发明。事实上，汽车自发明以来造成的人类伤亡人数已经远远超过了两次世界大战伤亡人数的总和。

汽车是有史以来人类最黑暗的发明

汽车天天在“伤害人”，天天在公路上杀人。在中国，每两分钟就发生一次车祸；在全世界，每年有100万~120万人死亡，2 500万~3 000万人伤残，其中有些人是非常严重的终身残疾。有人说，从生命损失上看，这相当于每年在地球上引爆了十颗广岛原子弹，或者每24小时有七架波音 747 飞机坠毁。这还不算汽车造成的空气污染，汽车尾气也间接地造成了大量人群的死亡和疾病。当然，更没有算上汽车造成的其他危害，比如城市的交通混乱、严重拥堵等。但是，你看到过有人反对汽车吗？有人会站出来要求禁止生产和销售汽车吗？

所以，我们说，生存、安全和发展，到底人类会把哪一条放在第一位？真的是很难说！人们的所有理性分析都会说，我们一定是把生存和安全放在首位，把其他放在后面。但是，到了现实生活中，其实人们的选择和决策很可能就是非理性的。

必须指出，这里面有一个特别重要的原因，那就是在点对点的移动中，人类现在还没有任何一种工具，能够比汽车更方便。它不但能够让你随时轻松移动，而且能够让你和同行的亲友伴侣一起移动，让你和需要携带的物品一起移动，还提供了一个相对私密而舒适的空间。正是汽车的这些优点，使今天的人们对这样一个特别恶劣，甚至可以说是血腥的、黑暗的发明，容忍程度非常高。

人类的历史发展到今天，面临的一个最重大的任务就是，要彻底改造这部时刻杀人的机器！要用人工智能和专业软件来代替人类驾驶汽车。因为几乎所有车祸都是人类自己的驾驶失误造成的。事实证明，人类这种生物的天然智能和体能，不适合高速驾驶这种活动。

大家肯定都注意到了，现在全世界都在努力做的一件事情，就是研制非人类的驾驶员，就是用人工智能、专业软件和智能机器人，以及全城、全市，甚至全国、全球的交通指挥系统来代替人类驾驶汽车。这项技术发展得非常快。我相信在 10 年内这项技术就可以达到高度成熟。或许在 15 年之内，世界主要工业化国家就会颁布法律、法令，严禁人类驾驶汽车。那时，谁开车谁就是犯法，甚至是严重犯罪，可能会被拘捕。对于那些酷爱驾驶的人，可能会在戈壁滩或者大沙漠专门修建人类驾车娱乐场地，让他们在那里，在严密安保下，就像开碰碰车那样去过他们的驾驶瘾。

无人驾驶的实现，将彻底改变我们今天的这个世界。那时，全球每年车祸死亡人数有可能降低到今天民用航空的死亡人数，也就是在 500 人以下。

每年将拯救的生命高达百万人！这是何等的激动人心呀！

2030 年后，汽车将成为一个公共共享资源。因为，没有人会需要自己拥有一辆无人驾驶的汽车。每个人用手机按个号码，就可以召唤到自己需要的车。上车后男人们可以开始喝酒，女人们可以化妆聊天。到达目的地下车后，你就走你的路，汽车自己知道它该去哪儿待着。汽油对空气的污染完全消除了，因为所有的汽车都是电动的。城市拥堵也完全消除了，因为几乎没有什么空驶的车辆，连老人和孩子也都不需要专门的驾驶员陪同了。整个城市需要的车辆总数只是现在的 5% ~10%。而且，由于几乎所有车辆都联入整个城市，甚至整个国家或者全球的车辆运行网络中，在先进算法的安排下，每一辆车的行驶路线和行驶速度都会达到最优。出行将成为简单、便捷、舒适、省时的事情。

可以想象，2030 年以后出生的人们，只能在汽车博物馆里看到今天琳琅满目、豪华夸张的车辆。他们一定会奇怪，他们的爸爸、妈妈、爷爷、奶奶居然要用自己的手脚去拨弄那种叫“方向盘”和“刹车器”的东西来笨拙出行。他们一定会叹息，他们的前辈竟会选择用如此幼稚沉闷、危险致命的方式在地球上旅行，而且，他们的前辈对人类自己造成的车祸，导致死了那么多无辜的人，竟然熟视无睹。

当然，我们也完全可以想象到另一种情景。2030 年以后，全球公路上的死亡人数已经降低到了每年 500 人以下，这使得每一次公路交通事故都会成为全世界主要媒体的头条新闻。那标题也非常耸人听闻：“自动驾驶系统今天又造成了一起严重车祸！一人死亡！三人受伤！……机器人又杀了我们一个人！”许多老人这时会愤怒地感叹道：“当年我自己开车的时候，从来就没有出过事故！可是现在人类已经无权驾驶汽车了！”

我们看到，自动驾驶系统可以把人类使用汽车的残存风险，从现在的每年死亡 120 万人降低到每年死亡 500 人以下。但是现在就可以预计的是，那时人类的幸福感肯定并不会上升，甚至还会下降。就像今天许多人怀念 20 世纪 60 年代的农村生活一样：天是蓝的，水是清的，粮食是没有化肥或者转基因污染的。何等幸福呀！而那时许多人吃不饱的事情，在他们的头脑中早忘记得一干二净了。人类在记忆方面，永远是非理性的。

14.3　安全问题永远在路上

那么，我们要问，到了那个时候，是不是人类出行的安全问题就彻底解决了呢？汽车带给我们的所有困惑都永远终结了呢？是不是从此之后，人类出行就不再存在安全问题了呢？肯定不是这样。我看情况很可能恰恰相反。旧的安全问题解决了，新的安全问题还会出现。比如，那时首先对每一个人来说，你的每一次出行都被社会公共数据系统追踪并记录在案，你愿意吗？你愿意让大家知道你的每一次出行和移动的一切细节吗？这是不是属于你的个人最重要的隐私？人类是不是需要更严格的个人移动行走的隐私保护政策和措施？这就是重要的安全问题。

从社会公共方面来说，如果有敌对势力或者恐怖分子侵入城市的自动驾驶指挥系统，他们就有可能植入恶意代码，或者直接发动攻击，破坏整个系统，造成数十辆、数百辆甚至数千辆汽车同时发生车祸，甚至导致整个城市的交通瘫痪。这种灾难性的后果，有可能超过“9·11”恐怖袭击的规模。显然，这些都是人们必须事先想到的。在这个时代，人们获得的便利、享受和安全有多高，人们面对的风险、挑战和不安全就有多大。

所以，我们对网络空间信息安全的认识，肯定是在实践中一步一步逐渐建立起来的。也是逐步从感性，走向理性；从非规则、非程序，走向规则化、程序化、制度化。这个过程，可以被看作是安全防护的升维升级的过程，细细划分，可以分为四个阶段。

第一，事件导向。发生安全事故了，出事了，大家开始重视安全。出什么事儿，处理什么问题。所以，是事件导向、问题导向、安全事故导向。

第二，技术导向。看技术发展到什么程度，出了一个什么新技术，或者当今流行什么技术，就借鉴过来完善安全技术。或者是，对方出了一个什么攻击性技术，想要入侵我，我就寻找反技术，破它的技术。

第三，流程导向。进一步发展，安全已经进入了我们部门或者企业的流程，写入了规章制度，所以，要合乎规定，看看规章制度是怎么要求的。

第四，风险导向。这是现在成熟型的单位、部门或企业的安全管理模式。也就是说，要对本单位、本部门或本企业的安全形势作风险评估。具体地说，就是主动评估安全风险，不断降低安全风险，直到使残存风险达到可接受的水平。

以无人驾驶汽车为例，它的残存风险，就不可能是今天的这种现状——每年死亡百万人。它的残存风险必须逐步降低、逐年降低，最后，有可能达到每年 500 人以下。在生产活动和社会活动中追求绝对安全，这是不可能的，一定会有残存风险。我们能做到的，是使残存风险达到可接受水平。

14.4 安全人才培养必须适应实战要求

通过上面的讨论我们可以看到，对于未来，安全人才的培养迫在眉睫，安全人才的需求量非常大，而且会越来越大。

15 年前，我当时就有过这样的感觉，就是随着国家信息化的进程，特别是网络覆盖面越来越宽广，信息安全肯定是一件特别重要的事。当时我就提出过，要做一个信息安全方面的职业资格证书，比如说，就叫网络空间信息安全师。用国家的职业资格证书制度来推动这个领域的人才培养和人才储备。这个想法在当时并没有实现，可能是由于当时条件还不成熟。这项工作将来可能需要根据国家的证书制度和证书政策继续抓起来。

网络安全人才是从实战中拼杀出来的

在信息安全人才培养上，有人告诉我，常见的现象是高学历并不能代表高能力和高回报。据说业界有这样一种说法：

第一类是高等院校毕业的高才生，他们通常在政府机构或各大国家银行总部从事信息安全工作，年薪 10 万元左右。

第二类是高等院校毕业的一般学生，他们通常多在安全企业工作，年薪 20 万元左右。

第三类是高等院校中比较偏科型的学生，只要术业有专长的，他们进入互联网企业做信息安全，年薪 30 万元左右。

第四类是根本没受过高等教育、没学历，但自己很热爱、瞎捣鼓，自学成才者，从事非法产业，年收入 50 万元左右。

这是不是反映了我们在信息安全人才培养方面，确实还存在一定的问题，需要及早予以关注。信息安全职业、信息空间防护专业，它的实践性、实战性非常强，我们一定要坚持校企结合，特别是要在重点高等院校、名牌高等院校搞产学研结合，真正在攻防实战、对阵竞技中，培养出学历与能力并重并进的优秀人才。与此同时，在收入和保障方面，也要作出努力，保证优秀人才有较高的经济待遇和社会地位。我希望：

让安全和未来齐飞！有安全保障的世界才是最美好的世界！

终章

人类历史的诗意总结和展望

当75岁的美国摇滚、民谣艺术家鲍勃·迪伦（Bob Dylan）获得2016年的诺贝尔文学奖时，实在惊掉了许多大学者、大文人的眼球。他们鄙夷地说：什么，一个写歌词、唱民谣、玩摇滚的……居然获得了诺贝尔文学奖?

看看吧，地火和天云永远是不交汇的。实际上，高居象牙塔之中和庙堂之上的人们一点都不知道，几十年来，在美国历史激烈的大动荡中，真正唤醒了美国青年、美国民众，乃至影响了全世界的，正是这位民谣写手和摇滚歌手。他的获奖是诺奖委员会这么多年来做得最正确、最有眼力和洞察力的一件事。

《在风中飘》（*Blowing in the Wind*）是鲍勃·迪伦在20世纪60年代初出茅庐时的成名作，由于这首歌，他一举成了当时激进叛逆的美国青年的领袖。他唤醒了无数孩子，让他们走上了争取自身权利的斗争第一线。

但我一直感觉，这首歌也是对300万年全部人类历史、3 000年农业文明史、300年工业文明史的精辟总结。不是吗？所以，我想把它登在我这本用不少笔墨写了人类极简史的小书的后面，作为全书的小结之一。

Bob Dylan：blowing in the wind

How many roads must a man walk down

Before they call him a man

How many seas must a white dove sail

Before she sleeps in the sand

How many times must the cannon balls fly

Before they're forever banned

The answer, my friend, is blowing in the wind

The answer is blowing in the wind

…

How many times must a man look up
Before he can see the sky
How many ears must one man have
Before he can hear people cry
How many deaths will it take
Till he knows that too many people have died
The answer, my friend, is blowing in the wind
The answer is blowing in the wind

我们编辑小朋友问我：那么，除了总结历史之外，本书不是还有一个更重要的使命是展望未来吗？关于展望未来，你有没有什么诗意的话要说呢？

当然，展望未来的诗也一直在我心中，那就是狄兰·托马斯（Dylan Thomas）写的一首诗：《不要温顺地走进那个良夜》（*Do Not Go Gentle into That Good Night*）。

Dylan Thomas：Do not go gentle into that good night

Do not go gentle into that good night,
Old age should burn and rave at close of day;
Rage, rage against the dying of the light.
Though wise men at their end know dark is right,
Because their words had forked no lightning they

…

Do not go gentle into that good night.
Grave men, near death, who see with blinding sight,
Blind eyes could blaze like meteors and be gay,
Rage, rage against the dying of the light.
And you, my father, there on the sad height,
Curse, bless me now with your fierce tears, I pray.
Do not go gentle into that good night.
Rage, rage against the dying of the light.

我肯定是在不同的时间、不同的环境分别读到这两部作品，并且被它们深深地感动。前一首歌词是在作者获得诺贝尔文学奖后我才读到，而后一首诗则是在看了电影《星际穿越》（*Interstellar*）后才记住的，这首诗成了那部著名影片的主题旋律。想想也是，托马斯的这种天启式的诗歌，和人类在探索宇宙、探索生命的过程中，不断经历爱与死亡的折磨与考验的过程十分吻合。

但是，我后来又发现了这两部作品之间还有一个特别有意思的内在联系。猜猜看是什么？鲍勃·迪伦肯定粉丝无数，但是，他最著名的一位粉丝是谁，你猜到了吧？那就是“乔帮主”——史蒂夫·乔布斯。而乔布斯年轻时最喜爱的诗又是哪一首？竟然就是狄兰·托马斯写的《不要温顺地走进那个良夜》。看看吧，世界上每一件事情，在冥冥之中，都有着非常神秘的内在联系。不是吗？

“乔帮主”从小就有禅心，迷恋这两位伟大的诗人和歌手。但是，狄兰·托马斯对他来说，毕竟是另一个时代、另一个国家的远不可及的诗人；而且在他没出生时，托马斯就因酗酒而亡。所以，乔布斯对活跃在他身边的偶像迪伦更为钟情，他几乎收藏了迪伦所有的歌曲，总时长超过 100 小时。对音乐的酷爱，包括对迪伦的迷恋，恐怕也是后来乔布斯全力做音乐播放器的一个动力。在苹果公司的年度股东大会上，乔布斯会引用迪伦这首 *Blowing in the Wind* 歌中的语句。苹果发布的那个最著名的广告“Think Different”中，迪伦和甘地、爱因斯坦、马丁·路德·金、约翰·列侬、爱迪生、青蛙柯密特以及毕加索等并列为苹果心中最伟大的改变世界的人。

不过，直到 2004 年 10 月，乔布斯 49 岁时，才见到了比他年长 14 岁、已年过花甲的鲍勃·迪伦。见面的那天，久历江湖、早成大侠的乔布斯竟然像小女生一样惴惴不安。他回忆说：“我当时紧张极了，跟他说话时舌头都打结了。他是我的偶像、英雄，我真怕他没有我想象的那样聪明。让我高兴的是，他还是那么敏锐，和我想象的一模一样。鲍勃没让我失望。”

当然，还有一段花絮也要提一下。作为一位资深音乐迷，乔布斯不但喜欢鲍勃·迪伦，喜欢披头士，喜欢列侬等许多歌星，在 27 岁时，还发展到和一位比他年长的当红歌后琼·贝兹坠入了情网。许多人说，乔布斯追琼·贝兹，正是因为崇拜鲍勃·迪伦，因为她正好是鲍勃·迪伦的前女友。事实上琼·贝兹对于鲍勃·迪伦的意义还远不是前女友，早早成名的她一直带着鲍勃·迪伦玩，和他一起开演唱会，从各方面帮助和塑造他。

……越扯越远了，打住！我是想说：在狄兰·托马斯、鲍勃·迪伦、琼·贝兹和史蒂夫·乔布斯他们那里，诗歌和音乐肯定是非常重要的，技术也是，但更重要的是唤醒人心、改变人心，唤醒世界、改变世界。他们的成功就在于此，他们也因此而永远被人记忆……哪怕他们已经到了垂暮的晚年，哪怕他们已经离我们而去。他们在教导我们如何看待历史和如何展望未来，他们的精神会永远指引着未来的青年人前行。

人物索引

A

阿姆斯特朗 埃德温·阿姆斯特朗（Edwin Armstrong，1890—1954），现代无线电广播之父，1918 年发明了超外差式收音机，1933 年获得频率调制发明专利，是高保真调频无线电广播的创始人。

阿西莫夫 艾萨克·阿西莫夫（Isaac Asimov，1920—1992），美国著名科幻小说家和科普作家，美国科幻小说黄金时代的代表人物之一。他一生著述甚丰，写了近 500 本书，题材非常广泛，涉及自然科学、社会科学和文学艺术等。他提出的“机器人学三定律”被称为“现代机器人学的基石”。

埃利亚斯 诺博特·埃利亚斯（Norbert Elias，1897—1990），犹太裔德国社会学家，《文明的进程》（The Civilizing Process）是他最重要的社会学著作之一。

艾斯奎斯 雷夫·艾斯奎斯（Rafe Esquith，1961—），美国最有趣、最有影响力的小学教师之一。他任教的洛杉矶市霍巴特小学五年级的 56 号教室，在全美甚至全世界都很有名气。艾斯奎斯从教 20 多年，获得众多国内外大奖，其中包括美国“总统国家艺术奖”“全美最佳教师奖”和美国著名亲子杂志《父母》年度“成长奖”。

爱迪生 托马斯·阿尔瓦·爱迪生（Thomas Alva Edison，1847—1931），天才发明家、企业家、实业家。他一生共有两千多项发明，其中电灯、留声机、有声电影和城市电力系统这四大发明意义重大。他对发明创造的理念是：市场才是证明。爱迪生逝世时，美国政府曾下令全国停电 1 分钟，在这 1 分钟全国陷入了一片黑暗，连有轨电车和高架地铁都停止了运行。美国似乎回到了工业革命以前的黑暗中世纪。1 分钟后，从东海岸到西海岸灯火一片通明，深刻展示爱迪生是如何改变了人类社会。

爱因斯坦 阿尔伯特·爱因斯坦（Albert Einstein，1879—1955），世界上最著名的犹太裔物理学家。爱因斯坦提出光子假设，成功地解释了光电效应，获得 1921 年诺贝尔物理学奖。此外，爱因斯坦在 1905 年创立了狭义相对论，1915 年创立了广义相对论，还为核能开发奠定了理论基础，开创了现代科学技术新纪元。爱因斯坦被公认为是继伽利略、牛顿以来最伟大的物理学家。

安培 安德烈－玛丽·安培（André-Marie Ampère，1775—1836），法国物理学家、化学家和数学家。他对电磁作用的研究成果卓著，电流的国际单位安培即以其姓氏命名。

奥巴马 贝拉克·侯赛因·奥巴马（Barack Hussein Obama，1961—），美国民主党籍政治家、美国第 44 任总统（第 56—57 届），他是美国历史上第一位非裔美国黑人总统，曾获得 2009 年诺贝尔和平奖。

巴尔扎克 奥诺雷·德·巴尔扎克（Honoré de Balzac，1799—1850），法国小说家，法国批判现实主义文学成就最高者之一。他以惊人的毅力和不可思议的速度连续写作了 20 年，创作了 91 部小说，描写了 2 472 个栩栩如生的人物，合称《人间喜剧》，是人类文学史上罕见的文学丰碑，也是法国社会的百科全书。

巴菲特 沃伦·巴菲特（Warren Buffett，1930—），投资家和投资理论家，11 岁时他就买了自己第一只股票。他的创新在于不追随狂热，他主张在股票价格最低时买进，然后耐心等待。他一生的投资几乎没有过失误，被人称为股神。

巴甫洛夫 伊万·彼得罗维奇·巴甫洛夫（Ivan Petrovich Pavlov，

1849—1936），俄罗斯生理学家、心理学家、医师、高级神经活动学说的创始人、高级神经活动生理学的奠基人、条件反射理论的建构者，也是传统心理学领域之外对心理学发展影响最大的人物之一，1904年荣获诺贝尔生理学奖，是第一位在生理学领域获诺贝尔奖的科学家。

拜伦 乔治·戈登·拜伦（George Gordon Byron，1788—1824），英国19世纪初期伟大的浪漫主义诗人，代表作品有《恰尔德·哈洛尔德游记》《唐璜》等，在他的诗歌里塑造了一批“拜伦式英雄”。

贝克汉姆 大卫·贝克汉姆（David Beckham，1975—），著名英国职业足球运动员，两次获世界足球先生银球奖。

贝兹 琼·贝兹（Joan Baez，1941—），美国民谣歌手、作曲家，被《时代》杂志誉为20世纪100位最重要人物之一，是多项格莱美音乐大奖获得者。她的声音高亢清晰，演唱民歌时风格简洁。她的政治观点吸引青年人，她参加民权运动与和平示威的经历也备受争议。乔布斯27岁时曾狂热地追求她，但两人年龄差距太大，对特别想要孩子的乔布斯是一个无法逾越的障碍。后来两人一直是好朋友。乔布斯的iPod里藏有她的四个专辑。

贝佐斯 杰夫·贝佐斯（Jeff Bezos，1964—），世界上最早成功的网络书店和电子商务亚马逊的创始人。他从小就喜欢自己动手改变生活，据说3岁时就手拿镙丝刀要改造自己的婴儿床，15岁时已经会使用电弧焊安装风车、为牛去势等。在大多数人还不知道电子商务是什么时，他的公司就开始起飞了，他用世界上最大的河流命名自己的公司，显然隐含了他的野心和期望。

毕加索 巴勃罗·毕加索（Pablo Picasso，1881—1973），西班牙画家和雕塑家，最具创造性和最有影响力的现代西方艺术天才之一，只有达·芬奇和凡·高这样的艺术家才有可能和他比肩而立。

波普 亚历山大·波普（Alexander Pope，1688—1744），被誉为18世纪英国最伟大的诗人，发表有《田园诗集》等，并为牛顿写下著名的墓志铭。

玻恩 马克斯·玻恩（Max Born，1882—1970），德国犹太裔理论物理学家、量子力学奠基人之一，因对量子力学的基础性研究，尤其是对波函数的统计学诠释而获得1954年的诺贝尔物理学奖。他的代表作品是《晶体点阵动力学》。

玻尔　尼尔斯·亨利克·戴维·玻尔（Niels Henrik David Bohr，1885—1962），丹麦物理学家、皇家科学院院士，英国曼彻斯特大学和剑桥大学名誉博士，曾获丹麦皇家科学文学院金质奖章，1922年获得诺贝尔物理学奖。玻尔通过引入量子化条件，提出了玻尔模型来解释氢原子光谱、互补原理和哥本哈根诠释来解释量子力学。他还是哥本哈根学派的创始人，对20世纪物理学的发展有深远的影响，他和爱因斯坦深刻而长期的争论一直留在人们的记忆中。他的代表作品有《论原子构造和分子构造》《各元素的原子结构及其物理性质和化学性质》。

伯纳斯－李　蒂姆·伯纳斯－李爵士（Tim Berners-Lee，1955—），万维网发明者，麻省理工学院教授，万维网联盟的主席，也是万维网基金会的创办人。

布莱恩特　科比·布莱恩特（Kobe Bryant，1978—），美国著名职业篮球运动员，曾效力于NBA洛杉矶湖人队，是NBA最好的得分手之一，职业生涯赢得无数奖项。

布林　谢尔盖·布林（Sergey Brin，1973—），他和佩奇是谷歌（Google）联合创始人，他俩被称为谷歌小子（Google Guys）。谷歌公司除了开发和搜索有关的各种各样的产品之外，还开发了谷歌眼镜、谷歌无人驾驶汽车等产品。很难说，将来谷歌会是什么类型的公司。

曹雪芹　曹雪芹（约1715—约1763），名沾、字梦阮、号雪芹，中国古典名著《红楼梦》的作者，中国历史上最伟大的作家之一。

池田大作　池田大作（1928—），国际创价学会会长、日本创价学会名誉会长、创价大学创办人，是一位著名宗教家、作家、摄影师。池田与创价学会致力于推动文化发展、教育进步、世界和平，1983年获联合国和平奖，

1989 年获联合国难民专员公署的人道主义奖，1999 年获爱因斯坦和平奖。在中国也获得过包括中日友好“和平使者”称号和“人民友好使者”称号等多项奖项。

达尔文 查尔斯·达尔文（Charles Darwin，1809—1882），英国生物学家，进化论的奠基人。曾乘坐贝格尔号舰作了历时 5 年的环球航行，对动植物和地质结构等进行了大量的观察和采集。他个人著述并出版的《物种起源》提出了生物进化论学说，从而摧毁了各种唯心的神造论以及物种不变论。除了生物学外，他的理论对人类学、心理学、哲学的发展都有不容忽视的影响。

戴蒙德 贾雷德·戴蒙德（Jared Diamond，1937—），美国演化生物学家、生理学家、生物地理学家以及非小说类作家。他最著名的作品《枪炮、病菌与钢铁》发表于 1997 年，获 1998 年美国普利策奖和英国科普图书奖。他是当代少数几位探究人类社会与文明起源的思想家。

戴森 弗里曼·戴森（Freeman Dyson，1923—），美籍英裔数学家、物理学家，普林斯顿高等研究院教授。戴森球（Dyson Sphere）是他在 1960 年提出的一种理论，即制造出大量直径长达 2 亿千米以上的人造天体（卫星），用来完全包裹太阳、开采太阳的能量。戴森认为，这样的结构才是在宇宙中长期存在，并且能源需求不断上升的文明的必然逻辑。据此，宇宙中的文明可以分为以下三类：Ⅰ型文明，已经发展到能够开发利用栖息地的自然资源（人类目前为 0.7 级，未达Ⅰ型文明）。Ⅱ型文明，能够建造像戴森球那样的设施，并掌控了所在或其围绕运行的恒星的全部能量输出。这种文明发展水平使星际旅行甚至光速飞行都成为可能，技术上超越我们在千年以上。Ⅲ型文明，已经掌握和利用了所在星系的全部资源，在技术超越我们在万年以上。Ⅲ型文明掌握的能力对我们说来就像是属于上帝的能力，却又在物理定律允许的范围内。

道格拉斯 唐纳德·道格拉斯（Donald Douglas，1892—1981），他创建的公司于 1935 年研制成功世界上第一架现代大型客机——DC—3，这一型号的飞机由于性能极佳且飞行成本低、维护容易，最终生产了 1.3 万余架。由它改制的军用运输机 C—47 在第二次世界大战中，包括在中国战场的驼峰运输中，以及后来的柏林封锁解困中，都起到过重大作用。据说，直到今天，尚存的这一型号飞机仍可以飞行。

道金斯 理查德·道金斯（Richard Dawkins，1941—），英国皇家科学院院士、牛津大学教授，著名生物学家和科普作家，也是一位全球闻名的无神论者。《自私的基因》是他最著名的著作。

德布罗意 路易·维克多·德布罗意（Louis Victor Duc de Broglie，1892—1987），法国理论物理学家，波动力学、物质波理论的创立者，量子力学的奠基人之一，1929 年获诺贝尔物理学奖。1932 年任巴黎大学理论物理学教授，1933 年被选为法国科学院院士。代表作品为《波动力学导论》。

狄更斯 查尔斯·约翰·赫法姆·狄更斯（Charles John Huffam Dickens，1812—1870），英国作家。他写出非常多的揭露资本主义社会黑暗面的伟大作品，包括《大卫·科波菲尔》《匹克威克外传》《雾都孤儿》和《双城记》等。他逝世后被安葬在西敏寺的诗人角，墓碑上写道："他是贫穷、受苦与被压迫人民的同情者，他的去世令世界失去了一位伟大的英国作家。"

狄拉克 保罗·狄拉克（Paul Adrien Maurice Dirac，1902—1984），英国理论物理学家，量子力学的奠基者之一，还对量子电动力学早期的发展做出重要贡献。他曾经主持剑桥大学的卢卡斯数学教授席位，并在佛罗里达州立大学度过他人生的最后 14 个年头。他创立的狄拉克方程可以描述费米子的物理行为，并且预测了反物质的存在。1933 年，因为"发现了在原子理论里很有用的新形式"（即量子力学的基本方程——薛定谔方程和狄拉克方程），狄拉克和埃尔温·薛定谔共同获得了诺贝尔物理学奖。

迪伦 鲍勃·迪伦（Bob Dylan，1941—），美国摇滚、民谣艺术家，美国艺术文学院荣誉成员。2016 年，鲍勃·迪伦获得诺贝尔文学奖，成为第一位获得该奖项的作曲家。

迪士尼 华特·迪士尼（Walt Disney，1901—1966），世界最著名的电影企业家、制片人之一，同时还是导演、剧作家、配音演员和动画师，迪士尼公司创建者。他的名字早已和米老鼠和唐老鸭一起进入千家万户。

杜邦 皮埃尔·杜邦（Pierre DuPont，1870—1954），著名企业家，把杜邦公司从一个家族企业改造成现代工业公司，从过去专门制造炸药逐步转变为生产塑料、合成纤维、尼龙、生物制品和食品的公司。杜邦也是最早和中国打交道的美国公司。

杜拉拉 杜拉拉是杜朝阳小说《杜拉拉升职记》的主人公，是典型的职场白领代表。她没有背景，受过较好的教育，有着超高的IQ及EQ，靠个人奋斗精神和聪明才智获取成功。

俄狄浦斯 俄狄浦斯（Oedipus），希腊神话中的悲剧人物。是忒拜的国王拉伊俄斯（Laius）和王后约卡斯塔（Jocasta）的儿子。他猜中了斯芬克斯的谜语的谜底，解救了忒拜城的民众，但又在完全不知情的情况下，杀死了自己的父亲并娶了自己的母亲，印证了神谕。俄狄浦斯的遭遇第一次深刻揭示了人的意志和人的命运的冲突。

恩格斯 弗里德里希·恩格斯（Friedrich Engels，1820—1895），马克思的挚友，马克思主义的共同创始人，无产阶级的精神领袖，国际共产主义运动的先驱。

法德兰 艾哈迈德·伊本·法德兰（Ahmad ibn Fadlan，877—960），公元10世纪的阿拉伯外交官、编年史家、旅行家、作家。他所著的旅行报告《伏尔加保加尔游记》等，是关于伏尔加河地区的重要史料。

法拉第 迈克尔·法拉第（Michael Faraday，1791—1867），英国物理学家、化学家，也是著名的自学成才的科学家。他出生于萨里郡纽因顿一个贫苦铁匠家庭，仅上过小学。他作出了关于电力场的关键性突破，永远改变了人类文明。

菲尔普斯 迈克尔·菲尔普斯（Michael Phelps，1985—），美国职业游泳运动员。在2008年北京奥运会上，菲尔普斯共获得8枚金牌，成为单届奥运会夺取金牌最多的选手。在2012年伦敦奥运会中，他仍获得4枚金牌。他总共获得过22枚奥运奖牌，其中有18枚金牌，成为奥运历史上获得奖牌及金牌最多的运动员。

费希特 约翰·费希特（Johann Fichte，1762—1814），德国作家、哲学家，德国古典哲学的代表之一。作为一位哲学家，他一直寻求对哲学思想，特别是康德唯心主义思想的统一，但始终得不到康德的认可。

芬尼 哈罗德·托马斯·芬尼（Harold Thomas Finney Ⅱ，1956—2014），密码学家，中本聪未曾谋面的好朋友，因为第一个下载比特币软件而收到了中本聪赠送的10个比特币，成为世界上第一个参与了比特币交易的人。他也是渐冻人症又叫卢伽雷症（ALS）患者，去世后被目前世界上最大的人体冷藏公司美国阿尔科生命延续基金（Alcor Life Extension Foundation）用超低温冷冻，期望在人类技术进步后重新复活。

佛陀 佛陀（Buddha）即释迦牟尼（Sakyamuni，约公元前563—约公元前483），他的本名叫悉达多·乔达摩（Siddhartha Gautama），原来是古迦毗罗卫国（Kapilavastu）的太子。对他的生卒日期现在还没有学术共识，但可以肯定的是，他生活在公元前6世纪到公元前4世纪。他的父亲净饭王是迦毗罗卫国推选出来的执政官，不是世袭的国王，所以大家把他称为王子或太子，只是后人的理解。他在家乡生活了29年后净身出家，创立了佛教，为人类找到了一条非常独特的超越苦难和快乐，获得解脱和自由的中间道路（Middle Way），从而成为史诗级和世界级的伟人。但是，他的声威并没能庇护住自己的家乡和祖国。后来迦毗罗卫国被侨萨罗国的毗琉璃王攻破，全城遭受了血流成河、族邦灭绝的屠城式剿杀，残存的人们从此四散流落他乡，这座城市也被掩埋在厚重的泥土之下。迦毗罗卫国的命运可能也证明了佛陀洞悉未来的远见。现代考古确认，迦毗罗卫城的王宫遗址在尼泊尔国中西部省的提劳拉柯特（Tilaurakot）村，对这个村庄的国际联合考古发掘工作正在进行中，人们期待在这里能够找到有关佛陀的更多考古发现。

弗莱 道格拉斯·弗莱（Douglas Fry，1953—），美国人类学家。他在

2013 年将 31 名学者的论文结集成册，出版了《战争、和平和人类本性》（War, Peace and Human Nature）一书，对暴力死亡率在长期内的下降提出了质疑。

弗兰克 维克多·弗兰克（Viktor Frankl，1905—1997），著名心理治疗学派——意义治疗与存在主义分析学派的创始人。作为犹太人，他在第二次世界大战时被纳粹逮捕并关押在纳粹集中营，家人全部死于集中营，只有他幸存下来。正因为集中营中的惨痛经历，使他发展出积极乐观的人生哲学，并创造了意义治疗方法。

弗里曼 迈克尔·弗里曼（Michael A. Freeman，1950—）是加州大学旧金山分校（UC-San Francisco）的心理学临床教授，他早就注意到，创业者似乎往往能清醒地看待外界的应变，但会有一些心理健康方面的问题。

伏特 亚历山德罗·伏特（Alessandro Volta，1745—1827），意大利物理学家。因在 19 世纪初发明了电池而闻名，后来他受封为伯爵。为了纪念他，现在电压的国际单位被命名为伏特。

福特 亨利·福特（Henry Ford，1863—1947），美国汽车大王，汽车工程师与企业家，世界最大汽车企业之一福特汽车公司的创建者，也是世界上第一位将装配线概念实际应用于企业而获得巨大成功的人。他让汽车在美国普及化，对现代社会生产和文化文明变革都起到了巨大的作用。

福特 杰拉尔德·鲁道夫·福特（Gerald Rudolph Ford，1913—2006），美国第 37 任副总统和第 38 任总统，他担任副总统和总统都是因为在特殊情况下被直接任命，而没有经过选举。

富兰克林 罗莎琳德·埃尔西·富兰克林（Rosalind Elsie Franklin，1920—1958），英国物理化学家与晶体学家，她的研究专注于 DNA、病毒、煤炭与石墨等物质的结构。其中，她所拍摄的 DNA 晶体衍射图“照片 51 号”，以及关于此物质的相关数据，是沃森和克里克解出 DNA 结构的关键线索。有舆论认为，后来的获奖者并没有非常公正地对待富兰克林做出的重大贡献。

G

伽利略 伽利略·伽利略（Galileo Galilei，1564—1642），意大利数学家、物理学家、天文学家，科学革命的先驱，是近代实验科学的奠基人之一，其工作为牛顿理论体系的建立奠定了基础。

盖茨 比尔·盖茨（Bill Gates，1955—），企业家、软件工程师、慈善家、微软公司创始人，曾任微软董事长、CEO和首席软件设计师。

盖特 阿扎尔·盖特（Azar Gat，1959—），这位出生于以色列海法的学者，曾经在以色列国防军担任过少校军官。他在2006年出版了自己里程碑式的著作《人类文明战争》（War in Human Civilization）。这本书令人惊讶地横跨多个学术领域，把作者的观点整合成了一个扣人心弦的故事：人类如何在几千年的时间里驯服了自身的暴力。

甘地 莫罕达斯·卡拉姆昌德·甘地（Mohandas Karamchand Gandhi，1869—1948），尊称"圣雄甘地"（Mahatma Gandhi），印度民族解放运动的领导人、印度国民大会党领袖。他是印度国父，也是提倡非暴力抵抗的现代政治学说——甘地主义的创始人。他的精神思想带领印度迈向了独立，脱离英国的殖民统治。他的"非暴力"的哲学思想，影响了全世界的民族主义者和争取以和平方式变革的国际运动。1948年1月30日甘地遇刺身亡。

甘地 拉吉夫·甘地（Rajiv Gandhi，1944—1991），印度前总理。他是英迪拉·甘地和费罗兹·甘地的长子。1984年他的母亲被刺后他担任印度总理，1989年在大选中被击败后退任，1991年5月21日遇刺身亡。

高红冰 高红冰（1965—），曾在企业和政府部门任职，现为阿里集团副总裁兼阿里研究院院长。

高斯 约翰·卡尔·弗里德里希·高斯（Johann Carl Friedrich Gauss，1777—1855），德国著名数学家、物理学家、天文学家、大地测量学家，近代数学奠基者之一。高斯被认为是历史上最重要的数学家之一，并享有"数学王子"之称。

戈斯 菲利普·亨利·戈斯（Philip Henry Gosse，1810—1888），英国博物学家。曾建成第一座成功的水族馆，以长期饲养他描述过的海生动物。他同时也是极端保守的基督教派普里茅斯兄弟会成员，拒绝一切进化论观点。

戈德斯坦 约书亚·戈德斯坦（Joshua Goldstein，1952—），美国政治学家，他的著作《用战争赢得战争》（Winning the War on War），指出人类社会的暴力程度已经大幅度下降了。

哥白尼 尼古拉·哥白尼（Nicolaus Copernicus，1473—1543），文艺复兴时期的波兰天文学家、数学家、教会法博士、神父。他是日心说的创始人，改变了人类对自然、对自身的看法，著有《天体运行论》。

哥德尔 库尔特·哥德尔（Kurt Godel，1906—1978），奥地利裔美国学者、数学家、逻辑学家和哲学家，其最杰出的贡献是哥德尔不完全性定理。代表作品有《数学原理及有关系统中的形式不可判定命题》。

哥伦布 克里斯托弗·哥伦布（Cristoforo Colombo，1450—1506），意大利探险家、殖民者、航海家，他提出的向西航行到达印度的冒险性计划得到西班牙王室的支持，最终率先到达了美洲，开辟了延续几个世纪的欧洲对新大陆的探险和海外殖民的时代，被认为对现代西方世界的发展产生了无可估量的影响。

格鲁夫 安迪·格鲁夫（Andry S. Grove，1936—2016），英特尔公司前董事长和首席执行官，他是《时代周刊》的“风云人物”，美国平民成功的偶像，也是21世纪商界人士的榜样。他在1968年英特尔创建时就加入了该公司，1987年升为首席执行官，并引领该公司在后来的11年里以年均利润34%的增长速度使英特尔成为全球雄居榜首的公司。

哈代 托马斯·哈代（Thomas Hardy，1840—1928），英国诗人、小说家。哈代一生共发表了近20部长篇小说，代表作有《德伯家的苔丝》《无名的裘德》《还乡》和《卡斯特桥市长》等。

哈萨比斯 戴密斯·哈萨比斯（Demis Hassabis，1976—），人工智能围棋软件AlphaGo开发团队负责人，创业公司深蓝（DeepMind）创始人，同时还是游戏开发者、神经学家和人工智能企业家。他掌握了先进的人工智能技术，在帮助谷歌展开一场全新的人工智能革命。

海森堡 沃纳·卡尔·海森堡（Werner Karl Heisenberg，1901—1976），德国著名物理学家，量子力学的主要创始人，哥本哈根学派的代表人物，1932年诺贝尔物理学奖获得者。他的著作《量子论的物理学基础》是量子力学领域的一部经典著作。

韩锋 韩锋（1963—），哥伦比亚大学访问研究员、亦来云联合创始人、原华为中央研究院区块链顾问、亚洲区块链DACA协会秘书长，主编有《区块链新经济蓝图及导读》《区块链开发与实例》《区块链：量子财富观》等专著，参与开发了清华大学研究生公共课《赛博智能经济与区块链》并任主讲之一。

汉德勒 露丝·汉德勒（Ruth Handler，1916—2002），“芭比娃娃”的创造者，成功地从灰姑娘变身为白雪公主，在成功后又历经磨难的美国女企业家。在她创造的芭比娃娃身上，全世界千百万女孩快乐地寻找着自己的影子。

豪涅茨 拉斯洛·豪涅茨（Laszlo Hanyecz，1991—），美国佛罗里达州程序设计员，第一个在现实世界使用比特币的人。

何万青 何万青（1972—），原英特尔公司高级架构师、高性能计算团队负责人、“天河2号”超级计算机英特尔支持团队核心成员之一，现任阿里高性能计算负责人。

赫芬顿 阿里安娜·赫芬顿（Arianna Huffington，1950—），著名媒体人，美国政治博客（Huffington Post）共同创始人。

赫拉利 尤瓦尔·赫拉利（Yuval Harari，1976—），以色列青年历史学家，耶路撒冷希伯来大学的历史系教授。他的近作《人类简史》和《未来简史》风行全球。

赫胥黎 托马斯·亨利·赫胥黎（Thomas Henry Huxley，1825—1895），英国著名博物学家、教育家，达尔文进化论最勇敢、最杰出的支持者。其代表作品有《人类在自然界的位置》《脊椎动物解剖学手册》《进化论和伦理学》等。

赫兹 海因里希·赫兹（Heinrich Hertz，1857—1894），德国物理学家，于1887年首先用实验方法证实了电磁波的存在，他对电磁学有很大的贡献，故频率的国际单位赫兹，就是以他的名字命名的。

黑格尔 格奥尔格·威廉·弗里德里希·黑格尔（Georg Wilhelm Friedrich Hegel，1770—1831），德国哲学家。许多人认为，黑格尔的思想代表了19世纪德国唯心主义哲学运动的顶峰，对后世哲学流派，如存在主义和马克思的历史唯物主义都产生了深远的影响。

亨利八世 亨利八世（Henry Ⅷ，1491—1547），都铎王朝第二任君主，英格兰与爱尔兰的国王。亨利八世为了休妻另娶新皇后，与当时的罗马教皇反目，推行宗教改革，并通过一些重要法案，容许自己另娶；还将英国主教立为大主教，使英国教会脱离罗马教廷，自己成为英格兰最高宗教领袖；解散修道院，使英国王室的权力达到顶峰。他在位期间，把威尔士并入了英格兰。

亨廷顿 萨缪尔·亨廷顿（Samuel Huntington，1927—2008），美国当代极负盛名却又颇受争议的具有强烈自由派思想和保守派立场的政治学家。20世纪90年代初，他预言21世纪国际政治角力的核心单位不再是国家，而是文明，不同文明间的冲突将主导世界动向。他的预言因被“9·11”等事件所证实而名声大振，但他也面临众多激烈的批评者。

怀特海 阿弗烈·诺夫·怀特海（Alfred North Whitehead，1861—1947），英国著名数学家、哲学家和教育理论家。他和罗素合著的《数学原理》标志着人类逻辑思维的巨大进步，是伟大学术著作之一。同时他也创立了20世纪最庞大的形而上学体系，是“过程哲学”的创始人。

惠特曼 梅格·惠特曼（Meg Whitman，1958—），惠普总裁兼CEO，曾任美国易贝(eBay)公司前首席执行官。她曾在多家大公司任职，屡建奇功，是美国最著名的女企业家之一。

霍根　约翰·霍根（John Horgan，1953—），曾是《科学美国人》杂志的资深撰稿人，两度获美国科学促进会新闻与社会关系促进奖。他最有名的著作是《科学的终结》，当然，《战争的终结》（The End of War）也是他的重要著作，这本书不赞成人类社会的暴力在不断减少的观点。

霍金　斯蒂芬·威廉·霍金（Stephen William Hawking，1942—2018），英国剑桥大学著名物理学家，他是现代最伟大的物理学家之一、20 世纪享有国际盛誉的伟人之一。

霍伊尔　弗雷德·霍伊尔（Sir Fred Hoyle，1915—2001），英国著名天文学家。他解决或协助解决了 20 世纪天文学的许多重要问题，并激励其他科学家进行研究。今天许多天文学家常常提到霍伊尔，认为他是最初灵感的源泉。

加尔布雷思　约翰·肯尼思·加尔布雷思（John Kenneth Galbraith，1908—2006），美国经济学家、新制度学派的领军人物。作为凯恩斯学派的经济学家，他主张由政府开支解决失业问题，将更多的财富用于公共事业（如教育、公园等），而不是用于个人消费；同时主张将重点由生产商品转向改善服务性事业。他的主要著作有《美国资本主义》《丰裕社会》和《新工业国》。

焦耳　詹姆斯·普雷斯科特·焦耳（James Prescott Joule，1818—1889），英国物理学家，英国皇家学会会员。他在热学、热力学和电学方面都有重要贡献，后人为了纪念他，把能量或功的单位命名为“焦耳”，简称“焦”。

金　马丁·路德·金（Martin Luther King Jr.，1929—1968），非裔美国人，牧师、社会活动家、民权主义者，美国民权运动领袖。1964 年诺贝尔和平奖的获得者，1968 年 4 月，马丁·路德·金在孟菲斯市被人刺杀。

居里夫人　玛丽亚·斯克沃多夫斯卡·居里（Maria Sk□odowska Curie，1867—1934），世称“居里夫人”，著名波兰裔物理学家、化学家。1903 年居里夫妇和贝克勒尔由于对放射性的研究而共同获得诺贝尔物理学奖，1911年因发现元素钋和镭再次获得诺贝尔化学奖，因而成为世界上第一个两获诺贝尔奖的人。居里夫人的成就包括开创了放射性理论、发明分离放射性同位素技术、发现两种新元素钋和镭。在她的指导下，人们第一次将放射性同位素用于治疗癌症。由于长期接触放射性物质，居里夫人于1934年7月3日因恶性白血病逝世。

卡恩 罗伯特·埃利奥特·卡恩（Robert Elliot Kahn，1938—），全球互联网发展史上最著名的计算机科学家之一，他创立了TCP协议，并与瑟夫一起创立了IP协议。现在这两个协议成为全世界因特网传输所用的最重要的技术。卡恩也是互联网维形网络系统（Arpanet）的设计者、“信息高速公路”概念的创立人。

卡尔纳普 保罗·鲁道夫·卡尔纳普（Paul Rudolf Carnap，1891—1970），德裔美籍作家、哲学家，经验主义和逻辑实证主义代表人物，维也纳学派的领袖之一。

卡诺 尼古拉·莱昂纳尔·萨迪·卡诺（Nicolas Léonard Sadi Carnot，1796—1832），法国科学家和工程师，热力学的创始人之一。他兼有理论科学和实验科学双重才能，是第一个把热和动力联系起来的人，他出色地、创造性地用“理想实验”的思维方法，提出了最简单、但有重要理论意义的热机循环——卡诺循环，创造了第一部理想的热机（卡诺热机）。

开尔文 开尔文爵士(Lord Kelvin,1824—1907),英国物理学家、发明家。他对物理学的主要贡献在热力学和电磁学方面,是热力学的主要奠基者之一。后来他的名字就被定义为热力学的绝对温标，是国际单位制中的温度单位。

开普勒 约翰尼斯·开普勒（Johannes Kepler，1571—1630），德国杰出的天文学家、物理学家、数学家。开普勒发现了行星运动的三大定律，分别是轨道定律、面积定律和周期定律，使他赢得了“天空立法者”的美名。他对光学和数学也做出了重要的贡献，他是现代实验光学的奠基人。

凯恩斯 约翰·梅纳德·凯恩斯（John Maynard Keynes，1883—1946），英国经济学家，现代宏观经济学的重要创始人。有人把他创立的宏观经济学和弗洛伊德创立的精神分析法，以及爱因斯坦创立的相对论并称为20世纪人类知识界的三大革命。他的代表作是《就业、利息和货币通论》。

凯兰崔尔 凯兰崔尔（Galadriel，双树纪年5301—），她是小说和电影《精灵宝钻》《指环王》《霍比特人》等作品中的重要角色。凯兰崔尔是第三纪时中土最强大的精灵，也是诺多的公主。她曾经是反抗主神、离开阿门洲的诺多精灵的领袖之一，也是他们中留在中土的最后一人。她以不可方物的美貌、强大的力量和无穷的智慧扬名，同时也有一些傲慢任性。面临至尊魔戒的时候，凯兰崔尔抵抗了它和权力的诱惑，最终选择渡海西去。

坎特里尔 阿尔伯特·哈德利·坎特里尔（Albert Hadley Cantril，1906—1969），美国著名心理学家。他在第二次世界大战中就用量表解决过作战部队中战士的心理问题。以他的姓名命名的坎特里尔量表（Cantril Scale）是把人的过去、现在和未来联系起来的有效量表。

康帕内拉 托马索·康帕内拉（Tommaso Campanella，1568—1639），17世纪意大利进步思想家、哲学家、神学家、占星家、诗人。他的代表作是《太阳城》，该书的主要内容和写作形式都和莫尔的《乌托邦》有共同之处，可见康帕内拉深受莫尔思想影响。因此《太阳城》也被称为《乌托邦》的姐妹篇。相对于莫尔《乌托邦》，《太阳城》的思想又有了一些突破和进步，包括太阳城突破了以血缘关系为扭结的家庭生产单位，代之以生产小组为基层生产单位；更重视生产劳动技能，主张使用“巧妙机械”，缩短劳动时间至每天4小时，其他时间从事科学、文化和体育活动；提出了劳动光荣的思想，反对用奴隶和仆人（《乌托邦》社会是有奴隶的）；主张教育与生产劳动相结合，不赞成教育与生产劳动相脱离。

康德 伊曼努尔·康德（Immanuel Kant，1724—1804），德国哲学家、天文学家，星云说的创立者之一，德国古典哲学和古典美学的奠定者。他是对现代欧洲最具影响力的思想家之一，也是启蒙运动最后一位集大成的思想家。他的精神世界非常丰富，但个人实际生活极其乏味，一辈子独身，就像一架钟表或一部机器一样生活，从未离开过自己的出生地。海涅曾说：“康德的一生很难描写，因为他既没有生活过，也没有经历什么。”

柯尔特 山姆·柯尔特（Sam Colt，1814—1862），军械制造者，发明了左轮手枪。人们批评他的发明助长了暴力，屠杀了大量印第安人。对此，他回答说，枪支同时维持了正义和平等，减少了暴力和压迫。需要说明的是，那时枪杀印第安人对于白人定居者并不是罪恶，勇猛的印第安科曼奇战士也杀死过很多白人游骑兵。作为一位制造过60万支手枪的枪王，他本人确实从未因为愤怒或者别的原因开枪射击过任何人。

柯密特 青蛙柯密特(Kermit the Frog),是美国著名木偶艺术家吉姆·汉森（Jim Henson，1936—1990）创造的享誉全球的木偶形象之一，最早出现在他的“萨姆和他的朋友们”节目里,后来又出现在影响更大的儿童教育节目《芝麻街》中。如今，影响了无数孩子一生的青蛙柯密特已经在好莱坞星光大道上有了一席之地。

可汗 谢利·可汗（Shere Khan）是一只孟加拉虎，它是迪斯尼影片《奇幻森林》（*The Jungle Book*）中的角色之一。它受到过人类的伤害，所以始终对人类心怀仇恨。《奇幻森林》中还有很多拟人的动物，如黑豹巴希拉、棕熊巴鲁、巨蟒卡奥、猩猩路易王等。

科再奇 布莱恩·科再奇（Brian Krzanich，1960—），英特尔公司现任首席执行官。

克劳修斯 鲁道夫·克劳修斯（Rudolf Clausius，1822—1888），德国物理学家和数学家，热力学的主要奠基人之一。他不但重新陈述了萨迪·卡诺的定律，把热力学理论推到了一个更真实、更健全的基础上，而且首次提出了热力学第二定律和熵的基本概念，对后来的科学发展产生了非常广泛的影响。

克里克 弗朗西斯·克里克(Francis Crick，1916—2004)，英国生物学家、物理学家、神经科学家，他一生最重要的成就是1953年在剑桥大学卡文迪许实验室与詹姆斯·沃森共同发现了脱氧核糖核酸（DNA）的双螺旋结构，二人也因此与莫里斯·威尔金斯共同获得了1962年的诺贝尔生理及医学奖。

克里斯蒂安 大卫·克里斯蒂安（David Christian，1946—），历史学家，毕业于牛津大学。他创立了“大历史”（Big History）理论，现在是这一领域的领军人物，担任国际大历史协会主席。

克利夫顿 吉姆·克利夫顿（Jim Clifton，1951—），美国盖洛普公司（Gallup）主席兼总裁公司主席兼首席执行官。著有《就业战争迫在眉睫》（*The Coming Jobs War*）等。

孔丘 孔丘（Confucius，公元前551—公元前479），中国著名的思想家、哲学家、教育家，他开创了民间讲学的风气，倡导仁、义、礼、智、信，是儒家学派创始人。他的儒家思想对中国和世界都有深远的影响，被列为“世界十大文化名人”之首。

库仑 查利·奥古斯丁·库仑（Charlse-Augustin de Coulomb，1736—1806），法国物理学家、工程师，主要贡献有扭秤实验、库仑定律、库伦土压力理论等。电荷的单位库仑就是以他的姓氏命名的。

库兹韦尔 雷·库兹韦尔（Ray Kurzweil，1948—），职业发明家、奇点大学校长、谷歌公司首席科学家，曾获九项名誉博士学位、两次总统荣誉奖。他同时也是一位成功的企业家，用自己的发明开发出了多项造福人类的高科技产品，他还是多部畅销书的作者。

奎因 威拉德·凡·奥曼·奎因（Willard Van Orman Quine，1908—2000），20世纪最重要的美国哲学家，著有《语词和对象》《本体论的相对性》等。他是中国学者王浩的导师。

L

莱克 詹姆斯·莱克（James Lake，1941—），加利福尼亚大学洛杉矶分校教授，美国进化生物学家，他为探索所有生命的基因组进化做出了重大贡献。

莱利 理查德·莱利（Richard Riley，1933—），美国教育部前部长，民主党支持者。

莱特兄弟 莱特兄弟：威尔伯·莱特（Wilbur Wright，1867—1912）和奥维尔·莱特（Orville Wright，1871—1948），他们兄弟俩是公认的飞机发明者。他们制造的一架比空气重、有外部动力、可控制的飞行器于1903年12月17日首次完成的12秒、36.5米的飞行，被认为是人类第一架飞机的诞生时刻。

老子 老子（公元前571—公元前471），姓李名耳、字聃，是中国古代伟大的思想家、哲学家、文学家和史学家，道家学派创始人和主要代表人物。今存世著作有《道德经》，其核心精华是朴素的辩证法，主张无为而治。

李嘉图 大卫·李嘉图（David Ricardo，1772—1823），古典经济学家，英国古典政治经济学的完成者和主要代表人物，其主要著作为《政治经济学及赋税原理》。

里夫金 杰里米·里夫金（Jeremy Rifkin，1945—），美国华盛顿特区经济趋势基金会总裁，也是一位享有国际声誉的社会批评家和畅销书作家。著有《第三次工业革命》《工作的终结》《生物技术的世纪》《路径时代》等，每本书都被翻译成15种以上的语言。他曾为多国政府作过无偿的咨询顾问。

梁春晓 梁春晓（1959—），阿里巴巴集团原副总裁、阿里研究院原院长、高级研究员，现任中国信息社会五十人执行主席。著有《网商赢天下：阿里巴巴的商业新视界》《搜索革命》《电子商务——从理念到行动》等著作。

梁思成 梁思成（1901—1972），中国著名建筑师、建筑历史学家、建筑教育家，中国科学院哲学社会科学学部委员。梁思成参与了人民英雄纪念碑、中华人民共和国国徽等作品的设计。

列侬 约翰·列侬（John Lennon，1940—1980），英国摇滚乐队“披头士”成员、摇滚音乐家、诗人、社会活动家。1980年12月8日列侬在纽约自己家门口被一名患有精神病的歌迷枪杀。

林徽因 林徽因（1904—1955），原名林徽音，后因常被人误认为当时一男作家“林微音”，故改名“徽因”。中国著名建筑师、诗人、作家，人民英雄纪念碑和中华人民共和国国徽深化方案的设计者之一、建筑师梁思成的第一任妻子。

柳传志 柳传志（1944—），中国著名企业联想集团创始人和领导者，曾任联想控股有限公司总裁、董事局主席，现任联想集团有限公司董事局名誉主席、联想集团高级顾问。

卢德 卢德（Ludd，生卒不详），在英国工业革命初期泛指用暴力抵制新技术的人。起因据说是有一个叫内德·卢德（Ned Ludd）的工人通过打砸破坏工厂纺织设备来抵制新技术带给工厂生产的改变，引发许多工人效仿，后来他们遭受了镇压。今天，卢德和卢德分子（Luddite）仍然指那些认为技术对人类社会产生的损害要高于益处的人。极端的卢德主义行为，特别是破坏工厂生产设备的行为现在已经非常少见了，目前对恶意地把病毒或蠕虫放入互联网的行为，是不是现代条件下的新卢德分子行为，还存在争议。

卢卡斯 乔治·卢卡斯（George Lucas，1944—），导演、制片人，他用电影特效改变了电影工业，其代表作为《星球大战》系列作品。他把自己无限的想象力和最前卫的科技融合一体植入他的电影，他像一个孤独的手工艺人，创造出只属于他自己的世界。晚年他把自己的巨额财产大都捐献给了美国教育产业。

露西 露西（Lucy），露西是1974年在埃塞俄比亚发现的南方古猿阿法种的古人类化石的代称，这是一具完整性40%的女性骨架，死时才20多岁。根据其骨盆推算她生过孩子，脑容量为400毫升。露西生活的年代是318万年前，她被认为是第一个直立行走的人类，是目前所知人类的最早祖先。

罗宾逊 肯·罗宾逊（Ken Robinson，1960—），英国教育家，全球最具影响力的教育家之一，入选“Thinkers 50顶尖思想家”与“创造力和创新领域的全球杰出思想家”，同时也是排名第一的TED演讲人。他的演讲“学校扼杀创造力”的视频已经有5 000万人次观看。

罗辑 罗辑（Logic，公元1979—掩体纪元67年），他是刘慈欣小说《三体》中的一个人物，原为大学教授，因偶遇叶文洁并得其点醒而遭到地球之体组织（ETO）的追杀，一无所知地参与了“面壁计划”，其间与庄颜结婚并育有一女。经苦苦思索，他建立了宇宙黑暗森林威慑，开创了威慑纪元，使地球和人类在三体危机面前免于覆灭。作为第一代执剑人，他坚守执剑岗位换来了人类62年的和平发展，间接使地球文明多延续近两百年。在最后的打击到来时，他作为人类文明的守墓人，在冥王星上与太阳系以及整个地球文明一起被二维化而死亡。

罗振宇 罗振宇（1973—），《罗辑思维》主讲人，得到App创始人。

罗琳 J.K.罗琳（J.K. Rowling，1965—），英国魔幻小说作家，著有《哈利·波特》系列七部而享誉全球。

罗纳尔多 克里斯蒂亚诺·罗纳尔多（Cristiano Ronaldo，1985—），C罗，葡萄牙著名足球运动员，身兼葡萄牙国家队队长。

罗斯福 富兰克林·德拉诺·罗斯福（Franklin Delano Roosevelt，1882—1945），美国第32任总统，也是美国历史上唯一连任四届、病逝于第四届任期中的总统。在20世纪30年代经济大萧条期间，罗斯福推行新政以提供失业救济与复苏经济，并成立众多机构来改革经济和银行体系，从经济危机的深渊中挽救了美国。罗斯福也是第二次世界大战期间同盟国阵营的重要领导人之一。

罗素 伯特兰·阿瑟·威廉·罗素（Bertrand Arthur William Russell，1872—1970），英国哲学家、数学家、逻辑学家、历史学家、文学家，分析哲学的主要创始人，世界和平运动的倡导者和组织者。主要作品有《西方哲学史》《哲学问题》《心的分析》《物的分析》等。

罗素 斯图尔特·罗素（Stuart Russell，1962—），英国计算机工程专家，担任加州大学伯克利分校计算机科学系教授、智能系统中心主任。他也是Smith-Zadeh工程学讲座教授（Smith-Zadeh Chak of Engineering）头衔的持有者。

洛克菲勒 约翰·洛克菲勒（John Rockefeller，1839—1937），石油巨头，美国历史上最富有的人之一。他的创新在于认识到尽管成千上万勘探者、生产者都在打井采油，但真正的财富蕴藏在炼油这个环节中。为此他创建了庞大的垂直集成炼油公司（标准石油公司），曾一度垄断美国炼油业，后被政府强令分解拆开。

马尔萨斯 托马斯·罗伯特·马尔萨斯（Thomas Robert Malthus，1766—1834），英国教士、人口学家、经济学家，以其人口理论闻名于世。主要著作是《人口论》。

马化腾 马化腾（1971—），腾讯公司主要创办人之一，腾讯公司控股董事会主席兼首席执行官，全国青联副主席。

马克思 卡尔·马克思（Karl Marx，1818—1883），马克思主义的创始人，第一国际的组织者和领导者，无产阶级的精神领袖，国际共产主义运动的导师。

马克西姆 海勒姆·马克西姆（Hiram Maxim，1840—1916），一位多产的发明家，曾发明第一挺重型机关枪。据说他的朋友告诉他："如果你真想致富，你就发明一样东西，让愚蠢的欧洲人尽快自相残杀。"在第一次世界大战前夕，他把自己发明的武器同时卖给了后来参战的欧洲各个国家。

马斯克 埃隆·马斯克（Elon Musk，1971—），出生于南非，现任贝宝（Paypal）、太空探索技术公司（Spacex）、环保跑车公司特斯拉（Tesla）以及太阳能公司（SolarCity）四家公司的CEO。

马云 马云（Jack Ma，1964—）中共党员，阿里巴巴集团主要创始人。现任阿里巴巴集团董事局主席、日本软银董事、大自然保护协会中国理事会主席兼全球董事会成员、华谊兄弟董事、生命科学突破奖基金会董事、联合国数字合作高级别小组联合主席等职。

麦戈尼格尔 简·麦戈尼格尔（Jane McGonigal，1977—），未来学家，世界顶级未来趋势智库“未来学会”游戏研发总监、美国著名交互式娱乐服务公司（42 Entertainment）首席设计师，被《商业周刊》誉为“十大最重要创新人士之一”，被世界顶级媒体《快公司》评为“全球百位创意商业人士之一”，被脱口秀女王奥普拉誉为“全球最令人惊叹的20位女性之一”。

蒙田　米歇尔·埃克姆·德·蒙田（Michel Eyquem de Montaigne，1533—1592），法国文艺复兴时代的人文主义思想家、作家、哲学家，主要作品有《蒙田随笔全集》《蒙田意大利之旅》，《随笔集》《蒙田随笔》《蒙田随笔集》《热爱生命》。在16世纪的作家中，很少有人像蒙田这样受到现代人的崇敬和接受，他是启蒙运动以前法国的一位知识权威和批评家，是一位人类感情的冷峻的观察家，亦是对各民族文化，特别是西方文化进行冷静研究的学者。

摩尔　戈登·摩尔（Gordon Moore，1929—），美国计算机科学家、企业家、英特尔公司创始人之一。他在IT行业制造了一个神话，就是一条定律把一个企业带到成功的顶峰，这个定律就是“摩尔定律”。几十年来信息产业几乎严格按照这个定律以指数方式领导着整个经济发展的步伐。

摩尔斯　塞缪尔·摩尔斯（Samuel Morse，1791—1872），电报发明者，也是一位画家。他发明电报的动机是因为没能及时得到爱妻病重的消息，在她去世前没见她最后一面。他愤怒于邮政信件的迟缓延误，认为闪电才应该是传递信息的最佳速度，最后他确实用电火花完成了他的创造。

莫尔　托马斯·莫尔（St. Thomas More，1478—1535），英国政治家、思想家、宗教家，人类最早的空想社会主义学说的创始人，消灭私有制的首倡者，也是才华横溢的人文主义学者和阅历丰富的政治家，以其名著《乌托邦》而名垂史册，最后因反对亨利八世兼任教会首脑而被处死。尽管他不是一位非常正统的天主教信徒，但他罕见地获得了左右两翼的一致推崇：左翼发现了他的共产主义理想，右翼发现了他对天主教的无限忠诚。

莫里斯　伊恩·莫里斯（Ian Morris，1960—）全球著名历史学家、斯坦福大学历史学和古典文学教授。已出版《西方将主宰多久》和《文明的度量》等多部著作，在全球范围内产生广泛的影响。他在2014年出版的新书《战争：

从类人猿到机器人，文明的冲突和演变》中，论证了人类社会的暴力减小趋势。

默克 乔治·默克（George Merck，1894—1957），著名企业家，接管家族企业后迅速将其改造为科研型公司，允许科研人员发布自己的科研成果，使顶级学院派精英人才汇集默克公司。商业化生产维生素 B_{12}、链霉素和可的松是公司的重要成绩。

穆罕默德 穆罕默德（Muhammad，约 570—632），伊斯兰教的创始人和传播者，杰出的政治家、军事家和宗教领袖。他出身贫寒，却创立了大业，广大穆斯林认为他是安拉派遣到人间的最后一位使者。

能斯脱 瓦尔特·能斯脱（Walther Nernst，1864—1941），德国化学家和物理学家，主要从事电化学、热力学和光化学方面的研究。在热力学方面有卓越贡献，提出了热力学第三定律，并因此获得了 1920 年诺贝尔化学奖。

尼采 弗里德里希·尼采（Friedrich Nietzsche，1844—1900），德国著名哲学家、语言学家、文化评论家、诗人、作曲家、思想家，被认为是西方现代哲学的开创者，他的著作涉及对宗教、道德、文化、哲学以及科学的广泛批判和讨论。他的写作风格独特，经常使用格言和悖论技巧，对后继哲学的发展影响极大。晚年的尼采精神分裂和崩溃，再也没有恢复。尼采的主要著作有《权力意志》《悲剧的诞生》和《查拉图斯特拉如是说》等。

尼赫鲁 贾瓦哈拉尔·尼赫鲁（Jawaharlal Nehru，1889—1964），印度开国总理，也是印度在位时间最长的总理，他同时也是印度独立运动的参与人，主张印度要从大英帝国独立，同时更为人所知的是他是不结盟运动的创始人。

尼科尔斯 约翰娜·尼科尔斯（Johanna Nichols，约 1955—），加州大学伯克利分校语言和文学系教授，她最有名的著作是《空间与时间中的语言多样性》。

牛顿 艾萨克·牛顿（Isaac Newton，1643—1727），英国物理学家和数

学家，提出万有引力定律、牛顿运动定律，与莱布尼茨共同发明了微积分，发明了反射式望远镜和光的色散原理，被誉为“近代物理学之父”。代表作有《自然哲学的数学原理》。

诺伊斯 罗伯特·诺伊斯（Robert Noyce，1927—1990），美国计算机科学家、工程师和企业家，集成电路发明者之一，仙童半导体公司和英特尔公司的共同创建者之一。曾获美国电气和电子工程师协会（IEEE）的荣誉奖章。

诺依曼 冯·诺依曼（von Neumann，1903—1957），计算机科学家、20世纪最重要的数学家之一，是现代计算机、博弈论、核武器和生化武器等领域的科学全才之一。被后人称为“计算机之父”和“博弈论之父”。

女娲 女娲，中国上古神话中的创世女神，又称娲皇、女阴娘娘，史记女娲氏，是华夏民族人文先始，被民间广泛而长久崇拜的创世神和始母神。相传女娲造人，一日中七十化变，以黄泥仿照自己抟土造人，创造人类社会并建立婚姻制度。因世间天塌地陷，于是熔彩石以补苍天，斩鳌足以立四极，留下了女娲补天的神话传说。女娲还是一个创造万物的自然之神，神通广大化生万物，因此被称为大地之母。

欧姆 乔治·西蒙·欧姆（Georg Simon Ohm，1789—1854），德国著名物理学家，他发现了电阻中电流与电压的正比关系，即著名的欧姆定律。电阻的国际单位制“欧姆”以他的名字命名。

帕卡德 戴维·帕卡德（David Packard，1912—1996），他和休利特一起在一个车库里创立了惠普（HP）公司，并将它从一个很小的公司逐步扩张成位于世界最前列的电脑公司。这个车库如今已被美国政府命名为硅谷的诞生地。

培根 弗朗西斯·培根（Francis Bacon，1561—1626），英国文艺复兴

时期散文家、哲学家。唯物主义哲学家、实验科学的创始人，近代归纳法的创始人，又是将科学研究程序进行逻辑组织化的先驱。主要著作有《新工具》《论科学的增进》以及《学术的伟大复兴》等。

佩奇 拉里·佩奇（Larry Page，1973—），他和布林是全球最强大搜索网站的联合创始人，他俩被称为谷歌小子（google guys）。

配第 威廉·配第（William Petty，1623—1687），英国古典政治经济学的创始人，经济学家、统计学家。他一生著作颇丰，包括《赋税论》《献给英明人士》《政治算术》和《货币略论》等。

皮凯蒂 托马斯·皮凯蒂（Thomas Piketty，1971—），法国青年经济学家，巴黎经济学院教授、法国社会科学高等研究院研究主任，主要研究财富与收入不平等。《21 世纪资本论》是他的成名作品，在此书中，他对过去 300 年来欧美国家的财富收入做了详尽探究，通过大量的历史数据分析，证明了近几十年来不平等现象已经扩大，很快会变得更加严重。

平克 史蒂芬·平克（Steven Pinker，1954—），著名实验心理学家、认知心理学家和科普作家。因广泛宣传演化心理学和心智计算理论的心态而闻名于世。他同时也被认为是一位思想家、演说家和世界级的语言学家。他的最新著作《人性中的善良天使》（Better Angels of Our Nature）论证了人类社会的暴力在大大减少的历史趋势，指出人类目前正处于历史上最和平的时代。

平克斯 格雷戈里·平克斯（Gregory Pincus，1903—1967），作为一位生物学家，他在开发口服避孕药丸上起了重大作用。他推出的这种避孕方法是第一次被人类普遍接受的方法。避孕药丸不但迅速遏制了危险的世界人口膨胀，而且真正解放了妇女，实质性地提高了她们的社会地位和生活质量。这位俄裔犹太人移民的孩子取得的成功，是又一个丑小鸭版美国梦的证明。我认为，以他对人类的贡献，完全有资格获得诺贝尔奖，只是世人没有充分认识他的贡献。当然，他离开这个世界也稍早了一些。

普朗克 马克斯·普朗克（Max Planck，1858—1947），德国著名物理学家、量子力学的重要创始人之一。他对物理学的贡献，可以和他的好友爱因斯坦并驾齐驱。

普利高津 伊利亚·普利高津（Ilya Prigogine，1917—2003），比利时化学家、物理学家，1977年诺贝尔化学奖获得者，非平衡态统计物理与耗散结构理论的奠基人。他率先从理论上解答了自然界的熵增和生物界的熵减这一矛盾现象的原因。

普罗米修斯 （Prometheus），希腊神话中最具智慧的神明之一，泰坦神族的后代，名字含有“先见之明”的意思。普罗米修斯和智慧女神雅典娜共同创造了人类。他还为人类盗来了火，教会了他们许多知识和技能。但因此而触怒了宙斯，把他锁在高加索的悬崖上，日日承受被恶鹰啄食肝脏的痛苦。后被海克力斯救出。

乔布斯 史蒂夫·乔布斯（Steve Jobs，1955—2011），苹果公司联合创始人，企业家和世界计算机业界标志性人物，他创造的产品深刻改变了人类的生活方式和行为方式。

乔杜里 巴格·乔杜里（Bhagwan Chowdhry，1958—），加州大学洛杉矶分校（UCLA）金融学教授，芝加哥大学、伊利诺伊大学芝加哥分校、中国香港科技大学和印度商学院等院校客座教授，主要研究方向为国际金融和企业财务与战略。

丘吉尔 温斯顿·丘吉尔（Winston Churchill，1874—1965），英国政治家、历史学家、演说家和作家。1940—1945年和1951—1955年两度出任英国首相，领导英国人民赢得了第二次世界大战，被认为是20世纪最重要的政治领袖之一。丘吉尔也是历史上掌握英语单词数量最多（12万个）的人。但他在七岁上学时是班上最顽皮、最贪吃、成绩最差的学生；后来上了名校哈罗公学，成绩也一直不好；中学毕业后被送到军校。丘吉尔从差生到学霸级名人的经历说明，孩子在学校的成绩不能决定一生，中外皆然。

R

任正非　任正非（1944—），中国著名企业华为集团创始人和领导者。曾任华为集团董事长、总裁，现已卸任。

瑞安　克里斯托弗·瑞安（Christopher Ryan，1963—），美国作家。他和妻子加西尔达·伊塔（Cacilda Jethá）在2010出版了一本畅销书《人类性的起源》（Sex at Dawn），这本书极力否认早期人类社会曾充满了暴力。

S

萨根　卡尔·爱德华·萨根（Carl Edward Sagan，1934—1996），美国天文学家、天体物理学家、宇宙学家、科幻作家、科普作家，行星学会的成立者，小行星2709以及火星上的一个撞击坑以他的名字命名。

桑格　玛格丽特·桑格（Margaret Sanger，1879—1966），美国和全球妇女节育运动的先驱，美国计划生育（family planning）运动创始人，计划生育运动的国际领袖。在她和其他人的共同努力下，1960年口服避孕药在美国获得批准，人类第一次可以对与生俱来的生育行为进行百分之百控制，这是人类避孕史上的重大突破。与此同时，节制生育的其他技术也都基本趋于成熟，从20世纪中期开始以桑格为代表的女性主义者发起的通过使用科学的节制生育手段获得自身权利的节制生育运动真正开始在美国立足，并为女性解放做出了极大的贡献。

瑟夫　温特·瑟夫（Vint Cerf，1943—），互联网奠基人之一，互联网基础协议TCP/IP和互联网架构的联合设计者，谷歌公司副总裁兼首席互联网专家，2004年图灵奖获得者。

莎士比亚　威廉·莎士比亚（William Shakespeare，1564—1616），欧洲文艺复兴时期的英国戏剧家和诗人，也是全世界最伟大的作家、最卓越的文学家之一。

叔本华　亚瑟·叔本华（Arthur Schopenhauer，1788—1860），德国著

名哲学家，是哲学史上第一个公开反对理性主义哲学的人，开创了非理性主义哲学的先河，也是唯意志论的创始人和主要代表之一，认为生命意志是主宰世界运作的力量。

斯蒂格利茨　约瑟夫·尤金·斯蒂格利茨（Joseph Eugene Stiglitz，1943—），美国著名经济学家，美国哥伦比亚大学教授，哥伦比亚大学政策对话倡议组织主席。他于2001年获得诺贝尔经济学奖，由于他的重要工作贡献使得IPCC（联合国政府间气候变化专家小组）获得2007年诺贝尔和平奖。所以，他在某种程度上可以被视为两次获得了诺贝尔奖。

斯芬克斯　斯芬克斯（Sphinx），希腊神话中一个长着狮子躯干、女人头面的有翼怪兽。坐在忒拜城附近的悬崖上，向过路人提出一个谜语："什么东西早晨用四条腿走路，中午用两条腿走路，晚上用三条腿走路？"如果过路人猜错，斯芬克斯就把他撕碎吃掉。就这样，他吃了无数的人。但是，最后俄狄浦斯来了，猜中了谜底——人。斯芬克斯之谜象征着人类第一次开始了认识和探索自我，开启了人的哲学的时代。

斯密　亚当·斯密（Adam Smith，1723—1790），现代经济学的主要创立者，现代市场经济制度的"鼓吹者"和"守护神"。主要著作有《道德情操论》和《国民财富的性质和原因的研究》（简称《国富论》）。

斯万　梅兰妮·斯万（Melanie Swan，1967—），美国区块链科学研究所（Institute for Blockchain Studies）创始人兼所长，著有《区块链：新经济蓝图及导读》等著作。

苏格拉底　苏格拉底（Socrates，公元前469—公元前399），古希腊著名的思想家、哲学家、教育家、公民陪审员。苏格拉底和他的学生柏拉图，以及柏拉图的学生亚里士多德并称为"古希腊三贤"，被后人广泛地认为是西方哲学的奠基者。据记载，苏格拉底最后被雅典法庭以侮辱雅典神、引进新神论和腐蚀雅典青年思想之罪名判处死刑。尽管苏格拉底曾获得逃亡的机会，但他仍选择饮下毒堇汁而死，因为他认为逃亡只会进一步破坏雅典法律的权威。

孙正义　孙正义（Masayoshi Son，1957—），世界知名投资人，软银集团董事长兼总裁。他是韩裔日本人，但自称是中国春秋末期著名军事家孙武的后代，并考证出孙武的第23代孙从中国辗转到达朝鲜，是孙家的祖先。

T

汤因比　阿诺德·汤因比（Arnold Toynbee，1889—1975），英国历史学家，他曾被誉为“近世以来最伟大的历史学家”。他对历史有独到的眼光，他的12册巨著《历史研究》讲述了世界各个主要民族的兴起与衰落，被誉为“现代学者最伟大的成就”。

图灵　艾伦·麦席森·图灵（Alan Mathison Turing，1912—1954），英国数学家、逻辑学家，被称为计算机科学之父、人工智能之父。图灵在第二次世界大战中曾协助盟军方面破解了德国的著名密码系统英格玛（Enigma），帮助盟军取得了胜利。图灵对于人工智能的发展有诸多贡献，他提出了一种用于判定机器是否具有智能的试验方法，即图灵试验。此外，图灵提出的著名的图灵机模型为现代计算机的逻辑工作方式奠定了基础。在他生命的晚年，因同性恋取向受到不公正对待而自杀身亡。

托尔斯泰　列夫·尼古拉耶维奇·托尔斯泰（Lev Nikolayevich Tolstoy，1828—1910），俄罗斯伟大的批判现实主义作家、思想家、哲学家，其代表作有《战争与和平》《安娜·卡列尼娜》《复活》等。他虽然出生于贵族家庭，晚年完全背叛了本阶级，力求过简朴的平民生活，最终从家中出走，病逝于沙皇俄国的一个小镇。

托勒密　克罗狄斯·托勒密（Claudius Ptolemy，约90—168），罗马帝国统治时代的著名天文学家、地理学家、占星学家和光学家，“地心说”是他的主要科学成就，也是集大成者。

托马斯　狄兰·托马斯（Dylan Thomas，1914—1953），人称“疯狂的狄兰”，英国作家、诗人。代表作有《死亡与出场》《当我天生的五官都能看见》等，评论界普遍认为他是继奥登以后英国的又一位重要诗人。1953年11月9日因过度饮酒而暴亡。

W

瓦特　詹姆斯·瓦特（James Watt，1736—1819），英国发明家，第一次工业革命时期的重要人物。1776 年制造出第一台有实用价值的蒸汽机，以后又经过一系列重大改进，使之成为“万能的原动机”，在工业上得到广泛应用。他开辟了人类利用能源新时代，使人类进入“蒸汽时代”。后人为了纪念这位伟大的发明家，把功率的单位定为“瓦特”（简称“瓦”，符号 W）。

王浩　王浩（1921—1995），华裔美国学者，哲学家、数理逻辑学家。青年时曾师从中国逻辑学家金岳霖先生，后赴美在哈佛大学师从美国逻辑学家奎因（W.V.Quine）。20 世纪 50 年代初入选美国科学院院士、不列颠科学院外国院士，曾获国际人工智能联合会“数学定理机械证明里程碑奖”。著有《数理逻辑概论》《从数学到哲学》《哥德尔》《超越分析哲学》等专著。

王煜全　王煜全(1971—)，海银资本创始合伙人，沙利文咨询公司(Frost & Sullivan)中国区首席顾问，《得到》“前哨·王煜全”栏目主讲人，和薛兆丰教授合著有《全球风口：积木式创新与中国新机遇》。

威尔金斯　莫里斯·威尔金斯（Maurice Wilkins，1916—2004），英国分子生物学家，专注于磷光、雷达、同位素分离与 X 光衍射等领域。因解开了 DNA 分子结构以及一些相关研究，使他和克里克、沃森共同获得了 1962 年的诺贝尔生理学或医学奖。

韦尔奇　杰克·韦尔奇（Jack Welch，1935—），一个铁路工人和家庭妇女的孩子，美国最负盛名的企业管理家。他带领通用电气 20 年，让“大象跳起了芭蕾舞”，公司收入增长了 10 倍，市值达到 4 500 亿美元。著名的韦尔奇定律是这样描述的：如果一个组织内部的变化速度小于外部变化速度，那么，失败是显而易见的。

维尔穆特　伊恩·维尔穆特（Sir Ian Wilmut，1944—），英国胚胎学家，他在 1996 年率先通过无性繁殖产生了新一代和母体完全相同的克隆羊“多莉”（Dolly），被誉为“克隆之父”。

维纳　诺伯特·维纳（Norbert Wiener，1894—1964），美国应用数学家、控制论的创始人，在电子工程方面贡献良多。他是随机过程和噪声过程研究的先驱，也是“控制论”一词提出者和理论奠基人。代表作品有《控制论》《维纳选集》《维纳数学论文集》等。

维特根斯坦　路德维希·约瑟夫·约翰·维特根斯坦（Ludwig Josef Johann Wittgenstein，1889—1951），奥地利犹太人，20世纪最有影响力的哲学家之一，其研究领域集中在数学哲学、精神哲学和语言哲学等方面，著作有《逻辑哲学论》。

温伯格　斯蒂芬·温伯格（Steven Weinberg，1933—），美国文学和科学院院士、英国皇家学会外籍会员、国家天文学会会员、美国哲学和科学史学会会员、美国中世纪学会会员，曾任美国军备控制和裁军机构顾问，美国防御分析研究所顾问等职。他的《广义相对论与引力论》《最初三分钟》《终极理论之梦》等书曾风行世界。1979年因弱电统一理论与格拉肖和萨拉姆分享当年诺贝尔物理学奖。

文特尔　克莱格·文特尔（John Craig Venter，1946—），美国生物学家，在基因测序方面做出过重大贡献。但被很多人称为生物学界的“坏小子”，他曾经公然挑战“国际人类基因组计划”，并创造了用“霰弹枪法”为基因测序的高效率方法。

沃森　詹姆斯·沃森（James Watson，1928—），20世纪分子生物学的带头人之一，1953年和克里克一起发现DNA双螺旋结构，后来获得了1962年的诺贝尔生理学或医学奖，被誉为“DNA之父”。但是，詹姆斯·沃森又属于典型的智商高、情商低、人品可疑的科学家，由于他经常口无遮拦地散布种族歧视、性别歧视和同性恋歧视的言论，遭到了全社会的谴责，他的自传体著作（Avoid Boring People）也受到抵制和批评，最后还丢掉了自己的工作，不得不靠拍卖自己的诺贝尔奖章来引起大众注意并维持生计。

沃森父子　托马斯·沃森（Thomas Watson，1874—1956）和他的儿子小托马斯·沃森（Thomas Watson Jr.，1914—1993）。老托马斯·沃森出身于贫苦的苏格兰移民农民家庭，没受过多少教育，完全靠个人奋斗走上企业管理岗位，最终成为IBM公司的缔造者。他既不是科学家发明家，也不是技术专家，但他凭借自己的管理天才把一家小公司改造成了信息时代的王者。小托马斯·沃森曾长期生活在父亲的阴影下，充满叛逆性格，最后能顺利在1956年接掌帅印，实现了IBM向现代计算机产业转移，也是非常不容易的事情。

香农　克劳德·艾尔伍德·香农（Claude Elwood Shannon，1916—2001），美国数学家、信息论创始人。他的大部分工作时间是在贝尔实验室和麻省理工学院（MIT）度过的，香农的突出贡献是把克劳修斯的热力熵引入到信息科学领域，创建了信息熵的概念和表达式。

辛巴　狮子王辛巴（Lion King: Simba）是动画电影《狮子王》中的主角，它勇敢坚强、历经万难，最终成为万兽之王。辛巴也出现在美国、意大利和日本的其他动画影片中。

休利特　威廉·休利特（William Hewlett, 1913—2001），他和帕卡德一起在一个车库里创立了惠普（HP）公司，并将它从一个很小的公司逐步扩展成位于世界最前列的电脑公司。这个车库如今已被美国政府命名为硅谷的诞生地。

薛定谔　埃尔温·薛定谔（Erwin Schrödinger，1887—1961），奥地利物理学家，量子力学奠基人之一，1933年诺贝尔物理学奖获得者。他提出的“薛定谔的猫”，试图证明量子力学在宏观条件下的不完备性。

亚当和夏娃　亚当和夏娃（Adam and Eve）是《圣经》里的人物。据说，耶和华用五天时间创造了天地万物，第六天用尘土创造了亚当。亚当是世界上第一个男人，后来耶和华又用亚当的一根肋骨创造了第一个女人——夏娃，并让他们结为夫妻，共同生活在伊甸园。后来夏娃受蛇的诱惑，偷食了善恶树的禁果，并让亚当食用。耶和华发现后，对亚当和夏娃进行了惩罚，把二人逐出了伊甸园，二人成为人类的祖先。

严复 严复（1854—1921），原名宗光、字又陵，后改名复、字几道，近代著名的翻译家、教育家、新法家代表人物，先后毕业于福建船政学堂和英国皇家海军学院，曾担任过京师大学堂译局总办、上海复旦公学校长、安庆高等师范学堂校长、清朝学部名辞馆总编辑。在李鸿章创办的北洋水师学堂任教期间，培养了中国近代第一批海军人才，并翻译了《天演论》，创办了《国闻报》，系统地介绍西方民主和科学，宣传维新变法思想，将西方的社会学、政治学、政治经济学、哲学和自然科学介绍到中国。提出的“信、达、雅”的翻译标准，对后世的翻译工作产生了深远影响。严复是清末极具影响的资产阶级启蒙思想家，翻译家和教育家，是中国近代史上向西方国家寻找真理的“先进的中国人”之一。

杨振宁 杨振宁（Chen-Ning Yang，1922—），世界著名物理学家，香港中文大学讲座教授、清华大学教授、美国纽约州立大学石溪分校荣休教授、中国科学院院士、美国国家科学院院士、台湾“中央研究院”院士、俄罗斯科学院院士、英国皇家学会会员，1957 年诺贝尔物理学奖获得者。

姚明 姚明（Yao Ming，1980—），中国著名职业篮球运动员，现任中国篮球协会主席，并担任 CBA 公司董事长。

耶稣 耶稣基督（Jesus Christ，约公元前 4—公元 30），基督教里的核心奠基人物，世人认为，他和保罗创立了基督教。他的生平在圣经上有详细记载。《圣经》记载，耶稣是神的儿子，神爱世人，甚至将他的独生子赐给他们，叫一切信他的，不至灭亡，反得永生。很长时间以来，一直到今天，基督教都是世界上信徒最多的一个宗教。

伊士曼 乔治·伊士曼(George Eastman,1854—1932),柯达公司创始人，现代照相技术发明者。由于他的努力，使照相机变得非常轻巧，轻松进入了普通家庭。

雨果 维克多·雨果（Victor Hugo，1802—1885），法国民主、人道主义和社会主义思想的杰出代表人物，也是一位著述等身的伟大作家。他的小说《巴黎圣母院》《九三年》和《悲惨世界》等，尖锐地揭露了早期资本主义社会的虚伪邪恶、贫富悬殊，以及底层民众的痛苦命运（贫穷使男子潦倒，饥饿使妇女堕落，黑暗使儿童羸弱）。猛烈抨击了资产阶级法律的虚伪。这些作品至今还极大地影响着世界。

俞敏洪 俞敏洪(1962—),新东方教育集团创始人,英语教学与管理专家。现任新东方教育科技集团董事长、洪泰基金联合创始人、民盟中央教育委员会副主任、中国青年企业家协会副会长、中华全国青年联合会委员等职。

约翰森 唐纳德·约翰森（Donald C. Johanson，1943—），美国考古学家和古人类学家，他因为和同伴一起在埃塞俄比亚东非大裂谷中的阿法尔三角地区发现了后来被大家叫作“露西”的女性古人类化石而闻名于世。

约翰逊 基库·约翰逊（Kikuo Johnson，1975—），纽约客和其他多家杂志的插画师，他曾多次获得奖项。

约利 菲利普·约利（Philipp Jolly，1809—1884），德国数学家和物理学家，他在慕尼黑大学任教时，普朗克是他的学生。

扎克伯格 马克·扎克伯格（Mark Zuckerberg，1984—），和比尔·盖茨一样，他也是哈佛大学的学生。也是在校期间就创业而辍学。他是全球最著名的社交网站脸书（Facebook）的创始人和总裁。扎克伯格本人一直在努力学习中文并维持着与中国的友好关系。由于他的妻子是华裔，他有很好的学习中文的条件，但这肯定不仅仅是出于对中文的兴趣，而是为进入中国市场作的准备。Facebook 由于宣布了将实施利用太阳能无人机为全球数十亿人口实现高速联网的计划，以及高调进军物联网的行动而引人注目。最近由于隐私政策执行的失误，Facebook 目前陷入空前的信任危机中。

张首晟 张首晟（Shou-Cheng Zhang，1963—2018），美国华裔科学家，出生于上海，杨振宁教授的弟子，美国斯坦福大学物理系、电子工程系和应用物理系终身教授。2007 年张首晟发现的“量子自旋霍尔效应”被《科学》杂志评为当年的“全球十大重要科学突破”之一。基于他对拓扑绝缘体和量子自旋霍尔效应的开创性研究，张首晟已包揽物理界除诺贝尔奖之外的所有重量级奖项，包括欧洲物理奖、美国物理学会巴克莱奖、国际理论物理学中心狄拉克奖、尤里基础物理学奖和富兰克林奖章。

中本聪 塞托西·中本聪（Satoshi Nakamoto，1975—），被认为是一位日裔美国人，日本媒体常把他的名字译为中本哲史。他是比特币协议及其相关软件系统（Bitcoin-Qt）的创造者，但他的真实身份至今无人知晓。中本聪目前还持有一百万个比特币，无论比特币的价格如何涨落，他至今一个都没有用过。